**权威·前沿·原创**

皮书系列为
"十二五""十三五""十四五"时期国家重点出版物出版专项规划项目

B

BLUE BOOK

**智库成果出版与传播平台**

残疾人蓝皮书

**BLUE BOOK** OF PERSONS WITH DISABILITIES

# 中国残疾人事业发展报告（2022）

DEVELOPMENT REPORT ON THE CAUSE FOR PERSONS WITH DISABILITIES
IN CHINA (2022)

## 残疾人就业

主　编／凌　亢
副主编／李泽慧　孙友然　白先春

社会科学文献出版社
SOCIAL SCIENCES ACADEMIC PRESS（CHINA）

图书在版编目（CIP）数据

中国残疾人事业发展报告.2022：残疾人就业／凌
亢主编.--北京：社会科学文献出版社，2022.12
（残疾人蓝皮书）
ISBN 978-7-5228-1062-1

Ⅰ.①中…　Ⅱ.①凌…　Ⅲ.①残疾人-社会福利事业
-研究报告-中国-2022　Ⅳ.①D669.69

中国版本图书馆 CIP 数据核字（2022）第 215790 号

残疾人蓝皮书
# 中国残疾人事业发展报告（2022）
—— 残疾人就业

主　　编／凌　亢
副 主 编／李泽慧　孙友然　白先春

出 版 人／王利民
责任编辑／路　红
文稿编辑／张真真
责任印制／王京美

出　　版／社会科学文献出版社（010）59367194
　　　　　　地址：北京市北三环中路甲 29 号院华龙大厦　邮编：100029
　　　　　　网址：www.ssap.com.cn
发　　行／社会科学文献出版社（010）59367028
印　　装／天津千鹤文化传播有限公司

规　　格／开 本：787mm×1092mm　1/16
　　　　　　印 张：26　字 数：391 千字
版　　次／2022 年 12 月第 1 版　2022 年 12 月第 1 次印刷
书　　号／ISBN 978-7-5228-1062-1
定　　价／168.00 元

读者服务电话：4008918866

# 主要编撰者简介

## （按文序排列）

**凌　亢（凌迎兵）**　南京特殊教育师范学院教授、博士生导师。国家哲学社会科学领军人才、文化名家暨"四个一批"人才，享受国务院政府特殊津贴。兼任中国统计学会副会长、中国统计教育学会副会长、国家出版基金管理委员会委员、江苏省人民政府参事、江苏省督学、东南大学等12所大学教授、《中国统计》《统计学报》等学术期刊顾问或编委、"残疾人蓝皮书"等五个系列蓝皮书主编。主要研究领域为应用统计。主持完成国家社会科学基金课题6项，国家自然科学基金课题2项。出版专著、教材、工具书（含与他人合作）22部，发表论文119篇，独立或作为第一完成人获省部级教学、科研一等奖4项。

**申仁洪**　重庆师范大学教授，重庆市人文社会科学重点研究基地"重庆市课程与教学研究基地"主任。国家级高层次人才特殊支持计划入选者、全国优秀教师，享受国务院政府特殊津贴。兼任教育部高等学校特殊教育教师培养教学指导委员会委员。主要研究领域为特殊儿童心理与教育、多元文化课程与教学。主持省部级以上科研课题12项，主持国家一流专业、国家卓越教师培养计划、教育部教师队伍建设示范示范项目等省部级教学工程和教学改革重大项目8项。在《教育研究》等刊物上公开发表学术论文120篇，出版学术专著10部，主编教材1部。获得国家级教学成果二等奖、重庆市教学成果一等奖等5项，省部级优秀社会科学成果奖5项。

**郭 未** 南京大学教授、博士生导师。江苏省第六期"333 高层次人才培养工程"培养对象。兼任南京大学亚太发展研究中心研究员、中国社会工作教育协会社会工作实验教学专业委员会副主任、国家社会科学基金项目通讯评审专家。主要研究方向为人口社会学与健康社会学。主持完成国家社会科学基金项目 3 项、教育部人文社会科学研究基金项目 1 项、教育部哲学社会科学研究重大课题攻关项目子课题 1 项、联合国人口基金/UNFPA 项目 1 项。发表学术论文 60 篇。获得江苏省哲学社会科学优秀成果奖二等奖、钱学森城市学金奖提名奖。

**许家成** 北京联合大学教授。北京市特殊教育重点建设学科带头人，北京市特殊教育创新团队负责人，北京市特殊教育优秀教学团队负责人。兼任中国残疾人康复协会副理事长、中国残疾人康复协会智力残疾康复专业委员会主任委员。主要研究方向为智力障碍儿童教育与发展。主持全国培智学校义务教育阶段课程标准研制，承担多项国际、国内特殊教育研究项目，先后发表过 50 余篇（部）论文、研究报告和学术专著。获得国家级教学成果二等奖 1 项，省市级教学成果一等奖和省部级优秀社会科学成果奖二等奖多项。

**王庭照** 陕西师范大学教授、博士生导师。兼任教育部高等学校特殊教育教师培养教学指导委员会委员、中国国际教育交流协会融合教育分会副理事长、高等教育学会特殊教育研究分会理事。主要研究方向为特殊儿童发展与评估、特殊教育研究方法与应用。主持、参与国家社会科学基金重大项目、重点项目、一般项目 6 项，教育部人文社会科学基金一般项目、青年项目 7 项。发表学术论文 60 余篇，出版专著、译著 5 部，主编、指导完成特殊教育教材 20 余部。

# 摘　要

就业是民生之本。就业也是残疾人平等融入社会、实现共同富裕最直接、最有效的途径，是实现共同富裕道路上残疾人"一个也不能掉队"的重要基础。2022 年 3 月，国务院办公厅印发《促进残疾人就业三年行动方案（2022—2024 年）》，第 32 次"全国助残日"的主题是"促进残疾人就业，保障残疾人权益"，这都是践行以人民为中心的发展思想，维护社会公平正义，解决残疾人群体急难愁盼问题，推动残疾人全面发展、共同富裕实质性进展的有益探索和积极行动。

在此背景下，《残疾人蓝皮书：中国残疾人事业发展报告（2022）》以"残疾人就业"为主题，对中国残疾人就业现状和存在的问题进行了系统总结和深入分析。本书主要包括"总报告""分报告""专题篇""案例篇""附录"五个部分。"总报告"包括《中国残疾人事业发展报告（2022）》和《中国残疾人就业发展报告（2022）》。《中国残疾人事业发展报告（2022）》呈现了 2021 年中国残疾人事业总体发展状况，计算了中国残疾人事业发展指数和平衡发展指数，并进行了省际比较和动态分析。《中国残疾人就业发展报告（2022）》界定了残疾人就业的相关核心概念，回顾了中国残疾人就业政策、就业支持、就业形态的发展历程，对中国残疾人就业的发展现状和存在的问题进行了分析。"分报告"就残疾人就业相关的重要因素，对残疾人就业服务与支持、残疾人就业模式、残疾人职业教育与就业培训进行深入讨论，对残疾人就业中的特殊群体——残疾大学生、视力障碍者、心智障碍者的就业发展动态进行全面剖析。"专题篇"围绕残疾人就业的社会环境、残疾人的职业技能竞赛、"互联网+"背景和零工经济新形态四个方面，进行专题研究。"案例篇"介绍了上海市、南京市、厦门市促进残疾人就业发展的区域经验，呈现了咨询机构、社区等多元主体推动残疾人就业的实践探索。"附录"整理了2021年残疾人事业统计表。

"残疾人蓝皮书"对中国残疾人发展数据进行整理和分析，已连续五年发布中国残疾人事业发展指数，形成了对中国残疾人事业发展状况的整体判断，全面系统地展现了中国残疾人事业发展态势。研究结果表明，中国残疾人事业取得长足发展，残疾人事业发展指数由2011年的52.4上升到2020年的77.2，其中，残疾人生存保障指数由2011年的47.8上升到2020年的84.1，残疾人发展提升指数由2011年的58.3上升到2020年的68.3，残疾人服务支撑指数由2011年的52.8上升到2020年的76.7。2015~2020年，我国残疾人事业总体平衡发展指数呈现增长态势。2020年残疾人事业总体平衡发展指数为56.1，较2019年、2015年分别增加4.3、7.8，年均增长率达3%，提升幅度明显。

**关键词：** 残疾人事业　残疾人就业政策　残疾人就业服务与支持　残疾人就业发展

# 目 录 ⤵

## Ⅰ 总报告

## Ⅱ 分报告

# V 附 录

皮书数据库阅读**使用指南**

# 总 报 告

General Reports

## B.1

# 中国残疾人事业发展报告（2022）

凌亢 孙友然 白先春 韩艳*

**摘　要：** 本报告分析了 2021 年中国残疾人事业总体发展状况，计算了中国残疾人事业发展指数和平衡发展指数，最后比较了各省份残疾人事业发展指数和平衡发展指数。研究结果表明，中国残疾人事业取得长足发展，残疾人事业发展指数由 2011 年的 52.4 上升到 2020 年的 77.2，其中，残疾人生存保障指数由 2011 年的 47.8 上升到 2020 年的 84.1，残疾人发展提升指数由 2011 年的 58.3 上升到 2020 年的 68.3，残疾人服务支撑指数由 2011 年的 52.8 上升到 2020 年的 76.7。2015~2020 年，我国残疾人事业总体平衡发展指数呈现增长态势。2020 年残疾人事业总体平衡发展指数为 56.1，较 2019 年、2015 年分别增加 4.3、7.8，

---

\* 凌亢，博士，二级教授，南京特殊教育师范学院中国残疾人数据科学研究院首席专家，南京晓庄学院特聘教授，研究领域为应用统计；孙友然，博士，教授，南京邮电大学硕士研究生导师，南京晓庄学院特聘教授，研究领域为残疾人力资源开发；白先春，博士，教授，南京特殊教育师范学院中国残疾人数据科学研究院院长，研究领域为残障统计；韩艳，南京特殊教育师范学院数字与信息科学学院讲师，研究领域为应用统计。

年均增长率达 3%，提升幅度明显。

**关键词：** 残疾人事业　残疾人事业发展评价　残疾人事业发展指数　残疾人事业平衡发展指数

# 一　中国残疾人事业发展状况

## （一）残疾人康复

### 1. 部署"十四五"时期残疾人康复工作

2021 年 7 月 22 日，第六次全国残疾人事业工作会议在北京召开，王勇出席会议并讲话。9 月 15 日，中国残联召开全国残联康复工作会议，总结"十三五"时期残疾人康复工作，对"十四五"时期残疾人康复工作进行动员部署。做好"十四五"时期残疾人康复工作，是接续保障和改善残疾人民生的重要任务，是促进残疾人全面发展和共同富裕的迫切要求，是改革完善残联组织职责的现实需要。各级残联组织要进一步提高政治站位，增强做好新时代残疾人康复工作的责任感和使命感。要进一步强化组织领导，形成促进残疾人康复事业高质量发展的强大合力。要坚持党的全面领导，为残疾人康复事业持续健康发展提供坚强政治保障。要坚持法治化推进，依法推进残疾人康复事业发展。要坚持担当尽责，在残疾人康复工作中全面履行好"代表、服务、管理"职能。要坚持扩大参与，努力营造人人关心、支持残疾预防和残疾人康复事业发展的浓厚氛围。

### 2. 完善残疾人康复保障制度和服务体系

2021 年 6 月 8 日，国家卫生健康委、国家发展改革委、教育部、民政部、财政部、国家医保局、国家中医药管理局、中国残联联合印发的《关于加快推进康复医疗工作发展的意见》，对健全完善康复医疗服务体系、加强康复医疗人才培养和队伍建设、创新康复医疗服务模式等提出具体要求。

8月16日，中国残联、教育部等六部门联合印发《"十四五"残疾人康复服务实施方案》，提出完善残疾人康复保障政策、加强残疾人康复服务体系建设、提升残疾人康复服务专业化水平、实施残疾人精准康复服务行动四项主要措施。10月28日，中国残联、民政部、国家卫生健康委联合印发《残疾儿童康复救助定点服务机构协议管理实施办法（试行）》。

### 3. 不断完善残疾儿童康复工作

不断扩大救助覆盖范围，提高救助标准。中国残联对推进残疾儿童"应救尽救"进行专门部署。积极申请中央财政加大投入，中央财政资金投入较2020年度增加4亿元。各地残联积极沟通协调财政等相关部门，提高救助标准、扩大救助范围。河北将部分家庭困难和低龄残疾儿童的救助标准由1.2万元提高至1.8万元。辽宁将手术、康复训练项目救助标准由1.2万元提高至1.8万元，将救助年龄从0~7岁扩大到0~14岁，给予低保、建档立卡（低收入）和计划生育特殊家庭每人每年2万元生活补助。福建省将救助标准从1.5万元提高至1.7万元，贫困残疾儿童救助标准则从1.8万元提高至2万元，将救助年龄从0~6岁（贫困残疾儿童为0~14岁）调整为0~17岁。湖北省残联与财政部门共同出台《残疾儿童康复救助家庭生活补助实施方案》，对符合条件的残疾儿童康复救助家庭每月给予500元生活补贴。天津、河北、河南、湖南、海南、贵州、新疆等省（区、市）积极支持有条件的地市、区县提标扩面。优化残疾儿童救助经办服务。利用多种途径为残疾儿童家庭及时申请康复救助、接受康复服务提供便利。

### 4. 重视和强化残疾预防

2021年8月4日，中国残联等16部门印发《关于组织开展第五次全国残疾预防日宣传教育活动的通知》，"加强残疾预防，促进全民健康"成为第五次全国残疾预防日宣传教育活动的主题。8月24日，中国残联、国家卫生健康委、应急管理部共同在北京举办新闻发布活动，介绍《国家残疾预防行动计划（2016—2020年）》实施情况，回答记者提问。

## （二）残疾人教育

### 1. 完善残疾人教育法律法规体系

2021 年 10 月 23 日，《中华人民共和国家庭教育促进法》经第十三届全国人民代表大会常务委员会第三十一次会议通过，自 2022 年 1 月 1 日起施行，该法将为残疾人的家庭教育提供保障。《中华人民共和国家庭教育促进法》明确残联为残疾人的家庭教育提供支持，保障未成年残疾人合法权益，规定了其所在家庭的责任，国家为包括残疾人家庭在内的实施家庭教育存在困难的家庭提供支持。

### 2. 加大国家通用手语和国家通用盲文推广力度

2021 年 3 月 1 日，为迎接北京 2022 年冬残奥会倒计时一周年，《〈中华人民共和国国歌〉国家通用手语方案》（GF0024—2020）启动推广活动在北京举行。该方案对弘扬爱国主义精神，激励残疾人爱国赤子之心，推进国家通用手语推广工作，促进我国残疾人文化、教育事业的繁荣与发展具有十分重要的意义。今后将不断完善国家通用手语的收集和推广工作，进一步满足听力残疾人手语使用者无障碍信息交流需要。该方案由国家语委语言文字规范标准审定委员会于 2020 年 9 月审定通过，2021 年 3 月 1 日正式实施。2021 年 6 月 11 日，中国残联、中央宣传部等八部门联合发布的《第二期国家手语和盲文规范化行动计划（2021—2025 年）》明确提出具体目标。为加大国家通用手语和国家通用盲文推广力度，加强国家通用手语和国家通用盲文的规范标准建设、推广应用和人才培养，中国残联与国家语委依托华夏出版社和中国盲文出版社已有研究、出版和资源中心基础共同建立"国家通用手语数字推广中心""国家通用盲文研究和推广中心"，并在中国盲文图书馆成立 10 周年之际，于 2021 年 6 月 28 日在中国盲文图书馆举行成立活动。2021 年 11 月 24 日，"十四五"国家手语和盲文工作部署视频会在北京召开。会议充分肯定了"十三五"时期手语盲文工作取得的成绩和经验，客观分析了当前面临的新形势，对"十四五"时期手语盲文工作做了全面部署。手语盲文工作始终是党和国家语言文字工作的重要内容，站在"十四五"发展的新起点，要深入了解听力和视力残疾人的需求，进一步推进手语和盲文的规范化、标准化、信息化，以学校和公共服务领域为重点，推动《第二期国家手语和盲文规范化行动计划（2021—2025年）》落实落地，要求国家语委相关单位进一步加强协作配合，为手语盲文工作、国家语言文字工作做出贡献。

**3. 不断推动特殊教育高质量发展**

2021年3月22～23日，中国残联与教育部督导局、基教司等有关单位负责同志赴北京市调研残疾人教育工作。调研组在密云特殊教育学校、平谷特殊教育学校观摩了教育教学过程，随访了随班就读和送教上门工作，与特教老师和残疾学生现场交流，并在两所学校分别听取北京市密云区、平谷区"十三五"时期残疾人教育工作实施情况及对"十四五"时期特殊教育高质量发展的意见建议。

2021年6月2～5日，中国残联赴河南省调研残疾人教育工作，并召开残疾儿童学前教育政策咨询会。调研组赴河南省周口市、驻马店市等地，先后走进4所特教学校、1所普通学校和2所融合教育幼儿园及有关残疾人康复、托养（日间照料）、就业机构，走访慰问了残疾人家庭和接受送教上门的残疾学生，考察特教学校发展和融合教育、送教上门情况，并在周口市召开了残疾人教育座谈会。

2021年7月8日，中国残联与中国政法大学合作协议签约仪式在中国政法大学学院路校区举行，中国残联和中国政法大学签署合作协议。双方以合作协议签订为契机，将合作协议签署作为新的方向、新的起点、新的标志，进一步加强在人才培养、科学研究等方面的深入合作，共同将习近平法治思想学习好、贯彻好，切实抓好协议落实，务求实效，进一步深化合作的广度和深度，共同推进残疾人事业法治建设，共同做好法治人才培养，共同为全面依法治国建设增添亮丽色彩。

2021年11月23日，中国残联与中华职业教育社就加快推进"十四五"时期残疾人职业教育进行了深入商谈并达成共识。中华职业教育社将一如既往地关心支持残疾人职业技能提升和发展。

### （三）残疾人就业

**1. 不断完善残疾人就业服务法律法规体系**

2021年4月27日，中国残联召开全国残疾人按比例就业情况联网认证"跨省通办"工作专题视频会议。推行政务服务事项"跨省通办"，是国务院明确的重大改革任务，是一项促进残疾人就业的重要工作，也是加强和改善残疾人就业服务的重大机遇。2021年10月27日，中共中央组织部等五部门共同印发了《机关、事业单位、国有企业带头安排残疾人就业办法》，规定相关用人单位在发布招录（聘）公告时，限制残疾人报考的岗位应予以充分论证；面向残疾人的专设岗位可适当放宽开考比例、年龄、户籍等限制。另外，还规定了用人单位、各级残联和残疾人个人的责任，提出了具体的监督和救济措施。

**2. 积极开展残疾人就业促进和帮扶行动**

2021年5月16日，中国残联、人社部、教育部共同举办首届残疾人就业服务展暨人才交流会活动，并考察企业助残就业项目。众合云科、BOSS直聘、宜生无忧等社会机构进行了促进残疾人就业的经验交流，实地考察了圆通速递有限公司助残就业项目，学习借鉴圆通速递有限公司在助残共融方面的典型经验。2021年7月30日，中国残联组织召开2021届残疾大学生就业工作座谈会。中国残联就业中心介绍了上半年2021届残疾大学生的就业服务和就业情况，4所高校针对2021届高校毕业生就业基本情况、遇到的困难和问题，提出了建议和意见。大家围绕进一步提高2021年应届残疾毕业生就业创业水平进行了认真的研讨。中国残联高度重视高校残疾毕业生就业工作，将其纳入中国残联党史学习教育"我为群众办实事"九项工作之一。制定"一人一策"服务档案，努力提高残疾大学生就业质量；提出要主动深入用人单位，沟通用工需求，讲明奖补政策；借助《促进残疾人就业三年行动方案（2022—2024年）》，提高"十四五"期间残疾大学生就业服务质量和就业水平。

2021年9月8日，人社部、教育部、中国残联在河北省石家庄市共同启动 2021 年离校未就业残疾人毕业生专项帮扶活动。10 月 13 日，由中国盲人协会、中国残疾人特殊艺术指导中心、中国盲文出版社、中国视障文化资讯服务中心等单位主办的盲人音乐教育与就业座谈会在中国盲文图书馆举行。会议就我国视障音乐教育专业发展现状进行了介绍，总结了盲人音乐教育与就业工作的经验，研讨分析了视障音乐专业就业存在的问题，对提高视障音乐专业就业水平提出了建议。推动盲人音乐人才的教育和就业工作，对于繁荣社会主义文化艺术、实现残疾人的社会融合具有重要意义。

### （四）残疾人社会保障

#### 1. 完善残疾人公共服务和社会保障法律法规体系

2021 年 3 月 30 日，国家发展改革委、中央宣传部、教育部、民政部、中国残联等 21 个部门印发《关于印发〈国家基本公共服务标准（2021 年版）〉的通知》（发改社会〔2021〕443 号），对残疾人相关公共服务标准提出了具体要求。4 月 28 日，中国残联办公厅印发《关于进一步做好为行动不便重度残疾人开展残疾评定上门服务的通知》（残联厅函〔2021〕107 号）。6 月 15 日，中国残联办公厅印发《关于全面开展残疾人证"跨省通办"工作的通知》。7 月 8 日，国务院印发《"十四五"残疾人保障和发展规划》，明确"十四五"时期残疾人事业的指导思想、主要目标和重点任务。8 月 4 日，中国残联召开"十四五"残疾人保障和发展规划专题推进会。要加强规划衔接，积极推动当地残疾人事业规划和重点任务纳入本省（区、市）战略规划、相关区域规划和专项规划，加强规划间衔接与协调，形成既与"十四五"全国残疾人事业"一盘棋"、齐用力，又与区域和地方规划重点任务目标相适应、共推进，确保各项任务目标落地落实，确保"十四五"期间残疾人保障和发展规划与"共同富裕取得实质性进展"目标任务相一致。

2021 年 9 月 17 日，中国残联召开"十四五"残疾人服务标准体系建设专题研讨会。会议就研究制定"十四五"残疾人服务标准体系建设指导意见，推动成立全国残疾人服务标准化技术委员会等重点工作进行了充分研讨。我国残疾人服务领域的国家标准、行业标准、团体标准和部门规范性文件对推动残疾人事业的发展、逐步保障残疾人合法权益发挥了重要作用。但是，现有标准规范多为产品标准，残疾人康复、辅助器具适配、特殊教育、就业创业、文化体育、无障碍等方面的服务标准还十分短缺，一些领域甚至还处于空白状态。残疾人服务标准建设工作的现状已经不能适应国家公共服务标准化和残疾人事业高质量发展的需要。与会各部门要认真落实中共中央办公厅、国务院办公厅印发的《关于建立健全基本公共服务标准体系的指导意见》和国家发展改革委等部门印发的《国家基本公共服务标准（2021 年版）》，坚持实事求是的原则，研究起草"十四五"残疾人服务标准体系建设指导意见，加快推动全国残疾人服务标准化技术委员会的成立。

**2. 巩固拓展残疾人脱贫攻坚成果**

2021 年 4 月 21 日，中国残联和国家乡村振兴局出台《关于做好巩固拓展残疾人脱贫攻坚成果有关工作的意见》。4 月 25 日，中国残联、国家乡村振兴局在贵州省遵义市共同召开巩固拓展残疾人脱贫攻坚成果工作现场会。会议强调要多深入基层，走进残疾人家庭，倾听残疾人的诉求，了解他们生活的困难和问题，为他们提供更好的康复服务，创造更多的就业和创业机会，加强部门协调，落实好各项帮扶政策措施，建立健全防止返贫致贫监测机制，确保不发生规模性返贫。中国残联召开巩固拓展残疾人脱贫攻坚成果同乡村振兴有效衔接领导小组全体会议，就年内重点工作做出部署安排。中国残联调研组于 2021 年 4～12 月，分赴湖南、青海、宁夏、湖北、四川、内蒙古、贵州、黑龙江、吉林、江西等地开展专题调研。各级残联组织要紧紧围绕"代表、服务、管理"职能，找准工作定位，主动担当作为，在着力落实"早发现、早干预、早帮扶"工作机制、巩固优化"两不愁三保障"政策、加大对残疾人产业发展和稳岗就业的扶持力度、扩大家庭无障碍改造和重度残疾人托养服务有效覆盖面、提升基层残疾人组织服务能力、加强残疾人自强与助残宣传等方面充分发挥作用。8 月 13 日，人力资源和社会保障部、中国残联等六部门共同印发《关于巩固拓展社会保险扶贫成果助力全面实施乡村振兴战略的通知》（人社部发〔2021〕64号），从减轻困难群体参保缴费负担、推进社会保险法定人员全覆盖、提高社会保险待遇水平、提升基金安全性和可持续性、加强社会保险经办服务能力等方面提出了多条具体举措。

**3. 推进残疾人两项补贴制度完善和管理服务转型升级**

2021年4月13日，民政部、中国残联召开残疾人两项补贴资格认定申请"跨省通办"电视电话会议。8月24日，民政部、财政部、中国残联共同印发《关于进一步完善困难残疾人生活补贴和重度残疾人护理补贴制度的意见》（以下简称《意见》），健全完善残疾人两项补贴制度内容，改革完善补贴申领程序和管理办法，加快推动补贴管理服务机制转型升级。

2021年9月15日，民政部、财政部、中国残联在北京召开完善残疾人两项补贴政策电视电话会议。会议要求，各地要按照《意见》有关要求，合理确定补贴对象覆盖范围，建立完善补贴标准动态调整机制，确保符合条件的残疾人应享尽享残疾人两项补贴。要细化完善与异地就学、伤残抚恤等有关政策的衔接办法，推动部门间数据比对，保障政策精准落实。各级残联要主动担当、主动作为，把《意见》的落实作为一项全局性工作研究部署，细化实施办法，提高工作效能。要严把残疾人证发放关，落实政策告知书、残疾人证到期提前提醒等工作要求，对于《意见》新明确的直接涉及残疾人权益的问题，要及时协调民政部门，做好政策沟通和提醒工作。要配合民政部门做好残疾人相关数据比对，履行好残联的职责。要牢记残疾人民生无小事，努力当好残疾人的贴心人、代言人。

**4. 推动残疾人公共服务区域一体化**

2021年3月23日，推动长三角一体化发展领导小组办公室印发了《长江三角洲区域公共服务便利共享规划》（以下简称《规划》）。在中国残联和长三角三省一市残联的积极参与和推动下，残疾人服务相关政策措施被纳入了《规划》。《规划》提出"健全残疾人、困境儿童、流浪乞讨人员等关爱服务体系，完善帮扶残疾人、孤儿等社会福利制度和设施。推进智能化残疾人证互联、互通、互认，实现区域内残疾人公共服务、社会事务异地办理、异地服务。制定长三角残疾人就业支持政策清单,加强长三角残疾人就业服务协作,逐步为流动残疾人劳动力提供均等化的职业培训和就业服务。建立长三角康复联合体和辅助器具采购服务平台,提高康复服务质量。加大区域内流浪乞讨人员、精神病患者等特殊困境群体共同安置力度"。《规划》的实施将全面提升长三角区域残疾人公共服务便利共享水平,对推进长三角区域残疾人事业高质量发展、全国残疾人公共服务均衡发展产生重要影响和示范作用。

### (五)无障碍环境建设

**1. 加强无障碍环境法律法规建设,为无障碍环境建设提供法治保障**

2021 年 5 月 14 日,最高人民检察院会同中国残疾人联合会在北京共同召开"有爱无碍,检察公益诉讼助推无障碍环境建设"新闻发布会,联合发布 10 个无障碍环境建设检察公益诉讼典型案例。最高人民检察院印发《关于积极稳妥拓展公益诉讼案件范围的指导意见》。此次发布的 10 个典型案例,涉及无障碍信息交流、交通运输、金融服务、养老及出行服务等领域。最高人民检察院通过总结推广浙江等地无障碍环境建设公益诉讼典型经验,指导各地检察机关准确把握无障碍环境建设公益诉讼特有的办案方式、流程、诉求等,将极大推进无障碍环境建设存在问题的整改,促进无障碍环境建设高质量发展。

中国民用航空局认真于展民航系统党史学习教育"我为群众办实事"实践活动,推出了包括无纸化出行、安检等 10 项任务的"我为群众办实事"任务清单。第二批任务清单,包括进一步缩短机票退款时限、满足旅客在机场内充电需求、提升民航无障碍环境建设水平、推动机场航空观景设施规划建设等 6 项具体任务。在提升民航无障碍环境建设水平方面,中国民用航空局明确提出:开展无障碍环境建设专项行动,出台促进机场无障碍环境建设的指导意见,为残障人士、老年人、儿童、母婴等特需旅客和其他所有旅客群体提供更加人性化的机场无障碍服务环境。中国民用航空局将按照多渠道、清单式、常态化和高标准的要求,进一步加大工作力度,高标准逐项推动落实，确保任务取得实实在在的效果。

2021 年 5 月 20 日，中国盲人协会与中国电子技术标准化研究院信息无障碍合作签约仪式在北京召开。中国盲人协会和中国电子技术标准化研究院正式签订信息无障碍合作协议，14 家单位共同发起智能终端信息无障碍倡议。5 月 25 日，中国残联召开无障碍环境建设立法座谈会。上海市残联介绍了《上海市无障碍环境建设与管理办法》制定的必要性和起草、修订过程。对标国家上位法规定，上海市现有法规立法理念和建设标准、受众范围和使用需求仍有所限，无障碍立法势在必行，急需理论、制度设计和实践基础，回应社会各界呼吁。起草过程坚持科学立法、民主立法、依法立法，通过各种形式征求意见，明确政府部门在无障碍环境建设与管理中的职责，明确信息交流无障碍的相关内容和管理责任，明确无障碍环境建设监督管理机制和强化法律责任的内容，明确残疾人专用车辆停车费减免措施，明确无障碍设施改造和养护责任主体，将无障碍环境建设加快融入上海智慧城市大局。

2021 年 6 月 5 日，全国人大社会建设委员会委员、中国残疾人联合会副主席吕世明及全国人大代表和湖南省人大代表，听取湖南省检察机关开展无障碍环境建设公益诉讼专项监督行动有关情况，调研推进立法的具体措施。湖南省检察机关为着力推动无障碍环境建设的基层自治、行业自律、系统治理和地方立法，切实保障残疾人等特殊群体平等参与社会生活的基本权利，开展结合党史学习教育为民办实事系列活动，列出重点监督领域的 17 个问题清单，制定了《湖南省无障碍环境建设公益诉讼办案规范指引》。截至 2021 年 5 月底，共受理无障碍环境建设行政公益诉讼案件线索 126 件，立案 120 件，发出诉前检察建议 86 件。

2021 年 6 月 10 日，第十三届全国人民代表大会常务委员会第二十九次会议表决通过《中华人民共和国数据安全法》。该法第十五条规定："国家支持开发利用数据提升公共服务的智能化水平。提供智能化公共服务，应当充分考虑老年人、残疾人的需求，避免对老年人、残疾人的日常生活造成障碍。"

2021年7月12日，中国残联在重庆组织召开无障碍环境立法征求意见座谈会，对立法建议稿提出了意见和建议。全国人大社会建设委员会对加强无障碍环境立法工作高度重视，希望各方积极参与，上下联动，共同为加快推进无障碍环境立法贡献才智和力量。

2021年12月29日，中国残联组织召开无障碍环境建设立法课题研究启动会。开展课题研究是加强全过程民主、科学立法的重要一环，通过课题研究提出无障碍环境建设的立法建议，丰富立法内容，可以切实提高立法质量，为争取尽快进入审议程序创造条件。无障碍环境建设立法课题研究包括无障碍法律与相关法律法规衔接整体性研究、适老化改造研究、儿童友好城市建设与适儿化改造研究等七个课题，由清华大学无障碍发展研究院、住房和城乡建设部标准定额研究所、交通运输部科学研究院、中国信息通信研究院、北京大学人口研究所、中国人民大学残疾人事业发展研究院、中国人民大学法学院、中国政法大学未成年人事务治理与法律研究基地等相关高校、科研院所具体承担。

**2. 健全无障碍环境建设标准体系**

2021年6月15日，《嘉兴无障碍环境建设导则》通过了国家级专家的专项评审。专家组一致认为《嘉兴无障碍环境建设导则》成果达到国际先进水平，为全国城市无障碍环境建设提供了可复制、可推广的典型范例。在中国残联无障碍环境建设推进办公室、浙江省残疾人联合会指导下，在无障碍环境研究专业委员会（智库）的组织下，中国中建设计集团党员设计师志愿者承担了"庆祝建党百年"项目《嘉兴无障碍环境建设导则》公益编制工作。

2021年8月31日，由中国盲人协会、中国残联维权部组织的智能导盲需求与技术研讨会在中国残联召开。会议介绍了"十四五"科技助残和无障碍环境实施项目具体部署，希望聚合优势资源，集中攻克难关，举各个部门之力，共同研发一款能主动引导、安全避障、精准定位、人机交互等的智能化高科技导盲产品和导盲系统，以此帮助盲人无障碍自如出行，极大提升广大盲人的生活质量和参与社会、创造价值的能力。与会科研单位和企业围绕盲人的导盲需求，介绍了他们在相关领域的成果，讨论了利用精准导航、5G技术、人工智能等高新技术实现智能导盲目标的技术路径。大力支持科技助残工作，积极推动和参与国家有关智能导盲科研工作，争取助力实现盲人群体拥有导盲产品的梦想。

2021年9月8日，住房和城乡建设部正式批准发布《建筑与市政工程无障碍通用规范》国家标准，自2022年4月1日起实施。该标准为强制性工程建设规范，共108条，全部条文必须严格执行。住房和城乡建设部贯彻习近平总书记以人民为中心的发展思想，顺应中央标准化改革要求，落实《无障碍环境建设条例》，在《无障碍设计规范》国家标准6条强制性条文基础上，编制《建筑与市政工程无障碍通用规范》国家标准，该标准的发布实施将进一步促进建设工程在规划、设计、施工、监理、验收各个环节落实无障碍要求，对方便全体社会成员参与社会生活具有重要意义。

2021年10月23日，第十三届全国人民代表大会常务委员会第三十一次会议决定：批准2013年6月28日由中华人民共和国代表在马拉喀什签署的《关于为盲人、视力障碍者或其他印刷品阅读障碍者获得已出版作品提供便利的马拉喀什条约》。11月18日，中国残联、住房和城乡建设部、中央网信办、教育部、中国国家铁路集团有限公司等13部门联合印发《无障碍环境建设"十四五"实施方案》，细化"十四五"无障碍环境建设的主要指标，对城市道路无障碍设施建设率、公共建筑无障碍设施建设率、困难重度残疾人家庭无障碍改造、居家适老化改造、与民生密切相关的互联网网站无障碍改造、与民生密切相关的手机App无障碍改造等6个指标提出具体要求。12月3日，国家市场监管总局、中国残联联合发布《关于推进无障碍环境认证工作的指导意见》。民政部、财政部等6部门联合印发《关于"十四五"推进困难重度残疾人家庭无障碍改造工作的指导意见》。

3.普及无障碍文化理念与文明意识，营造无障碍人文法治环境

2021年6月22~24日，在中国残联无障碍机构的指导支持下，中国民用机场协会在北京举办首期全国民用机场无障碍专项设计定向培训班。本

次培训班是民航局"我为群众办实事"任务清单以及第六届中国机场服务大会暨2021民用机场无障碍环境建设发展论坛有关措施的具体落实。本次培训班的目的与价值就是将无障碍环境建设在民用机场设计环节落实、落地、落细、落效,助力学员通过专业培训,确保学有所获并学以致用,推进机场无障碍设施高标准高质量建设。本次培训授课讲师全部由国家级无障碍专家和国家级项目无障碍专项设计专家担纲。此次培训班系统培养了首批行业无障碍设计人员,为全国民航工作的典型示范和机场无障碍建设水平提升奠定了坚实基础。在中国无障碍史上是第一次,在民航机场行业史上也是第一次。

2021年7月27~31日,全国人大常委会委员、全国人大外事委员会副主任委员、中国残联副主席陈国民,全国人大常委会委员、全国人大社会建设委员会委员、中国残联副主席吕世明一行赴黑龙江省、吉林省开展无障碍环境建设工作调研。调研组听取了两地残联配合职能部门推进无障碍环境建设情况介绍,实地考察了哈尔滨市、长春市城市道路、机场、公园、居住小区等公共服务设施无障碍环境建设和改造及语音导航导盲系统、无障碍电子地图等信息交流无障碍研发应用情况,与相关部门、社会组织、残疾人代表等进行座谈。调研组了解到,哈尔滨市残联配合推动职能部门在全国副省级城市中率先出台《哈尔滨市无障碍系统化专项规划设计导则》和《哈尔滨市信息无障碍专项规划设计导则》。省残联主动与省住建厅、省农业农村厅对接,联合制定《"爱得其所"农村残疾人家庭无障碍改造项目实施方案》,近两年对6230户农村贫困残疾人家庭进行无障碍改造。吉林省残联与相关部门加强协作,推进为全省近万个村级残疾人服务场所进行无障碍改造,让更多残疾人、老年人等得到更好的基本公共服务。两地针对当前无障碍环境建设存在的问题向调研组提出了意见和建议。

2021年7月28日,第16届中国信息无障碍论坛暨全国无障碍环境建设成果展示应用推广活动在黑龙江省哈尔滨市举行。论坛以"智能·无障碍"为主题,旨在着力探索新发展阶段,时代发展、社会进步、科技腾飞所带来的无障碍环境建设方面的新需求、新问题、新思考和新方案,实现高质量发展无障碍、高品质创造新生活的目标。论坛设有主论坛和信息无障碍论坛、城市无障碍设计论坛两个分论坛。

2021 年 10 月 12 日，首届中国无障碍法治环境保障论坛在武汉理工大学举行。来自全国人大及地方人大部分代表，有关高校法学、人权、信通研究机构的专家，部分检察机关、残联组织与地方无障碍社会组织的代表及高校研究生代表 100 余人参加论坛。11 月 13 日，面向各行业受众的"畅享无障碍人文大讲堂"系列活动首讲直播在北京映客直播间举办。大讲堂共举办 6 场讲座，11 月 13 日启动，12 月 30 日结束。大讲堂首讲主题为"畅享无障碍法规与政策"，6 位专业嘉宾分别解析 13 部门联合印发的《全国无障碍环境建设"十四五"实施方案》和 6 部门联合印发的《关于"十四五"推进困难重度残疾人家庭无障碍改造工作的指导意见》；介绍中国无障碍环境建设相关法规政策；解析全国人大常委会批准的《关于为盲人、视力障碍者或其他印刷品阅读障碍者获得已出版作品提供便利的马拉喀什条约》；解析《北京市无障碍环境建设条例》的体制机制、时代特点和首都特色；分享北京市无障碍环境建设专项行动成就。大讲堂活动由残疾人事业发展研究会无障碍环境研究专业委员会、中国残疾人事业新闻宣传促进会无障碍文化促进中心、映客互娱集团以及 10 家无障碍会客厅共同主办和协办。这是发挥智库效能与新媒体融合创新推广无障碍的一次有益尝试，利用网络平台和新媒体推广，映客志愿公益直播收听收看人数有 100 多万人次。中国建设银行对活动提供特别支持。

2021 年 12 月 30 日，《无障碍环境蓝皮书：中国无障碍环境发展报告（2021）》发布会在北京映客直播厅"畅享无障碍人文大讲堂"顺利举办。全国人大常委会委员、中国残联副主席吕世明，社会科学文献出版社社长王利民，中国社会法学研究会副会长兼秘书长、北京大学法学院教授叶静漪，南京特殊教育师范学院校长黄军伟出席发布会并致辞。南京特殊教育师范学院教授、《无障碍环境蓝皮书：中国无障碍环境发展报告（2021）》主编凌亢教授做了主要内容解读。发布会由社会科学文献出版社副总编、皮书研究院院长蔡继辉主持。该书应用习近平法治思想回答无障碍环境法治建设问题，以无障碍环境法治化为主题，是全国首部系统研究无障碍环境法治化的著作，丰富和发展了无障碍理论与实践研究，集各家专业研究之长，以清晰的脉络、翔实的数据、丰富的案例、严谨的研究，展现了我国无障碍环境法治建设取得的成就和存在的问题，提出了务实的立法建议。全书共有"总报告""法治篇""发展篇""支撑篇""案例篇"五个部分。此次发布会得到残疾人事业发展研究会无障碍环境研究专业委员会、中国助残志愿者协会"无障·爱"志愿服务委员会、中国统计学会残障统计分会指导，南京特殊教育师范学院和社会科学文献出版社联合主办，南京特殊教育师范学院中国残疾人数据科学研究院承办，由映客直播提供直播技术支持。据统计，发布会累计在线收看人数超 200 万人次。

## （六）残疾人权益保障

### 1. 不断完善残疾人权益保障法律法规

2021 年 4 月 29 日，第十三届全国人民代表大会常务委员会第二十八次会议通过《中华人民共和国乡村振兴促进法》，自 2021 年 6 月 1 日起施行，该法关注保障农村残疾人权益。该法融入无障碍理念，注重加强无障碍环境建设，对推进乡村设施和公共文化服务无障碍，保障残疾人等参与社会生活权益做出规定。第三十七条规定："各级人民政府应当……加强乡村无障碍设施建设……"《中华人民共和国乡村振兴促进法》明确规定，要加强对包括残疾人在内的困难群体的关爱服务。

2021 年 5 月 18 日，司法部印发《"乡村振兴 法治同行"活动方案》，自 2021 年 5 月至 2023 年 5 月在全国开展"乡村振兴 法治同行"活动，旨在通过推动法治乡村建设促进乡村振兴。《"乡村振兴 法治同行"活动方案》在实现乡村公共法律服务网络全覆盖、保障困难群众获得优质法律援助等方面提出了法治惠残的具体措施。加快推进公共法律服务信息化建设，使行动不便的残疾人等特殊群体足不出户也能便捷享受公共法律服务。

2021 年 6 月 10 日，第十三届全国人民代表大会常务委员会第二十九次会议表决通过《中华人民共和国军人地位和权益保障法》，自 2021 年 8 月 1

日起施行，该法关注保障残疾军人权益。该法规定国家和社会保障残疾军人的生活、国家对残疾军人的抚恤制度、国家和社会对军人的各项优待措施和残疾军人在医疗、交通等方面所享受的优待措施。8月20日，第十三届全国人民代表大会常务委员会第三十次会议通过《中华人民共和国法律援助法》，重视为残疾人提供法律服务，保障残疾人平等参与各项法律事务，积极维护残疾人合法权益。进一步保障刑事案件中特定类型残疾人获得辩护的权利，将原《法律援助条例》中"盲、聋、哑人"改为"视力、听力、言语残疾人"，使表述更加规范，事实上能使更多残疾人获得法律援助。《中华人民共和国法律援助法》保障精神、智力残疾人在民事法律关系中的平等权利，还为残疾人获得法律援助服务提供了合理便利，授权残联等群团组织开展法律援助工作。

2021年9月30日，国家发展改革委、中国残联等23部门印发《关于推进儿童友好城市建设的指导意见》（发改社会〔2021〕1380号），明确对残疾儿童权利保障要求，提出"推进公共服务友好"，包括"加强特殊教育资源建设，'一人一案'做好适龄残疾儿童入学安置"，"推进实施出生缺陷综合防治"，"加大对困难家庭的重病、残疾儿童基本生活保障和专项救助力度"。提出"推进成长空间友好"，包括"推进城市公共空间适儿化改造""加快完善城市公共交通场站、过街无障碍设施""提供适宜残疾儿童的阅读资源"。

**2. 依法推进残疾人权益保障工作**

2021年3月8日，最高人民法院院长周强在第十三届全国人民代表大会第四次会议上作《最高人民法院工作报告》。最高人民法院坚决维护国家安全和社会稳定；切实维护人民群众合法权益，加强民生司法保障，为残疾人诉讼开辟绿色通道，充分保障残疾人合法权益，促进和谐家庭建设，筑牢妇女、儿童、老年人、残疾人免遭家庭暴力的"隔离墙"。最高人民检察院检察长张军在第十三届全国人民代表大会第四次会议上作《最高人民检察院工作报告》。7月5日，2021年度流浪乞讨人员救助管理工作部际联席会议在民政部召开，中央政法委、中央网信办、全国人大法工委等 28 家部际联席会议单位相关领导和同志参加会议。会议总结了 2020 年度流浪乞讨人员救助管理工作。其中，在"救助管理服务能力不断加强"部分提出，中国残联办公厅与国家卫生健康委办公厅等印发《进一步做好贫困严重精神障碍患者健康扶贫工作方案》，进一步加强贫困严重精神障碍患者救治救助和管理服务；畅通"12385"全国残疾人服务热线等信访渠道，及时帮助包括流浪乞讨人员在内的残疾人解决生活困难。在"工作氛围持续向好"部分提出，中国残联组织拍摄维护精神残疾人和智力残疾人合法权益专题片，协调中央电视台社会与法频道在国际残疾人日、国家宪法日前后连播 4 期，推动全社会关注精神残疾人和智力残疾人的权益保障问题。在"有力服务疫情防控工作大局"部分提出，中国残联会同民政部、财政部、人力资源和社会保障部、国务院原扶贫办等部门共同印发《关于扎实做好疫情防控常态化背景下残疾人基本民生保障工作的指导意见》，对保障残疾人基本生活、稳定残疾人就业和推进残疾人脱贫攻坚等工作提出明确要求。会议审议并原则通过了流浪乞讨人员救助管理工作部际联席会议 2021~2022 年工作要点，提出"对存在生活、教育、就业及基本医疗保障方面困难的流浪乞讨人员，及时落实有关政策予以帮扶"，"严厉打击侵害残疾人权益的违法犯罪行为"，"积极开展残疾人关爱保护等相关工作"。12 月 2 日，最高人民法院与中国残联共同发布残疾人权益保护十大典型案例，并介绍司法保护残疾人权益情况。强调要注重顶层设计，完善残疾人权益保护配套政策。

2021 年 12 月 8 日，中国残联召开会议部署"十四五"残疾人维权工作。会议分析了"十四五"残疾人维权工作面临的基本形势，并要求各级残联重点做好以下工作：一是以平等和特殊保障为主线，推动残疾人事业法律法规体系的完善；二是以实现公平正义为目标，促进司法部门有效履行维护残疾人权益职能；三是以政策维权为抓手，不断健全残疾人权益保障机制；四是以解决问题为目的，坚决把残疾人困难问题解决在当地、将矛盾纠纷化解在基层；五是以消除障碍为宗旨，全面提升城乡无障碍环境建设水平；六是以权利赋能为指引，充分发挥残疾人在事业发展中的重要作用；七是以工作成效为导向，切实做好残联系统法治宣传教育工作；八是以提升质量为要求，不断改进对残疾人的法律服务；九是以夯实作风为根本，全力抓好残疾人维权工作队伍建设。

### 3. 强化未成年残疾人权益保障

2021年5月28日，国务院未成年人保护工作领导小组第一次全体会议以视频形式召开。会议关注做好未成年残疾人保护工作，对发挥工、青、妇、残联等群团组织的优势，形成合力，共同做好未成年人保护工作提出要求。

## （七）残疾人信息化建设

### 1. 中国残联建设残疾人证"跨省通办"自建系统

2021年3月31日，中国残联召开残疾人证"跨省通办"自建系统省（市）调度会议。会议对前一阶段残疾人证"跨省通办"工作情况进行了通报，对做好数据对接、启动残疾人证"跨省通办"自建系统建设等工作进行了部署。北京、天津、黑龙江、上海等省（市）残联围绕残疾人证自建系统与全国统建系统"跨省通办"对接进行了交流发言。

残疾人证"跨省通办"事关广大残疾人切身利益，体现着我们的工作能力与服务水平，要进一步提高认识，增强紧迫感，按时保质保量完成。实现残疾人证"跨省通办"，做好自建系统与全国统建系统的顺利对接是关键环节。一要压实责任，整体推进，自建系统的省（市）残联要抓紧推进，确保全国一盘棋整体推进。二要明确任务，做好系统对接，要尽快启动本省（市）自建系统的升级改造工作，完成"跨省通办"技术平台的搭建。三要倒排时间，如期完成任务，自建系统省（市）要逐项梳理工作任务，倒排时间表，逐个环节落实工作责任，如期实现残疾人证的全国"跨省通办"。

2021年4月13日，全国残疾人证"跨省通办"试点省份调度会在浙江杭州举行。会议通报了全国残疾人证"跨省通办"下一步安排，解读了《残疾人证"跨省通办"办理规范（征求意见稿）》形成过程和相关要求，介绍了残疾人证"跨省通办"信息系统的建设开发工作进展情况。各试点省份要把残疾人证"跨省通办"作为党史学习教育"我为群众办实事"实践活动的重要内容，抓紧抓细抓实抓好。要用好前期"省内通办"积累的经验，大胆探索、先行先试，着力破解工作中遇到的难点、堵点问题，为全国"跨省通办"提供样板和经验。要按照"5月底试点省省内通办、6月底全国跨省通办"时间节点要求，倒排时间表和路线图，加压奋进、主动作为，确保任务高质、高效完成，努力给党中央、国务院交上一份满意的答卷，为建党百年献礼。

2021年6月15日，中国残联办公厅印发《关于全面开展残疾人证"跨省通办"工作的通知》，部署全面开展残疾人证"跨省通办"工作。6月16日，中国残联在四川省成都市召开全国残疾人证"跨省通办"工作部署会议暨培训班。中国残联组联部和信息中心有关同志详细解读了《残疾人证"跨省通办"办理规范（试行）》，介绍了残疾人证"跨省通办"系统，并做了系统操作培训。

**2. 加快推进全国残疾人按比例就业情况联网认证"跨省通办"工作**

2021年12月23日，国办电子政务办、中国残联、人社部、退役军人事务部、国家税务总局、国家市场监管总局、国家医疗保障局共同召开了全国残疾人按比例就业情况联网认证"跨省通办"视频部署会议。为贯彻落实国务院关于加快推进政务服务"跨省通办"有关要求，加快推进全国残疾人按比例就业情况联网认证"跨省通办"上线实施，确保在2022年全面实施运行。

截至2021年12月，联网认证"跨省通办"已全面完成了系统部署，并在国家政务服务平台上线，基本完成既定目标，具备实施条件。做好联网认证"跨省通办"工作，用好联网认证数据，提高残疾人就业服务水平还要做好五个紧密结合。一要把联网认证"跨省通办"工作与深化拓展党史学习教育"我为群众办实事"紧密结合起来。把做好联网认证"跨省通办"工作，作为落实党的十九届六中全会精神和"学史力行"、解决残疾人和用人单位"急难愁盼"的具体举措，不断改进服务，推动"六稳""六保"重点任务落实落地。二要把联网认证信息与制定完善促进残疾人就业政策措施紧密结合起来。认真研究通办信息，把反映出的问题作为制定残疾人就业政策的导向，推动解决制约残疾人就业的一个个具体问题。三要把联网认证信息与加强和改进残疾人就业服务紧密结合起来。以通办信息指导岗位开发和人岗对接，加强雇主培训，促进残疾人就业服务精细化和精准化。四要把联网认证信息与引导残疾人人力资源市场健康发展紧密结合起来。把市场引导就业、政府促进就业两个优势都充分发挥出来，切实保障残疾人劳动就业权益。五要把联网认证信息与拓展残疾人就业新业态紧密结合起来。充分用好大数据信息，研究残疾人就业新态势，及时出台更加适应残疾人就业选择的管用措施，促进残疾人更加灵活就业。

3. 召开第六届残疾人数据科学研讨会

2021年12月3日，第六届残疾人数据科学研讨会暨中国统计学会残障统计分会成立大会在南京通过线上、线下的方式举行。本次会议由中国统计学会、南京特殊教育师范学院联合主办，南京特殊教育师范学院科研处、中国残疾人数据科学研究院，北京大学人口研究所，南京邮电大学经济学院联合承办。来自国家统计局、中国残联信息中心、北京大学、清华大学、中国人民大学、台湾师范大学、纽约福特汉姆大学等50余家单位的近百名专家学者参会。会议围绕"新征程上的残障统计体系建设与创新"主题进行交流研讨。中国残联信息中心副主任戴连君、南京特殊教育师范学院中国残疾人数据科学研究院院长白先春、南京邮电大学社会与人口学院院长沙勇、北京大学人口研究所教授宋新明、世界卫生组织国际分类家族合作中心主任邱卓英、北京大学人口研究所副所长张蕾、华东师范大学教授邓猛、台湾师范大学特殊教育学系名誉教授吴武典、纽约福特汉姆大学教授苏菲·米特拉（Sophie Mitra）、浙江大学老龄和健康研究中心副主任刘晓婷、南京财经大学经济学院副院长韩中、南京邮电大学经济学院副教授易莹莹、暨南大学经济学院助理教授张阳阳、南京特殊教育师范学院数学与信息科学学院副院长张居晓等10余位专家对残疾人大数据建设、国际残疾统计发展和我国残障统计建设等议题进行了深入研讨。

在中国统计学会残障统计分会成立仪式上，国家统计局统计科研所所长、中国统计学会副会长兼秘书长闾海琪宣读了《关于成立中国统计学会残障统计分会的决定》。中国统计学会副会长、残障统计分会会长凌迎兵对残障统计分会的成立背景、筹建过程、组成情况和拟开展的工作进行了说明。江苏省统计局局长、党组书记王汉春，浙江财经大学党委书记李金昌，江西财经大学讲席教授邱东，北京大学数学科学学院教授房祥忠，中国人民大学教授赵彦云，东南大学数学学院院长曹进德出席分会成立仪式，对分会成立表示热烈祝贺并就学会建设与发展提出了期待和有益建议。成立仪式由国家统计局统计科学研究所首席研究员许亦频和南京特殊教育师范学院党委常委、副院长许巧仙主持。

**4. 举办全国持证残疾人基本状况调查培训**

2021 年 7 月 9 日，中国残联召开 2021 年全国持证残疾人基本状况调查国家级培训班。此次培训班是在"十四五"开局之年部署持证残疾人基本状况调查的重要举措，旨在贯彻落实中国残联关于打造实名制调查升级版的要求，进一步了解持证残疾人基本状况，聚焦持证残疾人需求并叠加服务功能，为推动残疾人事业高质量发展提供数据支持。培训以视频方式进行，在中国残联机关设主会场。中国残联组联部、信息中心负责同志及专家代表发言，维权部、康复部、教就部、宣文部、体育部、信息中心有关同志做了指标讲解和技术培训，专家指导委员会成员、第三方评估机构代表参加培训班；各省（区、市）残联、新疆生产建设兵团残联分管领导、业务部门和信息中心有关同志在各地分会场参加培训。

## （八）残疾人组织建设

### 1. 推进全国基层残联组织改革

2021 年 7 月 29 日，中国残联召开全国基层残联组织改革工作推进会。加强基层组织建设是贯彻落实习近平总书记"七一"重要讲话精神、增强残联组织政治性先进性群众性的必然要求，是助力新时代基层治理现代化建设的重要部署，是持续推动中央巡视整改要求落实落地的重要举措，各地要充分认识推进基层残联组织改革、加强基层残联组织建设的重要意义，弥补短板弱项，努力为"十四五"残疾人事业高质量发展提供坚强组织保障。

坚持以习近平新时代中国特色社会主义思想为指导，着眼"十四五"残疾人事业发展任务，以增强"三性"为目标，推动基层残联组织建设全面融入国家基层治理体系建设大局，扎实推进基层残联组织改革和服务创新，打通联系服务残疾人的"最后一公里"。推动落实县级残联改革方案，推动村（社区）残协建设2022年底前实现全覆盖。要按照《村（社区）残疾人协会工作规范》和《专职委员工作规范》的要求推进规范化建设，完善县乡残联组织，扩大组织的代表面、队伍的来源面、联系的覆盖面，提高服务的精准化、精细化水平，真正使基层残联组织建起来、强起来、活起来。

2. 中国助残志愿者协会第二届会员代表大会召开

2021年12月28日，中国助残志愿者协会第二届会员代表大会召开。中国残联副主席吕世明当选中国助残志愿者协会第二届理事会会长并讲话。大会通过线上和线下相结合的方式举行，在北京设立主会场，各地会员以视频方式参加会议。中国助残志愿者协会第二届会员代表大会个人会员代表、单位会员代表及有关单位负责同志等近200人参加会议。大会听取并审议通过了《中国助残志愿者协会第一届理事会工作报告》《中国助残志愿者协会第一届理事会财务报告》《中国助残志愿者协会章程（修正案）》。大会认为，第一届理事会以习近平新时代中国特色社会主义思想为指导，认真履行章程赋予的职责，为推动志愿助残服务制度化规范化常态化、帮助残疾人解决"急难愁盼"问题做出了积极贡献。大会选举产生了中国助残志愿者协会第二届理事会及领导机构。

3. 加强专门协会建设

2021年7月22日，第六次全国残疾人事业工作会议在北京召开。会议对做好"十四五"和今后一个时期残疾人工作进行动员部署。10月9日，中国精协全委会七届四次会议在北京召开。中国精协全委会委员、精神卫生专家、社区康复机构工作者、康复者及家属代表，中国残联组联部、康复部等40余人参加了会议。会议通过线上、线下同步的方式进行。会议期间，同时举办了"患者家属专家交流互助项目"专题研讨，开展了由精神残疾人及家属、精神卫生专家等参与的"邀访·倾听"活动。

2021 年 12 月 21 日，中国残联执行理事会与专门协会联席会议在北京召开。各专门协会和评监委分别就 2021 年工作总结和 2022 年工作计划做了通报。五个协会紧密结合党史学习教育和中央巡视整改，不断加强政治建设，提高政治能力；紧紧围绕中心任务，积极建言献策，深入开展基层调研，精准反映残疾人需求，制定完善标准规范，持续打造服务品牌，切实履行职能，顺利完成全年工作计划。

## （九）文化体育事业

### 1. 中国代表团参加东京残奥会并位列金牌榜和奖牌榜双第一

2021 年 8 月 24 日至 9 月 5 日，中国体育健儿在东京残奥会顽强拼搏，中国代表团共获 207 枚奖牌，其中，金牌 96 枚，银牌 60 枚，铜牌 51 枚。中国代表团连续五届位列金牌榜和奖牌榜双第一。9 月 5 日，中共中央、国务院向第 16 届残奥会中国体育代表团致贺电。11 月 26 日，"使命在肩 奋斗有我"国新办发布会在北京举办，邀请代表团 5 位优秀代表交流经验和感受。第 16 届残奥会中国体育代表团秘书长赵素京、中国轮椅击剑队运动员李豪、中国轮椅击剑队主教练庞进、T11 级田径运动员刘翠青、田径队盲人领跑员徐冬林分享了参加东京残奥会的感受。

### 2. 成功举办全国第十一届残疾人运动会暨第八届特殊奥林匹克运动会

2021 年 10 月 22~29 日，中华人民共和国第十一届残疾人运动会暨第八届特殊奥林匹克运动会在西安举办，这是首次与全运会同地同年先后举办的残运会暨特奥会。来自全国各地的 4484 名残疾人运动健儿进行了 43 个大项 47 个分项的角逐，展现出了超越自我、敢争第一的高超竞技水平和自强不息、奋勇拼搏的良好精神风貌，残运会共超 36 项世界纪录，创 179 项全国纪录，实现了运动成绩和精神文明双丰收。

### 3. 积极筹备北京冬残奥会和亚残运会

2021 年 2 月 4 日，北京 2022 年冬奥会和冬残奥会火炬外观设计正式发布亮相。5 月 15 日，北京冬奥组委在北京举办了以"圆梦冬奥 融合共享"为主题的 2021 年全国助残日主题活动。北京冬奥组委发布全新上市的北京冬残奥会主题系列特许商品，联合中国邮政集团有限公司北京分公司发行了北京冬残奥会全国助残日纪念封。6月6日，中央广播电视总台北京总站成立暨"冬奥来了"全媒体行动启动系列活动在北京举行，中国残联主席、北京冬奥组委执行主席张海迪出席活动并发表致辞。北京市、中央广播电视总台、国家体育总局、北京冬奥组委等负责同志出席活动。2021年10月9日，杭州2022年第四届亚残运会倒计时一周年主题活动在杭州市杨绫子学校举行。活动以"盼"为主题。主创团队对亚残运会开幕式构想进行了分享。知名艺术家和残疾人表演者同台表演，展现了"阳光、和谐、自强、共享"的办赛理念，营造了扶残助残、残健融合的社会氛围，提升了社会大众对亚残运会的关注度、参与度和体验感，表达了杭州人民对于亚残运会的热切期盼。浙江省和杭州市的残疾人群众代表、残疾人运动员代表、全国助残先进个人等共同参加活动。

**4. 积极组织残疾人文化活动**

2021年4月23日，由《中国作家》杂志社、中国残联宣文部、浙江省残联、中国残疾人事业新闻宣传促进会共同主办的残疾人文学（"仁美文学专刊"）研讨会在北京举行。5月8日，中国残联举办盲人阅读权益"邀访·倾听"活动。各位政协委员、盲人代表、中国盲文出版社代表就完善和保障盲人文化权益充分发表了意见。中国残联宣文部与中国盲文出版社进行专题座谈，就把好出版导向、理顺工作机制、创新工作思路、加强公益宣传营销等问题进行了深入交流。

2021年6月30日，中国残联举行"庆百年华诞，永远跟党走"主题文艺活动。来自中国残疾人艺术团、中国听力语言康复研究中心、北京按摩医院、中国康复研究中心、中国残疾人体育运动管理中心等单位的干部职工参加演出，中国残联各部门、各直属单位、基金会党员干部和老干部代表等观看了演出。

2021年12月17日，第五届全国残联专职委员知识竞赛决赛成功举办。本届知识竞赛采用线上模式举办，广大基层残联专职委员和残疾人工作者积极参与竞赛，网络答题超过136万人次，创历史新高。决赛主会场设在辽宁省沈阳市辽宁出版集团，各省（区、市）残联设分会场，主会场与分会场通过视频连线，选手在分会场通过手机端系统进行答题。竞赛通过"专职委员在线"等平台进行全程网络直播，向广大观众分享比赛盛况。经过层层选拔的来自全国 30 个省（区、市）的基层残联专职委员参加决赛，最终浙江省荣获冠军，辽宁省、湖南省荣获亚军，江苏省、宁夏回族自治区、甘肃省荣获季军；周琳等 36 名专职委员荣获"学习之星"；河北等 10 个省（区、市）和四川省宁南县等 200 个县（市、区、旗）荣获组织奖。

2021 年 9 月 1 日，中国残联、中央宣传部、中央网信办、中央文明办、文化和旅游部、国家广播电视总局印发《"十四五"提升残疾人文化服务能力实施方案》。要求各级主管部门把提升残疾人文化服务能力、繁荣和发展残疾人文化事业纳入工作规划，统筹安排，同步实施，不断加大支持力度，多渠道筹措资金支持残疾人文化艺术和文化产业发展。

## 二　中国残疾人事业发展指数分析

### （一）残疾人事业发展指数

2017 年，中国残疾人数据科学研究院开始编制并发布中国残疾人事业发展指数[1]，由于残疾人事业统计制度体系的变化，同时为使不同年份残疾人事业发展指数具有可比性，在沿用中国残疾人事业发展评价指标体系[2]的基础上，每年评价指标体系均有微调，新一轮评价指标体系删去"D20 残疾人普法教育普及率""D27 县级及以上残联信息化专业人才数"两个指标，并调整相关指标的权重等。根据中国残疾人事业发展指数的计算方法[3]，得到以下指标数据。

#### 1. 生存保障指数

2011~2020 年我国残疾人生存保障指数，如表 1 所示。

---

[1] 凌亢主编《残疾人蓝皮书：中国残疾人事业发展报告（2021）》，社会科学文献出版社，2021。
[2] 凌亢、白先春等：《中国残疾人事业发展报告（2006-2015）》，中国统计出版社，2017。
[3] 凌亢、白先春等：《中国残疾人事业发展报告（2006-2015）》，中国统计出版社，2017。

表 1　2011～2020 年我国残疾人生存保障指数

| 指标 | 2011 年 | 2012 年 | 2013 年 | 2014 年 | 2015 年 | 2016 年 | 2017 年 | 2018 年 | 2019 年 | 2020 年 |
|---|---|---|---|---|---|---|---|---|---|---|
| 康复指数 | 52.3 | 64.5 | 67.9 | 70.0 | 69.8 | 74.8 | 78.7 | 78.5 | 80.0 | 83.4 |
| 社会保障指数 | 39.5 | 44.5 | 43.8 | 58.4 | 65.9 | 72.2 | 81.2 | 76.3 | 77.9 | 78.9 |
| 扶贫指数 | 53.1 | 60.3 | 59.5 | 61.9 | 62.8 | 65.5 | 64.1 | 72.0 | 74.2 | 92.0 |
| 生存保障指数 | 47.8 | 55.9 | 56.6 | 63.4 | 66.4 | 71.2 | 75.5 | 75.9 | 77.6 | 84.1 |

注：对于缺失数据、异常值采用数据插补与替换、按比例推算等方法加以处理。

资料来源：2011～2019 年指数值参见《残疾人蓝皮书：中国残疾人事业发展报告（2021）》第 24～29 页；2020 年中国残疾人事业发展指数的计算，其数据主要来源于《中国残疾人事业统计年鉴》（2021）、《中国统计年鉴》（2021）、《中国教育统计年鉴》（2021）等；下同。

由表 1 可知，2011～2020 年，我国残疾人康复指数、社会保障指数、扶贫指数总体均呈现上升态势。2020 年，康复指数为 83.4，较 2019 年上升 3.4，较 2011 年上升 31.1，年均增长率为 5.3%；社会保障指数为 78.9，较 2019 年上升 1.0，较 2011 年上升 39.4，年均增长率为 8.0%；"全面建成小康社会，残疾人一个也不能少"的目标如期实现，2020 年扶贫指数为 92.0，较 2019 年上升 17.8，提升幅度相对较大，较 2011 年上升 38.9，年均增长率为 6.3%。总体来看，2011～2020 年生存保障指数由 47.8 上升到 84.1，年均增长率为 6.5%，上升速度较快，上升幅度比较明显。

## 2. 发展提升指数

2011～2020 年我国残疾人发展提升指数，如表 2 所示。

表 2　2011～2020 年我国残疾人发展提升指数

| 指标 | 2011 年 | 2012 年 | 2013 年 | 2014 年 | 2015 年 | 2016 年 | 2017 年 | 2018 年 | 2019 年 | 2020 年 |
|---|---|---|---|---|---|---|---|---|---|---|
| 教育指数 | 62.8 | 67.2 | 69.9 | 70.7 | 73.3 | 70.7 | 70.2 | 68.5 | 67.5 | 67.5 |
| 就业指数 | 71.8 | 69.7 | 72.9 | 68.3 | 69.9 | 72.1 | 74.3 | 76.5 | 80.9 | 83.1 |
| 文化体育指数 | 24.5 | 27.4 | 34.8 | 33.3 | 37.0 | 34.1 | 33.2 | 38.5 | 41.1 | 42.5 |
| 发展提升指数 | 58.3 | 59.8 | 63.7 | 61.9 | 64.4 | 63.6 | 64.0 | 65.3 | 67.2 | 68.3 |

由表 2 可知，2011～2020 年我国残疾人教育指数虽有波动，但整体呈上升发展的趋势，2020 年为 67.5，与 2019 年一致，较 2011 年上升 4.7，年均增长率为 0.8%，增长速度缓慢。残疾人就业指数在 2011～2020 年总体呈现递增趋势，由 2011 年的 71.8 增加至 2020 年的 83.1，上升了 11.3，年均增长率为 1.6%。2020 年残疾人文化体育指数为 42.5，较 2019 年、2011 年分别上升 1.4、18.0，年均增长率为 6.3%，上升速度较快，但文化体育发展水平相对较低。总体来看，残疾人发展提升指数从 2011 年的 58.3 上升到 2020 年的 68.3，上升了 10.0，年均增长率不足 2%，残疾人发展提升指数处于相对较低的水平。

3. 服务支撑指数

2011～2020 年我国残疾人服务支撑指数，如表 3 所示。

表 3　2011～2020 年我国残疾人服务支撑指数

| 指标 | 2011 年 | 2012 年 | 2013 年 | 2014 年 | 2015 年 | 2016 年 | 2017 年 | 2018 年 | 2019 年 | 2020 年 |
|---|---|---|---|---|---|---|---|---|---|---|
| 维权指数 | 56.3 | 62.5 | 70.4 | 68.4 | 72.2 | 73.3 | 74.2 | 76.5 | 78.0 | 76.6 |
| 组织建设指数 | 77.8 | 80.3 | 80.8 | 82.0 | 82.4 | 81.8 | 80.5 | 79.1 | 77.5 | 76.2 |
| 服务设施指数 | 41.7 | 45.3 | 57.4 | 65.2 | 71.1 | 75.2 | 78.2 | 83.9 | 85.4 | 89.0 |
| 信息化指数 | 40.5 | 43.6 | 44.7 | 45.6 | 45.4 | 52.2 | 52.5 | 49.1 | 51.7 | 63.4 |
| 服务支撑指数 | 52.8 | 56.7 | 62.5 | 64.7 | 67.3 | 70.3 | 71.2 | 72.3 | 73.4 | 76.7 |

由表 3 可知，2011～2020 年，残疾人维权指数呈现波动上升态势，从 2011 年的 56.3 上升到 2020 年的 76.6，上升 20.3，年均增长率为 3.5%。残疾人组织建设指数在 2011～2015 年呈现逐年上升，从 77.8 上升到 82.4，之后有所下降，从 2015 年的 82.4 下降到 2020 年的 76.2，下降了 6.2，组织建设指数在 2011～2020 年基本维持在 80.0 左右。残疾人服务设施指数呈现稳步上升态势，2020 年为 89.0，较 2019 年上升 3.6，较 2011 年上升 47.3，年均增长率为 8.8%，年均增速最高，提升幅度明显，提升速度较快。2020 年残疾人信息化指数为 63.4，较 2011 年上升了 22.9，年均增长率为 5.1%，

2020 年开始出现大幅度提升，较 2019 年上升了 11.7，但仍处在较低水平。总体来看，残疾人服务支撑指数从 2011 年的 52.8 上升到 2020 年的 76.7，上升了 23.9，年均增长率为 4.2%，残疾人服务支撑水平虽逐年上升，但仍处在较低水平。

**4. 残疾人事业发展指数**

2011~2020 年我国残疾人事业发展指数，如图 1 所示。

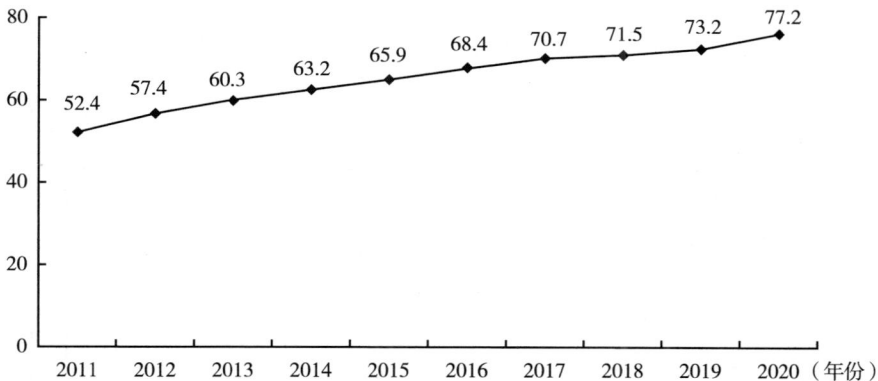

图 1　2011~2020 年我国残疾人事业发展指数

由图 1 可知，2011~2020 年，我国残疾人事业发展指数呈现稳步上升的态势，残疾人事业发展指数由 2011 年的 52.4 上升到 2020 年的 77.2，上升了 24.8，年均增长率为 4.4%。从子目标来看，尽管生存保障指数、发展提升指数、服务支撑指数均有不同幅度的提升，但生存保障指数的提升幅度较大，说明残疾人基本民生已得到稳定保障；发展提升指数相对较低，提升的幅度也较小，说明残疾人受教育水平普遍偏低，就业质量还不高，残疾人事业仍然是经济社会发展的短板。

**（二）残疾人事业发展指数的省际比较**

进一步计算 31 个省（区、市）2020 年残疾人生存保障指数、发展提升指数、服务支撑指数，并进行聚类分析，其聚类结果如图 2 所示。

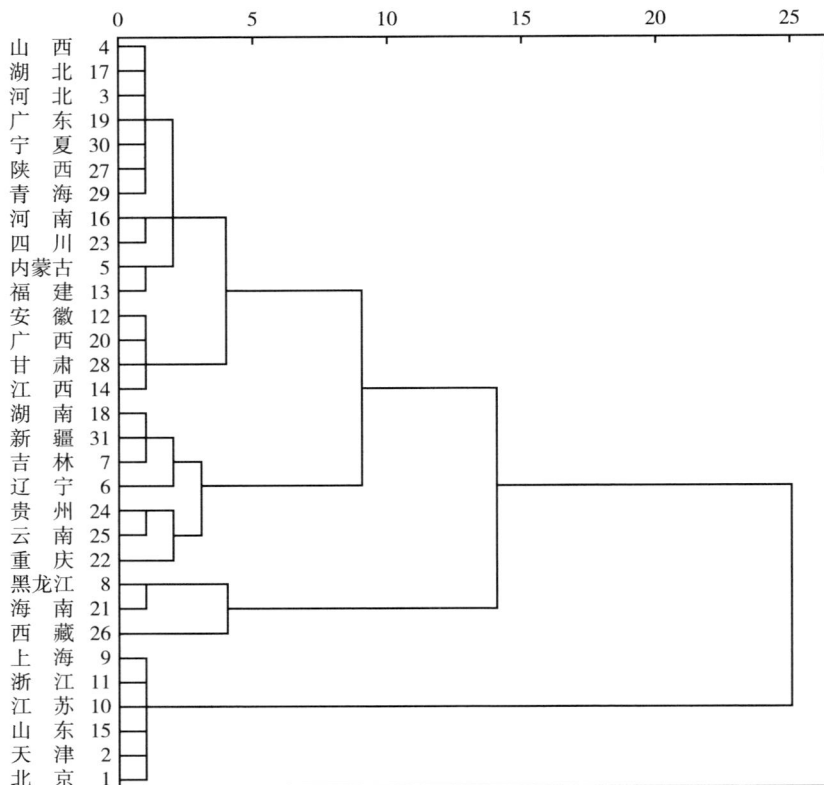

图 2  系统聚类

　　根据图 2，将全国 31 个省（区、市）分为三类。一类地区包括北京、天津、上海、江苏、浙江、山东 6 个地区，属于我国东部地区，经济发展水平较高，2020 年残疾人事业发展指数在 85.0 左右，残疾人事业发展水平相对较高。其中上海残疾人事业发展指数最高，为 91.1，高于全国 13.9，其次是浙江、北京、天津、江苏、山东。从子目标层来看，该地区残疾人生存保障、发展提升、服务支撑三个方面发展相对较好。从要素层来看，北京在残疾人社会保障、扶贫、就业、信息化等方面，上海在残疾人康复、扶贫、维权、信息化等方面，天津在残疾人康复、社会保障、维权、服务设施等方面，浙江在残疾人社会保障、扶贫、就业、维权、服务设施等方面，江苏在残疾人服务设施、信息化等方面，发展水平较高，处于全国领先地位。

二类地区包括山西、湖北、河北等 22 个地区，残疾人事业发展指数基本位于 65.0~77.0。该地区残疾人事业发展水平仅次于一类地区。从子目标层来看，重庆的残疾人生存保障指数、辽宁的残疾人发展提升指数、福建的残疾人服务支撑指数相对较高，分别为 93.1、78.9、88.7，在全国处于较为领先的地位。

三类地区包括黑龙江、海南、西藏 3 个地区，残疾人事业发展指数相对较低，处于 60.0 以下。三个地区的残疾人生存保障指数、服务支撑指数相对较低，但黑龙江的残疾人发展提升指数处于一般水平。

## 三　中国残疾人事业平衡发展指数分析

### （一）生存保障平衡指数

2015~2020 年，我国残疾人生存保障平衡指数的变化，如图 3 所示。

图 3　2015~2020 年我国残疾人生存保障平衡指数变化

说明：平衡指数计算方法参见清华大学中国经济社会数据研究中心《清华大学中国平衡发展指数报告》，2019。

资料来源：2015~2019 年数据参见《残疾人蓝皮书：中国残疾人事业发展报告（2020）》第 25~28 页；2020 年中国残疾人事业平衡发展指数的计算数据主要来源于《中国残疾人事业统计年鉴》（2021）、《中国统计年鉴》（2021）、《中国教育统计年鉴》（2021）；下同。

由图 3 可知，2015~2020 年，我国残疾人生存保障平衡指数呈现上升态势。2020 年残疾人生存保障平衡指数为 62.9，较 2019 年、2015 年分别上升 9.1、15.3，2020 年出现较大幅度提升，增长率达 16.9%，年均增长率为 5.7%。2015~2020 年，我国残疾人生存保障不平衡导致的发展损失率介于 25.2%~30.6%。发展损失率从 2015 年的 28.4% 增加到 2019 年的 30.6%，后降低至 2020 年的 25.2%，年均减少 0.6 个百分点。由此可见，"十三五"时期我国残疾人事业取得了重大成就，残疾人生存保障发展不平衡程度在降低，残疾人生存保障发展水平不断提高。

## （二）发展提升平衡指数

2015~2020 年，我国残疾人发展提升平衡指数的变化，如图 4 所示。

图 4　2015~2020 年我国残疾人发展提升平衡指数变化

由图 4 可知，我国残疾人发展提升平衡指数从 2015 年的 47.7 上升到 2018 年的 49.2，后小幅度降低至 2020 年的 46.3。从残疾人发展提升发展损失曲线可以看出，其发展损失率从 2015 年的 25.9% 降低至 2017 年的 24.3%，后上升至 2020 年的 32.2%，年均发展损失率在 27.1% 左右，不平衡导致的损失率仍处在较高水平。说明我国在残疾人发展提升方面，地区间发展的不平衡程度依然较高。

## （三）服务支撑平衡指数

2015～2020 年，我国残疾人服务支撑平衡指数的变化，如图 5 所示。

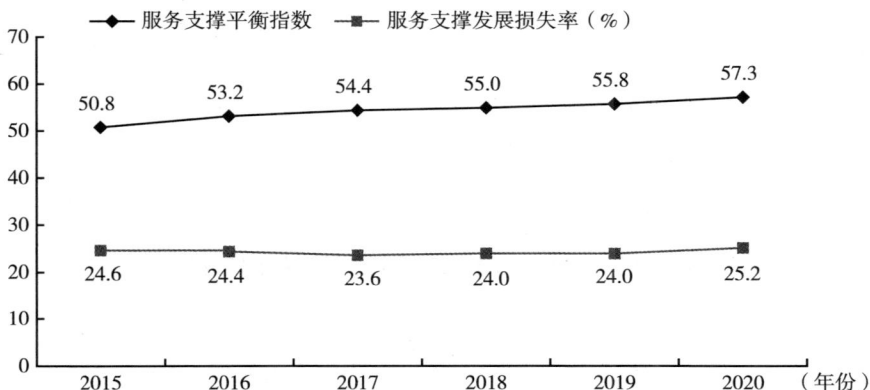

**图 5　2015～2020 年我国残疾人服务支撑平衡指数变化**

由图 5 可知，2015～2020 年，我国残疾人服务支撑平衡指数呈现稳步上升态势，从 2015 年的 50.8 上升至 2020 年的 57.3，上升了 6.5，年均增长率为 2.4%。从服务支撑发展损失曲线可以看出，我国残疾人服务支撑发展损失率从 2015 年的 24.6% 下降至 2017 年的 23.6%，后小幅度增长至 2020 年的 25.2%。显然，我国在残疾人服务支撑方面地区间发展的不平衡程度相对较低。

## （四）残疾人事业平衡发展指数

2015～2020 年，我国残疾人事业平衡发展指数的变化，如图 6 所示。

由图 6 可知，2015～2020 年，我国残疾人事业平衡发展指数总体呈现上升态势。2020 年我国残疾人事业平衡发展指数为 56.1，较 2019 年、2015 年分别增加 4.3、7.8，年均增长率达 3%，提升幅度明显。从发展损失曲线可以看出，2020 年发展损失率为 27.3%，比 2019 年的 29.2% 下降 1.9 个百分点。说明我国残疾人事业总体上呈现稳中有进、稳中向好的发展态势，地区间的发展不平衡程度逐渐缩小。

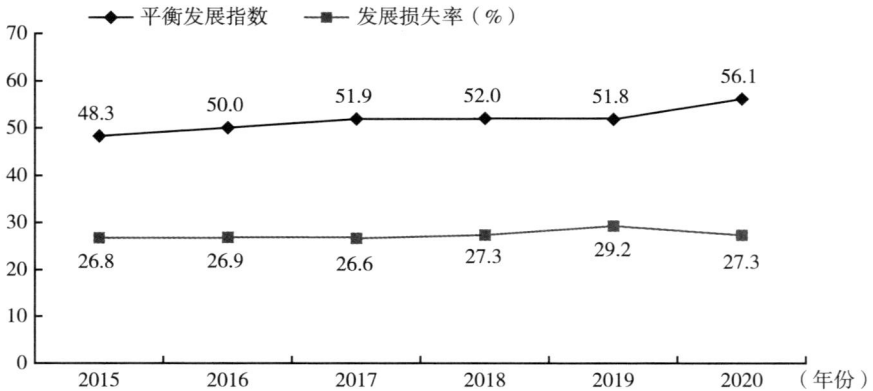

图6 2015~2020年我国残疾人事业平衡发展指数变化

**参考文献**

凌亢、白先春等：《中国残疾人事业发展报告（2006—2015）》，中国统计出版社，2017。

凌亢主编《残疾人蓝皮书：中国残疾人事业发展报告（2018）》，社会科学文献出版社，2018。

凌亢主编《残疾人蓝皮书：中国残疾人事业发展报告（2019）》，社会科学文献出版社，2019。

凌亢主编《残疾人蓝皮书：中国残疾人事业发展报告（2020）》，社会科学文献出版社，2020。

凌亢主编《残疾人蓝皮书：中国残疾人事业发展报告（2021）》，社会科学文献出版社，2021。

# B.2
# 中国残疾人就业发展报告（2022）

李泽慧　申仁洪*

**摘　要：** 残疾人就业是残疾人平等融入社会、实现共同富裕最直接、最有效的途径；是实现共同富裕，残疾人"一个也不能少"的重要基础。在现代文明社会的残疾人观的引导下，我国残疾人就业经历了集中就业为主、按比例就业为主、多元化就业三个发展阶段。目前我国残疾人就业呈现良好的发展态势，残疾人就业的政策法规体系已经形成，残疾人就业呈现多元发展形势，残疾人城乡就业规模不断扩大，就业服务能力稳步提升，职业培训与职业技能竞赛卓有成效。但是也面临宏观形势变化给残疾人就业政策带来的影响，也存在残疾人就业人口结构不良的因素，及残疾人就业服务与培训供给不足、政府和相关部门责任有待落实等问题。应增强信心，挖掘残疾人就业潜能，理清残疾人就业工作思路，压实责任，推动残疾人较为充分、较高质量就业。

**关键词：** 残疾人就业　多元就业形式　就业规模　就业服务能力　职业培训与职业技能竞赛

## 一　残疾人就业的核心概念和重要意义

就业是民生之本、财富之源、社会稳定之基。党中央、国务院高度重视

---

\* 李泽慧，南京特殊教育师范学院教授，主要研究方向为残疾人教育与发展、融合教育；申仁洪，博士，重庆师范大学教授，主要研究方向为特殊儿童心理与教育、多元文化课程与教学。

就业问题，始终把就业工作摆在经济社会发展的突出位置。2018年，面对急剧变化的世界时局，中央提出"六稳"基本工作要求，将"稳就业"放在首位。2020年，针对新冠肺炎疫情对社会经济的严重冲击，中央及时做出调整，在"六稳"基础上，提出"六保"新任务，仍然把"保就业"放在首位。残疾人就业是残疾人平等融入社会、实现共同富裕最直接、最有效的途径；是迈向共同富裕道路上，残疾人"一个也不能掉队"的重要基础。为了保障残疾人就业、提升残疾人就业发展水平，2022年4月，国务院办公厅印发了《促进残疾人就业三年行动方案（2022~2024年）》（以下简称《行动方案》），对当前和今后一个时期加快推进残疾人就业工作、实现"十四五"时期残疾人较为充分、较高质量的就业目标做出部署，并且在2022年开展"残疾人就业宣传年"活动。当前，应充分认识解决残疾人就业问题的必要性与紧迫性，多措并举改善残疾人就业状况，促进残疾人全面发展和社会共同富裕。

## （一）核心概念

### 1. 现代文明社会的残疾人观

残疾人观是残疾人工作的出发点。残疾人观，即如何看待残疾人，既指普通人如何看待、认识残疾人，也指残疾人如何看待、认识自我。残疾人观经历了漫长的发展，与人类社会文明发展同步。

现代文明社会的残疾人观认为，自有人类就有残疾人，残疾是人类发展进程中不可避免要付出的社会代价；残疾人有人的尊严和权利，有参加社会生活的愿望和能力，同样是社会财富的创造者；残疾人是一个社会弱势群体，尊重、关心他们并给予帮助，是社会文明进步的标志；扶残助残是社会主义精神文明建设的重要内容。残疾人要自尊、自信、自立、自强，履行社会义务。

我国残疾人观的核心内容是平等、参与、共享。这是在总结我国残疾人事业实践的基础上，借鉴国际残疾人运动的经验而提出的残疾人事业的崇高目标，是现代文明社会残疾人观的核心内容。现代社会提供各种补偿的手段，各类残疾人能以适合自己的方式接受教育、掌握知识和技能，从而认识世界；在现代社会提供的条件下，能平等参与社会物质与精神财富的创造，成为推动社会进步的力量，不再是社会的负担；造成残疾人问题的根本原因不是"残疾"，社会提供的条件不够使得"残疾"成为一种障碍。残疾是人体的遗憾，因此要加以预防，但残疾不构成人性的差异，不构成奋斗精神的差异；残疾人的残疾是为人类文明、社会进步付出的代价，因此，应建立残健融合关系，做到人人平等、人人参与、人人共享。实现平等、参与、共享是政府、社会与残疾人的双向责任，缺一不可。在现代社会文明的残疾人观指导下，残疾人就业会呈现新的发展态势和新的发展前景。

**2. 残疾人**

本报告所采用的"残疾人"概念，为《中华人民共和国残疾人保障法》（以下简称《残疾人保障法》）第二条规定："残疾人是指在心理、生理、人体结构上，某种组织、功能丧失或者不正常，全部或者部分丧失以正常方式从事某种活动能力的人。残疾人包括视力残疾、听力残疾、言语残疾、肢体残疾、智力残疾、精神残疾、多重残疾和其他残疾的人。"[1]

**3. 残疾人就业**

《现代劳动关系辞典》中将"就业"定义为"劳动者同生产物质条件相结合，为社会创造物质财富或提供劳务，并取得劳动报酬或经营收入的行为"。"从事有一定劳动报酬或经营收入工作的人员，称为就业人员。""在我国，凡是从事法律允许的有益于社会的劳动，并取得一定报酬或收入的，都应视为就业。"[2]

国家从保障残疾人的劳动权益的高度出发，十分重视残疾人就业。《中华人民共和国宪法》第四十五条规定："国家和社会帮助安排盲、聋、哑和其他有残疾的公民的劳动、生活和教育。"[3]《残疾人保障法》第三十二条规

---

[1] 《中华人民共和国残疾人保障法》，中国政府网，2021年10月29日，http://www.gov.cn/guoqing/2021-10/29/content_5647618.htm。

[2] 苑茜、周冰、沈士仓等主编《现代劳动关系辞典》，中国劳动社会保障出版社，2000，第214页。

[3] 《中华人民共和国宪法》，中国政府网，2018年3月22日，http://www.gov.cn/xinwen/2018-03/22/content_5276319.htm。

定："政府和社会举办残疾人福利企业、盲人按摩机构和其他福利性单位，集中安排残疾人就业。"①

《中华法学大辞典》（劳动法学卷）中将"残疾人就业"定义为"有一定劳动能力的残疾公民参加社会劳动"。② 这个定义包括三层含义。第一，作为就业人员的残疾人应当具有一定的劳动能力。然而《残疾人就业条例》第二十九条"本条例所称残疾人就业，是指符合法定就业年龄有就业要求的残疾人从事有报酬的劳动"，③ 这里没有提及"劳动能力"，因为残疾失去劳动能力的残疾人，应当得到国家和社会的帮助。《中华人民共和国宪法》第四十五条也明确规定："中华人民共和国公民在年老、疾病或者丧失劳动能力的情况下，有从国家和社会获得物质帮助的权利。"④ 第二，具有劳动能力的残疾人从事的工作属于社会劳动时才是就业。第三，具有劳动能力的残疾人参加社会劳动时，能获得酬金或收入才算就业。因此，残疾人就业是指"达到法定年龄、具有劳动能力、有劳动要求的残疾人获得劳动岗位，并取得劳动报酬或经营收入，以及残疾人自身创业在内的一系列就业创业活动"⑤。

### （二）残疾人就业的重要意义

#### 1. 残疾人就业是促进社会发展的重要方式

世界银行在《2013年世界发展报告：就业》中详细分析了就业对社会发展的重要作用，提出"通过就业实现发展"，认为"就业可以提升生活水平、提高生产率和培养社会凝聚力"。⑥ 就业意味着个人收入的增加，这直

---

① 《中华人民共和国残疾人保障法》，中国政府网，2021年10月29日，http：//www.gov.cn/guoqing/2021-10/29/content_ 5647618.htm。
② 王益英主编《中华法学大辞典》（劳动法学卷），中国检察出版社，1997，第20页。
③ 《残疾人就业条例》，中国政府网，2020年12月27日，http：//www.gov.cn/zhengce/2020-12/27/content_ 5574494.htm。
④ 《中华人民共和国宪法》，中国政府网，2018年3月22日，http：//www.gov.cn/xinwen/2018-03/22/content_ 5276319.htm。
⑤ 南京大学残疾人事业发展研究中心编著《积极福利视角下残疾人就业问题研究》，南京大学出版社，2020，第24页。
⑥ 世界银行：《2013年世界发展报告：就业》，胡光宇、赵冰译，清华大学出版社，2013，第9页。

接影响生活水平的提升。特别是处于社会弱势的残疾人群体，自己能就业，有一份个人收入，不仅会改变其生活水平，也会直接影响其生活态度。残疾人就业也是残疾人自尊、自信、自立、自强的重要物质基础。残疾人也享有劳动权利，他们在工作中发挥聪明才智，同样为社会创造物质财富和精神财富。诚如《2013年世界发展报告：就业》所述，有些工作推动社会发展的作用更重要（见图1）。在这些工作中，提高生活水平的三类工作，都与残疾人就业密切相关。在增强社会凝聚力的三类工作中，"带来公平感的工作"和"能形成社会身份的工作"对残疾人就业影响更大。从这个角度看，残疾人就业是促进社会发展的重要途径。

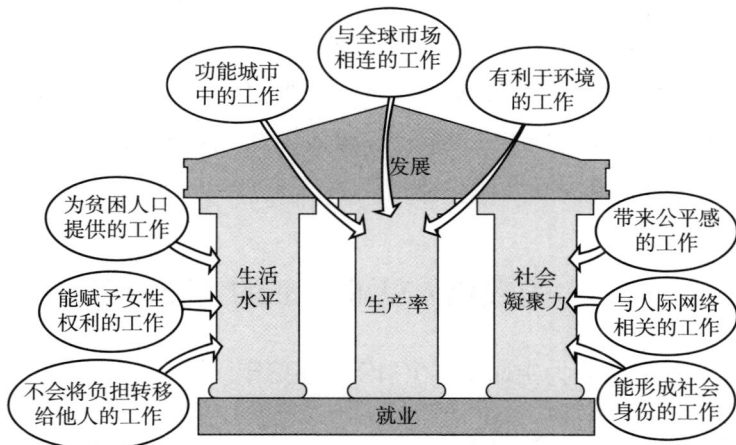

**图1　推动社会发展中有更重要作用的工作**

资料来源：世界银行，《2013年世界发展报告：就业》，胡光宇、赵冰译，清华大学出版社，2013，第17页。

### 2. 残疾人就业是实现共同富裕的应有之义

实现全体人民的共同富裕，是中国共产党矢志不渝的奋斗目标。共同富裕是"全民共富"，是全体人民的共同富裕，不是少数人的富裕；共同富裕是"全面富裕"，是物质富裕和精神富足；共同富裕是"共建共富"，幸福生活都是奋斗出来的，实现共同富裕要靠全体人民辛勤劳动和相互帮助。残疾人一样要实现共同富裕，这是社会主义的本质要求，是以人民为中心发展思想的具体体现，是残疾人全面发展的需要。残疾人实现共同富裕的关键是增加收入。增加收入最有效的途径是扩大就业容量、提高就业质量。中国残联主席张海迪指出"就业是民生大事，也是残疾人融入社会、提高生活质量、实现共同富裕的重要途径"①。优化就业结构，提升岗位层次，提高劳动报酬，通过就业，让残疾人更好地融入社会生活，实现共同富裕。

3. 就业是残疾人追求人生价值的主要手段

就业也是追求和实现人生价值的主要手段。就业不仅可以让残疾人摆脱贫困、改善生活状况、提高生活质量，也为残疾人提供了展现技能和才华的机会。我国残疾人在平凡的就业岗位上辛勤工作，创造出非凡的劳动成果。仅仅是在2003~2019年举办的五届全国残疾人职业技能竞赛中，获得"全国技术能手"称号的残疾人就有220人。② 就业使残疾人成为重要的人力资源。残疾人在展现职业才华的过程中，也获得更多参与社会生活的机会，进而参与社会治理，获得社会认同和尊重。

# 二 中国残疾人就业发展的主要阶段

## （一）集中就业为主阶段（1949~1993年）

### 1. 初步发展 （1949~1965年）

1950年10月1日，《人民日报》发表了周恩来总理在全国政协庆祝建国一周年大会上所作的《为巩固和发展人民的胜利而奋斗》的报告。报告指出："在这一年中，……中央人民政府领导了全国人民在政治、经济和文化

---

① 《张海迪：保障残疾人民生　提高残疾人生活质量——在全国政协十三届常委会第十七会议大会口头发言》，中国网，2021年6月21日，http：//canjiren. china. com. cn/2021-06/25/content_ 41602825. html。

② 作者根据第二届至第六届全国残疾人职业技能竞赛结果统计。详见网址：http：//canjiren. china. com. cn/2019 - 10/25/content _ 40934617. html 和 http：//www. gov. cn/xinwen/2019-10/29/content_ 5446522. htm。

各方面进行了蓬蓬勃勃的改革和建设工作。"① 这种"蓬蓬勃勃的改革和建设工作"的重要任务是维护社会秩序稳定，工农业生产发展，人民生活安定。此时残疾人的生活也发生了质的变化，其特征是变流离失所为得到收养救济，免除了冻饿之苦，获得了基本的政治权利和生活权利。② 新中国成立初期，人民政府组织有劳动能力的残疾人生产自救，建立了合作社（组），20 世纪 50 年代中末期，各地开始兴办福利工厂，其中不少是在合作社（组）的基础上发展起来的。③ 这一阶段解决残疾人问题以保障残疾人生存为目标，以救济为主要方式。《中国残疾人事业年鉴（1949—1993）》对这一阶段的残疾人就业状况描述为："50 年代以及后来成立的合作社或福利工厂，大多属于生产自救性质。主要从事手工业、修理、服务、按摩医疗、边角材料加工等生产劳动，由于生产水平低，也仅能维持基本生活。机关、团体、学校等单位也曾吸收一些残疾人就业。革命伤残军人和革命伤残人员依据国家政策享受一定优待抚恤。大多数残疾人依靠家庭亲属供养或扶助。无依无靠的残疾人则被安置到各类福利院或依靠集体救济抚养。"④ 1958 年，福利工厂发展到 463 个，安置残疾人 3800 人。各种荣军疗养院、养老院、福利院共收养荣誉军人、老人、残疾人 360000 人，盲聋哑学校也由 1949 年的 42 所发展到 266 所，在校生达 23300 人。1960 年，经国务院批准，中国盲人福利会与中国聋哑人福利会合并成为中国盲人聋哑人协会。协会工作范围虽然只限于两类残疾人，却标志着我国残疾人事业的良好开端，代表着我国残疾人事业发展的方向。⑤ 不过，从整体上看，这个阶段的残疾人工作由于社会、经济条件不成熟且又是以收养救济为主，还没有出现人道主义、平

---

① 徐忠：《周恩来是怎样领导新中国第一年"蓬蓬勃勃的改革和建设"的？》，人民网-中国共产党新闻网，2019 年 10 月 15 日，http://dangshi.people.com.cn/n1/2019/1015/c85037-31401459.html。
② 赵行良：《中国残疾人社会保障问题研究》，《上海社会科学院学术季刊》1998 年第 1 期，第 133 页。
③ 中国残疾人联合会编《中国残疾人事业年鉴（1949—1993）》，华夏出版社，1996，第 565 页。
④ 中国残疾人联合会编《中国残疾人事业年鉴（1949—1993）》，华夏出版社，1996，第 565 页。
⑤ 赵行良：《中国残疾人社会保障问题研究》，《上海社会科学院学术季刊》1998 年第 1 期，第 134 页。

等参与、回归社会主流等残疾人就业观念，还没有完整地把残疾人劳动就业作为具有宪法赋予的公民权利体现出来，而是把残疾人作为救济对象来看待。

**2. 发展停滞（1966~1976年）**

1966~1976年是"文化大革命"时期，这一时期党和国家经历了严重的内乱，各项事业停滞不前，残疾人事业也遭到严重破坏。当时，唯一的残疾人组织——中国盲人聋哑人协会被扣上"推行修正主义"的罪名而停止活动；残疾人生产自救组织被强行合并、拆迁或撤销；盲聋哑学校被迫收缩或停办；不少残疾人和残疾人工作者被揪斗游街；不少工人、干部、知识分子受迫害致残。这场史无前例的浩劫，使中国国民经济陷于崩溃的边缘，同时也使中国残疾人事业在这期间陷于停顿。①

**3. 调整转型（1977~1993年）**

改革开放后，我们残疾人工作得到全面恢复，残疾人就业也进入调整阶段。因"文化大革命"而停办、停工的残疾人福利工厂开始逐渐恢复，并且得到国家在财政和税收方面的福利政策的支持。《中国残疾人事业年鉴（1949—1993）》记载，1980~1987年，国家就残疾人劳动就业的问题，颁布了10个文件，其中5个文件都是直接对残疾人福利工厂和残疾人个体经营提供了减免税收、提供贷款等方面的优惠政策。② 在国家政策的大力扶持下，残疾人福利企业得到迅速发展。1979年，有福利企业1106家，1988年达4.16万家，解决了71.9万残疾人的就业问题。③

在此阶段，联合国自1983年开展的"联合国残疾人十年"项目也深刻地影响了我国残疾人观的发展，尤其是"联合国残疾人十年"的主题"全面参与和平等"，在我国引起人们对残疾人全面平等参与社会的思考。

---

① 赵行良：《中国残疾人社会保障问题研究》，《上海社会科学院学术季刊》1998年第1期，第134页。
② 中国残疾人联合会编《中国残疾人事业年鉴（1949—1993）》，华夏出版社，1996，第5页。
③ 邱观建、于娣：《改革开放以来中国残疾人事业发展的三个阶段》，《理论月刊》2017年第4期，第148页。

邓朴方同志在建立中国康复研究中心专家讨论会上讲话时，动情地说："我希望，中国残疾人将不再是一个弱者，也不只是受到人们的怜悯与同情；我希望看到，他们同健全人一起，以顽强的意志投身国家建设，推动社会前进。"① 乔石同志在"联合国残疾人十年"中国组织委员会第一次会议上的讲话中明确指出"使他们（残疾人）和健全人一样享有劳动、教育、医疗和充分参与社会生活的权利，既是党和政府的责任，也是发扬社会主义的人道主义精神，建设社会主义精神文明的一项重要内容"。② 这一时期，党和国家把残疾人事业纳入"整个社会主义建设事业"，对残疾人就业的转型发挥了重要引导作用。

1988年3月中国残疾人联合会的成立，是我国残疾人事业发展中的重大事件，体现了党和国家更加重视残疾人事业。中国残联承担政府委托的职责和任务，即"代表、管理、服务"职能；标志着我国残疾人事业有了统一的综合协调部门；标志着我国开始建构自上而下的残疾人事业发展的组织体系，开辟了新的发展局面。③ 1988年国务院批准的《中国残疾人事业五年工作纲要（1988—1992年）》，成为中国特色残疾人事业发展的第一个纲领性文件。在《中国残疾人事业五年工作纲要（1988—1992年）》中明确要求"保障残疾人的劳动权利，为残疾人劳动就业创造条件，提供机会，使其获得相对稳定的经济收入。要本着集中与分散相结合的原则，采取优惠政策和扶持措施，多渠道、多层次、多种形式安排残疾人劳动就业，使其朝着普及、稳定、合理的方向发展"④。在文件中首次提出残疾人就业"集中与分散相结合"的安置原则，一方面是从保障残疾人劳动权利出发，顺应残疾人平等参与社会生活的要求；另一方面是从当时的社会经济发展实际出发，改革开放后，计划经济向市场经济转型。在转型中，残疾人福利企业受

---

① 邓朴方：《人道主义的呼唤（第一辑·1983—1995）》，华夏出版社，2002，第2页。

② 中国残疾人联合会编《中国残疾人事业年鉴（1949—1993）》，华夏出版社，1996，第7页。

③ 邱观建、于娣：《改革开放以来中国残疾人事业发展的三个阶段》，《理论月刊》2017年第4期，第149页。

④ 中国残疾人联合会编《中国残疾人事业年鉴（1949—1993）》，华夏出版社，1996，第303页。

到巨大冲击，有些福利企业单靠政府扶持，难以在市场经济的浪潮冲击下站稳脚跟。加之国家经济发展刚刚起步，还没有形成较强的残疾人救助能力，因而一些福利工厂开始生存困难，导致残疾人在就业上必须另辟蹊径。在这种形式下，单一的救助福利化的残疾人集中就业，开始向多元的自我权利化的残疾人就业转型。分散就业是残疾人就业新模式的发端，1990 年 12 月，全国人大常委会审议通过《残疾人保障法》，这是我国第一部残疾人专门法律，在《残疾人保障法》中，以法律的形式规定了国家保障残疾人劳动就业权利的责任，并针对集中安排、分散安排、自谋职业、农村劳动四种残疾人就业形式，提出具体要求。1993 年，国务院成立由 32 个部委负责人组成的残疾人工作协调委员会，标志着我国残疾人事业由救济安养为主的初创阶段，步入以"平等·参与"为宗旨，康复、教育、就业、文化体育、福利、环境、法制建设全面发展的阶段，我国残疾人就业开始全面转型。

## （二）按比例就业为主阶段（1994~2007年）

1994 年 9 月，在北京举办了第六届"远南"运动会。借这次运动会，全国掀起重视残疾人的第一次高潮。运动会举办之前，党和国家领导人频繁接见、看望运动员，视察运动场馆建设，中国残联和国家体委组织多场"远南"运动会巡回报告演出，引起全国上下对残疾人的关注，也强化了人们对残疾人生存、教育、就业、康复等方面的重视。其中最为显著的行动是在"远南"运动会举办之前，全国人大通过了《残疾人教育条例》。社会对残疾人的普遍关注和热心帮助，为发展残疾人就业创造了良好条件。

这一时期，党和国家领导人对残疾人事业更加重视，尤其是江泽民同志就残疾人问题发表了一系列讲话和文章，用马克思主义的观点，结合世界和我国残疾人事业的实践，着眼于我国残疾人状况的改善和经济社会的协调发展，历史、全面、深刻地阐述了现代文明社会的残疾人观。其中关于"残疾人，有人的尊严和权利，有参与社会生活的愿望和能力，同样是社会财富的创造者"[①]

---

[①] 中国残疾人联合会编《中国残疾人事业年鉴（1994—2000）》，华夏出版社，2002，第 532 页。

的论述，确定了残疾人事业发展"平等、参与、共享"的原则，为新时期残疾人就业工作的全面发展，提供了思想遵循。

**1. 按比例就业成为残疾人就业新形式**

这一时期正好经历了中国残疾人事业发展"八五"计划、"九五"计划和"十五"计划实施过程。《中国残疾人事业"八五"计划纲要（1991年—1995年）》是新中国成立以来第一个与国民经济和社会发展五年计划同步实施的残疾人事业国家计划，标志着残疾人事业发展已经纳入国家整体发展之中。"八五"期间，残疾人就业工作有了新拓展，与过去福利企业的集中安排为主相比，分散安排就业进入实质性阶段，按比例安排残疾人就业成为新的就业形式。有 28 个省份规定了按比例安排残疾人就业的具体比例，在 141 个市 512 个县全面实施。残疾人就业服务网络初步形成，共建立各级劳动服务机构 1059 个，其中省（区、市）22 个、地（市）169 个、县（区）868 个。国家继续实行对福利企业的优惠政策，有 93.9 万残疾人在其中就业，近百万残疾人得到帮助个体从业，同时为农村残疾人生产劳动提供了综合服务。城乡残疾人就业率由 60% 提高到 70%。[①] 1999 年，国务院办公厅转批了《关于进一步做好残疾人劳动就业工作的若干意见》，在总结经验的基础上形成系统的残疾人就业政策，大大推进残疾人就业工作，"九五"期间，4 万多家福利企业集中安置了 73 万残疾人就业，700 个地（市），2083 个县（区）依法实施了按比例安排残疾人就业，个体就业和自愿组织就业迅速发展，残疾人就业率由 70% 提高到 80%。[②] 进入"十五"期间，残疾人就业得到进一步发展，据《2005 年中国残疾人事业发展统计公报》，截至 2005 年，全国城镇残疾人累计就业达到 463.5 万人，其中，按比例就业 140.2 万人，集中就业 124.1 万人，个体就业 199.2 万人。[③] 按比例就业人

---

① 中国残疾人联合会编《中国残疾人事业年鉴（1994—2000）》，华夏出版社，2002，第533 页。
② 中国残疾人联合会编《中国残疾人事业年鉴（1994—2000）》，华夏出版社，2002，第534 页。
③ 《2005 年中国残疾人事业发展统计公报》，研究报告站，2007 年 12 月 2 日，https：//www.baogaozhan.com/1640968.html。

数增长迅速。同时，残疾人就业服务发展迅速，截至2005年底，已经建成残疾人服务机构3048个。[①]

**2.《残疾人就业条例》提供按比例就业的法制保障**

2007年，《残疾人就业条例》颁布，标志着我国残疾人就业工作全面步入法治化轨道，残疾人劳动就业权利得到进一步保障。《残疾人就业条例》将《残疾人保障法》中所规定的"国家保障残疾人劳动的权利。各级人民政府应当对残疾人劳动就业统筹规划，为残疾人创造劳动就业条件"，具体细化落实，对残疾人就业的形式、内容、政府职责、社会义务、组织实施、保障措施和应当遵循的原则等做出明确规定，以消除或减轻残疾障碍对残疾人平等就业权利实现的影响，促进残疾人与其他人群一道成为经济社会发展的重要力量。《残疾人就业条例》明确了我国残疾人就业工作的重要内容为残疾人就业保护和残疾人就业促进，主要体现在对用人单位提出原则性要求，规定"用人单位安排残疾人就业的比例不得低于本单位在职职工总数的1.5%"，"用人单位安排残疾人就业达不到其所在地省、自治区、直辖市人民政府规定比例的，应当缴纳残疾人就业保障金"。[②]

## （三）多元化就业阶段（2008年至今）

2008年3月28日，《中共中央、国务院关于促进残疾人事业发展的意见》（以下简称《发展意见》）印发，从促进残疾人全面发展的要求出发，把促进残疾人就业提到"保障残疾人平等就业的机会和权利"的高度。除要求按比例安排残疾人就业，鼓励和扶持兴办残疾人集中就业单位，积极扶持残疾人自主择业、自主创业外，还特别要求"多形式开发适合残疾人就业的公益性岗位"，并提出多项残疾人就业保护政策措施，提出"将难以实现就业的残疾人列入就业困难人员范围，提供就业援助"。要求"加强残疾

---

① 《2005年中国残疾人事业发展统计公报》，研究报告站，2007年12月2日，https：//www.baogaozhan.com/1640968.html。

② 《残疾人就业条例》，中国政府网，2020年12月27日，http：//www.gov.cn/zhengce/2020-12/27/content_5574494.htm。

人职业培训和就业服务，增强残疾人就业和创业能力。切实将国家关于农村扶贫开发政策措施和支农惠农政策落实到农村贫困残疾人家庭，制定和完善针对残疾人特点的扶贫政策措施。扶持农村残疾人从事种养业、手工业和多种经营，有序组织农村残疾人转移就业，促进残疾人增加收入"。①

《发展意见》的印发，为残疾人就业指明了多元化发展道路。残疾人就业形式，从集中就业、按比例就业、自主就业，发展为公益性岗位就业、灵活就业和农村种养加等多种就业形式和渠道。同时，鼓励残疾人在"互联网+"的背景下，乘势而为，开发新的就业形态和就业岗位。

党的十八大提出"全面实现小康社会"的奋斗目标。习近平总书记明确要求"全面建成小康社会，残疾人一个也不能少"。② 2015年，国务院印发《关于加快推进残疾人小康进程的意见》，把残疾人就业纳入全面建成小康社会进程，为了实现"一个也不能少"，对于重度残障和心智障碍者的就业意愿给予充分尊重，积极开展辅助性就业，提供就业服务和就业支持，为他们提供"人生出彩的机会"。据《2021年残疾人事业发展统计公报》，到2021年，全国城乡持证残疾人就业人数为881.6万人，其中按比例就业81.8万人，集中就业26.8万人，个体就业63.5万人，公益性岗位就业14.8万人，辅助性就业14.3万人，灵活就业（含社区、居家就业）250.3万人，从事农业种养加430.1万人。③ 我国残疾人多元化就业形态已经形成。

## 三 中国残疾人就业的发展现状

### （一）残疾人就业的政策法规体系已经形成

为保障残疾人的劳动就业权利，政府出台的各种残疾人就业政策都来源

---

① 《中共中央、国务院关于促进残疾人事业发展的意见》（中发〔2008〕7号），中国政府网，2008年4月23日，http://www.gov.cn/jrzg/2008-04/23/content_952483.htm。
② 黄子娟：《特别的爱给特别的你——聆听习近平关爱残疾人的暖心话》，人民网-中国共产党新闻网，2021年5月16日，http://cpc.people.com.cn/n1/2021/0516/c164113-32104517.html。
③ 《2021年残疾人事业发展统计公报》，中国残疾人联合会官网，2022年3月31日，https://www.cdpf.org.cn/zwgk/zccx/tjgb/0047d5911ba3455396faefcf268c4369.htm。

于国家颁布的与残疾人就业权益相关的法律法规。《中华人民共和国宪法》（以下简称《宪法》）、《中华人民共和国劳动法》（以下简称《劳动法》）、《中华人民共和国就业促进法》（以下简称《就业促进法》）等，对残疾人就业的关键性问题，做出框架性的规范。

### 1. 残疾人就业的相关法律

《宪法》是国家的根本大法，在残疾人就业方面明确了政府和社会对残疾人就业的责任，规定了残疾人的劳动权利和义务。在明确"中华人民共和国公民有劳动的权利和义务"以及"劳动是一切有劳动能力的公民的光荣职责"的同时，对于有些没有劳动能力的残疾人，也有一条"托底"保障，规定"中华人民共和国公民在年老、疾病或者丧失劳动能力的情况下，有从国家和社会获得物质帮助的权利"。

《劳动法》是国家就业方面的法律，包括对劳动关系的规定和对国家政府责任的规定，规定了政府在就业中应该承担的责任和义务，例如，要发展职业教育、制定劳动标准、调节收入、完善保险、协调劳动关系，同时将残疾人作为一个特殊群体列举出来，并注意到这个群体在劳动就业方面的特殊性。

《就业促进法》在政策支持、公平就业、税费减免、就业援助等方面都有关于残疾人的明确规定。其中明确了政府承担主要责任，即"国家保障残疾人的劳动权利。各级人民政府应当对残疾人就业统筹规划，为残疾人创造就业条件。用人单位招用人员，不得歧视残疾人"。除此以外，对残疾人就业的优惠政策也做了规定，例如，给予税收优惠，在经营场地等方面给予照顾，免除行政事业性收费。

### 2. 残疾人就业的专项法规

与残疾人就业直接相关的专项法规，主要是《残疾人保障法》和《残疾人就业条例》。

《残疾人保障法》明确了政府和残联职责，对残疾人的就业方针、路径、目标和就业形式、就业政策，进行具体规定。如明确政府和残联的职责为"国家保障残疾人劳动的权利。各级人民政府应当对残疾人劳动就业统筹规划，为残疾人创造劳动就业条件"，"残疾人联合会举办的残疾人就业服务机构，应当组织开展免费的职业指导、职业介绍和职业培训，为残疾人就业和用人单位招用残疾人提供服务和帮助"。规定"残疾人劳动就业，实行集中与分散相结合的方针，采取优惠政策和扶持保护措施，通过多渠道、多层次、多种形式，使残疾人劳动就业逐步普及、稳定、合理"。安排残疾人的就业形式时，规定"政府和社会举办残疾人福利企业、盲人按摩机构和其他福利性单位，集中安排残疾人就业"，"国家实行按比例安排残疾人就业制度"，"国家鼓励和扶持残疾人自主择业、自主创业"，"地方各级人民政府和农村基层组织，应当组织和扶持农村残疾人从事种植业、养殖业、手工业和其他形式的生产劳动"。同时还制定了残疾人的就业政策，即"国家对安排残疾人就业达到、超过规定比例或者集中安排残疾人就业的用人单位和从事个体经营的残疾人，依法给予税收优惠，并在生产、经营、技术、资金、物资、场地等方面给予扶持。国家对从事个体经营的残疾人，免除行政事业性收费"。

**3. 残疾人就业的重要文件**

近年来中国残联会同有关部门，密集出台了促进残疾人就业的文件，这些重要文件有《促进残疾人就业三年行动方案（2022—2024 年）》《关于完善残疾人就业保障金制度更好促进残疾人就业的总体方案》《关于促进残疾人按比例就业的意见》《关于发展残疾人辅助性就业的意见》《中国残联办公厅关于进一步落实残疾人辅助性就业机构扶持政策的通知》《关于促进残疾人就业税收优惠政策的通知》《残疾人就业保障金征收使用管理办法》《职业技能提升行动方案（2019—2021 年）》《"十四五"残疾人职业技能提升计划》等。这些文件大致可以分为促进残疾人就业的财政政策、金融政策、税费政策和残疾人就业中的合理便利以及有限照顾，尤其在以下两点上表现突出：第一，覆盖面较广，基本上覆盖了残疾人就业的多种形式；第二，对残疾人就业相关部分的责任分工较为明确、细致，并有督导要求与公示要求，这样使残疾人就业的政策执行力度有了一定的保证。

### （二）残疾人就业呈现多元发展形势

#### 1. 残疾人就业形式的多元化

新中国成立以来，经过 70 多年的发展，我国残疾人就业呈现多元形式。从新中国成立之初的集中就业为主渠道，到 20 世纪 90 年代分散就业后来居上，再到进一步关注重度残障和心智障碍残疾人的辅助性就业，发展到今天的多种就业形式融合拓展，残疾人就业在互联网时代，平台经济、灵活就业（含居家就业等）成为新的增长点。2015 年《残疾人就业保障金征收使用管理办法》颁布后，残疾人就业保障金征收进一步规范，用人单位按比例安排残疾人就业积极性提高。同时人力资源服务机构的介入，使集中就业（辅助性就业）与按比例就业日益融合。

#### 2. 残疾人就业结构的多样化

残疾人就业形式的多元，也带来就业结构的多样化。《2021 年残疾人事业发展统计公报》显示，截至 2021 年底，全国城乡持证残疾人就业人数为 881.6 万人，按就业类型分，其中按比例就业 81.8 万人，集中就业 26.8 万人，个体就业 63.5 万人，公益性岗位就业 14.8 万人，辅助性就业 14.3 万人，灵活就业（含社区、居家就业）250.3 万人，从事农业种养加 430.1 万人。按从事行业分，从事农林牧渔业占 61.5%，制造业占 5.4%，居民服务、修理和其他服务业占 5.1%，批发和零售业占 3.3%，住宿和餐饮业占 1.6%，公共管理、社会保障和社会组织占 1%，交通运输、仓储和邮政业占 0.7%，卫生和社会工作占 0.7%。其他如金融业、房地产业、科学研究和技术服务业等占比均较低。①

### （三）残疾人城乡就业规模不断扩大

#### 1. 持证残疾人新增就业人数呈上升趋势

在残疾人就业政策的引导下，近年来我国残疾人就业人数逐年增加。根

---

① 《2021 年中国残疾人事业统计年鉴》，统计年鉴分享平台，2022 年 3 月 12 日，https://www.yearbookchina.com/navipage-n3022013050000124.html。

据中国残联历年公布的残疾人事业发展统计公报可以看出，持证残疾人新增就业人数年度变化幅度较为平缓，整体呈上升趋势（见图2），其中2019年的统计中，核减已注销和超年龄段残疾人，出现较大波动。2020年、2021年虽然受到疫情影响，但就业人数仍缓慢增加。

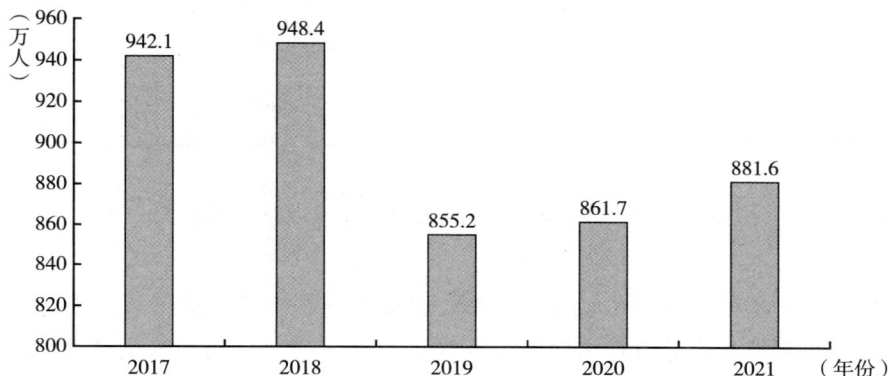

**图2　2017~2021年我国城乡持证残疾人就业人数统计**

资料来源：作者根据2017~2021年中国残联发布的残疾人事业发展统计公报整理。

### 2. 农村新增就业人数高于城镇新增就业人数

随着残疾人就业服务的开展，特别是针对残疾人开展的就业培训中，农村种植技术、养殖技术的培训，可以帮助农民更快地找到就业岗位。农民可以在家里开展种植和养殖，从而实现就业。针对农民开展的农产品加工技术培训，也让农民更容易在村里的加工厂或自己的加工工坊中实现就业。因此，近年来，由于农村残疾人就业途径较广，每年农村新增就业的残疾人数，几乎是城镇新增就业的残疾人数的两倍（见图3），农村成为残疾人就业新的增长点。

### （四）残疾人就业服务能力稳步提升

### 1. 残疾人就业服务机构数量增加

2007年颁布的《残疾人就业条例》中专门列出一章，对"就业服务"

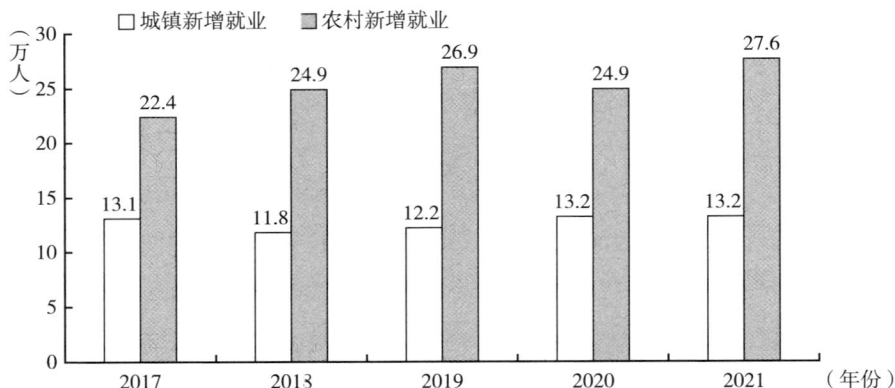

图3　2017～2021年中国城镇及农村新增就业人数统计

进行要求和规范。《残疾人就业条例》规定了残疾人就业服务的基本内容，要求残疾人就业服务机构为残疾人免费提供"（一）发布残疾人就业信息；（二）组织开展残疾人职业培训；（三）为残疾人提供职业心理咨询、职业适应评估、职业康复训练、求职定向指导、职业介绍等服务；（四）为残疾人自主择业提供必要的帮助；（五）为用人单位安排残疾人就业提供必要的支持"等五项服务，此外，受劳动保障部门委托，还可以进行残疾人就业与失业统计、残疾人职业技能鉴定等。

2010年，中国残联制定了《残疾人就业服务机构建设规范（试行）》，对指导和规范全国残疾人就业服务机构建设工作，推动提高残疾人就业服务能力和水平，发挥了较大作用。《残疾人就业服务机构建设规范（试行）》发布的当年，残疾人就业服务机构就达到3019个；[①] 2014年，残疾人就业服务机构建设达到峰值，建成6154个。随着残疾人就业服务机构建设的规范化，残疾人就业服务机构基本归属各级残联管理，逐步形成省、市、县三级残疾人就业服务体系。

**2. 残疾人就业基层人才队伍不断壮大**

残疾人就业基层人才队伍是由就业辅导员、业务系统管理员、职业能力

---

① 中国残疾人联合会编《2011年中国残疾人事业发展统计年鉴》，中国统计出版社，2011。

测评人员等构成。随着残疾人就业服务机构的发展，残疾人就业基层人才队伍不断壮大。2019 年，国家发展改革委、财政部、中国残联等六部门出台《关于完善残疾人就业保障金制度　更好促进残疾人就业的总体方案》，明确提出：建立就业辅导员制度，为残疾人提供就业服务。2020 年 2 月，人力资源和社会保障部办公厅、国家市场监管总局办公厅、统计局办公室联合出台《关于发布智能制造工程技术人员等职业信息的通知》，在"职业指导员"职业下增设"残疾人就业辅导员"工种。《平等、参与、共享：新中国残疾人权益保障 70 年》显示，截至 2018 年，全国共有残疾人就业服务机构2811 家，工作人员 3.4 万人。①

### （五）残疾人职业培训与职业技能竞赛卓有成效

#### 1. 残疾人职业培训覆盖面广

作为残疾人就业能力提升的重要手段，残疾人职业培训受到党和国家的高度重视。不仅积极鼓励特殊教育学校举办中等职业教育，还积极实施特殊教育建设工程二期，加大对特殊教育高等职业教育的投入，促进残疾人职业教育的发展。同时面对人多面广的社会残疾人群体，通过建立残疾人职业培训基地、与社会职业培训机构合作办学、购买社会职业培训服务等方式，加大对残疾人职业培训力度。2017 年城乡实名培训残疾人 62.5 万人，2018 年为 49.4 万人，2019 年为 40.7 万人，2020 年为 38.2 万人，2021 年为 57.1万，五年累计为 247.9 万城乡残疾人进行职业培训，为提高残疾人就业能力做出贡献。②

#### 2. 残疾人职业技能竞赛成绩斐然

1989 年开始举办的全国残疾人职业技能竞赛，已成为与全国残疾人运动会、全国残疾人艺术汇演并重的一项重要残疾人赛事，是展示残疾人自强精神和职业技能才华、加强残疾人就业培训工作交流的重要平台。组织残疾

---

① 《平等、参与、共享：新中国残疾人权益保障 70 年》，国务院新闻办公室网站，2019 年 7 月 25 日，http：//www.scio.gov.cn/zfbps/32832/Document/1660476/1660476.htm。

② 作者根据中国残疾人联合会发布 2017~2021 年《中国残疾人事业统计公报》统计整理所得。

人定期开展残疾人职业技能竞赛被写入《残疾人就业条例》，以国务院法规的形式固定下来。许多残疾人以非凡的毅力克服逆境、改变命运的自强不息精神，通过媒体的宣传报道在社会上产生了巨大的影响。从1989年到2022年，已经举办了六届的全国残疾人职业技能竞赛，涌现出一大批身残志坚的大国工匠，职业技能竞赛成绩斐然，已经产生257名"全国技术能手"。这些全国技术能手将带动更多的残疾人，在职业生涯中孜孜不倦，钻研技术和技能，向社会展现自己的天赋和才华。

## 四 残疾人就业面临的问题和困难

### （一）宏观形势变化对残疾人就业政策的影响

在党和国家高度重视下，在各级政府和社会各界以及残疾人工作者的共同努力下，我国残疾人就业工作取得了较大成绩。但是，面对新形势和新变化，残疾人就业仍然处在一个较为艰难的困境中。目前残疾人就业面临的问题和困难，主要有以下几个方面。

第一，"六稳六保"政策要求稳市场主体，税费减免力度加大，使得就业市场成本下降，残疾人就业优惠政策力度与社会平均水平的差距正在缩小。在整体稳市场的同时，没有及时配套保持残疾人就业优惠幅度的政策，对残疾人就业有一定的冲击。

第二，简政放权和"放管服"政策带来的影响。《就业促进法》提出"三结合"方针，同时突出政府责任和意志。党的十八届三中全会后更强调市场对资源配置的决定性作用，要求市场主体发挥更大作用，这在客观上导致残疾人就业保护政策作用减弱，盲人医疗、保健按摩的行政许可被要求取消，政府优先采购不易落实。

第三，财政制度改革带来的影响。2015年，国务院印发通知推进财政资金统筹使用。同年，财政部、国家税务总局、中国残疾人联合会共同印发《残疾人就业保障金征收使用管理办法》，明确规定"保障金纳入地方一般公共预算统筹安排，主要用于支持残疾人就业和保障残疾人生活"，保障金不再作为残疾人就业专项资金。2019 年 12 月，财政部发布《财政部关于调整残疾人就业保障金征收政策的公告》，自 2020 年 1 月 1 日至 2022 年 12 月 31 日，对残疾人就业保障金实行分档减缴政策，部分企业产生认识偏差，招录残疾人积极性降低。

从以上三点可以看出，残疾人就业政策的宏观环境发生了较大变化，在大变革中，过去依靠国家财政特别优惠政策提供财政支持的残疾人就业，一下子失去了惯有的财政支持，显得捉襟见肘。缺少了财政支持，税费政策激励作用也在弱化，就业保护政策难以落实。

### （二）残疾人就业人口结构的不利因素

我国目前尚未就业的残疾人约有 830 万，其中一、二级重度残疾的残疾人占 59.5%，智力和精神残疾人占 40.7%，初中及以下文化程度（文盲、小学及初中）占 86.8%。同时，已就业残疾人中有超过半数的残疾人正在从事低层次、低收入、不稳定工作（大多在低端服务业和制造业工作），向上流动难。一些行业入职及资格考试对残疾人存在不合理的身体条件限制，机关、事业单位按比例招收残疾人就业带头作用仍不理想。

从残疾人就业人口地域分布来看，我国东部地区企业多，残疾人口少；中西部地区企业少，残疾发生率比较高。由于残疾人行动不便，外出务工难度大，同时残疾人职业教育和职业技能培训不足，且培训内容更新缓慢，残疾人职业能力低下，高收入企业、劳动密集型企业虽有安置残疾人的积极性，但是难以招到合适的残疾人。

### （三）残疾人就业服务与培训供给不足

第一，残联就业服务力量不足。首先，残疾人就业服务机构的定位和性质有待明确。虽然大家都认识到残疾人就业服务机构是公共就业服务的重要组成部分，是对公共就业服务的重要补充，但是残疾人就业服务机构的性质没有得到确定，是事业单位，还是社会机构，尚无相关文件规定。残疾人就业服务机构的经费来源不统一，有全额拨款、差额拨款、民办公助、自收自支等多种形式。机构性质不定使得残疾人就业服务与公共就业服务体系难以整合。其次，各级残疾人就业服务人员队伍有待加强，目前残疾人就业服务从业人员有1万多人，但多为兼职或临时借用人员，这样的人员队伍，要面对800万未就业残疾人提出的各类需求，实现全方位、广覆盖、高质量的就业服务难度大。

第二，社会化就业服务推广难度大。政府购买就业服务推进缓慢，目前只有岗位介绍和职业培训被纳入，资金使用限制较多，社会组织参与动力不足。残疾人就业服务机构既没有授权社会组织购买服务的资质，自身也不具备购买就业服务的主体资格。

### （四）政府和相关部门责任有待落实

第一，目标责任和考核检查制度落实难。前期目标不够合理，底数不清，"九五"计划中残疾人就业率要求达到70%，"十五"计划要求达到85%，但在后面的五年规划中，对残疾人就业的约束性指标越来越少，考核检查通常由残联实际牵头，没有第三方参与，易出现"既当运动员，又当裁判"的现象，且对达不成目标的也没有采取如进行公示、限制资金使用等惩戒办法。

第二，责任分工落实难。在实际工作中，政府主导、残联协助的格局仍有待建立。目前出台的残疾人就业扶持政策文件的印发单位和具体工作的牵头单位大多为残联，残疾人更习惯向残联而不是公共就业服务机构反映诉求。同时，各类残疾人就业扶持责任分工相关规定大多为原则性的。

### （五）残疾人就业政策和就业服务的其他问题

第一，就业扶持政策力度不足。金融扶持政策缺乏特惠，基本与公共政策一致。例如，残疾人就业创业贷款的担保条件，银行要求与其他人一致，对家庭经济条件差、创业能力弱的残疾人，没有专项贴息政策。税费减免政策方面，残疾人就业企业绝大多数为小微企业，缴税额度小，税费减负优惠力度不明显。财政政策方面，扶持政策本身范围难以扩展。按比例就业方面，最低安排比例需根据当前情况科学核算。辅助性就业方面，项目同质、低利，企业营运积极性不足，残联营运能力不足。灵活就业方面，仍处于探索阶段，有待规范和加大扶持力度。

第二，就业服务内容、标准不一致。残疾人就业定义与标准，残疾人就业能力的判断标准、口径及认识，与公共就业的观点不统一，例如，城乡就业在《残疾人就业条例》和人口普查、经济普查中的指标解释不一致；残疾标准与职工工伤、职业病致残等级分级不一致，导致数据统计不一致。残疾人就业服务与培训的标准、规范、办法有待完善，残疾人就业服务范围有待扩展。

# 五　中国残疾人就业发展的对策建议

## （一）增强信心，充分挖掘发挥残疾人就业潜力和优势

### 1. 残疾人就业能力提升潜力大

我国 16~35 周岁残疾人中，初中学历有 103 万人，高中学历有 21.7 万人。残疾人高校毕业生规模逐年增长到 3 万人。随着辅助器具、信息技术、通用设计的发展，应与教育、康复、无障碍相关方合作推进残疾人就业，挖掘残疾人就业的能力潜能。

### 2. 残疾人劳动力具备一定优势

残疾人就业保障金的规范征收对提升高收入和劳动密集型用人单位招收残疾人就业的积极性有较大影响。同时辅助性就业等用工成本低、互联网服务业安置残疾人就业潜力大、奖补政策和税费减免、就业辅导员的服务加持以及目前制造业、服务业缺工严重的态势，都使残疾人劳动力具有一定的优势。

### 3. 残疾人就业服务具备精准化基础

目前我国残疾人就业与职业培训，都实行实名制，这使得残疾人成为唯一具备较为完善就业实名信息的特殊群体。这为加快实现"数字政府"奠定了较好的基础。同时残疾人就业的"跨省通办"，也有效对接并推动了用

人单位用工需求与社会机构合作。这都是残疾人就业服务实现精准化的基础，有利于提高残疾人就业的适切性。

**4. 残疾人就业环境持续改善**

在党和政府的高度重视下，出台法律法规、政策文件，保障残疾人就业权利，拓宽残疾人就业渠道，采取多项措施，全面推动残疾人就业。在社会经济发展的带动下，残疾人就业岗位不断增加，就业信息公开、透明，网络舆情也发挥监督作用，残疾人就业环境得到持续地改善。

## （二）改进残疾人就业的工作思路

**1. 加强顶层设计**

通过修订《残疾人就业条例》明确残疾人就业工作政府主体责任；保证残疾人就业保障金的性质，确保残疾人就业保障金进入残疾人就业的投入渠道；进一步明确残疾人就业服务机构的性质和职能等。

**2. 着力增加政策可执行性和执行刚性**

将方向性的规定细化为实施办法和细则。例如，已经出台的《机关、事业单位、国有企业带头安排残疾人就业办法》，要求各地各机关、事业单位、国有企业细化本单位的实施方法，制定执行细则。对于残疾人就业服务，应明确要求出台"残疾人就业服务和职业培训服务管理规范"，要求地方出台"残疾人就业补贴奖励办法"等。

**3. 用科学测算作为落实政策依据**

根据政策规定方向，准确掌握和反馈残疾人就业服务需求，科学编制预算申请，及时评估反馈执行效果。

**4. 用社会化、信息化、标准化提高服务水平**

引入人力资源服务机构开展就业服务。与大型职业中介社会机构签订合作协议；与开放大学合作开展职业教育与培训；制定就业辅导员和评估师职业标准、残疾人职业技能培训服务与管理办法等规范残疾人就业的社会服务。

**5. 在财税政策之外争取突破，向用人单位争取支持**

开展促进残疾人就业三年行动，对党政机关、事业单位带头按比例招收残疾人就业做明确规定；推动大型国企、头部平台企业集中提供岗位；帮助小微企业建立快速响应机制，反映诉求，争取支持。

### （三）推动残疾人较为充分、较高质量就业

#### 1. 努力提升残疾人就业质量

推动实施党政机关、事业单位、国有企业带头安排残疾人就业行动，促进残疾人就业稳定、合理。实施残疾人大学生就业帮扶行动，落实相关帮扶政策，充分利用优势劳动力资源。实施残疾人职业技能提升行动，提高残疾人就业竞争力，针对残疾人文化水平不足问题，开展大规模培训，加快推进残疾人中、高等职业教育现代化。

#### 2. 着力提升残疾人就业率

实施民营企业安排残疾人就业行动，利用数字化手段，充分发展新形态就业。实施就业困难残疾人帮扶行动，大力发展辅助性就业、公益性岗位就业，用这类用人成本低、限制少的就业形式进行兜底。同时加强就业援助和公益性岗位安置，应对市场冲击和减负要求，增强对用人单位的吸引力。实施农村残疾人就业帮扶行动，稳住农村残疾人就业。

#### 3. 推动残疾人就业向高端服务业转型

实施盲人按摩就业促进行动，继续强化行业优势；实施残疾人组织助残就业行动。将"喜憨儿洗车""美丽工坊"等打造成盲人按摩这样有规模、有标准、有影响、有品牌的优势行业。

#### 4. 实施残疾人就业服务提升行动

提升残疾人就业服务的精准化、规范化、社会化水平，扩大残疾人就业规模，提高残疾人就业质量。

### （四）压实责任，推动落实

#### 1. 明确政府责任

更好发挥政府促进就业的作用，地方人民政府进一步明确各项行动负责部门和职责分工，按年度对残疾人就业政策实施情况进行监测和评估。

## 2.明确就业协调机制和相关部门责任

各级人民政府要把残疾人就业作为重要民生工程来抓，统合各部门和社会资源，形成促进残疾人就业工作的协调机制，明确并落实各相关部门的责任，共同推动残疾人就业相关政策落实。

## 3.明确各级残联和残工委责任

各级残联配合有关部门完善、落实、宣传残疾人就业创业扶持政策，精准掌握并按规定共享残疾人就业状况与需求信息，组织实施残疾人就业帮扶活动，开展残疾人就业服务和职业技能培训。各级人民政府残疾人工作委员会加强组织协调，督促有关部门和单位做好残疾人就业工作。适时组织残疾人就业政策落实情况效果评估。

**参考文献**

凌亢、白先春等：《中国残疾人事业发展报告（2006—2015）》，中国统计出版社，2017。

凌亢主编《残疾人蓝皮书：中国残疾人事业发展报告（2018）》，社会科学文献出版社，2018。

赖德胜、李长安、张琪主编《中国就业70年（1949—2019）》，中国劳动社会保障出版社，2019。

南京大学残疾人事业发展研究中心编《积极福利视角下残疾人就业问题研究》，南京大学出版社，2020。

# 分 报 告
## Topical Reports

**B.3**
# 中国残疾人就业服务与支持
# 发展报告（2022）

郭 未 杨宗平*

**摘　要：** 本报告在对中国残疾人的就业现状、就业服务与支持政策展开分析的基础上，从残疾人就业意愿、残疾人职业教育、残疾人职业康复服务、残疾人就业福利体系四个方面系统分析了中国残疾人就业服务与支持的现状和存在的问题。最后，本报告从宏观、中观、微观层面，分别提出完善政策、加强服务、提升行动的促进中国残疾人就业的对策和建议。

**关键词：** 残疾人　就业服务　就业意愿　职业教育　政策体系

---

\* 郭未，博士，教授，南京大学社会学院博士生导师，南京大学亚太发展研究中心研究员，研究方向为人口社会学、健康社会学；杨宗平，南京大学社会学院社会学专业研究生，研究方向为人口社会学。

就业是残疾人满足生存需要的基本人权之一，也是残疾人参与社会活动的重要途径，残疾人就业一直是我国党和政府高度重视的内容。中国残联第七次全国代表大会 2018 年在北京开幕，习近平总书记在大会上指出"全面建成小康社会，残疾人一个也不能少"，让广大残疾人过上幸福美好的生活是我国社会主义制度的必然要求。残疾人就业状况近年来取得了显著成效："十三五"期间，残疾人就业规模不断扩大，城乡新增就业人数不断上升；残疾人职业技能培训项目不断增多，技能培训人群覆盖面不断拓宽；残疾人就业空间逐渐扩大，就业比例逐年上升；残疾人就业引起了政府及社会的广泛关注。但相较于其他群体，残疾人依旧是人数较多、特性突出、特别需要关心帮助的困难群体，残疾人就业仍旧不够充分，就业质量不高，残疾人就业发展事业依旧道阻且长。《"十四五"残疾人保障和发展规划》（以下简称《规划》）的主要目标中提到，到 2025 年，多形式的残疾人就业支持体系基本形成，残疾人实现较为充分较高质量的就业，城乡残疾人职业技能培训人数达到 200 万人。为实现《规划》的主要目标，特编撰《中国残疾人就业服务与支持发展报告（2022）》，尝试通过近五年残疾人的就业状况为残疾人就业相关政策的制定提供建议。

# 一　中国残疾人就业现状分析

## （一）残疾人新增就业

### 1. 城乡持证残疾人新增就业

从 2017~2021 年城乡持证残疾人新增就业情况的统计数据来看（见表 1），城乡新增就业人数总体上较为稳定。2020 年的城乡持证残疾人就业增量有所下滑，这与突发公共卫生事件新冠疫情有很大关系，2020 年是新冠疫情发生的第一年，全国的经济情况下行，所以相对于 2019 年 6.54% 的增长率，2020年城乡持证残疾人新增就业下降了 2.56%。2021 年城乡持证残疾人就业总计增加了 40.8 万人，相对于 2020 年，新增了 7.09%，其中城镇残疾人新增就业13.2 万人，农村残疾人新增就业 27.6 万人，农村残疾人就业增量较大，增加了 10.84%。通过图 1 可以看出，城乡持证残疾人新增就业人数存在显著差异，农村新增就业人数大于城镇新增就业人数，其增幅也大于城镇，但 2020 年城镇新增就业人数在增加，而农村新增就业人数则在减少。

表 1　2017～2021 年城乡持证残疾人新增就业情况

单位：万人

| 年份 | 城镇新增就业 | 农村新增就业 | 总计 |
|------|-------------|-------------|------|
| 2017 | 13.1 | 22.4 | 35.5 |
| 2018 | 11.8 | 24.9 | 36.7 |
| 2019 | 12.2 | 26.9 | 39.1 |
| 2020 | 13.2 | 24.9 | 38.1 |
| 2021 | 13.2 | 27.6 | 40.8 |

资料来源：2017～2021 年《残疾人事业发展统计公报》，中国残疾人联合会官网，https://cdpf.org.cn/zwgk/zccx/bjgb/index.htm；下同。

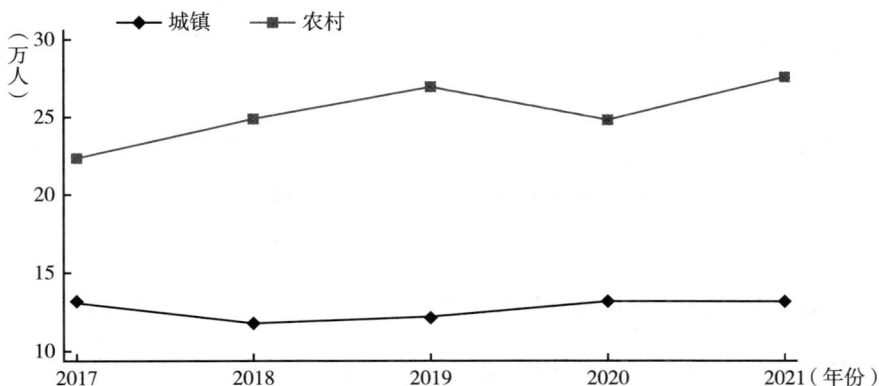

图 1　2017～2021 年城乡持证残疾人新增就业人数变化

### 2. 城乡残疾人新增就业培训

残疾人通过职业培训，可增加就业的机会，近年来，政府部门对残疾人职业培训越来越重视，实名培训人数也越来越多。残疾人新增实名培训人数 2017～2020 年一直在下降，到 2021 年才有了一定的反弹（见图 2）。其中原因可能有以下几个方面。（1）培训需求以及培训容量会限制其增长。尽管残疾人新增就业人数一直在上升，但在职业培训内容方面不够全面，针对体量更大的农村残疾人关于农业种养方面的培训则较少，更多的是在城市开展的针对企业的技能培训。（2）残疾人就业保障金不足或使用不够规范。举办残疾人职业培训主要依靠残疾人就业保障金，残疾人就业保障金在企业中呈现疲软状态，一些企业"投机取巧"，通过一定的手段来避免缴纳残疾人就业保障金导致残保金不足，另外，若残疾人就业保障金使用不规范，也可能导致新增就业培训人数减少。（3）学历性教育的发展。随着义务教育的推进，接受过学历性教育的残疾人越来越多，对他们来说，在学校学到的知识与技能可以满足就业需求，因此会降低参加就业培训的机会成本。

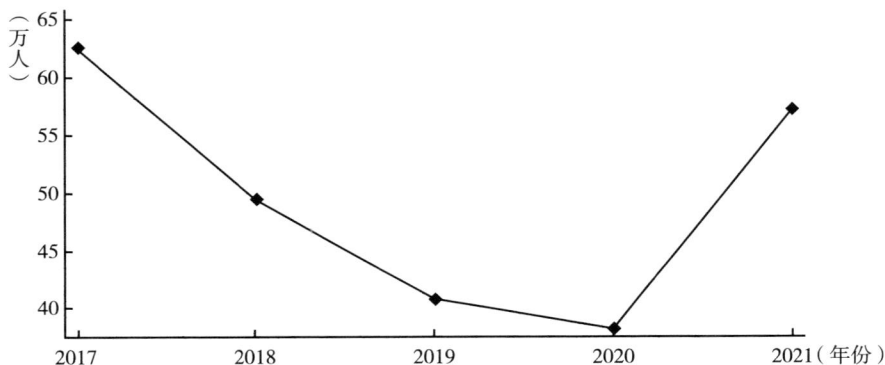

图2 2017~2021年城乡残疾人新增职业培训人数变化

## （二）残疾人不同模式就业现状

我国残疾人就业模式有集中就业、按比例就业、灵活就业、个体就业、公益性岗位就业、辅助性就业以及从事农业种养加（见表2），它们在我国经济社会发展的不同历史阶段均发挥着重要的作用，随着经济社会的发展，支持性就业也逐渐登上历史的舞台。

表2 2017~2021年残疾人不同模式就业人数

单位：万人

| 就业模式 | 2017年 | 2018年 | 2019年 | 2020年 | 2021年 |
|---|---|---|---|---|---|
| 集中就业 | 30.2 | 33.1 | 29.1 | 27.8 | 26.8 |
| 按比例就业 | 72.7 | 81.3 | 74.9 | 78.4 | 81.8 |
| 灵活就业 | 272.7 | 254.6 | 228.2 | 238.8 | 250.3 |
| 个体就业 | 70.6 | 71.4 | 64.2 | 63.4 | 63.5 |

| 就业模式 | 2017 年 | 2018 年 | 2019 年 | 2020 年 | 2021 年 |
|---|---|---|---|---|---|
| 公益性岗位就业 | 9.0 | 13.1 | 14.4 | 14.7 | 14.8 |
| 辅助性就业 | 14.4 | 14.8 | 14.3 | 14.3 | 14.3 |
| 从事农业种养加 | 472.5 | 480.1 | 430.1 | 424.3 | 430.1 |

注：2017 年残疾人灵活就业人数为 145.8 万人，社区就业为 8 万人，居家就业为 118.9 万人，自 2018 年开始，灵活就业人数包含社区就业与居家就业，故对 2017 年的灵活就业人数进行加总。

### 1. 集中就业

集中就业指残疾人在各类福利企业、工疗机构、盲人按摩医疗、庇护工厂等单位安置就业。《残疾人就业条例》（以下简称《条例》）规定了集中使用残疾人劳动者的用人单位一定比例的硬性要求。对此类用人单位，减免一定的税赋并提供相应的支持。根据 2017~2021 年的《残疾人事业发展统计公报》，如表 2 所示，集中就业人数在下降，虽然在 2018 年有所上升，但整体还是呈现下降趋势，从 2017 年的 30.2 万人下降到 2021 年的 26.8 万人，下降了 11.26%。主要原因在于该就业模式是由政府部门主导，近年来随着经济的发展、节奏的加快，由以前的主要模式退居为次要的残疾人就业模式。

### 2. 按比例就业

按比例就业指企业根据国家的规定，按照一定的比例雇用残疾职工的就业模式。该就业模式与欧洲的"配额制"相似，与征税制度配合使用。国家机关、社会团体、企事业单位、民办非企业单位应当按照规定的比例安排残疾人就业，并为其选择适当的工种和岗位，若企业不安排或其比例达不到规定，应当缴纳残疾人就业保障金。由图 3 可知，2018 年残疾人按比例就业人数最多，2019 年发生骤降，随后的两年内依旧呈现上升趋势，2021 年按比例就业人数为 81.8 万人。2017 年，财政部印发了《关于取消、调整部分政府性基金有关政策的通知》，扩大了残疾人就业保障金免征范围，由原来的 20 人及以下调整为 30 人及以下。按比例就业是残疾人就业的主要模式之一，就业的残疾人中大约 30% 以该模式实现了就业。

### 3. 灵活就业

灵活就业指残疾人通过从事非全日制、临时性和弹性工作等实现就业以

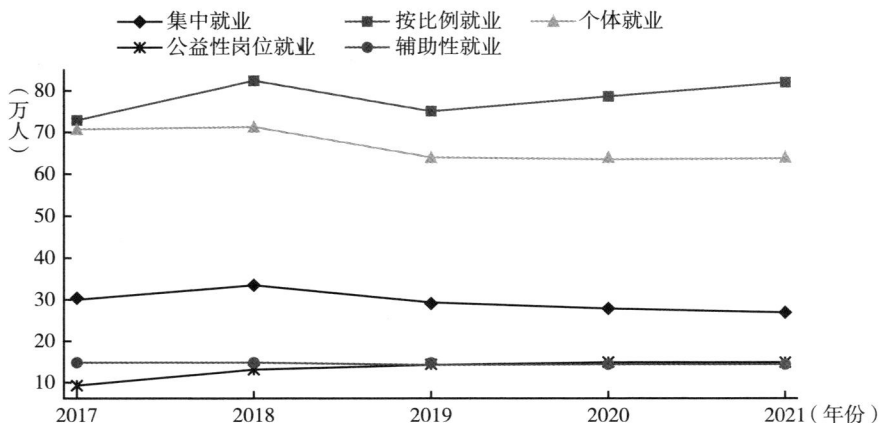

图 3　2017～2021 年残疾人不同模式就业人数变化趋势（一）

及人力资源和社会保障部门认定的其他灵活就业。换句话说，灵活就业是没有固定工作单位、没有固定岗位、没有固定工作时间的残疾人获得合法收入的就业模式。2021 年，中国残疾人联合会联合国家发展和改革委员会等 14 个部门共同印发了《关于扶持残疾人自主就业创业的意见》，指出对灵活就业的残疾人要落实税收优惠和收费减免、提供金融扶持和资金补贴。从图 4 可以看出，灵活就业人数在 2019 年达到最低，仅为 228.2 万人，随后两年慢慢有上升趋势，但均未达到 2018 年的 254.6 万人。灵活就业是大部分残疾人实现就业的模式。

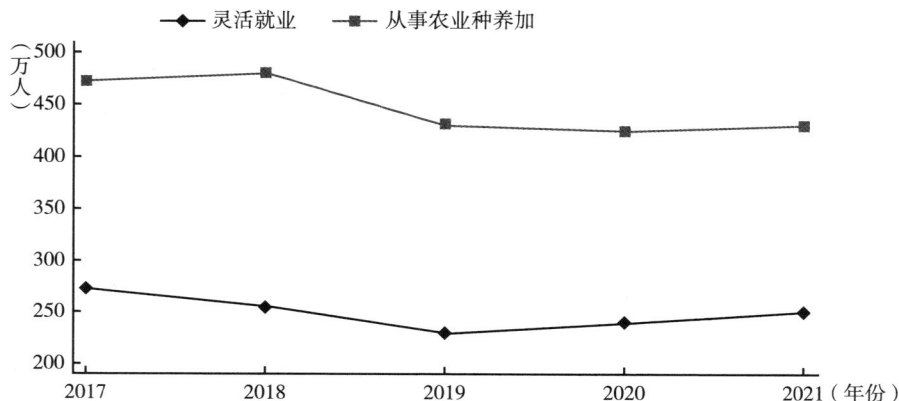

图 4　2017～2021 年残疾人不同模式就业人数变化趋势（二）

### 4. 个体就业

个体就业指残疾人从事独立的生产、经营活动，取得劳动报酬或经营收入。不同于集中就业和按比例就业，残疾人个体就业需要独立生产和销售，自负盈亏。个体就业模式繁多，一方面，由于其门槛较低，只要残疾人有一技之长就可以实现个体就业；另一方面，个体就业机制灵活，行业选择面较宽，其中盲人按摩店是个体就业众多形式中的一种，盲人在按摩方面比较擅长，通过培训后即可实现就业。《条例》规定对通过个体就业模式实现就业的残疾人不仅给予税收优惠，还有为其工商注册流程提供方便、给予一定的小额信贷等优惠政策。通过图3可以看出，残疾人个体就业人数在2018年达到最多，随后三年均有所下降，2020年个体就业人数最少，这与新冠疫情对中国经济市场造成的打击密不可分，2021年相对于2020年有所回升，增加了0.1万人。

### 5. 公益性岗位就业

公益性岗位就业指由政府投资设立或直接购买公益性岗位来帮助社会弱势群体就业。包括但不限于非营利社会工作、社会志愿服务、保洁、社区保安以及残疾人之家公益性岗位和助残照护服务公益性岗位等。通过公益性岗位实现就业的残疾人可获得一定的岗位补贴和社会保险补贴来解决基本的生活保障问题。通过图3可看出公益性岗位就业人数近五年一直呈上升趋势，但上升幅度越来越小，2021年相对于2020年仅增加了0.1万人的公益性岗位。针对于此，多地提出在"十四五"期间要实现残疾人公益性岗位扩容，如绍兴发布了《绍兴市城乡公益性岗位提质扩容行动实施方案》，山东也将在"十四五"期间在全省创设大约120万个城乡公益性岗位。

### 6. 辅助性就业

辅助性就业指通过辅助性就业机构（如庇护工厂、农疗机构等）实现就业的残疾人，主要包括有就业意愿但难以进入竞争性劳动力市场的智力、精神和重度肢体残疾人群体。中国残疾人联合会联合国家发展和改革委员会、民政部等7个部门在2015年共同印发了《关于发展残疾人辅助性就业的意见》，指出以政府为主导，动员社会，鼓励、吸引和支持社会力量发展辅助性就业，逐步实现投资和运营主体多元化并对兴办辅助性就业机构截止时间及数量提出了要求。鉴于中国的行政机构有"层层加码"的现象，所以通过图3可以看出，2017年各省区市几乎都完成了目标，2018年为14.8万人，相对于2017年的14.4万人有所增加，而2019~2021年的辅助性就业人数非常稳定，均为14.3万人。

### 7. 从事农业种养加

从事农业种养加指残疾人从事种植、养殖、农产品加工相结合。我国70%的残疾人生活在农村地区，因此该就业模式主要适用于农村，吸纳大量的农村残疾人参加就业。2013年，中国残疾人联合会联合农业部印发了《关于加强农业行业助残扶贫工作促进农村残疾人增收的通知》，强调要发挥农业行业优势，加强对农村残疾人的帮扶工作。一方面，加强农业生产技术服务、培训以及合作；另一方面，实行支持农村残疾人家庭购置和使用农机以及改善燃气环境等优惠政策。从表2中可以看出，2018年从事农业种养加的残疾人人数最多，为480.1万人，2019年大幅度减少，2020年人数最少，为424.3万人，2021年从事农业种养加的残疾人人数有所回升。

### 8. 支持性就业

以上七种残疾人就业模式中国残联都有公布数据，但随着时代的发展及社会的需要，国际上出现了社会融合的新模式——支持性就业[1]，用以帮助有特殊需要的人。支持性就业指由专业就业辅导员专职负责残疾人，使残疾人能够在普通的企事业单位（非庇护性单位）获得工作机会并成功实现就业的一种残疾人就业模式。支持性就业强调社会参与，融入整体的工作环境，与其他员工在同一场所工作。中国残联等7个部门在2016年印发的《残疾人就业促进"十三五"实施方案》中指出，要积极探索支持性就业，充分调动社会资源以及继续在部分省区市开展残疾人支持性就业试点，培训就业辅导员。支持性就业将会改变残疾人就业的发展趋势，尽管现阶段我国这方面的体系还未完全搭建，但精准的、个性化的服务会随着社会对残疾人

---

[1] 宋颂：《国际残疾人支持性就业比较研究》，《残疾人研究》2015年第1期，第66~69页。

就业认知的进步和融合就业的深化而得到长足的发展。

9. 小结

我国早期是高度集中的计划经济体制，主要通过开办福利企业集中安置残疾人就业，在当时的情况下效果显著，各类福利企业稳定安置了大量残疾人就业，但随着市场经济的发展，福利企业面临多重困境，如管理过时、技术陈旧、资金缺乏、市场竞争力不足等。另外，集中就业把残疾人与社会进行"隔离"，不利于残疾人融入社会，不利于社会的长期和谐发展，也很难从根本上解决就业问题。民政部于 2016 年印发了《关于做好取消福利企业资格认定事项有关工作的通知》，"福利企业"的称号从官办到民办、从计划到市场，最终消失在时代的进程中。按比例就业是目前我国安置残疾人使残疾人的就业率大幅度提升的模式之一，该模式多形式、多层次地有效解决了残疾人就业问题。同时，多元主体的参与有利于残疾人融入社会，促进了残疾人事业的发展。个体就业则一直在发展，随着"互联网+"模式的流行，国家也鼓励残疾人自主创业并给予大力的优惠政策。但集中就业、按比例就业面临严峻的挑战，残疾人在传统的福利模式下就业出现很大的局限性，集中就业中的福利企业减少；按比例就业中"惩罚机制"失灵，用人单位更偏向于缴纳残疾人就业保障金，而不愿意安置残疾人；个体就业市场竞争力不足、政策扶持力度弱以及可持续性较差，尤其在新冠疫情的影响下形势更不容乐观，且社会对残疾人的歧视依然比较普遍。随后兴起了一些新就业模式，如辅助性就业、公益性岗位就业。传统的残疾人就业形势已经逐渐转变为新业态的就业模式，更具多元化、个性化。越来越多的残疾人涉足新业态，传统就业模式已难以满足残疾人多样化的就业需求。"传统+新业态"的残疾人培训活动，不仅培训残疾人掌握一些传统的技能，比如缝纫、理发、修理等，还可进行电子商务、抖音直播等新业态相关技能培训。

尽管就业模式发生转变，但是依旧有不少困境，比如辅助性就业残疾人订单少、收入低；残疾人自主创业的项目扶持难以启动；灵活就业残疾人风险大、不易普及等。而且尽管政府出台了多项残疾人就业优惠政策，但在现实中，残疾人很少主动关注这些政策，未能充分重视并利用能够促进其就业的外部资源。

## 二 中国残疾人就业服务与支持政策分析

### （一）发展阶段

从中央到地方，目前我国出台的有关残疾人就业的法律、法规、政策已有 1100 多项。这些政策文件是以《中华人民共和国就业促进法》《中华人民共和国劳动法》《中华人民共和国残疾人保障法》《残疾人就业条例》为基础制定的。在内容推进方面，有学者指出中国残疾人就业政策经历了四个阶段，[①] 分别是居养型就业阶段、庇护型就业阶段、明权型就业阶段和赋能型就业阶段。从对少部分群体，如严重残疾群体、精神病人以及麻风病人等实施集中居养到现在为所有残疾人群体服务，从"输血式"的集中生产到"造血式"的自我供能，政府针对残疾人制定的政策随着时代的变化而变化。在探索市场经济体制初期，主要政策是以福利企业为主导，支持残疾人集中就业，随着市场规律的变化，残疾人和福利企业作为宝贵的市场资源被政府纳入经济建设的增长体系中，并且不再从"慈善"角度使残疾人接受馈赠，而转为从"资源"角度为残疾人群体的就业实践奠定基础。

在不同阶段，政府颁布的针对残疾人的就业政策也大不相同。居养型就业阶段主要以"社会主义"制度为背景，以解决残疾人生存困境为目的，颁布的政策主要有《中华人民共和国劳动保险条例》，为一些伤残员工的基本生活保障提供政策支持。庇护型就业阶段以"市场经济"为背景，主要政策则以福利企业为主导支持残疾人就业，政府出台政策支持福利企业，并帮助宣传福利企业的产品、使福利企业在市场经济中立住脚跟，大大增加了残疾人的就业人数。明权型就业阶段以"市场经济与民主政治"为背景，以马克思主义理论为基石，政府发布的政策也更加多元化，包括《中华人

---

① 董才生：《残疾人就业政策的转型历程与创新路径——以诉求变迁为视角》，《残疾人研究》2017 年第 3 期，第 43~48 页。

民共和国残疾人保障法》《残疾人就业条例》等在内的诸多基本性文件都是在该阶段颁发的，残疾人就业政策体系在此阶段基本形成。赋能型就业阶段以"社会公平"为背景，以"非歧视""社会融入"等理念为基石扩充残疾人就业服务体系。尤其是近几年，国家提出"大众创业，万众创新"的口号，就业创业成为时代的主旋律，残疾人群体也积极主动地参与其中。广西乡村振兴双创发展促进会的"贫困残疾人就业创业帮扶发展示范项目"入选2022年中央财政支持社会组织参与社会服务项目发展示范项目（A类）。残疾人就业创业与互联网相结合，直播、电商赋能于残疾人传统的就业项目，使残疾人能够忽略生理功能的缺陷，平等公平地参与到社会公共事务之中，行使社会权利。

## （二）政策文本增量分析

鉴于残疾人就业各个发展阶段背景不同，本报告着重分析赋能型就业阶段的政策规律。从时间演进方面来说，2007年正式颁布的《残疾人就业条例》是我国促进残疾人就业的第一部专门性的法规，现有的对残疾人就业政策的研究也多以2007年为时间起点。因此，作者以"残疾人就业"为标题关键词，以2007年1月1日至2022年7月1日为时间区间进行搜索，对残疾人就业的法律法规进行分析。搜索发现43篇现行有效的中央法规，684篇现行有效的地方性法规。在这些法律法规中，政策的发布主体包括但不限于中国残联、民政部、国家发展改革委以及国家税务总局等。它们以单一形式发布或联合其他主体共同发布，其中，中国残联发布相对较多。[①]

### 1. 中央法规增量分析

从图5可以看出，从2007年《残疾人就业条例》颁布以来，几乎每年都有关于残疾人就业的法规颁布，2015年更是增加了7篇中央法规。这7篇标题含有"残疾人就业"的中央法规中，部门规章3篇，团体规定4篇。部门规章内

---

① 康丽、张新月：《基于政策工具视角的残疾人就业政策研究》，《人口与社会》2022年第2期，第94页。

容分别为关于残疾人就业保障金的征收以及促进残疾人就业的相关税收优惠政策。团体规定中除了关于残疾人就业保障金征收的通知与残疾人就业创业网络服务平台筹备的通知外，另外两篇为"讲好残疾人就业创业故事"微电影的通知。

从 2007 年到 2022 年，中央法规发布的政策主要包括残疾人就业的税收优惠政策、残疾人就业保障金缴纳、对贫困残疾人的帮扶政策、对残疾人就业指导培训以及举办"讲好残疾人就业创业故事"的微电影。政府尤其重视残疾人就业保障金的缴纳，一方面，可能是由于企业的残疾人就业保障金缴纳不够理想；另一方面，也突出了残疾人就业保障金的重要性，需要多主体联合出台相关政策。有学者指出残疾人就业保障金制度对于促进残疾人就业作用并不明显，[1]尤其是当前面对新冠疫情这类突发性的公共事件，在企业本身举步维艰的情况下，残疾人就业保障金的管理政策也应该进行一定的调整才能更好地推动残疾人就业。中央法规中近两年增加了残疾人就业创业的相关政策，可见，在鼓励全民就业创业过程中，政府不忘鼓励残疾人这一特殊的群体自主就业创业并提供一定的服务支持。这一举动不仅丰富了残疾人的精神文化生活，而且对于残疾人的社会融合有十分重要的意义。

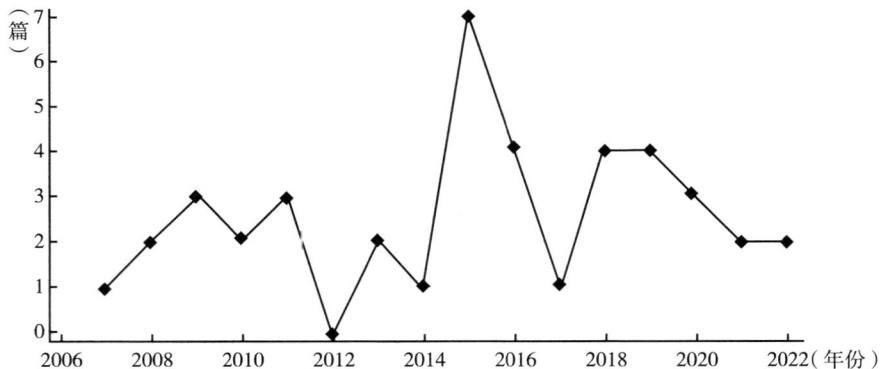

图 5　2007~2022 年残疾人就业中央法规增量变化趋势

资料来源：法律法规_ 北大法宝法律数据库，https：//www.pkulaw.com/。

---

[1]　庞凤喜、牛力：《惩罚式激励：企业残保金负担及就业效应分析》，《当代财经》2020 年第 8 期，第 3~14 页。

## 2. 地方性法规增量分析

从时间方面来看，根据图 6 可以看出地方性法规的变化趋势，其中 2009 年发文数量最少，2016 年发文数量最多。通过文本分析发现自《残疾人就业条例》颁布以来，中央先后颁布了一系列的政策文件来支撑残疾人就业体系，各地方政府也在积极响应。总的来说，地方性法规出现了三次增长，分别是 2010 年、2016 年、2020 年。2010 年，各地方规范性文件大多有关于残疾人就业保障金征收、按比例安排残疾人就业以及残疾人就业培训三方面的内容，如潮州市、深圳市、漳州市、上海市、拉萨市等都印发了关于残疾人就业保障金征收及管理办法。另外，平顶山市、南通市、拉萨市、南阳市等印发了关于按比例安排残疾人就业的通知。新乡市、安阳市、南阳市、周口市、鹤壁市等则印发了关于残疾人就业培训工厂建设的通知。在时间上，一些偏远地区的省份在政策执行上往往落后于发达地区，所以新疆、贵州、广西、海南等在 2016 年才分别制定了具有地区特色的残疾人就业保障金征收及使用政策以及针对残疾人就业的培训工程。个别城市，如新乡市对未缴纳残疾人就业保障金的单位进行追缴。2020 年，各省区市都已制定了残疾人就业保障金管理及征收政策，大部分省区市还对残疾人就业保障金制度进一步规范，如河南、浙江、甘肃、河北、山西等。鉴于新冠疫情对残疾人造成的影响，部分省区市也出台了相应政策以帮助残疾人就业纾困解难，如江苏省对残疾人服务机构进行了政策关怀。2020 年政策增量一部分来源是关于残疾人就业的一些帮扶政策，如举办残疾人专场招聘会，对农村低收入残疾人进行帮扶等。2021 年和 2022 年，天津市、云南省、广西壮族自治区等部分省区市印发了《促进残疾人就业三年行动实施方案（2022—2024 年）》。

从地理空间的分布来看，各省区市均响应了中央发布的关于残疾人就业的政策。其中，安徽省发布的地方性法规数量最多，有 74 篇，涉及了残疾人就业服务的多项内容，包括举办"同心筑梦"专场招聘会以及多次开展针对残疾人的职业培训，可见安徽省十分看重残疾人就业工作。西藏自治区最少，仅有 3 篇，分别是关于残疾人就业保障金的征收以及按比例安排残疾人就业,未涉及关于残疾人就业的培训、扶持方面的内容。

从三次地方性法规的增长情况可以发现以下问题。首先,中央发布的政策地方并不能立即执行,比如各省区市残疾人就业保障金的征收制度,一些省区市在2010年就已制定完毕,但部分省区市在2016年才开始关注。政策的延迟性并不一定能够通过经济发展程度得以体现,各地方政府对残疾人就业的重视程度也占很大一部分原因。其次,从政策的内容来看,按比例就业依旧是政府为残疾人谋取福利的主要就业模式,主要依靠残疾人就业保障金这一惩罚式激励政策,而其他就业模式,如灵活就业、辅助性就业,尤其是大部分农村残疾人从事的农业种养加这一就业模式,相关的法规则比较少,缺乏对农村残疾人的政策关怀。再次,并非发布的法规越多,残疾人的就业率就越高,浙江省发布的法规仅20篇,但截至目前,浙江省残疾人就业率位居全国第一。政策法规只能表示政府的重视程度而不能代表残疾人的就业水平,充分实现残疾人就业还得依靠地方经济以及地方企业对残疾人的支持。最后,针对新冠疫情对残疾人造成的影响,只有少部分省区市出台了专门的政策对残疾人进行帮扶。残疾人在此次疫情中不仅面临个体健康困境,而且还面临社会支持困境、失业困境,加上政府对其的关注度相对下降,无疑会加重残疾人的就业负担。

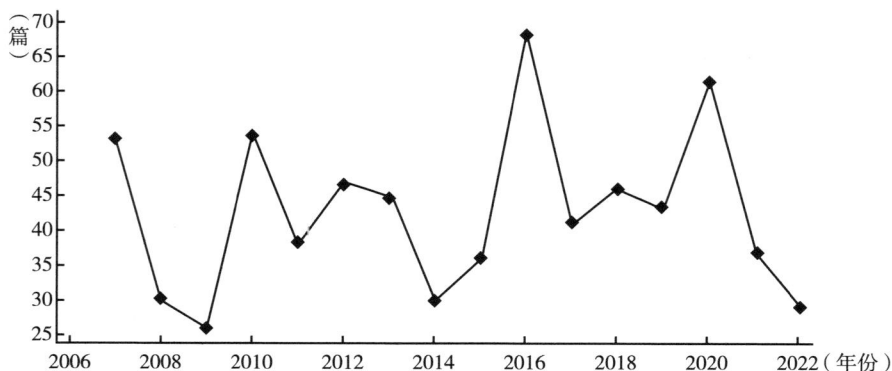

图6 2007~2022年残疾人就业地方性法规增量变化趋势

资料来源:法律法规_北大法宝法律数据库,https://www.pkulaw.com/。

### 3. 政策文本类型分析

与残疾人就业有关的政策文本法规类别以民法为主，其中民法通则3篇，老少妇幼残保护481篇。主要内容分为三方面，首先是地方政府规章，即"残疾人就业规定"（以下简称"规定"），是基于《中华人民共和国残疾人保障法》与《残疾人就业条例》再结合地方特色制定的。这些地方政府"规定"明确了用人单位的责任、相关的保障措施、就业服务以及规范规定所受的处罚（法律责任）等内容。其次是地方规范性文件，主要是各省区市关于残疾人就业保障金制度的完善。最后是地方工作文件，主要是关于《促进残疾人就业三年行动实施方案（2022—2024年）》的制定以及相关部门开展的残疾人就业帮扶活动。通过图7可知，这些法规的类别主要有民法、税收、民政、劳动工会、文化、教育、机关工作等，说明这些词条与残疾人就业密切相关。关于残疾人就业的法规类别覆盖面比较全，几乎都有涉及，政府尤其关注与残疾人就业密切相关的内容，如税收、劳动工会等。除此之外，疫情防控、营商环境优化也被频繁提及。疫情防控是近三年的主题，尽管残疾人

**图7　地方性法规类别词云统计**

资料来源：法律法规_ 北大法宝法律数据库，https：// www. pkulaw. com/。

群体外出活动时间较少，活动范围较窄，但政府仍旧推进残疾人疫情防控与残疾人事业双发展。营商环境质量不仅反映城市的经济水平，也是城市文明的体现，优化营商环境可以避免残疾人在就业创业过程中因办事人员的认识不足、监管体系不严等问题受到阻碍。相对来说，农业、建筑业的法规则非常少，监管残疾人也涉及建筑业，但考虑到个体健康困境与建筑业的职业需求，这类法规数量较少十分符合现实条件，而中国是农业大国，农村残疾人数量也十分庞大，政府在农业方面发布的法规却少之又少，这值得引起有关部门的反思。

## 三 中国残疾人就业服务与支持的现状与问题

### （一）残疾人就业意愿

要想实现残疾人更充分、更高质量的就业，首先得残疾人自身有就业意愿，残疾人就业意愿与多种因素有关，其中既有自身因素，也有社会和政策因素。从自身因素来看，残疾人的年龄、性别、家庭收入、残疾类别、受教育程度等与残疾人就业有一定的相关关系；[1] 从社会和政策因素来看，残疾人的健康水平、居住地的经济发展水平以及社会保障状况等也是影响残疾人就业的重要原因。[2] 缺乏就业培训难以获得工作机会，女性残疾人难以融入以男性残疾人为主导的残疾人协会以及就业信息较少等都会影响残疾人的就业意愿。[3] 专业的职业技能培训对残疾人就业有很大帮助，能够帮助他们更好地融入社会，获得自我认同感。虽然公共部门为残疾人预留了一些岗位，但多数残疾人的就业意愿并不强烈，因此提出以下建议。

第一，加强正向引导，增强就业意愿。就业意愿的强烈程度是残疾人顺利就业的前提，一定程度的心理疏导和职业指导能够帮助残疾人建立自信，

---

[1] 白先春、邓晓艳、宦颖洁：《我国残疾人就业影响因素的实证研究》，《残疾人研究》2018年第2期，第96页。

[2] 赖德胜、廖娟、刘伟：《我国残疾人就业及其影响因素分析》，《中国人民大学学报》2008年第1期，第12页。

[3] M. -J. José and V. -V. Manuel, "Impact of Social Factors on Labour Discrimination of Disabled Women," *Research in Developmental Disabilities* 30（2009）：1115-1123.

树立积极乐观的就业心态。

第二，区分个体差异，实行精准管理。针对不同情况的残疾人，政策也要有所倾斜，比如重度肢体残疾人，尽管他们会有很强的就业意愿，但是正常的优惠政策或许并不适合他们，因此对他们要做好重点帮扶，需要进行深入调研以求精准制定适宜的政策；女性残疾人在就业市场上更容易受到双重歧视，对这部分群体，集中就业的模式会比其他就业模式更加适合。因此需要实行精准管理，考虑不同情况的残疾人的需求，精准开展职业指导以及岗位推荐等。

第三，创造就业机会，营造包容环境。传统的就业模式依托于企事业单位，但在疫情防控常态化背景下，支持性就业、灵活就业更适合残疾人群体，应积极发展直播带货这一类新兴行业，拓宽就业渠道。

## （二）残疾人职业教育

残疾人的职业角色是重要的社会角色之一，职业角色对残疾人的就业与社会融合具有重要意义。其中，职业教育可以帮助残疾人更好地扮演职业角色，在残疾人特殊教育体系中至关重要。残疾人职业教育体系包括初中、高中、高等教育等面向在校残疾学生的学历性职业教育和面向社会成年残疾人的非学历性职业教育。学历性职业教育主要由特殊教育学校及普通院校承担，而面向社会成年残疾人的非学历性职业教育由职业教育机构承担。

2017~2021 年，特殊教育机构在不断增加，其中特殊教育普通高中 2021 年增加到 117 所，比 2020 年增加了 12.5%；中等职业教育机构增加到 161 所，比 2020 年增加了 9.52%（见表 3）。

表 3　2017~2021 年特殊教育机构的增长情况

单位：所

| 特殊教育机构类型 | 2017 年 | 2018 年 | 2019 年 | 2020 年 | 2021 年 |
| --- | --- | --- | --- | --- | --- |
| 特殊教育普通高中 | 112 | 102 | 103 | 104 | 117 |
| 中等职业教育机构 | 132 | 133 | 145 | 147 | 161 |
| 高等特殊教育院校 | 21 | 23 | 23 | 23 | — |

资料来源：2017~2021 年《残疾人事业发展统计公报》，中国残疾人联合会官网，https://www.cdpf.org.cn/zwgk/zccx/tjgb/index.htm。

我国政府十分重视残疾人的特殊教育。2021 年特殊教育普通高中在校学生、中等职业教育机构在校学生、高等特殊教育院校录取残疾考生以及普通高等院校录取残疾考生分别比 2020 年增加了 16.46%、0.32%、2.17% 和 7.44%（见表 4）。

表 4　2017~2021 年各类特殊教育机构中学生人数

单位：人

| 特殊教育机构类型 | 2017 年 | 2018 年 | 2019 年 | 2020 年 | 2021 年 |
| --- | --- | --- | --- | --- | --- |
| 特殊教育普通高中在校学生 | 8466 | 7666 | 8676 | 10173 | 11847 |
| 中等职业教育机构在校学生 | 12968 | 19475 | 17319 | 17877 | 17934 |
| 高等特殊教育院校录取残疾考生 | 1845 | 1873 | 2053 | 2253 | 2302 |
| 普通高等院校录取残疾考生 | 10818 | 11154 | 12362 | 13551 | 14559 |

资料来源：2017~2021 年《残疾人事业发展统计公报》，中国残疾人联合会官网，https://www.cdpf.org.cn/zwgk/zccx/tjgb/index.htm。

特殊教育是残疾人的社会福利之一，狭义上指特殊教育学校为残疾人提供特殊教育，广义上指普通学校为残疾人提供特殊教育。教育需要和教育福利要根据残疾人的需要进行设计，残疾人教育情况的群体间差异较大，因此，特殊教育制度与普通教育制度相比设计难度较高。[①] 针对我国的残疾人职业教育现状，提出以下建议。

第一，响应相应职业教育政策。《中华人民共和国残疾人教育条例》规定除了重点发展初等、中等职业教育外，还应开展一些技术类的培训、讲座。对硬性的办学要求，不仅要落实到位，还要高质量发展，改善残疾人中等职业学校办学条件，加强实训基地建设，提高教育教学质量。

第二，探索辅助性职业教育。辅助性就业和居家就业等新型就业方式相继出现，辅助性就业不同于我国强调的"先培训，后就业"的一般模式，而是一种"先就业，后培训"的模式，这类辅助性职业教育适用于进入辅

---

① 彭华民、冯元：《中国残疾人特殊教育制度转型——福利政策体系化与福利提供优质化》，《南开学报》（哲学社会科学版）2015 年第 4 期，第 139~148 页。

助性机构有就业意愿而无就业能力的残疾人。针对此类职业教育需要更多地探索，才能有效促进残疾人辅助性就业。

第三，学科渗透职业教育。在特殊学校学科渗透职业教育可以帮助加深残疾学生对科学知识的理解。学科中渗透职业教育内容，能够帮助残疾学生联系生活实际，进而激发其学习兴趣达到更好的教学效果，从而使残疾人实现更高质量的就业。

### （三）残疾人职业康复服务

国际劳工组织（International Labour Organization）指出，对残疾人进行一定的职业康复能够帮助其重新获得合适的职业实现再就业。[①] 我国残疾人类型包括视力残疾、听力残疾、言语残疾、智力残疾、肢体残疾、精神残疾和多重残疾七种类型，针对不同类型的残疾人，提供的职业康复服务也需要有所不同。从图 8 可以看出，肢体残疾人数量比其他类型的残疾人更多，不过 2019 年和 2020 年呈下降趋势。其他类型的残疾人，如视力残疾、智力残疾、听力残疾、多重残疾从 2018 年到 2020 年变化比较稳定，而精

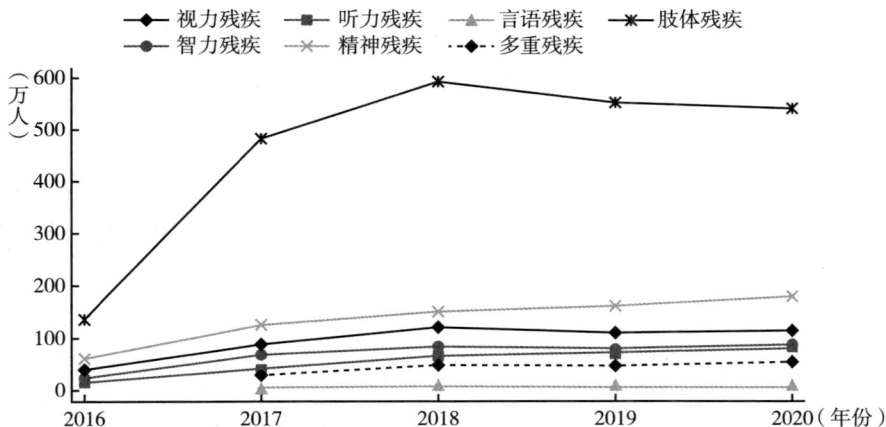

图 8　2016～2020 年各残疾类型人数变化

① 国际劳工组织：《残疾人职业康复和就业公约》（第 159 号），第 69 届国际劳工大会，日内瓦，1983，第 248 页。

神残疾人的数量呈现上升趋势。针对不同类型的残疾人，在他们进行职业选择之前，应对其进行职业能力评估，以确保职业能力评估标准的制定符合残疾人实际需要。

从表5可以看出，残疾人康复辅助器具供应从2018年到2020年开始逐年减少，2020年相较于2019年，下降了22.86%。残疾人康复机构逐年增多，2020年增加了6.8%。相应地，康复机构在岗人员数量也逐年增加，2020年增加了11.74%。开展社区康复的区县与社区康复协调员则变化不大。

**表5　2016~2020年残疾人康复服务情况**

| 服务情况 | 2016年 | 2017年 | 2018年 | 2019年 | 2020年 |
|---|---|---|---|---|---|
| 辅助器具供应（万人） | 132.2 | 244.4 | 319.1 | 314.5 | 242.6 |
| 残疾人康复机构（个） | 7858 | 8334 | 9036 | 9775 | 10440 |
| 康复机构在岗人员（万人） | 22.3 | 24.6 | 25.0 | 26.4 | 29.5 |
| 开展社区康复的区县（个） | 2962 | 2988 | 2750 | 2731 | 2726 |
| 社区康复协调员（万人） | 45.4 | 47.9 | 47.8 | 47.8 | 47.8 |

目前，国内的职业康复资源并未得到充分的利用，其覆盖人群也不够全面，针对这些问题，一方面，政府应制定相应政策促进残疾人康复机构与其他社会主体（如医院、企业等）进行合作，共享职业康复资源，扩大对残疾人开展职业康复的范围；另一方面，提升工伤人员对职业康复的重视程度，引导他们正确认识职业康复与今后职业生涯的关系，帮助其更好适应现有工作。

### （四）残疾人就业福利体系

社会福利是指一切为了改善民众生活、提高民众生活质量的社会救助、社会服务等措施的总和。与世界上的发达国家的残疾人福利体系相比，我国目前的残疾人福利总体水平较低。从功能主义的视角来看，关注环境与人的相互作用是提升福利水平的方案之一。其中福利设施的保证是构建残疾人社会福利体系的基本条件，福利企业是构建残疾人社会福利体系的依托载体。

福利企业是为安置残疾人员劳动就业，兴办的具有社会福利性质的特殊企业。福利企业在计划经济时期，是残疾人集中就业的主要场所。但随着市场经济逐步取代计划经济，福利企业的发展也随着改革开放的浪潮而不断变化，福利企业的效益逐渐下滑，尽管进行了多次改革，但政府还是取消了福利企业的资格事项，自2016年10月起，安置残疾人的单位和个体工商户直接向主管税务机关备案。尽管"福利企业"的称号已不复存在，但福利企业在从官办到民办，从计划到市场的变化过程中为残疾人就业做出了巨大贡献，集中安置残疾人就业的这一类企业不会在短时间就消失殆尽，它们依旧享受国家给予的税收优惠，所以本报告依旧尝试厘清福利企业与残疾人就业之间的联系。其中，盲人按摩机构就是以解决盲人就业为主要目的的福利性单位，它分为盲人医疗按摩与盲人保健按摩两种，是盲人集中就业的主要途径之一。

从表6可以看出，盲人保健按摩人员从2017年到2020年在逐年减少，2021年人数有所回升，相比2020年，增加了5.66%。盲人医疗按摩人员2021年相较于2020年也有所增加，增加了7.06%。盲人保健按摩机构在2021年有所减少，盲人医疗按摩机构则有所增加。

表6　2017~2021年盲人按摩机构主要情况

单位：人，个

| 盲人按摩情况 | 2017年 | 2018年 | 2019年 | 2020年 | 2021年 |
|---|---|---|---|---|---|
| 保健按摩人员 | 20796 | 19732 | 14678 | 12761 | 13483 |
| 医疗按摩人员 | 7217 | 10160 | 7318 | 7820 | 8372 |
| 保健按摩机构 | 19257 | 16776 | 13181 | 17313 | 17128 |
| 医疗按摩机构 | 1255 | 1126 | 894 | 873 | 1105 |

虽然盲人按摩机构只是福利企业中的一种，但从其发展趋势及前景可以看出发展福利企业对促进残疾人就业有十分积极的作用，因此本报告建议从以下三个方面促进福利企业健康发展。

第一，以"优势视角"理论为行动指导。福利企业是基于残疾人的生理缺陷而设立的，所以福利企业大多过于关注残疾人的缺陷，从"问题视角"来看待残疾人。福利企业应以"优势视角"理论为行动指导，积极发现与利用残疾人的优势和资源，合理分配残疾人的就业岗位，充分调动其能力，让残疾人能够在适合自己的岗位上找到自己的价值。

第二，加强税收管理，避免实质性岗位剥夺。近年来，政府对福利企业的税收优惠力度加大，问题也随之而来。有些福利企业雇用残疾人但并未为其提供实质性的工作岗位，而是利用他们的残疾人身份套取退税。[①] 这种"以养代岗"的行为大大降低了残疾人的就业质量，严重剥夺了残疾人的就业权利。相关部门应加强税收管理，避免残疾人的实质性岗位剥夺情况的发生。

第三，增强福利企业的市场竞争力。在市场经济时代，福利企业也应以市场为导向，最大限度地发挥其经济效益。福利企业不仅要及时更新技术，还要关注市场动向及经济前沿，打造富有特色的品牌增强竞争力，而且要加强企业文化建设、增强社会责任以及人文情怀，营造更加包容的残疾人就业环境，帮助他们更好地融入社会。

# 四　中国残疾人就业服务与支持的对策建议

## （一）宏观层面的政策完善

残疾人就业宏观层面的支持主要来自国家，我国目前已基本建立健全了残疾人社会保障体系，《中华人民共和国残疾人保障法》的制定给予残疾人基本生存权利的保障。在法律、规章制度，即顶层设计方面，还需健全相关的政策为残疾人就业服务体系添砖加瓦。从政策支持来看，主要有以下三

---

① 邵雪倩：《福利企业残疾人就业质量保障困境与路径优化——以 F 市 M 福利企业为例》，硕士学位论文，华东理工大学，2018。

方面。

第一，完善残疾人就业保障金制度。尽管为鼓励企业吸纳更多残疾人集中与分散就业，制定了比较完整的税收政策框架，但实践中依旧存在不少问题。很多企业将缴纳残疾人就业保障金看作不安置残疾人就业的替代选择，更有甚者，剥夺残疾人的实质性岗位，用残疾证套取退税。针对此类问题，促进残疾人就业的保障金制度以及税收优惠政策体系应进一步完善，各级政府要充分结合管辖区残疾人企业等用人单位实际情况进一步细化残疾人就业保障金征收管理实施细则与配套政策，提高残疾人就业保障金的资金使用效率。大力宣传残疾人就业保障金的奖惩问题，对于未按政策比例安排残疾人就业的企业，应安排工作人员实地调查，查明具体原因后针对执行。企业要合法利用优惠政策，降低纳税风险，从根本上解决残疾人就业问题，以此提升国家的社会保障水平。[①]

第二，优化残疾人就业模式。要实现就业，首先需挖掘残疾人自身的潜能，职业教育就是充分挖掘残疾人就业潜能的途径之一。要想最大限度地提高残疾人的生产率和工作积极性，一方面，政府应加强残疾人职业教育体系的建设；另一方面，政府应加强残疾人的技能培训，必要的职业培训、职业康复和就业后的工作适应、环境适应等对促进残疾人就业有积极作用。[②] 教育和培训是残疾人就业的前提条件，但当前的残疾人就业模式已经不能完全满足残疾人的就业需求。在互联网技术的支持下，残疾人就业模式应不断被优化。对有一定竞争力的残疾人群体，实行按比例就业；对无法适应市场竞争的残疾人群体，则以其他就业模式安排就业，如集中就业、公益性岗位就业等；加大对"互联网+"这类新就业模式的扶持力度，积极探索不同模式的残疾人就业。

第三，营造融合就业的社会文化。宏观层面还包括社会文化的打造，实现残疾人就业还有赖于营造积极的社会文化，当前我国还存在歧视残疾人的

---

① 陈旭东、李玉婷、邹聪毅：《促进残疾人就业的税收优惠政策及执行问题研究》，《残疾人研究》2022 年第 2 期，第 61 页。

② 李鹏、李洪波、王娟：《企业雇佣下残疾人就业行为研究——基于就业促进政策的演化博弈分析》，《运筹与管理》2020 年第 10 期，第 89 页。

现象，而针对残疾人就业歧视和援助的法规又非常稀少，使得一部分残疾人对就业没有信心，从而拒绝就业。社会文化影响残疾人就业支持系统的功能发挥，[①] 国际上已经出现了残疾人社会融合就业模式，这种就业模式值得借鉴。一方面，国家要帮助倡导健康的残疾人观，了解残疾人是实现权利的主体之一，而不仅仅是社会的救助对象。大力宣传"融合"的概念，普及受教育、工作是残疾人的基本权利等法律知识。另一方面，实现残疾人融合就业还需要从硬件环境进行督促。现有的关于占用无障碍设施的不文明行为的宣传多出自有残疾人的家庭或个人，政府要起到带头作用，对于占用、破坏无障碍设施的行为应采取一定的处罚措施并严格执行。

## （二）中观层面的服务加强

残疾人就业服务中观层面的支持主要指残联、企事业单位等为残疾人就业提供的支持。但目前我国残疾人就业服务的主体主要是政府和残联，而忽略了其他主体在残疾人就业服务中的作用，协调不够充分，这就导致为残疾人提供的就业服务支持不足，未能为残疾人就业创造良好的组织环境。因此，地方有关部门要结合当地的实际情况与特色，贯彻实行中央发布的法律法规，正确宣传引导和规范当地残疾人就业。

第一，加强多元主体协同。残疾人就业涉及体制改革、财政税收、人力资源、社会保障等诸多方面，有关部门之间要加强合作，组织协调好残疾人工作的具体实施。协同治理可以使各主体之间相互作用与合作，达到整体大于部分之和的效果。比如，残联在各个主体中处于中心位置，因此要在协同机制中发挥主导作用。可通过项目研究、课题申请与高校、职业培训机构进行合作，为残疾人就业提供专业性的评估、训练、康复等支持性就业服务以及专业的规划，提高残疾人就业的精准性。社会服务组织还具有间接服务功能，能够链接各种社会资源，尤其是有实力的社会服务组织，它们的介入与

---

[①] 卓彩琴、林诚彦、张凤琼、欧阳婷：《残疾人支持性就业模式建构——基于"广州慧灵"的实践研究》，《社会福利》（理论版）2015 年第 12 期，第 47 页。

帮助非常重要。激发其他潜在的社会支持力量，共同为残疾人支持性就业提供便利的系统环境。[①] 为创造更好的支持性社会环境，促进残疾人正常就业，地方有关政府部门还可以加强与民间力量的结合，充分发挥各主体的作用，形成多方协同解决残疾人就业问题的新格局。

第二，发挥公共部门表率作用。企业实行按比例就业的效果并不理想，这不仅与企业的自觉性有关，还与公共部门没有发挥表率作用有联系，公共部门应承担更多的社会责任。2011 年，中国残联印发了《关于实施城镇百万残疾人就业工程的通知》，明确规定了建立岗位预留制度的要求，希望该制度能够落实到位。从就业单位角度出发，要建立接纳的企业文化，残疾人因自身身体缺陷的限制需要同事之间接纳以正常眼光看待；另外还可以提供合适的工作岗位，对残疾人岗位进行再设计。再者，公共部门率先招录残疾人实现残疾人按比例就业有利于残疾人更快、更高效地进入劳动力市场。

### （三）微观层面的行动提升

残疾人就业服务微观层面的支持主要指来自个体的微观服务，可简要概括为三个方面：精神及信息支持、物质帮助以及能力建设。它们对残疾人就业起到了直接作用。

第一，提供精神及信息支持。残疾人的就业方面所需的精神支持及帮助一方面需要依靠家庭，另一方面则需要依靠民政部门。家庭是残疾人长期居住的微观环境，其支持是全方位的，作为健全人的家属可以帮助残疾人树立正确的人生观，提供一定的情感支持；主动获取关于残疾人就业相关信息及政策，及时帮助残疾人抓住就业机会，并在此基础上为残疾人争取更平等的就业权利。民政部门可以直接为残疾人提供就业信息，帮助有需要的残疾人实现就业及提供各类帮助，举办各类残疾人就业创业文化活动，以此丰富残疾人的精神生活，鼓励其主动就业。

---

[①] 卓彩琴、林诚彦、张凤琼、欧阳婷：《残疾人支持性就业模式建构——基于"广州慧灵"的实践研究》，《社会福利》（理论版）2015 年第 12 期，第 48 页。

第二，增加物质帮助。残疾人就业的目标之一就是获取经济价值，在此过程中，残疾人的工资福利待遇、劳资关系、职业发展前景等非常重要。从这一视角出发，可以适当提高残疾人的工资福利待遇，使其与当地的经济水平相符；构建和谐的劳资关系，如调整残疾人的工作时长、改善工作环境等，从而帮助残疾人实现更好就业。

第三，加强能力建设。除了依靠社会各个部门的帮助，残疾人自身也要加强能力建设，残疾人就业率不高，一方面源于教育的缺乏，另一方面源于实践机会的稀少。因此，残疾人应充分把握职业教育的机遇以及地方各个部门举办的职业培训活动，提升自己的技能水平，挖掘自己的职业潜能。另外，针对残疾人就业的心理咨询十分有必要开展，一部分残疾人的就业意愿弱是因为内心的排斥，而非个人能力问题，心理咨询能够帮助残疾人打破"心魔"从而迈出就业的第一步。

## 参考文献

程淑窈：《论罗尔斯"无知之幕"》，《哈尔滨师范大学社会科学学报》2019年第3期，第19~22页。

程子非：《德国残疾人社会保障体系及其启示》，《中国民政》2020年第13期，第51~53页。

冯敏良、高扬：《积极福利视角下残疾人就业政策的转向探析》，《残疾人研究》2017年第2期，第49~54页。

冯倩：《社会排斥理论研究综述》，《中共桂林市委党校学报》2010年第1期，第52~55页。

伏干：《社会排斥的内涵：缘起、演进与新路径》，《南京师大学报》（社会科学版）2021年第1期，第109~119页。

付鹏伟、葛忠明：《残疾人共同富裕的三重逻辑》，《残疾人研究》2022年第2期，第22~32页。

兰小欢：《置身事内：中国政府与经济发展》，上海人民出版社，2021。

李静：《从生活救助到就业支持——优势视角下残疾人福利的实现路径》，《南京大学学报》（哲学·人文科学·社会科学版）2012年第6期，第67~72页。

廖娟：《残疾人就业政策效果评估——来自 CHIP 数据的经验证据》，《人口与经济》2015 年第 2 期，第 68~77 页。

刘婧娇、王笑啸、郭琦：《残疾人社会福利的中国道路：1921—2021》，《残疾人研究》2021 年第 4 期，第 3~14 页。

马歇尔、吉登斯等：《公民身份与社会阶级》，郭忠华、刘训练等译，江苏人民出版社，2008。

同春芬、夏亦煊：《关于残疾人就业保障的研究综述》，《社会福利》（理论版）2018 年第 8 期，第 39~44 页。

王磊：《从福利国家到社会投资国家：发展型社会政策生成机理及其运行逻辑》，《东岳论丛》2020 年第 3 期，第 57~65 页。

周进萍：《新时代残疾人就业服务精准供给的路径研究》，《残疾人研究》2019 年第 3 期，第 56~62 页。

朱健刚、严国威：《从庇护性就业到支持性就业——对广东省残疾人工作整合型社会企业的多个案研究》，《残疾人研究》2019 年第 1 期，第 48~57 页。

# B.4
# 中国残疾人就业模式发展报告（2022）

廖 娟　满艳秋*

**摘　要：** 本报告将我国残疾人就业模式分为两大类：传统就业模式和新型就业模式。前者包括集中就业、按比例就业和个体就业，后者则指随着社会发展而逐步出现的公益性岗位就业、辅助性就业和灵活就业。从我国残疾人就业模式的发展历程来看，在不同历史时期，不同就业模式对促进残疾人就业发挥了很大的作用。目前的情况表现为：集中就业在稳定中发展，按比例就业对残疾人融入社会发挥着重要的促进作用，个体就业扶持力度加大，公益性岗位开发日趋合理、完善，辅助性就业提供了残疾人就业困难群体实现自我价值的渠道，灵活就业形式日益多元化。实践中六种就业模式各自面临不同的挑战。据此，本报告从完善残疾人就业模式相关的法律法规，到加强激励政策、就业新观念的宣传与落实，再到优化残疾人就业新模式等方面提出相关建议。

**关键词：** 集中就业　按比例就业　个体就业　公益性岗位就业　辅助性就业　灵活就业

## 一　我国残疾人就业传统模式

就业是民生之本、财富之源，尤其对于残疾人而言，就业是参与社会、

---

\* 廖娟，博士，副教授，首都师范大学硕士生导师，研究领域为残疾人就业；满艳秋，首都师范大学硕士研究生，研究领域为残疾人就业。

实现自我价值的有效途径。新中国成立以来，残疾人集中就业模式逐步发展；改革开放初期，集中就业模式依托于福利企业，发挥着吸纳残疾人就业的重要作用。随着市场经济的发展，福利企业的竞争力日渐减弱，难以解决大量残疾人的就业问题。因此必须动员更多社会力量来改善残疾人的就业困境，按比例就业模式的优势开始显现。改革开放后，个体经济的地位不断提高，个体就业随之成为残疾人就业模式之一，为残疾人群体实现就业贡献了越来越重要的力量。

## （一）集中就业

### 1. 福利企业时期的集中就业

集中就业，是指在残疾职工占总职工数达到一定比例的情况下，集中在某些工作场所如福利企业、盲人按摩机构等进行生产劳动的就业模式。该模式是安置残疾人就业、保障残疾人基本生活和促进经济社会发展的一种有效路径。新中国成立以来，残疾人集中就业政策历经数次变迁。1952年，一些城市的政府组织贫民、烈军属等参加手工业生产活动，同时吸纳一些具备劳动能力的残疾人。之后民政部对这些单位进行统一筹划，其逐步发展为集中安置残疾人就业、从事社会福利生产的事业单位，由此形成了集中就业最重要的形式——福利企业。[1] 1985年，民政部印发了《全国社会福利生产改革工作经验交流会议纪要》，其中明确了社会福利工厂是特殊性的企业，标志着福利企业的事业单位属性转变为私营性质。[2] 福利企业得到国家在原材料供应、生产经营、税收减免等多方面的优惠政策倾斜，[3] 其中对福利企业的税收优惠政策在很大程度上促进了残疾人集中就业。1986~2015年我国福利企业数量和安置残疾职工人数，如图1所示。

---

[1] 史国山：《福利生产与福利事业五十年》，《中国民政》1999年第8期，第42页。
[2] 郭俊华、刘琼、丁依霞：《我国残疾人集中就业政策变迁历程、逻辑与展望》，《中国行政管理》2022年第1期，第80页。
[3] 廖慧卿、罗观翠：《从国家到市场——中国大陆残疾人集中就业政策变迁（1949~2007）》，《学习与实践》2010年第10期，第96页。

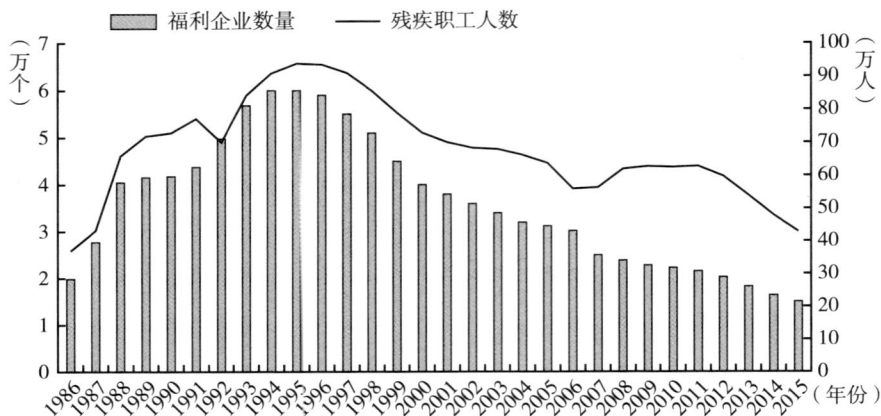

**图1　1986~2015年全国福利企业数量及安置残疾职工人数**

说明：2016年，《民政事业发展统计公报》公布的数据不再报告福利企业的数量，仅列示1986~2015年数据。

资料来源：根据民政部官网历年《民政事业发展统计公报》整理得到。

由图1可知，1986~1995年我国福利企业数量和残疾职工人数总体上呈上升趋势，且在1995年达到历史顶峰。1995年之后福利企业数量和残疾职工人数总体呈下降趋势。通过分析发现，随着科技飞速发展和市场竞争日益激烈，除了小部分福利企业依靠先进科技、尖端产品和资金支撑依然活跃之外，大部分福利企业在迅速变化的市场竞争中逐渐失去优势。因福利企业多从事加工、制作简单产品，囿于自身设备陈旧、资金缺乏、基础设施不足等，逐渐陷入了发展困境，大量的福利企业停产、倒闭，大批残疾职工下岗失业。① 1996~2005年，面对福利企业数量和残疾职工人数均出现萎缩的状况，相关部门没有出台新的税收政策来应对相关问题，税收优惠政策依然仅限于政府部门主办的福利企业。2006年与2007年进行的一系列财税政策改革，对福利企业的优惠政策做了相应的调整，将福利企业的税收优惠扩展到各类型投资主体兴办的福利企业中。为了进一步规范、管理福利

---

① 王雪梅：《残疾人就业问题与就业保障政策思考》，《北京行政学院学报》2006年第2期，第68页。

企业，遏制假冒的福利企业，民政部印发了《福利企业资格认定办法》，之后财政部又出台了《关于促进残疾人就业税收优惠政策的通知》（财税〔2007〕92号），新政策实施享受优惠政策与实际安置残疾人数相关，即多安置多优惠的原则。由图1可知，这一政策的颁布在一定程度上促进了集中安置残疾职工在短期内人数的增加。这一系列政策的实施遏制了假冒福利企业的产生，解决了税收减免不当等问题，同时也使福利企业利益在一定程度上减少，削弱了兴办福利企业的动力，福利企业数量逐步下降，到2015年全国福利企业数量仅有1.5万个。2016年废止了2007年的《福利企业资格认定办法》，并且取消了福利企业资格认定事项，①"福利企业"成为历史，但福利企业所形成的集中就业模式仍然为安置残疾人参与劳动贡献着力量。

2. 集中就业稳定发展

近年来，集中就业稳定发展，由表1可知，2016~2021年，集中就业人数稳定在30万人左右，每年占城镇残疾人就业总人数的比例差距不大，基本维持在5.5%~7.5%。2016年福利企业资格认定取消后，残疾人集中就业模式载体由单一向多元集中性的就业单位转变，即从以前民政部门认定的福利企业转变到只要企业能满足税收优惠政策的条件——安置的残疾人人数占在职职工人数的比例在25%（含）以上，并且安置的残疾人人数在10人（含）以上——就可算作集中就业。盲人按摩就是典型的残疾人集中就业行业，截至2021年，13483名盲人保健按摩人员和8372名盲人医疗按摩人员完成了培训，其中获得盲人医疗按摩人员初级职务任职资格的有869人，获得中级职务任职资格的有232人；现有17128个保健按摩机构，1105个医疗按摩机构。②2016~2021年盲人按摩事业稳步发展，按摩机构数量持续增长。

---

① 2016年10月，民政部发布《民政部关于做好取消福利企业资格认定事项有关工作的通知》，决定自通知发布之日起废止《民政部关于印发〈福利企业资格认定办法〉的通知》（民发〔2007〕103号）及《民政部办公厅关于换发〈福利企业证书〉的通知》（民办函〔2012〕387号），并取消福利企业资格认定事项。

② 中国残疾人联合会：《2021年残疾人事业发展统计公报》。

表1 2016~2021年集中就业人数及占城镇残疾人就业总人数的比例

单位：万人，%

| 年份 | 集中就业人数 | 占城镇残疾人就业总人数的比例 |
|------|------------|---------------------------|
| 2016 | 29.3 | 6.6 |
| 2017 | 30.2 | 6.4 |
| 2018 | 33.1 | 7.1 |
| 2019 | 29.1 | 6.9 |
| 2020 | 27.8 | 6.4 |
| 2021 | 26.8 | 5.9 |

资料来源：根据中国残疾人联合会发布的历年《残疾人事业发展统计公报》整理得到。

## （二）按比例就业

### 1. 按比例就业的发展历程及特点

按比例就业是指国家以法规形式规定用人单位按职工总数的一定比例雇用残疾人，其中用人单位未达到规定比例的，则须缴纳残疾人就业保障金。按比例就业实质是动员全社会力量安排残疾人就业，履行社会责任。我国是一个残疾人众多的国家，从新中国成立至改革开放初期，集中就业模式依托于福利企业，安置了大量的残疾人就业。然而，随着市场经济快速发展，相当数量的福利企业在竞争中处于劣势，面临停产关闭，集中安置残疾人就业的数量也随之减少，单靠福利企业难以从根本上解决残疾人就业问题，因此必须动员社会力量——按比例安排残疾人就业，克服单一依靠集中安置残疾人就业的局限性，以适应市场经济的要求。[①] 我国从1989年开始效仿欧洲的配额制度，倡导实施安排残疾人按比例就业。1990年颁布了《中华人民共和国残疾人保障法》，其中规定"机关、团体、企业事业组织、城乡集体经济组织，应当按一定比例安排残疾人就业"，这是首次将残疾人按比例就业以法律的形式进行规范。随后在广州、大连、武汉等城市进行1%~1.5%

---

① 许琳：《论我国残疾人分散按比例就业》，《江苏经济探讨》1996年第10期，第47页。

的残疾人按比例就业试点，并逐步推行至全国。《残疾人就业条例》于2007年2月经国务院第169次常务会议通过，该条例明确规定用人单位安排残疾人就业占在职职工总数的比例不低于1.5%，以解决残疾人就业困境。2008年修订了《中华人民共和国残疾人保障法》，其中把按比例就业明确为一项国家的法律制度，即按比例安排残疾人就业制度。按比例就业从一种倡导性的观念到一种法律规范，再到一项国家法律制度，这一系列演变过程是维护残疾人公民权利的重要举措，同时对残疾人更好地融入社会有促进作用。

按比例就业模式是残疾人就业模式体系中的重要组成部分。目前，我国按比例就业呈现各地区发展不平衡，政策服务范围小的特点。整体来看，东部地区按比例就业发展水平高于中西部地区，东部沿海省份残疾人按比例就业人数基本在1万人以上，山东、江苏、浙江、广东等省份按比例就业人数超过5万人，远远高于西部省份的数千人。① 此外，按比例就业政策服务范围较小，近五年中，占城镇残疾人就业人数比重均未超过20%，与个体就业占比相当。根据全国第二次残疾人抽样调查数据，全国残疾人口中3/4是农村残疾人口，在农村残疾人口中，大多数从事农业生产活动，按比例就业制度主要是针对企事业单位做出的要求，对农村残疾人口实现就业所做的贡献较小，因此，按比例就业模式应用范围相对有限，农村残疾人口很难从中受益。

**2. 按比例就业的发展现状**

2017~2021年我国残疾人按比例就业人数，如图2所示。

由图2可知，2017~2021年全国范围内按比例就业人数维持在72万~82万人，波动幅度不大，其中2018年与2021年按比例就业人数超过80万人，分别为81.3万人、81.9万人。按比例就业人数占城镇残疾人就业总人数的比例呈上升趋势，2021年按比例就业人数占城镇残疾人就业总人数的比例为18.1%，达到近五年中占比最高，却依然未超过城镇残疾人就业总人数的20%，按比例就业模式还有更进一步的发展空间。

---

① 根据中国各省份残疾人联合会公布的2019~2021年度《残疾人事业发展统计公报》整理所得，其中有部分省份2020年与2021年数据缺失。

为了完善按比例就业模式的量化管理方案，2021年7月，在《"十四五"残疾人保障和发展规划》中首次以国务院文件的形式提出了按比例就业的具体量化目标，明确到2025年，编制50人（含）以上的省级、地市级机关和编制67人（含）以上的事业单位（中小学、幼儿园除外），安排残疾人就业未达到规定比例的，至少安排1名残疾人就业。① 针对不同主体安排残疾人就业人数做了具体的规定，一方面肯定了按比例就业模式在未来的残疾人就业中依然扮演重要角色，另一方面对残疾人按比例就业起到了促进作用。

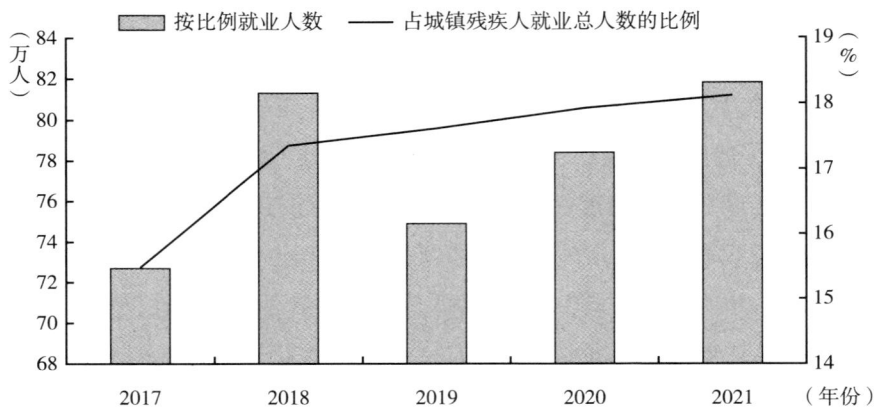

**图2 2017~2021年按比例就业人数及占城镇残疾人就业总人数的比例**

说明：当前中国残疾人联合会官网仅列示2017~2021年《残疾人事业发展统计公报》，下文图表也同样使用2017~2021年数据。

资料来源：根据中国残疾人联合会发布的《残疾人事业发展统计公报》整理得到。

## （三）个体就业

### 1. 个体就业优惠政策

残疾人个体就业是指残疾人进行独立的生产、经营，以取得劳动报酬或

---

① 王晓慧：《三年新增100万残疾人就业》，《华夏时报》2022年4月18日，第1版。

经营收入。[①] 我国从 20 世纪 80 年代初出现个体工商户以来，个体就业就随之成为残疾人就业的主要模式之一。为了发展残疾人个体就业，国家相关部门陆续出台了相应的扶持政策。[②] 1984 年 12 月，财政部税务总局发布了《关于对残疾人员个体开业给予免征营业税照顾的通知》，规定了免征营业税、定期减免税的具体事项，从税收方面给予优惠的扶持政策，在一定程度上鼓励了残疾人自谋职业。1999 年 9 月，中国残疾人联合会、财政部、国家工商行政管理局及劳动和社会保障部联合发布《关于积极扶持残疾人个人或自愿组织起来从事个体经营的通知》（残联教就字〔1999〕第 160 号），具体规定了残疾人个体就业的优惠政策，主要从办理业务、社会保险和资金等方面给予积极扶持。随着经济社会的发展，对残疾人个体就业的扶持力度不断加大。2007 年国务院发布的《残疾人就业条例》中明确规定，给予残疾人个体就业金融方面的扶持，比如国家对自主择业、自主创业的残疾人在一定期限内给予小额信贷。近年来，国家的相关政策法规不断完善，2018 年，中国残疾人联合会联合国家发展改革委等 15 部门发布了《关于扶持残疾人自主就业创业的意见》，明确了资金补助、金融扶持、经营设备、租金和社会保险补贴等 24 项促进残疾人自主择业、自主创业的扶持政策。

### 2. 个体就业的现状分析

残疾人个体就业模式对残疾人脱贫解困发挥了重要作用。由表 2 可知，我国残疾人个体就业人数呈现小幅度波动。2019 年由于核减已注销和超年龄段残疾人，全国残疾人就业总人数比 2018 年少 93.2 万人，总人数下降明显，受到大环境的影响，2019 年残疾人个体就业人数同样减少，个体就业人数为 64.2 万人。2017～2021 年，个体就业人数占城镇残疾人就业总人数的比例一直稳定在 14%～16%，且与个体就业人数变化趋势基本保持一致。

---

① 蔡禾、周林刚等：《关注弱势：城市残疾人群体研究》，社会科学文献出版社，2008，第 54 页。
② 周凯：《扶持个体就业创业　带动残疾人就业》，《中国残疾人》2012 年第 11 期，第 50 页。

表2 2017~2021年个体就业人数及占城镇残疾人就业总人数的比例

单位：万人，%

| 年份 | 个体就业人数 | 占城镇残疾人就业总人数的比例 |
| --- | --- | --- |
| 2017 | 70.6 | 15.0 |
| 2018 | 71.4 | 15.3 |
| 2019 | 64.2 | 15.1 |
| 2020 | 63.4 | 14.5 |
| 2021 | 63.5 | 14.1 |

资料来源：根据中国残疾人联合会发布的历年《残疾人事业发展统计公报》整理得到。

# 二　我国残疾人就业新型模式

进入21世纪后，政府为解决社会上就业困难人员的安置问题，设置了过渡性就业安置岗位——公益性岗位，包括非营利性基层公共服务类、公共管理类岗位，这为残疾人进一步拓展了就业渠道。由于残疾类型的多样和残疾程度的不同，一些特殊类型的残疾人和重度残疾者社会适应能力较弱，如智力障碍者、重度肢体残疾人，他们进入竞争性劳动力市场较为困难。在借鉴国外的庇护性就业模式下，我国政府推出了针对智力障碍者和重度肢体残疾人的辅助性就业模式，即在政府与残联的支持下，组织有就业意愿的残疾人集中参与生产劳动。此外，随着社会发展、产业结构调整以及人们就业观念的变化，灵活就业逐渐成为残疾人实现就业的主要模式，在残疾人就业方面发挥的作用日益显著。上述的公益性岗位就业、辅助性就业和灵活就业三种新型就业模式，为残疾人就业拓宽了渠道，是对传统就业模式的有益补充。

## （一）公益性岗位就业

### 1. 公益性岗位的政策变迁

公益性岗位是指为了满足社区及公民公共利益，由政府财政预算购买或支持、引导社会多渠道出资购买基层社会管理和公共服务领域技能要求较低的临时性救助岗位，使就业困难群体在帮扶下实现就业或再就业的一种方式。[①] 公益性岗位是在政府部门的主导下产生的，具有公益性、过渡性和救助性的特征，[②] 能够有效地扶助就业困难群体实现就业。我国公益性岗位制度出现于 21 世纪初，中共中央、国务院在《关于进一步做好下岗失业人员再就业工作的通知》（中发〔2002〕12 号）中首次提出公益性岗位的概念，当时国有企业大量的下岗和失业人员急需再就业，为了解决下岗失业人员的就业问题，就业政策也随之做出相应的调整，在多种因素的共同作用下，公益性岗位制度应运而生。

2003 年，劳动和社会保障部办公厅发布《关于开展下岗失业人员再就业统计的通知》（劳社厅发〔2003〕4 号），明确了公益性岗位援助的对象范围。随后 2007 年颁布的《中华人民共和国就业促进法》中界定"因身体状况、技能水平、家庭因素、失去土地等原因难以实现就业，以及连续失业一定时间仍未能实现就业的人员"为就业困难人员的范围，残疾人作为就业困难人员中的特殊群体被包含在内。同时，该法还规定具体实施范围应根据行政区域的具体情况而定。2015 年，国务院制定的《关于进一步做好新形势下就业创业工作的意见》（国发〔2015〕23 号）进一步规范了新形势下公益性岗位的开发与管理。为了进一步保障和改善残疾人民生，国务院印发《"十四五"残疾人保障和发展规划》（国发〔2021〕10 号），提出统筹现有公益性岗位，安排符合条件的残疾人就业，对通过公益性岗位安排残疾人就业并缴纳社会保险费的用人单位给予社会保险补贴。如今，公益性岗位已发展 20 年，其政策不断完善，作为残疾人新型就业模式之一，对于解决残疾人就业发挥着不可替代的作用。

### 2. 公益性岗位发展现状

起初，公益性岗位制度是为了安置国有企业中大量的失业人员，随后

---

① 李中锋、翁仕鹏：《西藏公益性岗位包容效应研究》，《中国藏学》2012 年第 3 期，第 148 页。

② 胡蝶、张向前：《公益性岗位开发与大学生就业分析》，《浙江树人大学学报》（人文社会科学版）2011 年第 5 期，第 84 页。

由于我国市场经济制度的不断完善，公益性岗位制度逐渐成为帮扶、安置就业困难群体的就业政策体系之一。[①] 2011 年，《残疾人事业发展统计公报》将公益性岗位视为残疾人就业的新模式进行单独统计。由图 3 可知，2017~2021 年，公益性岗位就业人数逐年增加，且在 2018 年公益性岗位就业人数突破 10 万人达到 13.1 万人就业，年增长率超过 45%。然而，在这期间公益性岗位就业人数年增长率呈逐年下降趋势，2021 年的年增长率仅有 0.68%，公益性岗位就业人数为 14.8 万人，仅比 2020 年增加了0.1 万人。

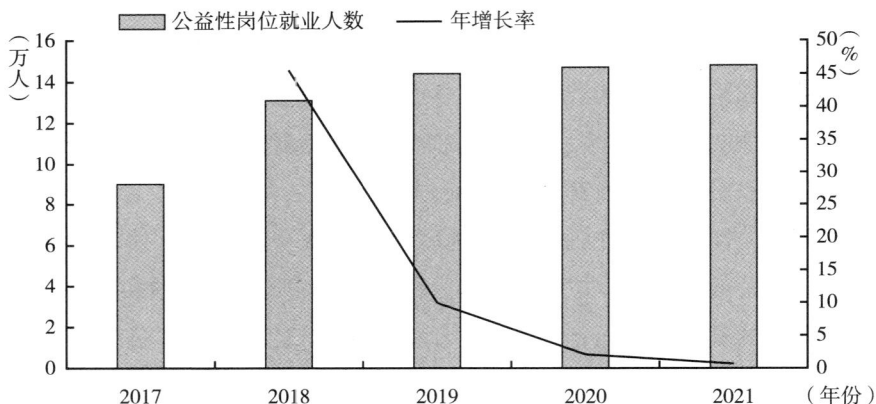

图 3 2017~2021 年公益性岗位就业人数及年增长率

资料来源：根据中国残疾人联合会发布的历年《残疾人事业发展统计公报》整理得到。

## （二）辅助性就业

### 1. 辅助性就业支持政策

辅助性就业是指在政府与残联的共同支持下，组织处于就业年龄段有就业意愿但难以进入竞争性劳动力市场的残疾人，集中参与生产劳动的就业模式，具有庇护性、公益性和灵活性等特征。经过多年的探索实践，残疾人就

---

① 徐云辉：《中国公益性岗位制度运行困境研究》，博士学位论文，吉林大学，2019，第 V 页。

业情况有了很大的改善，但社会适应能力弱或出行存在障碍的智力、精神以及重度肢体残疾人①就业仍然是残疾人就业工作中的重难点。结合我国残疾人就业状况，2011 年 5 月国务院批转的《中国残疾人事业"十二五"发展纲要》中提出辅助性就业的概念，与庇护性就业和支持性就业等"舶来品"的说法不同，辅助性就业诞生在我国，具有本土化的特质。2015 年，《关于发展残疾人辅助性就业的意见》（残联发〔2015〕27 号）由中国残疾人联合会等八部门联合发布，打开了残疾人辅助性就业新局面，各地政府、相关部门不断颁发与之配套的扶持性政策，在很大程度上推动残疾人辅助性就业的整体发展。

**2. 辅助性就业发展现状**

辅助性就业作为残疾人就业的新型模式，对于智力残疾、精神残疾和重度肢体残疾的人来说意义非凡。由表 3 可知，2017～2021 年，我国每年有 14 万人左右的残疾人参与辅助性就业，占城镇残疾人就业总人数的比例在 3.0%～3.5%，并呈现先上升后下降的趋势。辅助性就业主要依托于残疾人托养机构，其就业项目有代加工产品、手工文创产品、自主创业等多种形式。我国辅助性就业在各地陆续开展，如北京的温馨家园、广东的康园、江苏的残疾人之家等。对南京残疾人托养机构的调查发现，南京市已经实现了每个街道都有一个托养机构，85% 的托养机构从事代加工产品，但运营效果一般，缺乏稳定、长期的订单项目，仅有少数机构选择自主创业。② 通过托养机构，一方面，他们可以获得一定的劳动报酬来提高生活质量；另一方面，他们在参与辅助性就业项目时，增加了与社会以及非残疾人的接触机会，帮助他们更好地参与社会活动、融入社会，进而促进社会和谐发展。

---

① 2015 年，中国残联等八部门联合发布《关于发展残疾人辅助性就业的意见》，指出针对"具有一定劳动能力的智力、精神和重度肢体残疾人的就业需求"开展辅助性就业服务。
② 华兴夏、孙愈：《残疾人辅助性就业的实践困境及路径优化——以南京市残疾人托养机构为例》，《社会与公益》2020 年第 10 期，第 53 页。

表3　2017~2021年辅助性就业人数及占城镇残疾人就业总人数的比例

单位：万人，%

| 年份 | 辅助性就业人数 | 占城镇残疾人就业总人数的比例 |
|---|---|---|
| 2017 | 14.4 | 3.1 |
| 2018 | 14.8 | 3.2 |
| 2019 | 14.3 | 3.4 |
| 2020 | 14.3 | 3.3 |
| 2021 | 14.3 | 3.2 |

资料来源：根据中国残疾人联合会发布的历年《残疾人事业发展统计公报》整理得到。

### （三）灵活就业

#### 1. 灵活就业支持政策

残疾人灵活就业是指从事非全日制、临时性和弹性工作等实现就业。灵活就业可以对工作时间、工作内容、工作形式、工作收入等因素自由选择，作为一种新的就业模式在解决残疾人就业问题上发挥着重要作用。2021年，我国残疾人灵活就业模式占比超过其他残疾人就业模式占比之和，逐渐成为残疾人就业的主渠道，如图4所示。自灵活就业模式出现以来，相关部门就陆续出台了一系列政策法规，《中华人民共和国就业促进法》提出要根据我国的国情和现状，制定和完善与灵活就业相适应的劳动及社会保障政策，将政策落到实处，以保障灵活就业劳动者的合法权益，这将灵活就业以法律的形式进行了规定。残疾人是社会就业群体中的弱势群体，我国针对残疾人灵活就业加大扶持力度。例如，在《残疾人就业工作"十二五"实施方案》《"十四五"残疾人保障和发展规划》中，提出要在经营场地、设施设备、金融信贷和社会保险补贴等多方面扶持残疾人自主创业、灵活就业，鼓励残疾人通过新就业形态实现就业。之后依据国家相关政策法规，各地也相继出台了具有本土化特征的政策文件来扶持残疾人灵活就业。例如，江苏省一些区域免费为残疾人提供经营场所或对租赁场地进行补贴；北京市对残疾人自主创业符合一定条件的按最高不超过4万元的标准给予自主创业补贴，之后持续运营（运行）每满 1 年，可再次按最高不超过 3 万元的标准给予自主创业补贴；甘肃省对农村残疾人在规定区域内售卖自产农副产品以及在农村的流动小商贩免予工商登记、免收工商管理各项费用。

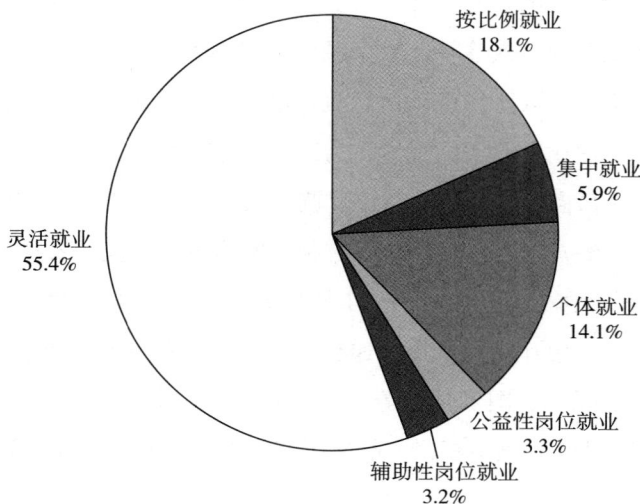

**图 4　2021 年残疾人不同就业模式占比**

资料来源：根据中国残疾人联合会发布的《2021 年残疾人事业发展统计公报》整理得到。

## 2. 灵活就业形式多元化

产业结构调整升级，人们就业观念改变，时间自由、进出便捷、收入体面的灵活就业形式大量出现。[①] 同样在残疾人就业模式中，灵活就业形式丰富多样。社区就业、居家就业形式在 2017 年之后的《残疾人事业发展统计公报》中被纳入灵活就业模式，此外网络工作、兼职工作、弹性工作等也吸纳了大量的残疾就业人口。其中残疾人居家就业是以家庭为工作场所，为残疾就业者提供就业项目，以满足其就业需求。以前的居家就业形式有从事家庭手工业，发展种植业、养殖业等，实现了残疾人就近、方便就业。但在

---

[①]　袁媛：《用好灵活就业"蓄水池"》，《新华日报》2022 年 4 月 22 日，第 3 版。

互联网技术时代，人们的生活方式、生产方式发生了巨大改变，残疾人也不再局限于"流水线式"的简单劳动形式，而是向无障碍、灵活性和智能化的就业方式进行转变。有研究表明，数字经济有利于实现高质量就业。[①] 残疾人作为就业群体中的特殊群体，就业面临的困境更大，数字经济就业则是实现更高质量就业的有效途径。数字经济给残疾人就业带来新机遇，拓展了残疾人就业的空间。数字经济以信息流带动人才、资金、技术等资源向偏远贫困地区流动，优化资源空间配置，为残疾人创造更多的就业岗位，催生了电商企业、网店微商等多种就业岗位。调查数据显示，2019 年我国大约有 20 万名残疾人自主经营网店，2020 年仅吉林省网络灵活就业的残疾人就有 5000 名。[②] 近年来，我国开发了多种网络工作形式，如哈尔滨市开发的"众乐乐"网络就业平台，运用互联网承接快递行业、信息企业的数据外包业务，通过计算机进行数据录入、图像标注等工作。再如通过淘宝网平台的"云客服"远程岗位，残疾人为消费者提供产品的咨询、购买、售后等远程客服服务。

# 三 我国残疾人就业模式存在的问题

## （一）现有残疾人就业模式在实践中存在的问题

### 1. 集中就业安置功能减弱

集中安置是指在专门性的生产或工作单位，由国家和社会负责安排具有一定劳动能力的残疾人实现就业。[③] 由于自身条件的原因，残疾人就业是残疾人社会保障的题中应有之义，而集中就业模式对于残疾人就业又具有特殊的意义，主要体现在保护雇佣、集中供养两个方面。集中就业模式为残疾员

---

① 丛屹、闫苗苗：《数字经济、人力资本投资与高质量就业》，《财经科学》2022 年第 3 期，第 112 页。
② 贾枫、张文帅、尚晓丽：《"互联网+"背景下残疾人就业模式构建研究》，《绥化学院学报》2021 年第 10 期，第 144 页。
③ 钟越：《残疾人就业问题研究》，《社会工作研究》1994 年第 4 期，第 7 页。

工提供工作场所，并且按照残疾等级和残疾类型进行相应的岗位提供，具有一定的庇护作用。自新中国成立至改革开放初期，集中就业主要依托福利企业保障残疾人就业，但随着市场经济体制的发展，集中就业模式在市场化条件下缺乏优势，集中就业安置功能逐渐减弱。由图5可知，2017~2021年，集中就业人数虽然相对稳定，但集中就业人数的年增长率多为负值，总体上呈下降趋势，仅2017年和2018年集中就业人数超过30万人。

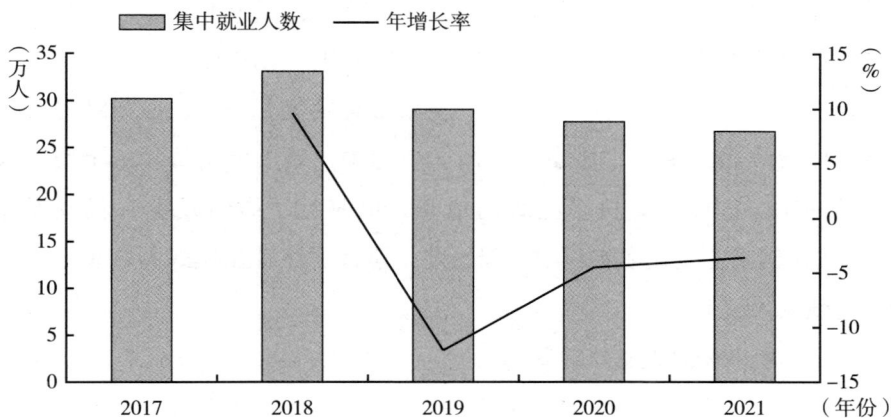

**图5　2017~2021年集中就业人数及年增长率**

资料来源：根据中国残疾人联合会发布的历年《残疾人事业发展统计公报》整理得到。

### 2. 按比例就业"一刀切"

残疾人按比例就业作为一种法规管制性政策，将残疾人分散安排到各用人单位实现就业，在一定程度上促进了残疾人融入社会经济生活。[①] 但是在按比例就业发展过程中还存在不可忽视的问题，例如，按比例就业成了按比例"救济"、按比例"收钱"等问题。[②]《残疾人就业条例》规定："我国用人单位安排残疾人就业占本单位在职职工总数的比例不得低于1.5%。"这

---

① 廖娟、赖德胜：《残疾人就业服务体系的构建：从分割到融合》，《人口与发展》2010年第6期，第86页。

② 王雪梅：《残疾人就业问题与就业保障政策思考》，《北京行政学院学报》2006年第2期，第67~68页。

实际上是按比例就业制度"一刀切"地规定了不同行业、不同类型、不同经营状况的用人单位同等地承担安排残疾人就业的责任，未充分地考虑用人单位的需求。根据政策规定，安排残疾人就业人数应为上年度单位在职职工人数与规定安排就业比例的乘积。但是因用人单位规模不同，常出现安排就业人数不足 1 人的情况，各地对该情况的处理有所差异，有的地区不足 1 人可免予安排，有的地区不足 1 人则按 1 人计算，这就造成了各地区在实施按比例就业政策上的不公平。此外，因残疾类型与残疾程度的不同，残疾人在参与就业时的难度也不一样。不考虑残疾人的自身情况而"一刀切"地安排就业显然不合理，使就业"挂靠"现象时有发生。如一、二等级的残疾人劳动能力较弱，使其"挂靠"在用人单位中，用人单位每月给予残疾人少量的补贴，这样既应付了上级的检查，也避免了缴纳残疾人就业保障金，① 按比例就业模式在实施中出现偏差，违背了该就业模式的初衷，不利于促进残疾人就业。

### 3. 个体就业困难大、障碍多

个体就业是残疾人融入社会的一种途径，但受自身身体素质、外部社会环境等因素制约，残疾人实现个体就业困难重重。在我国受传统的家庭伦理观念的影响，家庭成员必须帮助和照顾残疾人，加之残疾人自身生理条件的限制，往往会自我否定、自我定义为"残废人"。很多残疾人几乎很少或不与外界社会交往，活动局限于家庭内部，社会交往面窄。他们对个体就业的相关支持政策了解甚少，缺乏自主就业、自主创业的意识。然而，对于有参与个体就业意愿的残疾人来说，又可能面临资金不足等问题。因为我国经济发展水平不平衡，地方政府扶持残疾人个体就业的资金不足，覆盖面相对有限，这在一定程度上加剧了残疾人个体就业的压力。在日常社会生活中，残疾人无障碍基础设施建设不健全，无障碍就业环境滞后于实际需要，对残疾人就业的扶持方式单一、力度较小等诸多问题的阻碍，逐渐降低了残疾人实

---

① 梁土坤：《我国按比例安排残疾人就业问题研究》，硕士学位论文，北京物资学院，2012，第 10~15 页。

现个体就业的可能性。

### 4. 公益性岗位匹配度不高

公益性岗位是由政府相关部门开发设置的，但在设置岗位时缺乏对残疾人具体情况的考虑，没有根据残疾程度和残疾类型有针对性地去设置岗位，导致有就业意愿的部分残疾人并没有找到与自身相匹配的工作岗位。分地区来看，公益性岗位的开发在东部、中部和西部均不足2%，而东北地区明显更高，超过4%。以沈阳市为例，对残疾人生活质量的调查数据显示，在249位没参加过工作的残疾人中，有1/3是因为公益性岗位设置与自身残疾状况不适应而没有找到匹配的工作岗位。[①] 在公益性岗位开发数量较高的地区，公益性岗位匹配度却不高，使残疾人真正的就业需求没有得到足够的回应，另外，人岗不匹配也会给用人单位的工作效率带来负面影响。

### 5. 辅助性就业"自我造血"功能弱

辅助性就业是残疾人参与就业的新模式之一，想要有效实现辅助性就业，需要有关机构提供相应的服务和帮助，比如医疗机构、非营利组织以及托养机构等辅助性就业服务机构，在这些机构中设置开展辅助性就业的车间或工厂。然而，当前残疾人参与就业面临辅助性就业"自我造血"功能弱的困境，主要依靠政府和其他主体"输血"维持。辅助性就业"自我造血"是指辅助性就业服务机构能够发挥独自保障残疾人就业、实现残疾人自我价值的功能。以托养机构为例，现有的残疾人托养机构开展的辅助性就业项目多数以代加工产品为主，项目往往简单易操作，但随着合作企业生产设备的升级和生产线的改造，新机器、新生产线的应用不仅产出多而且效率高，使辅助性就业项目订单数量骤降，出现订单不足的现象。此外，少数机构选择自主创业，打造自有产品和品牌，却又面临销售渠道不畅的问题。若想要就业项目高效运营，还需要一支专业的服务队伍来支持托养机构的运转。目前来说，多数托养机构的工作人员数量不足，现有人员多数并非专职，对机构

---

① 赵青、王家宝、陈欣：《浅谈沈阳市残疾人公益性岗位设置的问题与对策》，《社会福利》（理论版）2017年第3期，第31页。

内部了解不足，在一定程度上影响了辅助性就业项目的高效运营。[①]

### 6. 灵活就业稳定性不高、扶持力度小

在全国就业的残疾人中，一半比例的残疾人从事农业种养加，城镇残疾人就业中一半以上为灵活就业，灵活就业多为非全日制、自雇型、临时的、独立的工作，相对于集中就业、按比例就业和公益性岗位就业模式，灵活就业稳定性不高。加之新冠疫情的影响，残疾人灵活就业难度增加。残疾人通过网络实现就业也是灵活就业的一条重要渠道，但在信息化背景下发展残疾人网络就业面临初始投资资金不足、物流环节障碍、专项支持政策缺乏等挑战。[②] 目前，部分地区针对网络就业出台了相关的扶持政策，比如重庆市沙坪坝区出台了《残疾人电子商务居家就业扶持奖励办法》，给予通过互联网实现居家就业的残疾人1000~5000元的资助，但资金扶持力度较小。重度残疾人作为网络居家就业的主要群体，除了需要资金资助外，还需要物流配送人员、技术人员的支持，但现有的扶持内容较为单一。

## （二）残疾人就业模式支持体系不健全

### 1."互联网+"背景下残疾人就业政策保障不足

信息化技术时代的到来，为残疾人就业提供了新契机，催生了新型的灵活就业形式——"互联网+"残疾人居家就业形式。这种就业形式与以往的就业形式不同，降低了对身体条件的依赖程度，尤其是减少了重度肢体、重度语言残疾人的障碍，明显改善重度残疾人就业困境。尽管各地区在残疾人网络就业方面取得了一定的成就，但是"互联网+"残疾人居家就业形式还处于起步阶段，[③] 残疾人就业政策保障还不完善。当前，依托于网络实现居家就业的残疾人缺少国家层面的相关政策保障，仅有部分省、市地方政府出

① 华兴夏、孙愈：《残疾人辅助性就业的实践困境及路径优化——以南京市残疾人托养机构为例》，《社会与公益》2020年第10期，第54页。
② 邓锁：《信息化背景下残疾人就业模式及政策支持路径分析》，《残疾人研究》2016年第1期，第62页。
③ 高圆圆、范绍丰：《"互联网+"背景下我国重度残疾人居家就业模式的现状及对策》，《残疾人研究》2018年第4期，第75页。

台了一些相关扶持政策，如山东省的《关于开展"千牵万·互联网+残疾人就业创业扶贫行动"的实施意见》、浙江省的《关于实施电商助残计划支持残疾人创业促进就业的意见》和四川省的《关于促进残疾人居家灵活就业的意见》等，但这些政策零散，且主要采取金额不高的资金补助方式，在原材料、技术、场地等方面支持力度不够，阻碍残疾人居家网络就业。

### 2. 无障碍环境建设不充分

残疾人在进入劳动力市场参与生产活动时面临多重困难，除了残疾人自身心理脆弱、易自卑等问题阻碍残疾人就业外，公共场所及用人单位无障碍设施建设不充分也是残疾人参与就业道路上的一大阻碍。在我国多种就业模式下，残疾人参加工作的形式也各有不同。残疾人从家到工作单位，需要经历盲道、坡道、直梯、公共交通等设施，然而部分地区并没有进行无障碍改造，对残疾人参与就业造成很多不便。部分用人单位在考虑成本优先的情况下，无障碍工作环境建设并不充分，例如，专用设备、专用座椅配套不齐。因此，推动无障碍环境建设，帮助残疾人打通就业"最后一公里"至关重要。事实上，残疾人与非残疾人并没有本质的区别，但仅有一部分人把残疾人认同为社会的正常存在，在充分建设无障碍环境下，残疾人同样可以融入社会，为社会的发展贡献一分力量。

### 3. 残疾人就业保障金使用不合理

在人类的发展进程中，残疾是不可避免的一种社会代价。[①] 引导在就业年龄段的残疾人参与生产劳动，是社会进步的一种表现。残疾人就业保障金是与按比例就业制度相配合的一项政策。除了给予税收优惠、社会保险补贴外，还应有效使用残疾人就业保障金，在征收侧、使用侧发挥残疾人就业保障金促进残疾人就业的功能。然而，出于经济利益考虑的部分企业，认为残疾人普遍生产力较低而不愿意雇用他们。另有部分企业对残疾人持消极偏见，他们宁愿缴纳残疾人就业保障金也不雇用残疾申请者。企业缴纳的残疾人就业保障金增加了地方政府的收入，政府本应该将残疾人就业保障金作为

---

① 王新宪：《树立现代文明社会的残疾人观》，《中国残疾人》2001年第7期，第4页。

促进残疾人就业的资金，但是部分地方政府通常将该收入用于本地残联的工作经费以减轻公共财政负担。不合理地使用残疾人就业保障金，背离了收取残疾人就业保障金的初衷。此外，利用残疾人就业保障金促进企业雇用残疾人就业的奖励体系还有待完善，对残疾人就业的激励力度还需加大。

# 四　残疾人就业模式发展建议

## （一）完善残疾人就业模式相关的法律法规

### 1. 健全法律法规，促进按比例就业模式的发展

我国相继颁布了《中华人民共和国残疾人保障法》和《残疾人就业条例》，在一定程度上促进了残疾人就业模式的发展，但在这些法律条例中具体要求不太清晰。就残疾人按比例就业模式来说，一方面，表现为就业比例的不合理，由于行业不同和残疾人自身条件的差异，应借鉴其他国家的相关经验，实行差别比例。德国设定了5%的配额雇用残疾人，这个数值是以就业和处于工作年龄段的重度未就业的残疾人数量为基础，并排除了如飞行员、消防员等特殊职业而计算的；[1] 荷兰规定不同行业分别按3%~7%的比例安排残疾人就业。[2] 另一方面，在我国残疾人就业长期发展过程中，主要依靠行政手段和道义力量，[3] 缺乏强制性的法律规定和具体的奖惩措施，使得在执行中力度不足，应出台残疾人就业的详细规则。应明确规定对于达到比例或超比例安排残疾人就业的用人单位给予实质性奖励；对于未达到比例安排残疾人就业或拒绝安排残疾人就业的用人单位，不仅要求用人单位缴纳残疾人就业保障金，还可考虑缴纳一定数额的罚款。通过细致化的法律条例，真正将按比例就业制度落到实处，切实保护残疾人的合法权益。

---

[1] 廖娟：《残疾人按比例就业制度研究》，《公共管理与政策评论》2013年第3期，第63页。

[2] 赖德胜、赵筱媛等：《中国残疾人就业与教育现状及发展研究》，华夏出版社，2008，第48页。

[3] 王雪梅：《残疾人就业问题与就业保障政策思考》，《北京行政学院学报》2006年第2期，第69页。

**2. 强化企业在法律约束下履行社会责任**

残疾人是一个特殊而困难的群体，要提高残疾人的生活水平，参与就业是一条有效的途径。因此，全社会要认识到解决残疾人就业问题是大家的共同责任。不仅政府部门需要按比例安排残疾人就业，企业也应积极响应国家政策，主动承担雇用残疾人就业的责任。为了使企业更好地履行社会责任，在 2022 年国务院办公厅印发的《促进残疾人就业三年行动方案（2022—2024 年）》中，明确要求民营企业应当将助残就业、按比例安排残疾人就业情况纳入企业社会责任报告。一方面，要加深企业对《中华人民共和国残疾人保障法》和企业相关法律间关系的认识，《中华人民共和国残疾人保障法》是全社会都要遵循的法律，而与企业相关的法律又不能排斥其他法律的实施，即两者方向是统一的；另一方面，要强化企业方责任，根据企业自身情况对雇用残疾人做出具体的安排，使企业和残疾人获得"双赢"，改变企业视雇用残疾人为"负担"的错误观念。

## （二）加强激励政策和就业新观念的宣传与落实

**1. 加大残疾人创业、就业激励政策的落实和扶持力度**

残疾人创业、就业激励政策的健全、落实和扶持力度直接关系到残疾人自身与用人单位的积极性。到目前为止，部分残疾人仍然有"等靠要""保生存"的思想，过度依赖社会福利保障措施。究其原因，他们认为即使自己就业了，往往工资也较低，难以满足基本生活开支，而且有了工资收入，残疾人的最低生活保障津贴就会取消，因此他们宁愿放弃就业机会而选择领取稳定的最低生活保障金。鉴于此，在政策设定上，可以考虑对就业的残疾人延迟一定期限后再取消最低生活保障金或依据工资收入调整津贴额度，确保残疾人能够积极就业，并且也能确保残疾人获得满足基本生活需求的收入。对于要进行自主创业的残疾人来说，相关部门要落实残疾人创业的奖励制度和税收优惠政策，这样在一定程度上可以减轻创业资金负担。此外，各地可以根据就业具体情况制定灵活就业多样化的支持政策，将残疾人创业纳入中小企业扶持体系中，以政策叠加的形式加大扶持力度，激发残疾人自身创业的积极性。

**2. 宣传"支持性就业"新观念，科学设置就业岗位**

目前政府和学术界对残疾人融合就业还未形成统一明确的定义，基于已有文献，本报告对残疾人融合就业的定义是指为满足残疾人就业需求，在平等、合理和便利的无障碍环境前提下，多方主体参与并支持残疾人在竞争的劳动力市场就业。在当前残疾人就业质量不高和融合就业观念尚不成熟的情况下，政府相关部门及各界媒体应加强宣传"支持性就业"新观念，由庇护性就业转向支持性就业。支持性就业与庇护性就业的差异在于残疾人是在完全公开、竞争的就业环境下实现就业的，能够尊重残疾人成长的需要，真正实现社会融合。残疾人支持性就业是指国家和社会对有就业支持需求的残疾人采取一定的支持措施，帮助其进入竞争性劳动力市场与非残疾人同等参与劳动的一种就业服务形式。① 20 世纪 70~80 年代，残疾人支持性就业在美国首次实施，② 2002 年美国通过支持性就业参加工作的智障人士超过 10万名，实现了社会融合，支持性就业模式逐步成为美国智障人士就业安置的主流模式。③ 支持性就业于 21 世纪初引入我国，致力于帮助残疾人平等地就业和融入社会，在我国的参与主体包括中国残联、各基层政府、就业辅导员、企业、残障者及其家庭等，是多方参与的支持性就业模式，具备安置-培训-支持的特征，对于残疾人真正融入社会具有积极意义。

2010 年我国有关残疾人统计数据显示，智力残疾人数占总残疾人数的6%，约为 568 万人。④ 由于智力残疾人的认知、学习和社会交往等能力存在问题，相对于其他类型的残疾人，他们的就业更加困难。⑤ 支持性就业主要

① 龚燕：《残疾人支持性就业发展现状的实证调查与分析》，《宝鸡文理学院学报》（社会科学版）2021 年第 5 期，第 34 页。
② Paul Wehman, "Supported Employment: What Is It?," *Journal of Vocational Rehabilitation* 3 (2012): 139.
③ 汪蔚兰、昝飞：《美国的智障人士支持性就业》，《社会福利》2010 年第 5 期，第 26 页。
④ 数据来源：中国残疾人联合会。
⑤ 周飞龙、尹之乐、范星北、石慧玲：《轻度智障青年支持性就业的成效研究——以两地 X机构为例》，《社会与公益》2020 年第 2 期，第 78 页。

解决心智、精神障碍者和重度障碍者等就业困难人群的就业问题，由专业人士对他们进行职业诊断，以满足他们就业的个性化需求，科学合理地设置岗位。不仅如此，还需要充分建设无障碍环境、提升残疾人自身就业能力，在专业的辅导员帮助下实现有薪且同工同酬、持续、融合以及个别化[①]的就业。

## （三）优化残疾人就业新模式

### 1. 提升公益性岗位匹配度与就业人员待遇

公益性岗位虽然在帮扶就业困难的残疾人方面发挥了重要作用，但也存在不可忽视的人岗匹配度不高的问题。为提升公益性岗位的匹配度，应充分利用互联网技术，搭建就业服务信息网络平台专供残疾人使用，将工作岗位信息与残疾人自身状况进行匹配，改变过去单向岗位安排的方式，建立残疾人与用人单位双向选择平台，提高就业岗位的匹配度。根据我国的城乡二元结构，公益性岗位可分为城镇公益性岗位和农村公益性岗位。我国农村的各项发展要滞后于城镇，[②] 最明显的差异表现在工资方面。城镇公益性岗位补贴标准与所在市的最低工资标准一样，农村公益性岗位补贴标准比城镇公益性岗位补贴标准更低。由于残疾人群体普遍有医疗与康复费用的支出，按目前的公益性岗位补贴标准很难满足残疾人基本的生活需求，给残疾人的生活带来一定的压力，因此有必要提升就业人员的待遇使其获得充足的资金来保障自身的日常生活。在社会保险待遇方面也有缺失，例如，沈阳市设置的公益性岗位目前只享受四险待遇，暂不参加生育保险。[③]

### 2. 整合公益资源，促进多元主体协同辅助性就业

辅助性就业在发展的过程中面临"自我造血"功能弱的问题，要积极发挥多方力量，如街道、社区、企业、志愿组织等多元主体的作用，以整合公

---

① 宋颂：《国际残疾人支持性就业比较研究》，《残疾人研究》2015 年第 1 期，第 67 页。
② 李静：《精准就业：可行能力视角下农村弱势群体的扶贫方略》，《中国行政管理》2020 年第 1 期，第 59 页。
③ 赵青、王家宝、陈欣：《浅谈沈阳市残疾人公益性岗位设置的问题与对策》，《社会福利》（理论版）2017 年第 3 期，第 31 页。

益资源。同时各单位还可以结合党建工作，因地制宜地开发就业项目，创新产品和服务，打造自有品牌，并在社会力量的帮助下，对辅助性就业机构所提供的产品和服务进行多渠道销售，形成开发、生产、销售的畅通机制。

辅助性就业项目要想获得长足发展，首先，政府要加大购买力度，优先采购残疾人辅助性就业服务或产品。其次，要不断优化残疾人托养机构，实现从他助为主的"输血"到以自助为主的"造血"。托养机构要有专业的团队，制订管理方案，对残疾人进行岗前培训，使其满足工作的需要，并提高残疾人的工作能力，增强自我供血能力。此外，除了负责残疾人就业、康复的托养机构，还应鼓励有条件的企业单位提供辅助性就业岗位，号召志愿者及社区居民参与辅助性就业项目，以提升社会知悉度和对残疾群体就业能力的认可度。

### 3. 提高自主创业、就业能力，持续支持灵活就业

目前来说，相关部门针对残疾人灵活就业在资金扶持、税收减免等方面给予了一定的政策倾斜，但残疾人平均受教育水平不高，知识技能缺乏，难以适应当前操作现代化设备、要求高素质人才的就业环境。[①] 加大对残疾人特殊教育的投资力度，提升残疾人受教育水平，并发挥职业学校开展残疾人就业技能培训的功能，更有利于残疾人自主创业、就业能力的提高。同时，相关部门应构建和完善残疾人就业服务平台，如为高校残疾毕业生建立"一人一档""一人一策"的就业帮扶机制，还应继续加大对基层残疾人灵活就业的扶持力度，使残疾人在更大程度上享受创业、就业服务政策的扶持。

**参考文献**

符大伟：《促进智力和精神残疾人辅助性就业的实践探索——以广州市康园工疗服务机构为例》，《残疾人研究》2015 年第 3 期。

---

① 王琴、郑晓坤：《扶持残疾人自主就业创业 巩固拓展脱贫攻坚成果——以吉林省为例》，《中国特殊教育》2021 年第 11 期，第 4 页。

符丹萍、李晓光：《公益性岗位开发管理中出现的问题及对策》，《科技经济市场》2013 年第 7 期。

高圆圆：《从扶持安置到能力开发：残疾人就业保障转型研究》，《西部论坛》2017 年第 3 期。

赖德胜：《高质量就业的逻辑》，《劳动经济研究》2017 年第 6 期。

赖德胜、廖娟、刘伟：《我国残疾人就业及其影响因素分析》，《中国人民大学学报》2008 年第 1 期。

向游芳：《中国按比例安排残疾人就业问题探讨》，《社会福利》（理论版）2013 年第 5 期。

肖巍：《灵活就业、新型劳动关系与提高可雇佣能力》，《复旦学报》（社会科学版）2019 年第 5 期。

尚珂、梁土坤：《我国按比例安排残疾人就业地区差异及影响因素分析》，《华东经济管理》2013 年第 2 期。

周沛：《社会投资：残疾人辅助性就业服务的逻辑与效用》，《社会科学辑刊》2020 年第 2 期。

赖德胜、李长安、孟大虎等：《2013 中国劳动力市场发展报告——全面建成小康社会进程中的残疾人就业》，北京师范大学出版社，2013。

廖娟：《残疾人贫困与教育就业问题研究》，华夏出版社，2018。

尚珂、梁土坤：《新形势下的中国残疾人就业问题研究》，中国劳动社会保障出版社，2011。

谢琼主编《国际视角下的残疾人事业》，人民出版社，2013。

Daron Acemoglu and Pascual Restrepo, " The Race Between Man and Machine: Implications of Technology for Growth, Factor Shares, and Employment," *American Economic Review* 6（2018）：1488-1542.

David H. Autor, " Why Are There Still So Many Jobs? The History and Future of Workplace Automation," *Journal of Economic Perspectives* 3（2015）：3-30.

Friedman C. , "The Relationship Between Disability Prejudice and Disability Employment Rates," *Work* 3（2020）：591-598.

Marno R. and Rantoa L. , " Models of Disability: A Brief Overview," *HTS Teologiese Studies* 1（2018）：e1-e8.

Mason Ameri, Lisa Schur, Meera Adya, F. Scott Bentley, Patrick McKay, and Douglas Kruse, "The Disability Employment Puzzle: A Field Experiment on Employer Hiring Behavior," *ILR Review* 2（2018）：329-364.

# B.5
# 中国残疾人职业教育与就业培训
# 发展报告（2022）

郭文斌　潘中多*

**摘　要：** 本报告将我国残疾人职业教育与就业培训的发展历程划分为萌芽期、形成期、发展期和成熟期四个阶段。基于相关统计数据，从残疾人中等职业教育的总体情况、残疾人中等职业教育的培养状况、残疾人职业教育与就业培训的组织与管理、残疾人职业教育与就业培训的成效四个方面，阐述了中国残疾人职业教育与就业培训的发展现状。分析了中国残疾人职业教育与就业培训中存在的培训供给与残疾人就业市场需求不相适应、资金投入不足及实训设备和基地紧缺、职教师资结构性短缺、残疾人口变化给社会就业岗位资源分配带来的挑战、残疾人职业教育空间分布的结构性矛盾等相关问题。提出科学规划残疾人职业教育与就业培训发展布局、加强残疾人职业培训师资队伍培养、扩大残疾人职业教育与就业培训供给、实施残疾人职业测评精准定向培训四个方面建议，以回应我国残疾人职业教育与就业培训的发展需求。

**关键词：** 残疾人　职业教育与就业培训　资源结构矛盾　师资建设　精准培训

---

\* 郭文斌，博士，教授，陕西师范大学博士生导师，伊犁师范大学教育科学学院副院长，研究领域为残疾人职业教育；潘中多，陕西师范大学博士研究生，研究领域为残疾人职业教育。

# 一 中国残疾人职业教育与就业培训的发展历程

新中国成立以来，我国高度重视残疾人职业教育与就业培训，陆续出台一系列顶层设计和战略部署。残疾人职业教育与就业培训的发展历程大致经历了萌芽期、形成期、发展期和成熟期四个阶段，[①] 每一阶段都有其鲜明的时代特征。我国残疾人职业教育与就业培训正朝着注重普职融通、终身化与应用性的方向阔步前行。

## （一）萌芽期（1949~1988年）

1957 年，教育部发布了《关于办好盲童学校、聋哑学校的几点指示》，明确规定盲童学校、聋哑学校的基本任务，首次指出盲童和聋哑儿童要掌握一定的职业劳动技能。1987 年国家教育委员会颁布的《全日制盲校小学教学计划（初稿）》指出，要在聋哑学校、盲童小学开设职业技术课程；同年 12 月颁布的《全日制弱智学校（班）教学计划（征求意见稿）》提出，中高年级要因地制宜地开展初步的职业技能教育，掌握从事家务劳动、简单生产劳动的初步技能。基于此，新中国成立以来，国家制定的关于残疾人职业教育与就业培训的政策法规着重发展盲童、聋（哑）童、智障儿童的初等职业技术教育，为有效保障残疾人的生存发展权益提供了根本遵循。

## （二）形成期（1989~2000年）

1990 年颁布的《中华人民共和国残疾人保障法》从法律层面明确了发展残疾人职业教育的重要作用和发展方向。1994 年颁布的《残疾人教育条例》提出着重发展残疾人职业教育，并开展以实用技术为主的中期、短期培训；1996 年中国残疾人联合会等五部门制定的《残疾人就业"九五"实

---

[①] 李尚卫、沈有禄：《我国特殊职业教育发展战略：回顾与展望》，《中国职业技术教育》2019 年第 16 期，第 37~40 页。

施方案》提出要积极开展残疾人的就业训练和职业培训。这一阶段主要注重残疾人职业教育学校建设与中短期就业训练和职业培训，了解残疾人培训需求与就业意向，进一步健全残疾人权益保障制度和就业培训体系。

### （三）发展期（2001~2013年）

2001年制定的《残疾人职业教育与培训"十五"实施方案》和2007年颁布的《残疾人中等职业学校设置标准（试行）》都不断完善残疾人中等职业学校建设标准与管理规范，明确提出各组织部门要充分发挥组织协调职能作用。2011年颁布的《残疾人教育工作"十二五"实施方案》提出，各地要从残疾人就业保障金中安排一定比例资金用于职业教育与培训。此阶段通过制定一系列相关政策法规，扶持残疾人职业教育的发展，加大残疾人职业技能培训力度，不断优化残疾人职业教育与就业培训体系。

### （四）成熟期（2014年至今）

2014年和2017年，国家组织实施了两期特殊教育提升计划，将残疾人职业培训纳入终身职业技能培训制度；2018年教育部等四部门制定的《关于加快发展残疾人职业教育的若干意见》指出，要加强对残疾人就业指导和援助；2019年国务院颁发的《国家职业教育改革实施方案》提出，应面向在校学生和全体社会成员开展职业培训；2022年颁布的《"十四五"残疾人职业技能提升计划》和《促进残疾人就业三年行动方案（2022—2024年）》指出，要加大残疾人职业技能培训力度，帮助残疾人提高就业创业技能。此阶段着力提升残疾人职业教育与就业培训的保障能力与质量，从保障残疾人基本生存和生活到逐步提高保障水平，加快完善残疾人基本公共服务，进一步保障残疾人平等权利。

综上所述，经过70多年的不断探索与创新，我国残疾人职业教育发展体系越来越完善，接受残疾人职业教育与就业培训的人数越来越多，残疾人自我发展能力稳步上升，这将进一步促进残疾人全面发展和共同富裕，推动我国残疾人事业高质量发展。

## 二 中国残疾人职业教育与就业培训的现状分析

残疾人职业教育是指普通职业教育机构和残疾人职业教育机构向各类残疾人传授从事某种生产或工作所需的职业/技术知识和技能的教育。残疾人就业培训是指中国残疾人联合会及其地方组织协同相关部门实施残疾人就业培训，鼓励和扶持各类社会职业培训机构为残疾人提供职业培训，帮助残疾人提高就业技能和就业水平，改善残疾人生活状况。本报告关于我国残疾人职业教育与就业培训的现状分析主要基于残疾人中等职业教育的总体情况、残疾人中等职业教育的培养状况、残疾人职业教育与就业培训的组织与管理、残疾人职业教育与就业培训的成效四个方面进行论述。

### （一）残疾人中等职业教育的总体情况分析

#### 1.残疾人中等职业教育开展情况

从残疾人中等职业学校（班）教育情况来看，2017～2021年，我国近五年来残疾人中等职业教育逐步推进，残疾人中等职业学校（班）数量逐年增加，接受职业教育的人数呈上升趋势。截至2021年，我国残疾人中等职业学校（班）达161个，较2020年增加14个，同比增长9.52%（见图1）。

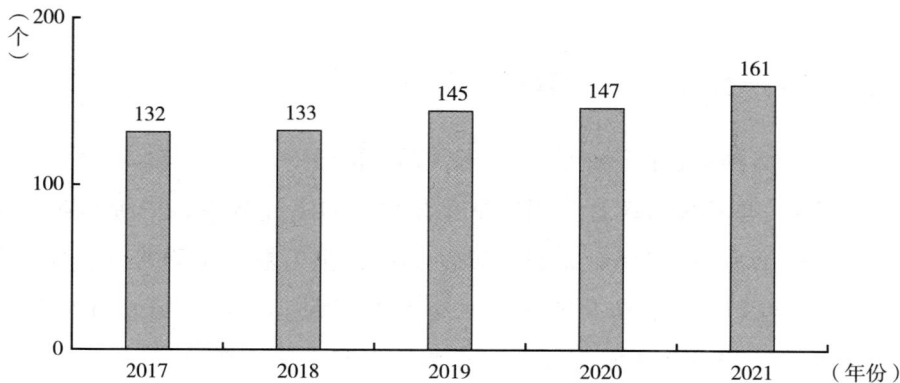

**图1　2017～2021年全国残疾人中等职业学校（班）数量统计**

资料来源：2017～2021年的《残疾人事业发展统计公报》。

**2. 分省份残疾人中等职业教育开展情况**

分省份来看，通过对 2021 年部分省份的《残疾人事业发展统计公报》数据整理得知，2021 年，浙江省有残疾人中等职业学校（班）19 个，福建省有残疾人中等职业学校（班）10 个。而西部地区特殊教育较东部地区、中部地区起步晚、发展缓慢，残疾人中等职业学校（班）数量较少，2021 年，重庆市、广西壮族自治区和宁夏回族自治区的残疾人中等职业学校（班）都仅为 1 个（见表 1）。

表 1　2021 年部分省份残疾人中等职业学校（班）数量统计

单位：个

| 序号 | 省份 | 残疾人中等职业学校(班)数量 | 序号 | 省份 | 残疾人中等职业学校(班)数量 |
|---|---|---|---|---|---|
| 1 | 浙江 | 19 | 8 | 吉林 | 2 |
| 2 | 福建 | 10 | 9 | 山西 | 2 |
| 3 | 广东 | 9 | 10 | 新疆 | 2 |
| 4 | 江西 | 8 | 11 | 重庆 | 1 |
| 5 | 北京 | 3 | 12 | 广西 | 1 |
| 6 | 安徽 | 3 | 13 | 宁夏 | 1 |
| 7 | 湖南 | 3 | | | |

资料来源：2021 年部分省份的《残疾人事业发展统计公报》。

## （二）残疾人中等职业教育的培养状况分析

**1. 残疾人中等职业学校（班）在校生基本情况**

《残疾人事业发展统计公报》数据显示，2018 年残疾人中等职业学校（班）在校生为 19475 人，2018～2019 年在校生人数呈下降趋势，2019～2021 年则持续增长，2021 年全国残疾人中等职业学校（班）在校生为 17934 人，较 2020 年增加 57 人，同比增长 0.32%（见图 2）。

**2. 中国特殊教育学校专任教师队伍基本状况**

近年来，我国特殊教育在教师队伍建设方面取得突出成就，2017～2021

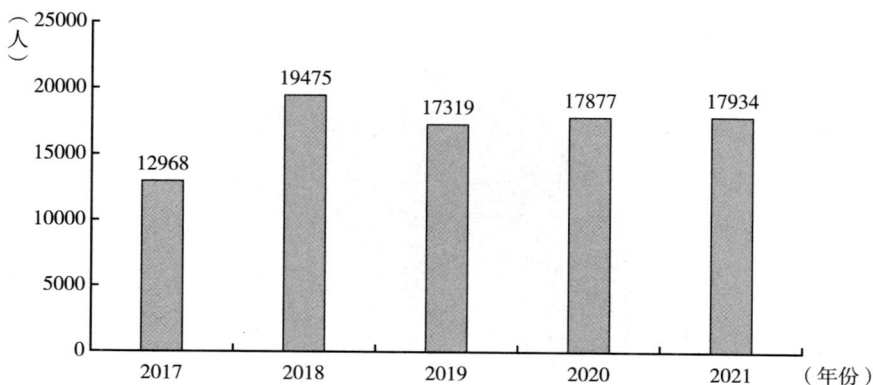

**图2　2017~2021年全国残疾人中等职业学校（班）在校生人数走势**

资料来源：2017~2021年的《残疾人事业发展统计公报》。

年中国特殊教育学校专任教师人数逐年增加，2021年中国特殊教育学校专任教师人数达6.94万人，较2020年增加了0.32万人，同比增长4.83%（见图3）。

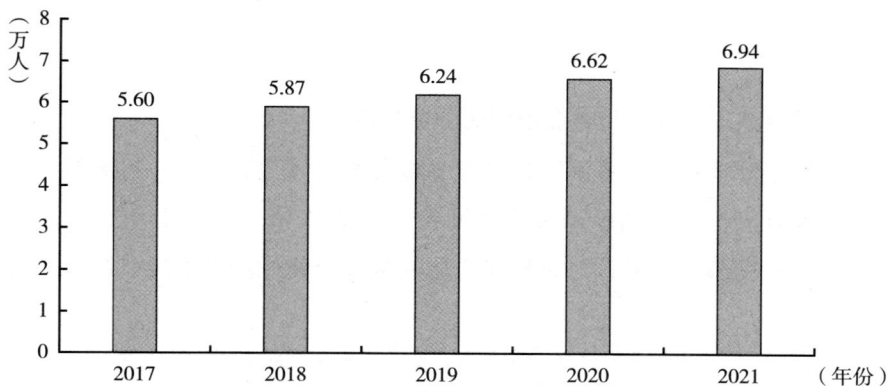

**图3　2017~2021年中国特殊教育学校专任教师人数统计**

资料来源：2017~2021年的《全国教育事业发展统计公报》。

教育部数据显示，按专业技术职务来看，2020年，中国特殊教育学校专任教师中级职称有27805人，助理级有17293人，其占比情况如图4所示。

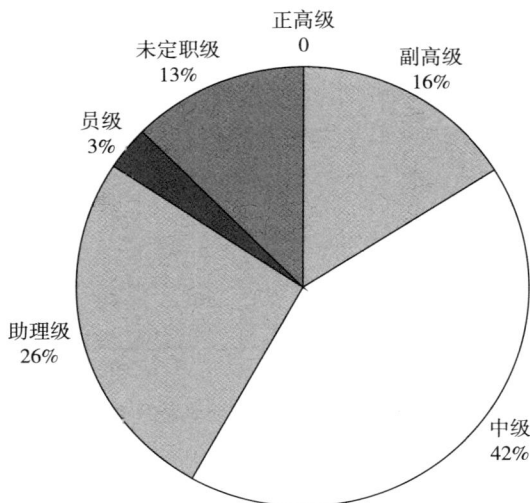

**图 4　2020 年中国特殊教育学校专任教师按专业技术职务统计情况**

资料来源：中华人民共和国教育部发展规划司编《中国教育统计年鉴（2020）》，中国统计出版社，2021，第 173 页。

### （三）残疾人职业教育与就业培训的组织与管理分析

**1. 残疾人职业教育与就业培训的国家政策**

2021~2022 年，教育部等相关部委联合制定《"十四五"特殊教育发展提升行动计划》等系列政策文件（见表 2），再次强调了"十四五"时期要加快健全特殊教育体系，完善残疾人职业教育与就业培训保障机制。

**表 2　2021~2022 年中国残疾人职业教育与就业培训政策统计**

| 时间 | 政策 | 部门 | 相关内容 |
|---|---|---|---|
| 2021 年 4 月 21 日 | 《全国残联系统康复专业技术人员规范化培训实施方案》 | 中国残疾人联合会 | 进一步加强、规范全国残联系统康复专业技术人员培训 |
| 2021 年 4 月 30 日 | 《中国残联办公厅关于确定第四批国家级残疾人职业培训基地的通知》 | 中国残联办公厅 | 确定 74 家机构为第四批国家级残疾人职业培训基地 |

| 时间 | 政策 | 部门 | 相关内容 |
|---|---|---|---|
| 2021 年 7 月 8 日 | 《"十四五"残疾人保障和发展规划》 | 国务院 | 继续开展农村残疾人实用技术培训 |
| 2021 年 8 月 20 日 | 《中国残联关于印发〈"十四五"残疾人事业信息化发展实施方案〉的通知》 | 中国残疾人联合会 | 优化完善教育就业、无障碍等服务残疾人的资源指标 |
| 2021 年 10 月 26 日 | 《关于印发〈无障碍环境建设"十四五"实施方案〉的通知》 | 中国残疾人联合会等十三部门 | 加快推进信息无障碍建设 |
| 2021 年 12 月 31 日 | 《"十四五"特殊教育发展提升行动计划》 | 教育部等七部门 | 加强残疾学生职业教育和技能培训 |
| 2022 年 2 月 15 日 | 《关于印发〈"十四五"残疾人职业技能提升计划〉的通知》 | 中国残疾人联合会等五部门 | 大力开展农村残疾人实用技术培训 |
| 2022 年 3 月 25 日 | 《促进残疾人就业三年行动方案(2022—2024 年)》 | 国务院 | 加强各级残疾人职业培训基地建设 |

资料来源：国务院、教育部及中国残疾人联合会等网站。

### 2. 残疾人职业教育与就业培训的地方政策

2021 年，各省份印发相关残疾人事业发展"十四五"规划（见表 3），这些政策对残疾人职业教育与就业培训的发展进行了多方面补充完善，具体包括注重残疾人就业需求、利用"互联网+"新技术、鼓励残疾人参与非物质文化遗产传承、注重推进农村残疾人职业教育与就业培训等方面。

**表 3　2021 年部分省份残疾人职业教育与就业培训政策统计**

| 省份 | 时间 | 政策 | 相关内容 |
|---|---|---|---|
| 北京 | 2021 年 9 月 19 日 | 《北京市"十四五"时期残疾人事业发展规划》 | 规范残疾人职业培训基地和培训补贴目录管理 |
| 浙江 | 2021 年 6 月 28 日 | 《浙江省残疾人事业发展"十四五"规划》 | 引导职业学校和龙头企业联合建设 25 个左右示范性职工培训基地 |
| 江苏 | 2021 年 9 月 25 日 | 《江苏省"十四五"残疾人事业发展规划》 | 建立残疾人职业培训机构、项目公示和培训成效评价制度 |

| 省份 | 时间 | 政策 | 相关内容 |
|------|------|------|----------|
| 河北 | 2021年9月9日 | 《河北省"十四五"残疾人保障和发展规划》 | 鼓励残疾人参与非物质文化遗产传承、传统工艺项目培训 |
| 山东 | 2021年9月2日 | 《山东省残疾人事业发展"十四五"规划》 | 深入开展残疾人职业技能和农村实用技术培训,建立职业培训优质课程资源库 |
| 吉林 | 2021年9月30日 | 《吉林省"十四五"残疾人保障和发展规划》 | 积极开展残疾人展能、产品作品展销、岗位精英职业技能竞赛等活动 |
| 广西 | 2021年12月26日 | 《广西残疾人保障和发展"十四五"规划》 | 开发线上、线下相结合的残疾人职业技能培训优质课程资源 |

资料来源:2021年各省份残疾人联合会网站。

### (四)残疾人职业教育与就业培训的成效分析

**1. 残疾人中等职业学校(班)毕业生人数及持证状况**

2021年全国残疾人中等职业学校(班)毕业生为4396人,较上年增加115人,同比增长2.69%;2021年毕业生中1005人获得职业资格证书,较上年减少456人,同比减少31.21%(见图5)。

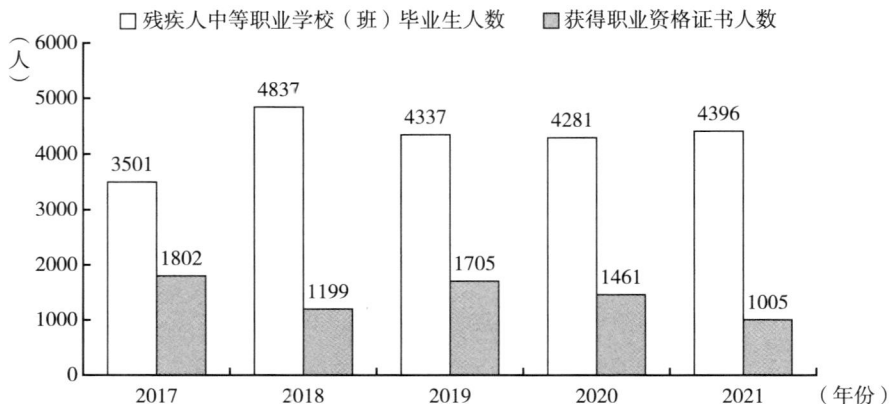

**图5　2017~2021年全国残疾人中等职业学校(班)毕业生人数及持证状况统计**

资料来源:2017~2021年的《残疾人事业发展统计公报》。

**2. 盲人保健按摩与医疗按摩发展状况**

2021 年，全国共培训盲人保健按摩人员 13483 人、盲人医疗按摩人员 8372 人。有盲人保健按摩机构 17128 个，盲人医疗按摩机构 1105 个（见表 4）。869 人获得盲人医疗按摩人员初级职务任职资格，232 人获得中级职务任职资格。

**表 4　2017~2021 年全国盲人保健按摩与医疗按摩发展状况**

单位：个，人

| 年份 | 分类 | 机构 | 培训人员 |
|---|---|---|---|
| 2021 | 盲人保健按摩 | 17128 | 13483 |
| | 盲人医疗按摩 | 1105 | 8372 |
| 2020 | 盲人保健按摩 | 17313 | 12761 |
| | 盲人医疗按摩 | 873 | 7820 |
| 2019 | 盲人保健按摩 | 13181 | 14678 |
| | 盲人医疗按摩 | 894 | 7318 |
| 2018 | 盲人保健按摩 | 16776 | 19732 |
| | 盲人医疗按摩 | 1126 | 10160 |
| 2017 | 盲人保健按摩 | 19257 | 20796 |
| | 盲人医疗按摩 | 1255 | 7217 |

资料来源：2017~2021 年的《残疾人事业发展统计公报》。

# 三　中国残疾人职业教育与就业培训中
# 存在问题的分析

## （一）培训供给与残疾人就业市场需求不相适应

残疾人就业的矛盾主要是残疾人劳动力在市场中的结构性矛盾，即现有的残疾人劳动力的综合素质与企业的需求并不匹配。解决这一矛盾的关键在于残疾人职业教育学校和各类社会职业培训机构大力开展残疾人职业教育与就业培训。然而，2021 年全国残疾人中等职业学校（班）仅有 161 个，当年毕业生有 4396 人，其中仅有 1005 人获得职业资格证书，国家组织开办的残疾人职业教育学校数量和毕业生人数目前难以满足就业市场需求。同时，国家及各地方政府所制定的残疾人职业教育与就业培训的系列政策文件，大多以规划、条例等形式颁布，缺乏一定的法规体系约束，这一现状又催生了市场中的乱象，民间私营培训机构存在收费高、服务差的问题；各类社会职业培训机构的主要培训内容较为单一，大多数围绕盲人保健按摩及盲人医疗按摩等服务业展开，聚焦于高技术、高附加值产业的培训较少；参加职业培训的残疾人具有不同的生理发展特征，其就业需求和状态也有所区别，而职业培训未就此情况做出合理调整，也降低了职业培训的实效。

此外，目前在主要以互联网为载体的就业服务平台以及劳动力市场的网络化平台中，缺乏针对残疾人群体的求职方案，培训供给与残疾人需求也不相适应。一方面，现有条件难以对残疾人的能力、学习成果、劳动就业信息进行统计与量化，缺乏宏观的统计与分析，不能为企业提供真实可靠的信息；另一方面，大部分民族地区、欠发达地区的农村残疾人群体接收信息的渠道有限，很难通过常规的线下企业职工招募和线上招聘信息平台来获得就业信息，所掌握的资料与企业实际情况存在误差，双方信息的不对称导致了"就业难"与"招工难"并存的局面，这也进一步降低了残疾人劳动力的分配效率。

### （二）资金投入不足及实训设备和基地紧缺

残疾人职业教育和就业培训发展水平受其所获得的外部支持水平的影响。关于残疾人职业教育的设备、资源、实训基地等条件都需要足量的经费予以支持。与此同时，在课程设置、教师队伍培育、教材编写、教师的继续教育等方面也需要足够的经费投入和支持。然而现实情况是，部分地区当前面临缺少经费、残疾人职业教育设施不健全、缺乏实训设备的问题。部分学校的残疾人职业教育项目往往需要自行筹措资金或依靠社会资助获取资金，对于残疾人职业教育的专业建设和科研创新都产生了不利影响。国内许多地区的中等职业学校的无障碍通道（路）、电梯、楼梯、厕所、平台、房间、席位、音响提示、盲文标识、通信、信息交流等生活设施，依然难以满足残疾学生学习和生活的特殊需要。[①]

---

① 刘俊卿：《发展中等职业学校融合教育的机遇、挑战与策略》，《沈阳师范大学学报》（社会科学版）2020年第6期，第84~89页。

### （三）职教师资结构性短缺

从上述残疾人中等职业教育的培养状况分析数据得知，2021 年全国共有特殊教育学校 2288 所、特殊教育在校生 91.98 万人，全国特殊教育专任教师有 6.94 万人，较 2020 年增加了 0.32 万人，说明我国特殊教育专任教师数量在逐年稳步上升。但与教育部要求的特殊教育学校教职工人数按照盲校、聋校师生比 1∶3.5，培智学校师生比 1∶2 的比例①相比仍有一定的差距，这说明我国特殊教育教师数量仍不足，而残疾人职业教育教师数量更是少之又少。按照《残疾人中等职业学校设置标准（试行）》中对师资的相关要求，教学班与教职工比例不低于 1∶5，专任教师数不低于本校教职工数的 60%，专业课教师数不低于本校专任教师数的 60%。张璐对河北省唐山市两所残疾人职业教育学校教师调查发现，两所学校仅有 61 名教师，教师数量远远不能满足数量庞大的残疾人的需求。② 综上可以发现，虽然我国特殊教育教师数量在逐年稳步上升，但残疾人职业教育教师数量仍较为缺乏。

### （四）残疾人口变化给社会就业岗位资源分配带来的挑战

2021 年是"十四五"开局之年，中国有 8500 万名残疾人，其相较普通人群所特有的弱势因素给残疾人就业以及脱贫发展问题带来了挑战，农村残疾人就业更是不容乐观。当今社会的经济结构向着高新技术产业发展，而当下大多数农村残疾人受教育程度普遍不高，缺乏技能培训，所掌握的职业技能水平相对较低，加之残疾人自身能力有限，难以加入高技术企业等人才需求大的行业。基于此，农村残疾人因受到生理缺陷、受教育程度低、社会竞争等因素影响，容易产生消极、悲观的情绪，导致职业发展规划意识缺位。在就业观念上，许多农村残疾人也存在误区，在面临就业问题时常常不能准

---

① 《特殊教育学校建设标准》，教育部学校规划建设发展中心网，2015 年 9 月 9 日，https：//www.csdp.edu.cn/article/594.html。

② 张璐：《校城融合视角下唐山市残疾人职业教育发展对策研究》，硕士学位论文，华北理工大学，2021。

确自我定位，就业预期呈现低定位趋向，这些认知误区阻碍了农村残疾人自我潜能的发掘和获得就业机会。

### （五）残疾人职业教育空间分布的结构性矛盾

《2021年残疾人事业发展统计公报》相关数据显示，截至2021年，我国残疾人中等职业学校（班）达161个，较2020年增加14个。[①] 虽然我国残疾人中等职业学校（班）逐渐增加，但是依然存在数量不足且地域分布不合理的问题。结合2021年部分省份残疾人中等职业学校（班）数量统计可知，残疾人中等职业学校（班）主要集中在经济发达、人口分布较密集的东部地区的大中城市。残疾人中等职业学校（班）数量超过5个的地区大多分布在我国东部地区、中部地区，而西部地区残疾人中等职业学校（班）数量较少。

另外，部分残疾人职业教育院校的专业设置及课程体系和市场需求联系不够紧密，与企业互动较少，尚未形成稳定的产教融合发展模式。双方缺乏彼此之间的沟通与对话机制，投射在职业教育现实教学中就会出现专业设置多重叠、教学资源较为分散、实习与专业不衔接等诸多问题，从而在一定程度上造成了残疾人职业教育面临"闭门造车"的尴尬局面，导致残疾学生就业难和企业招工难的双重矛盾日益突出。

## 四　促进中国残疾人职业教育与就业培训的对策建议

### （一）科学规划残疾人职业教育与就业培训发展布局

#### 1. 完善残疾人职业教育与就业培训结对帮扶机制

当地政府统筹规划协调东中部地区的职教集团、国家示范性和重点职业院校以及各类社会职业培训机构，通过这些组织来加大帮扶力度，对口支援

---

① 《2021年残疾人事业发展统计公报》，中国残疾人联合会官网，https://www.cdpf.org.cn/zwgk/zccx/tjgb/0047d5911ba3455396faefcf268c4369.htm。

中国西部贫困落后地区残疾人职业教育，进而有效提升西部地区残疾人职业院校办学水平。利用结对帮扶模式，更新受援学校的教育教学理念、提高专业建设能力、借鉴其他地区校企合作的经验、完善师资队伍建设、加强实训基地建设、提高培训能力、推动创新创业教育以及优化学校管理。考量东西部地区残疾人职业教育协作质量提升策略，不仅要调整结对帮扶关系、改进协作帮扶方式、优化考核评估制度、加强社会资源整合，还要形成"省际-省内-校内"协作互动机制，不断深化对残疾人职业教育协作质量提升的认识。

2. 鼓励其他社会资源举办残疾人职业教育和培训

要鼓励残疾人职业院校多与其他职业院校、培训机构以及其他社会组织团体合作，提升职业院校办学水平，进而稳步提升残疾人职业教育技能水平。对残疾人中的青壮年劳动力、城乡失业人员、初高中毕业生等群体，应当以就业为方向，大力组织开展就业技能培训和岗位预先培训。以进行自主创业的残疾人、非物质文化遗产传承人、在校残疾学生、准备参加职业技能竞赛的技术能手、具备专利专长的残疾人等多元群体为主要对象，为其开展新知识、新技术、新工艺等培训。组织各级各类残疾人职业培训基地工作人员、社会人力资源服务机构、残疾人就业服务机构等相关组织对残疾人开展职业能力测评，提供职业咨询、岗位需求分析、职业生涯规划等专项就业服务，为残疾人就业保驾护航，实现人力资源精准对接，促进残疾人群体能就业，好就业。

3. 构建以职业院校为主体、产教融合的多元培养培训格局

着力发展以职业教育为主的高中阶段特殊教育，鼓励普通职业学校增设特教部（班），扩大对残疾人职业教育与就业培训的供给。依托普通高校、职业院校、公共实训基地、特殊教育学校、社会职业培训机构、行业企业和社会相关组织等，结合残疾人个体发展需求以及地方特色产业文化，通过校企合作、产教融合等方式共建职业教育与就业培训实训中心，加强各级残疾人职业培训基地的培育和建设。还应鼓励职业院校和企业共同培养残疾人职业教育专任教师，发挥行业企业在培养"双师型"教师中的重要作用。

### 4. 开展"互联网+"职业教育与就业培训模式

结合国家和各地方制定的残疾人职业教育与就业培训的政策要求，对残疾人进行职业培训时，需要为残疾人制定职业技能培训服务与管理办法，以规范和优化培训过程，提高职业技能培训质量。将残疾人职业教育与就业培训和"互联网+"相结合，积极探索残疾人职业技能培训线上、线下协同开展的培训模式。尤其在线上培训方面，要创新残疾人职业技能培训模式，加强对残疾人职业培训网络资源的统筹整合，借助全国残疾人就业创业网络服务平台，通过购买、开发、收集等方式，多渠道汇集优质课程资源，建立全国残疾人职业技能线上培训资源库；健全线上培训资源开发、利用、评价、监督、审核等管理机制，有效提高线上培训资源建设与使用水平，扩大资源覆盖面；让优质的线上培训资源向中西部地区倾斜，缩小区域性的残疾人职业教育发展差距。

## （二）加强残疾人职业培训师资队伍培养

### 1. 创建高水平结构化教师教学创新团队

面对新时代对残疾人职业教育教师提出的最新要求，一方面，要鼓励高校与企事业单位"协同教研""双向互聘""岗位互换"，为残疾人职业教育提供优质师资；另一方面，要充分发挥教师资源的整体功能，通过建立集资源共享数据库、教师经验交流平台、线上培训与反馈等功能于一体的网上信息交流平台，达成我国残疾人职业教育教师资源的整合，实现东西部地区职业教育师资队伍的协作发展，从而建设更符合时代发展需求的残疾人职业教育师资队伍共同体。

### 2. 完善教师队伍管理和培养制度

培育残疾人职业教育的师资力量要联合政府、学校以及各类社会组织等多元主体共同行动。在职业教育师资的培养上，政府发挥宏观调控作用，结合学校实际建立相关师资培训机制，鼓励社会企业参与到残疾人职业院校师资培训中来。此外，针对残疾人职业教育教师专业素质提升方面，政府应制订相应的改革方案，开启残疾人职业教育卓越教师计划，健全残疾人职业教育教师双证制度。学校是教师培训的主要场地，要完善职前、职中、职后教师培训，分阶段、分任务对教师开展教育培训，为职业教育教师提供进修机会，强化专业技能，提升教师的理论与实践教学能力，从而打造一批高质量的"双师型"教师团队。

### 3. 切实提高职业培训师资待遇保障水平

2018年，教育部等四部门颁布的《关于加快发展残疾人职业教育的若干意见》要求，各地落实残疾人职业教育教师工资待遇、职称评定等方面的倾斜政策，切实保障从事残疾人职业教育教师的各项待遇。基于此，应当设置残疾人职业教育专任教师工资待遇动态管理和考核激励机制。首先，在保证残疾人职业教育专任教师工资待遇不低于当地公务员平均工资收入水平的基础上，要根据教师的学历、教龄等条件设置教师的工资待遇动态管理；其次，还要加大对残疾人职业培训师资典型宣传和表彰奖励力度，提高残疾人职业教育教师的职业吸引力。

### 4. 建立校企人员双向交流协作共同体

在残疾人职业教育师资队伍建设过程中，政府要加强顶层设计和完善相关政策制度，拓宽各种渠道，通过"走出去+引进来""线上+线下"等方式广纳优秀职业教师人才，增加优秀师资储备；在拓宽对残疾人职业教育教师的培养渠道上，职业院校可以通过积极从企业引进和聘请相关技术人员，对其展开特殊教育和残疾人职业教育相关培训，在通过相关考核后聘请其作为残疾人职业教育兼职教师，参与职业课程的开发和教学计划的审核，不断优化师资队伍结构。此外，继续推进实施中西部农村地区特殊教育教师定向培养计划、东西部地区特殊教育协作等专项措施，形成"省际-省内-校内"师资协作互动机制，为中西部地区输送一批高质量教师，缓解特殊职业教师缺乏、教师专业水平不高的局面，促使东西部地区残疾人职业教育协同高效发展。

### （三）扩大残疾人职业教育与就业培训供给

#### 1. 深化残疾人培训与就业需求专项调查

为进一步了解残疾人培训愿望和需求，增强培训工作的针对性、实效性，应深化残疾人培训与就业需求专项调查工作。各镇（街道）残联专职委员要进村入户进行实名登记，并为有培训需求的残疾人仔细填写登记表，同时进行认真分类汇总。调查内容包括残疾人基本信息、就业状况、培训需求情况等。根据调查结果和残疾人自身特点，精准对接残疾人实际需求，通过扩展相关职业技能培训项目提升残疾人职业技能水平。

**2. 加强残疾人教培与市场（用人单位）需求的对接与合作**

首先，要加大残疾人职业技能培训力度，积极依托企业、职业院校、社会培训机构等，建设一批残疾人职业技能培训和创业孵化基地，打造残疾人职业技能培训、实习见习和就业创业示范服务平台。其次，实施残疾人就业创业培训援助，将残疾人就业创业培训纳入当地政府相关部门和合作企业的年度工作计划，健全完善残疾人就业创业实名登记制度，进一步落实残疾人就业创业政策扶持和资金支持等工作。最后，加强残疾人教育培训课程与市场（用人单位）需求的对接，推进残疾人中高职文化与职业双重导向的课程建设，促进教育链与产业链的有机衔接。

**3. 给予农村残疾人就业培训资金倾斜**

2022年，国务院办公厅印发《促进残疾人就业三年行动方案（2022—2024年）》，提出"对符合条件的就业帮扶车间和农村残疾人就业基地按规定通过现有资金渠道予以支持"①。因此，当地政府和残联可联合相关部门通过提供培训场地、技术指导、培训人员等方面服务，加大对农村困难残疾人开展各类自主创业或从事种植业、养殖业等个体就业和经营活动的培训资金补贴力度。此外，还可依托当今电商产业优势，在电商创业、电商培训、创办电商孵化园等方面给予农村残疾人培训资金扶持，打造农村残疾人电商就业创业基地，为农村残疾人电商就业创业者提供资金保障。

---

① 《国务院办公厅关于印发促进残疾人就业三年行动方案（2022—2024年）的通知》，中华人民共和国中央人民政府网，2022年4月8日，http://www.gov.cn/zhengce/content/2022-04/08/content_5684090.htm。

### 4.加强残疾人校内外职训基地建设

可将现有残疾人职业技能培训（实训）基地、各类职业技能培训学校实训基地作为残疾人职业教育专业实训基地，并安排专项扶持资金，用于补充实践课程所用耗材，改造现有实践教学环境。结合特殊教育学校职业教育课程安排，可指派符合对应条件的国企、国有餐饮门店、公立康复医疗机构等，作为特殊教育专业实训基地。还可出台支持政策，鼓励社会力量与特殊教育学校合作建立专业实训基地。特殊教育学校要充分利用好实训基地，科学设计、合理安排、有效实施相关实训课程，使学生掌握更多职业技能；定期组织学生到实训基地开展主题班日、专题教育等活动，为学生多创造参加劳动、与人交往、融入社会的机会。

## （四）实施残疾人职业测评精准定向培训

### 1.开发符合农村残疾人需求的就业培训项目

首先，在农村地区应定期举办就业培训会，设立残疾人就业培训专区，免费为农村地区残疾人提供政策宣讲、职业咨询、就业指导等，帮助失业残疾人、零就业家庭等困难群体就业。其次，通过推荐企业就业、开发适合就业困难残疾人的公益性岗位等方式，对农村地区失业的就业困难残疾人开展"一对一"重点帮扶，充分发挥公益性岗位作用，帮助农村地区失业的就业困难残疾人就业。

### 2.鼓励残疾人职业教育技能实用手册出版

组织研究者编纂和出版残疾人职业技能培训教材或实用手册，为残疾人量身定做，所涉内容应包括残疾人就业的各类政策法规以及就业环境、市场需求、残疾人就业取向和职业素养技能等，让残疾读者一目了然，查找各自所需。材料可选取如何适应就业市场、如何选择适合自己的职业、如何提升职业能力等问题，涵盖残疾人就业所需的方方面面，注重残疾人职业教育技能实用手册实际应用性。

### 3.注重对各级残疾人综合职业能力的培养

要根据残疾人的残疾类别和障碍程度对其展开较为精准的职业能力分类

培训。首先，针对身心障碍较轻者，可通过政府部门和各类社会职业培训机构的力量，为其提供生活技能培训、就业训练、职业康复和职业教育，让更多有劳动能力的身心障碍较轻者实现就业，保证弱势群体的生产生活权益。其次，对中重度身心障碍者可为其提供"托养+职业培训"的帮扶模式，通过政府指派、企业对岗位进行调整等形式辅助其就业，帮助中重度身心障碍者融入社会，实现人生价值和梦想。

### 4. 帮助有才艺的残疾人延伸职业发展空间

政府部门应发挥叠加政策的组合拳效应，引导非遗传承人或者残疾人工匠通过建立工作室的方式进行职业培训和传播，带动更多个体参与非遗保护项目。这不仅可以帮助残障人士走出家门、融入社会、建立自信，还可以助力残障人士职业康复，最终达到促进居家就业增收的目的。此外，还要鼓励更多社会公益组织共同参与，为残疾人创作的非遗作品提供展示、交流的场地和机会，为残疾人非遗作品打开销路，共同营造推动残疾人事业发展的良好氛围。

**参考文献**

陈瑞英、王光净：《残疾人职业教育产教融合的推进策略》，《中国高等教育》2020年第23期。

邓鹏、申仁洪：《我国残疾人职业教育实践理路70年（1951—2021）——基于国家政策文本的分析》，《绥化学院学报》2022年第4期。

范莉莉、方仪：《残疾人现代职业教育发展策略研究》，《教育理论与实践》2019年第36期。

方仪、许巧仙：《发达国家残疾人职业教育的发展经验及对我国的启示》，《中国职业技术教育》2018年第24期。

华兴夏、黄璐娅、侯雨彤：《供给侧结构性改革背景下残疾人就业政策的创新研究》，《职教通讯》2020年第11期。

李雯钰、罗筑华：《我国残疾人职业教育政策的历史透视、逻辑探寻与改进空间》，《残疾人研究》2022年第2期。

孙会、张金福：《政策过程视域下我国残疾人职业教育支持服务体系的建构、困境与优化》，《职业技术教育》2020 年第 19 期。

闫广芬、姜琨、范秋艳：《基于 COMET 模型的残疾人职业能力提升策略研究》，《教育理论与实践》2022 年第 6 期。

杨克瑞：《残疾人职业教育的中国模式与创新思考》，《中国职业技术教育》2022 年第 4 期。

何侃：《中国残疾人职业教育与就业服务》，南京师范大学出版，2017。

# B.6
# 中国残疾大学生就业发展
# 报告（2022）

孙晶华　杜艳飞　王宇　史勇　张洪杰*

**摘　要：** 本报告以残疾大学生为研究对象，从残疾人高等特殊教育发展历程入手，回顾了我国残疾大学生就业发展历程；以政府统计数据、调研报告和大量文献为基础描述了残疾大学生就业的现状。从社会、政策、教育及残疾大学生自身四个维度分析了残疾大学生就业存在的问题，并提出以下对策：发挥政府职能，完善残疾大学生就业政策体系；加强无障碍环境支持建设，改善社会就业环境；强化高校育人功能，完善就业服务体系；提升自我能力，积极参与就业。

**关键词：** 残疾大学生就业　就业政策　就业质量　就业结构

* 孙晶华，教授，长春大学特殊教育学院硕士研究生导师，研究领域为残疾大学生就业创业研究，撰写"残疾大学生就业的发展历程"与"残疾大学生就业的现状"部分；杜艳飞，博士，长春大学特殊教育学院副教授，研究领域为残疾大学生心理，撰写"高等特殊教育及融合教育存在的问题"、"残疾大学生自身存在的问题"与"强化高校育人功能，完善就业服务体系"部分；王宇，博士，长春大学特殊教育学院副教授，研究领域为残疾大学生艺术教育，撰写"残疾大学生就业法规及政策存在的问题"、"发挥政府职能，完善残疾大学生就业政策体系"与"提升自我能力，积极参与就业"部分；史勇，长春大学特殊教育学院副教授，研究领域为视障中医学与临床康复，撰写"社会无障碍环境及支持服务方面存在的问题""加强无障碍环境支持建设，改善社会就业环境"部分；张洪杰，博士，教授，长春大学教务处处长，研究领域为高等特殊教育管理，撰写"残疾人高等特殊教育的发展"部分。致谢南京特殊师范学院范莉莉研究员、长春大学特殊教育学院研究生孟洁对本报告撰写提供的支持与帮助。

# 一 我国残疾大学生就业发展历程

## （一）残疾人高等特殊教育的发展

### 1.高等特殊教育学院的发展

新中国成立后，特别是改革开放以来，我国残疾人高等教育经历了产生、发展和壮大的过程。[①] 1985 年滨州医学院开始招收肢体残疾人，1987年长春大学成立了我国第一所高等特殊教育学院，面向视障、听障、肢体残疾学生全面招生。1988 年中国残联成立后，随着中国残疾人事业的发展，残疾人高等教育逐渐步入正轨，多项法律、法规、政策和扶持措施出台，天津理工大学、北京联合大学、南京特殊教育师范学院等一批高等学府相继建立了高等特殊教育学院。截至 2022 年，我国开设专门招收残疾人专业的高等院校 28 所；招生专业 64 个，遍及文、理、工、农、医、艺等多个学科门类；办学层次涵盖专科到研究生，如表 1 所示。

表 1　2022 年我国开展残疾人单考单招的高等院校和专业

| 序号 | 学校（院、系） | 开始招生时间 | 办学层次 | 招生专业 |
|---|---|---|---|---|
| 1 | 滨州医学院特殊教育学院 | 1985 年 | 本科 | 口腔医学技术、针灸推拿学 |
| 2 | 长春大学特殊教育学院 | 1987 年 | 本科硕士 | 视觉传达设计、绘画、动画、工商管理、针灸推拿学、音乐与舞蹈学（音乐表演）、康复治疗学、音乐与舞蹈学（舞蹈表演）、特殊教育 |
| 3 | 南京中医药大学针灸推拿系 | 1993 年 | 本科 | 针灸推拿学 |
| 4 | 天津理工大学聋人工学院 | 1997 年 | 本科硕士 | 计算机科学与技术、网络工程、服装与服饰设计、产品设计、机械电子工程、自动化、电子信息工程、工程造价、财务管理、环境设计 |

---

[①]　丁勇：《我国残疾人高等教育发展的回顾与展望》，《现代特殊教育》2021 年第 20 期，第 3~13 页。

续表

| 序号 | 学校(院、系) | 开始招生时间 | 办学层次 | 招生专业 |
|---|---|---|---|---|
| 5 | 北京联合大学特殊教育学院 | 2000 年 | 专科<br>本科<br>硕士 | 视觉传达设计、服装与服饰设计、康复治疗学(听力语言康复技术)、针灸推拿学、计算机应用技术、园林(园林技术) |
| 6 | 郑州工程技术学院特殊教育学院 | 2001 年 | 专科<br>本科 | 电子信息工程、视觉传达设计、摄影摄像技术、艺术设计学 |
| 7 | 陕西省城市经济学院 | 2001 年 | 专科 | 计算机应用技术、计算机应用技术(计算机平面设计)、服装设计与工艺、工艺美术、中餐烹饪(中西面点制作)、数字媒体艺术(数字媒体设计与制作) |
| 8 | 长沙职业技术学院特殊教育系 | 2002 年 | 专科 | 特殊教育、学前教育、艺术设计学(广告设计与制作)、视觉传达设计、计算机应用技术、汽车运用与维修技术 |
| 9 | 南京特殊教育师范学院 | 2002 年 | 本科 | 服装与服饰设计、艺术设计学、特殊教育、应用心理学、音乐学、计算机科学与技术 |
| 10 | 国家开放大学 | 2002 年 | 专科<br>本科 | 数字媒体艺术(数字媒体艺术设计)、社会工作、广告学 |
| 11 | 西安美术学院特殊教育艺术学院 | 2004 年 | 本科 | 工艺美术 |
| 12 | 重庆师范大学特殊教育学院 | 2005 年 | 本科 | 特殊教育(信息与资源方向) |
| 13 | 广西中医药大学职业技术学院 | 2006 年 | 专科 | 针灸推拿学 |
| 14 | 广州大学市政技术学院 | 2007 年 | 专科 | 艺术设计学、计算机应用技术 |
| 15 | 河南省中医药大学 | 2008 年 | 专科<br>本科 | 针灸推拿学 |
| 16 | 福州职业技术学院 | 2010 年 | 专科 | 广告设计与制作、计算机应用技术 |
| 17 | 河南推拿职业学院 | 2011 年 | 专科 | 针灸推拿学 |
| 18 | 贵州盛华职业学院盲人学院 | 2011 年 | 专科 | 康复治疗学(康复治疗技术) |
| 19 | 南宁职业技术学院 | 2011 年 | 专科 | 艺术设计学(广告艺术设计) |
| 20 | 上海戏剧学院 | 2012 年 | 本科 | 戏剧影视美术设计、艺术设计学 |

续表

| 序号 | 学校（院、系） | 开始招生时间 | 办学层次 | 招生专业 |
|------|----------------|--------------|----------|----------|
| 21 | 辽宁特殊教育师范高等专科学校 | 2013 年 | 专科 | 针灸推拿学、工艺美术（工艺美术品设计与制作）、电子商务、社区管理与服务、园艺（园艺技术）、口腔医学技术、美术学（书法） |
| 22 | 绥化学院 | 2013 年 | 专科 本科 | 计算机科学与技术、网络工程、服装与服饰设计、产品设计、环境设计 |
| 23 | 浙江特殊教育职业学院 | 2014 年 | 专科 | 艺术设计学、视觉传达设计（动漫设计与制作）、儿童康复、康复治疗学（康复治疗技术） |
| 24 | 山东特殊教育职业学院 | 2015 年 | 专科 | 工艺美术（工艺美术品设计）、服装与服饰设计（服装设计与工艺）、计算机应用技术、康复治疗学（中医康复技术）、康复治疗学（康复治疗技术）、文物保护与修复 |
| 25 | 上海中医药大学 | 2016 年 | 专科 | 针灸推拿学、针灸推拿学（按摩） |
| 26 | 乐山师范学院 | 2017 年 | 专科 本科 | 服装与服饰设计、艺术设计学、特殊教育 |
| 27 | 郑州师范学院 | 2017 年 | 本科 | 计算机科学与技术、美术学、音乐学、社区康复 |
| 28 | 云南特殊教育职业学院 | 2017 年 | 专科 | 特殊教育、社区康复、家政学（家政服务）、会计、电子商务、计算机应用技术（移动应用开发）、公共管理（网络舆情监控）、艺术设计学、艺术设计（美容美体）、工艺美术（工艺美术品设计）、民族传统技艺 |

资料来源：作者根据各高等特殊教育学院（校）网站整理所得。

### 2. 普通高校残疾人融合教育的发展

从 1987 年北京大学首次招收肢体残疾学生开始，高等融合教育规模逐年扩大。2017~2019 年，教育部支持中国残联在四川大学、武汉理工大学、长春大学、南京特殊教育师范学院、北京联合大学、郑州工程技术学院 6 所高校开展残疾人高等融合教育试点工作，探索残疾大学生就业等方面的支持保障服务，试点工作不仅提升和扩大了普通高校招收残疾大学生的比例和规模，同时还促进了高等融合教育质量的逐步提高。据不完全统计，目前全国有300多所高校招收残疾大学生，在校残疾大学生近6万人。[①]

根据中国残联历年《残疾人事业发展统计公报》数据，2017~2021年，全国共招收残疾大学生72770人，全国有62444名残疾人被普通高等院校录取，10326名残疾人进入高等特殊教育学院学习。如表2所示。

表2  2017~2021年全国高校残疾大学生录取情况

单位：人，%

| 年份 | 普通高等院校录取人数/占比 | 高等特殊教育学院录取人数/占比 | 合计 |
|---|---|---|---|
| 2017 | 10818/85.43 | 1845/14.57 | 12663 |
| 2018 | 11154/85.62 | 1872/14.38 | 13027 |
| 2019 | 12362/85.76 | 2053/14.24 | 14415 |
| 2020 | 13551/85.78 | 2253/14.26 | 15804 |
| 2021 | 14559/86.35 | 2302/13.65 | 16861 |
| 总计 | 62444 | 10326 | 72770 |

资料来源：作者根据2017~2021年《残疾人事业发展统计公报》整理所得。

## （二）残疾大学生就业的发展历程

### 1. 安置保障型就业阶段（1988~2008年）

1988年是中国残疾人事业发展的里程碑，中国残疾人联合会在北京正式成立。同年，国务院制定并颁布了《中国残疾人事业五年工作纲要（1988年—1992年）》。1989年颁布的《社会福利企业招用残疾职工的暂行规定》、1990年颁布的《中华人民共和国残疾人保障法》，将残疾人就业的渠道扩充为"集中安置就业、按比例安排就业和个体就业"。1995年颁布的《分散按比例安排残疾人就业办法》《残疾人就业保障金管理暂行规定》、

---

① 丁勇：《我国残疾人高等教育发展的回顾与展望》，《现代特殊教育》2021年第20期，第6页。

2000 年颁布的《残疾人就业信息网建设发展规划》和 2007 年颁布的《残疾人就业条例》等文件，明确了残疾人的就业权利，阐明了政府和用人单位的职责，并详细说明了招收残疾人员工的流程、比例和政策优惠等内容，[①]残疾人就业的政策体系基本建构完成。残疾大学生就业工作也随之稳步推进。1990 年 7 月，长春大学特殊教育学院首届残疾人毕业生 45 人全部实现安置性就业。

1993 年国务院出台《中国教育改革和发展纲要》，强调推行"大多数毕业生自主择业"的就业制度，1996 年《国家不包分配大专以上毕业生择业暂行办法》颁布，"包分配"制度被正式取消，学校推荐就业、毕业生和用人单位双向选择就业制度正式开始实施。由于政府、残联及社会高度关注残疾大学生就业，各高等特殊教育学院经与政府及残联相关部门协商，残疾大学生"包分配"推荐就业模式延后。因此，在 2000 年之前，长春大学、滨州医学院等高等特殊教育学院各类残疾大学生就业率均为 100%，就业单位多为政府机关、企事业单位、各级残联、基础特殊教育学校、公立医院、社区等，就业层次较高、相对稳定。自 2001 年开始，融合教育全面开展，肢体残疾大学生大量进入普通高校学习，残疾大学生就业逐步实行毕业生自主择业、用人单位择优录用的双向选择机制，竞争机制的引入使得残疾大学生就业活力被激发，就业的自主性逐渐增强，畅通了就业渠道，拓宽了就业领域，残疾大学生就业形式日益多样化。政府及各级残联出台的就业支持政策切实发挥作用，2000~2008 年视障大学生就业率仍为 100%，听障大学生就业率均高于 95%，未就业的听障大学生大多为不服从政府及残联安排的公益性岗位，开始自谋职业或自主创业。

**2. 多元化就业阶段（2009年至今）**

2009 年，随着我国社会经济体制改革的深入，残疾人事业发展迅速，残疾大学生就业进入了新的发展阶段，开始向提升残疾大学生就业能力、

---

① 董才生、接家东：《残疾人就业政策的转型历程与创新路径——以诉求变迁为视角》，《残疾人研究》2017 年第 3 期，第 43~48 页。

确保其社会权利落实方向进发。残疾大学生就业理念与价值取向发生巨大变化，开始以"实现社会公平"为前提，以"更好地实现自我价值"等发展理念为出发点，以提升自身专业技能及融入社会能力为目的；就业价值取向更关注兴趣与发展、专业对口度，求职行为趋于理性化，利用多渠道进行就业。伴随着移动互联网、大数据、云计算等信息技术广泛运用，新经济、新技术、新产业、新业态在我国迅猛发展，① 党的十八届五中全会公报和2016年政府工作报告中都提到"加强对灵活就业、新就业形态的支持"②，新就业形态在残疾大学生就业中的地位越发重要，互联网就业为残疾大学生就业形式的多元化发展带来了前所未有的机遇，残疾大学生就业选择权趋于自主化。近年来，在"大众创业、万众创新"系列政策的支持下，各高校创新创业实践活动、大学生创新创业训练计划及"互联网+"全国大学生创新创业大赛深入开展，具有自主创业意愿的残疾大学生比例逐年增高。以南京特殊教育师范学院、重庆师范大学特殊教育学院、绥化学院特殊教育学院3所高校的听障大学生为调查对象，478名听障大学生中有206人具有自主创业意向，比例高达43.1%，③ 这与中国人民大学发布的《中国大学生创业报告2020》中提到的"我国大学生创业意愿持续攀升，高达49.86%的在校大学生有较强烈的创业意愿"相吻合。④ 受全国大学生整体就业形势影响，本阶段残疾大学生就业率呈下降趋势，就业层次急剧下降，但就业领域明显拓宽，⑤ 就业的灵活性显著高于上一阶段，残疾大学生多元化就业格局基本形成。

---

① 陈宝国：《福建省推动发展互联网+新就业形态问题研究》，《发展研究》2018年第11期，第47~53页。
② 张成刚：《就业发展的未来趋势，新就业形态的概念及影响分析》，《中国人力资源开发》2016年第19期，第86~91页。
③ 庞文：《听障大学生择业意愿的调查研究》，《现代特殊教育》2022年第4期，第25~34页。
④ 邹硕：《中国人民大学发布〈中国大学生创业报告2020〉》，中国日报网，http：//cn.chinadaily.com.cn/a/202104/26/WS6086605fa3101e7ce974c12c.html？ivk_sa=1023197a，最后访问日期：2021年12月30日。
⑤ 孙晶华、艾民：《我国残障大学生就业难成因及政府责任》，《东疆学刊》2013年第4期，第104~110页。

在本阶段，残疾大学生的就业政策更加侧重于公平就业环境的营造，因而更多地呈现为"辅助性"或者"配套性"政策。[①] 2009 年，教育部、人力资源和社会保障部、财政部、中国残疾人联合会联合下发了《关于进一步做好高等学校残疾人毕业生就业工作的通知》，[②] 这是国家层面首次出台专门针对残疾大学生的就业支持政策。随着社会治理体系的逐步完善，国家各部委针对性出台了很多残疾大学生就业支持政策（见表3），以促进残疾大学生高质量充分就业。

表3　各部委出台的残疾大学生就业支持政策

| 颁布时间 | 政策文件 | 颁布部门 | 主要内容 |
|---|---|---|---|
| 2011 年 | 《国务院关于进一步做好普通高等学校毕业生就业工作的通知》 | 国务院 | 为残疾人高校毕业生的就业提供有针对性的就业服务和就业指导，保障残疾人高校毕业生的就业权益 |
| 2014 年 | 《教育部关于做好 2015 年全国普通高等学校毕业生就业创业工作的通知》 | 教育部 | 对残疾人毕业生就业指定专人负责实行"一生一策"动态管理，精准帮扶 |
| 2018 年 | 《关于扶持残疾人自主就业创业的意见》 | 中国残疾人联合会等 15 部委 | 特殊教育学院（校）教育类毕业生、残疾人高校毕业生按规定享受求职创业补贴 |
| 2018 年 | 《中国残联办公厅关于做好 2018 年高校残疾人毕业生就业服务工作的通知》 | 中国残联办公厅 | 多种渠道鼓励促进高校残疾人毕业生就业创业，为有就业服务需求的学生提供一对一的精准服务 |
| 2019 年 | 《职业技能提升行动方案（2019—2021 年）》 | 国务院办公厅 | 对残疾人高校毕业生和企业职工按规定给予职业培训补贴 |
| 2019 年 | 《中国残联办公厅关于贯彻落实〈职业技能提升行动方案（2019—2021 年）〉的通知》 | 中国残联办公厅 | 面向高校残疾人毕业生和职业院校残疾学生，持续开展 1+X 学历证书和职业技能等级证书双证培训，加大就业援助力度，实行一对一精准就业服务，建立就业兜底保障机制 |

---

[①] 董才生、接家东：《残疾人就业政策的转型历程与创新路径——以诉求变迁为视角》，《残疾人研究》2017 年第 3 期，第 43~48 页。

[②] 梁土坤、尚珂：《我国残疾人大学生就业问题研究》，《中国市场》2010 年第 23 期，第 148~150 页。

续表

| 颁布时间 | 政策文件 | 颁布部门 | 主要内容 |
|---|---|---|---|
| 2020 年 | 《教育部关于应对新冠肺炎疫情做好 2020 届全国普通高等学校毕业生就业创业工作的通知》 | 教育部 | 高校要全面掌握建档立卡身体残疾等毕业生情况,实行分类帮扶和"一人一策"动态管理,优先推荐岗位 |
| 2020 年 | 《教育部关于做好 2021 届全国普通高校毕业生就业创业工作的通知》 | 教育部 | 实施残疾等重点群体毕业生就业创业能力提升行动,开展重点群体毕业生就业创业能力培训 |
| 2021 年 | 《"十四五"残疾人保障和发展规划》 | 国务院 | 推动建立从中职、高职到本科、硕士、博士等较为完整的残疾人服务相关专业人才培养体系,加强残疾人服务从业人员职业能力建设和职称评定,加快培养残疾人康复、教育、就业、托养照护、文化、体育、社会工作等专业人才队伍 |
| 2022 年 | 《关于进一步推进扶残助残文明实践活动的实施意见》 | 中国残疾人联合会等 12 部委 | 为残疾人高校毕业生和用人单位提供专业化、精准化、全链条服务。建立残疾人高校毕业生就业帮扶工作台账。为残疾人高校毕业生提供就业信息服务,持续开展线上线下就业服务专项活动 |
| 2022 年 | 《中国残联关于贯彻落实〈"十四五"特殊教育发展提升行动计划〉的通知》 | 中国残疾人联合会 | 稳步推进残疾人高等教育,进一步加强高等院校残疾人毕业生就业帮扶 |
| 2022 年 | 《促进残疾人就业三年行动方案(2022—2024 年)》 | 国务院办公厅 | 实施残疾人大学生就业帮扶行动。各地建立"一人一策"就业服务台账,开展"一对一"精准服务。加强对残疾人大学生所在高校的指导。将残疾人高校毕业生作为重点对象纳入机关、事业单位带头安排残疾人就业行动和国有企业、民营企业安排残疾人就业行动。促进残疾人高校毕业生在常住地平等享受公共就业服务。组织面向残疾人高校毕业生的各类线上线下就业服务和招聘活动 |
| 2022 年 | 《人力资源社会保障部办公厅 中国残联办公厅关于开展残疾人就业帮扶活动的通知》 | 人力资源和社会保障部办公厅、中国残联办公厅 | 推进就业帮扶专项行动,持续做好残疾人高校毕业生就业安置、易地搬迁残疾人就业帮扶、就业困难残疾人就业援助 |

资料来源:各部委官方网站。

各省区市根据国家出台的政策，结合本地区经济发展及人才供给需求纷纷成立就业服务机构、出台相关政策，全面支持残疾大学生就业，如表4所示。

表4　各省区市残疾大学生就业政策汇总

| 地　区 | 就业岗位补贴政策 |
|---|---|
| 天　津 | 自首次签订合同起3年内，每人每月按1200元补贴 |
| 内蒙古 | 每人每年给予用人单位当地月最低工资5倍的奖励，补贴年限为3年 |
| 吉　林 | 签订1年以上劳务合同，每满一年，按上年度当地最低工资标准的50%补贴，期限为2年 |
| 福　建 | 按每人每年5000元标准给予补贴，补贴年限为3年 |
| 山　东 | 按申请补贴时创造岗位数量和每个岗位不低于2000元的标准给予一次性补贴 |
| 重　庆 | 给予每人6000元的一次性补贴 |
| 宁　夏 | 按当地最低工资标准给予岗位补贴 |
| 地　区 | 超比例安置残疾人奖励政策（每超额安排1名残疾人，给予相应奖励） |
| 天　津 | 每年给予7600元奖励 |
| 河　北 | 一次性给予3000~5000元奖励 |
| 内蒙古 | 每年按当地月最低工资标准5倍给予奖励 |
| 辽　宁 | 按不低于当地年工资标准奖励 |
| 吉　林 | 一次性给予5000元以上奖励 |
| 浙　江 | 不低于当地4个月最低工资奖励 |
| 安　徽 | 给予不低于3000元奖励 |
| 福　建 | 每年给予当地月最低工资标准5倍的奖励 |
| 湖　南 | 按用人单位所在县（市、区）当年度最低工资标准（月最低工资标准×12）的50%给予奖励 |
| 宁　夏 | 每年给予用人单位当地月最低工资标准的5倍奖励 |
| 上　海 | 按上一年度本市职工月平均工资与城镇职工社会保险单位缴费比例之积的3倍予以奖励 |
| 江　苏 | 按每年不低于上年度当地月最低工资标准的4倍给予奖励 |
| 广　西 | 连续在岗满一年（含）以上的，一次性给予用人单位不超过当年残保金征收标准的奖励 |
| 海　南 | 每年给予上年度当月最低工资标准5倍的奖励，累计奖励不超过3年 |
| 四　川 | 招用比例超过1.6%、不足25%的，根据超1.6%比例招用，按每人每年1000元的标准奖励 |

续表

| 地　区 | 超比例安置残疾人奖励政策(每超额安排 1 名残疾人,给予相应奖励) |
|---|---|
| 云　南 | 给予用人单位 5000 元的奖励,对签订较长期限或者无固定期限劳动合同期限的可给予适当额外奖励 |
| 西　藏 | 按规定加大超比例安排残疾人就业的单位奖励 |
| 青　海 | 按每年不低于上年度当地月最低工资标准 8 倍奖励,累计奖励不超过 3 年 |
| 新　疆 | 按人力资源和社会保障部门公布的本地当年单位和职工社会保险缴纳基数的最低标准,对单位负担部分奖励 |

| 地　区 | 就业社会保险补贴政策 |
|---|---|
| 北　京 | 不超过 5 年(含)的社会保险补贴,补贴时间为自签订劳动合同之日起 60 个月内 |
| 河　北 | 不超过 3 年的社会保险补贴 |
| 上　海 | 按照本市同期城镇职工社会保险的最低缴费标准单位承担部分给予补贴 |
| 广　西 | 按其实际缴纳的社会保险费给予补贴(最长不超过 1 年),不包括个人应缴纳部分 |
| 云　南 | 给予最长不超过 1 年的社会保险补贴(毕业当年 1 月 1 日起至 12 月 31 日),补贴标准不超过其实际缴费的 2/3,补贴年限不超过 2 年 |
| 西　藏 | 为高校毕业生缴纳的社会保险费,给予 10 年补贴,其中 1~5 年补贴 100%、6~8 年补贴 50%、9~10 年补贴 30% |
| 陕　西 | 其享受社会保险补贴,距补贴期满不足 1 年或超过补贴期限的,可再享受 1 年期限的社会保险补贴 |

| 地　区 | 就业创业、个体就业扶持政策 |
|---|---|
| 山　西 | 给予每人 1000 元一次性补贴 |
| 内蒙古 | 符合条件的按规定享受求职创业补贴 |
| 辽　宁 | 按有关规定享受一次性补贴 |
| 黑龙江 | 按相关规定可享受一次性补贴 |
| 浙　江 | 给予每人 3000 元求职创业补贴 |
| 安　徽 | 给予一次性求职创业补贴 |
| 福　建 | 有就业创业意愿:给予每人 2000 元一次性补贴,取得创业培训合格证书的符合条件的人员可享受不超过 1200 元/人的创业补贴。持有就业创业证、从事个体经营:自个体工商户登记起,在 3 年(36 个月)内按每户每年 14400 元为限额一次扣减其当年实际应缴纳的增值税、城市维护建设税、教育费附加、地方教育附加以及个人所得税 |
| 江　西 | 给予每人 1000 元的一次性补贴 |
| 山　东 | 给予每人 1000 元的求职创业补贴 |
| 河　南 | 给予每人 1500 元的一次性补贴 |
| 重　庆 | 给予每人 800 元的在校求职创业补贴 |
| 宁　夏 | 给予每人一次性补贴 1500 元 |

| 地　区 | 就业创业、个体就业扶持政策 |
|---|---|
| 广　东 | 可按规定向当地人力资源和社会保障部门申请补贴，补贴标准为每人1500元（或根据当时实际标准执行） |
| 广　西 | 按上一年度全区一类地区最低工资标准的80%给予一次性求职创业补贴 |
| 海　南 | 本省毕业：给予每人1500元的一次性求职创业补贴<br>特殊教育院校教育类毕业生、高校毕业生：按规定享受求职创业补贴 |
| 贵　州 | 可按规定申请享受求职创业补贴 |
| 云　南 | 给予最高3万元的创业补贴 |
| 西　藏 | 高校残疾人毕业生：可享受一次性补贴，补贴标准按当年自治区最低工资标准执行，给予每人7万元、每户最高28万元的一次性创业资金；利用政府投资建设的营业场所自主创业的：5年内免收租金；租用其他经营场所自主创业的：给予场地租金和水电费月度补贴，每年最高2.4万元，时限最长5年；离校未就业，进入自治区级创业孵化基地的：给予每年2万元的基本生活补助，补助时间最长可达2年 |
| 陕　西 | 按规定享受求职创业补贴 |
| 青　海 | 按规定享受求职创业补贴 |
| 新　疆 | 给予每人800元一次性求职创业补贴 |

资料来源：各省区市残联网站。

在促进残疾大学生就业方面，各普通高校及残疾人高等特殊教育学院（校）优化专业设置，强化人才培养，加强就业、创业指导和职业生涯规划，提升残疾大学生就业竞争力。

社会各界高度关注残疾大学生就业，根据中国残联内部资料《2021年用人单位聘用残疾人就业调研报告》调研数据，在1463家企业中，有1039家企业已安置残疾人就业，占比为71.02%；424家未安置残疾人就业，占比为28.98%。其中在424家未安置残疾人就业企业中，55.42%的企业表明有安置残疾人就业的意愿，44.58%的企业表明暂无安置残疾人就业的意愿。

至此，"政府主导、部门合作、高校联动、社会参与"的残疾大学生就业支持体系形成并逐步完善，以信息化、智能化网络平台就业为主的新就业形态在残疾大学生就业中占比越来越高，残疾大学生就业多元化格局正式形成。

## 二 残疾大学生就业的现状

### （一）残疾大学生就业基本情况

#### 1. 2021届高校残疾大学生就业基本情况

中国残联就业服务指导中心内部资料《2021届全国普通高校残疾人毕业生就业创业年度报告》显示：2021届高校残疾大学生共计25023人，肢体残疾、听力残疾、视力残疾合计占比为87.62%。其中，肢体残疾最多，占比为61.55%，视力残疾占比为13.56%，听力残疾占比为12.51%。其他依次为：多重残疾（4.97%）、言语残疾（3.26%）、智力残疾（2.18%）、精神残疾（1.99%）。如图1所示。

2021届残疾大学生就业率为84.97%，其中上海市、浙江省、福建省就业率为100%。根据数据库对比数据分析，性别、民族生源因素对2021届高校残疾人毕业生就业率影响不大，女性残疾人毕业生就业率比男性低0.88个百分点。

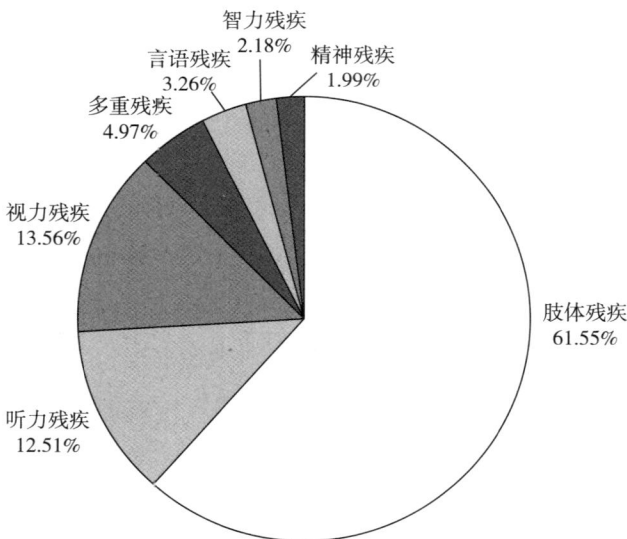

**图1 2021届高校残疾人毕业生残疾类型占比**

资料来源：中国残联就业服务指导中心内部资料《2021届全国普通高校残疾人毕业生就业创业年度报告》，2021。

**2. 不同残疾类别的高校毕业生就业情况**

高校残疾大学生就业创业服务信息统计表显示，2021届听力残疾大学生就业率最高，为85.75%；言语、肢体、视力、多重残疾大学生就业率差距不大，均超过80%；智力残疾大学生就业率最低，仅为76.80%，低于整体就业率8.17个百分点。[①]

**3. 不同残疾等级的高校毕业生就业情况**

高校残疾人毕业生就业创业服务信息统计表显示，四级残疾毕业生就业率最高，为85.72%；一级残疾毕业生就业率次之，为84.75%；三级残疾毕业生就业率为84.47%；二级残疾毕业生就业率最低，为81.59%。如图2所示。

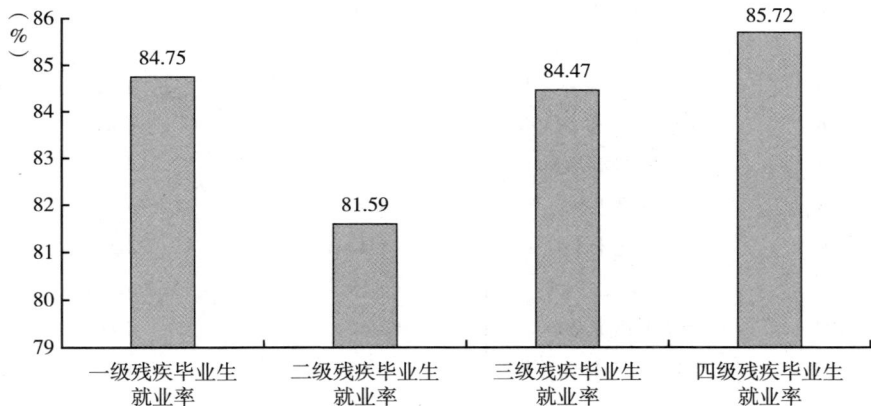

**图2 2021届高校残疾人毕业生不同残疾等级就业率**

资料来源：中国残联就业服务指导中心内部资料《2021届全国普通高校残疾人毕业生就业创业年度报告》，2021。

**4. 不同学历、专业的高校残疾人毕业生就业情况**

中国残联就业服务指导中心发布的《2021届全国普通高校残疾人毕业生就业创业年度报告》显示，专科学历残疾人毕业生人数较多的专业大类中，就业率较高的依次为装备制造大类、土木建筑大类、文化艺术大类，教

---

[①] 中国残联就业服务指导中心内部资料《2021届全国普通高校残疾人毕业生就业创业年度报告》，2021。

育与体育大类、医药卫生大类就业率较差。在专科学历残疾人毕业生人数较少的专业大类中，就业率较高的分别是轻工纺织大类、新闻传播大类、能源动力与材料大类，农林牧渔大类就业率很不理想。专科学历残疾人毕业生按专业大类划分就业人数占比及就业率排名如表5所示。

**表5 专科学历残疾人毕业生按专业大类就业情况**

单位：%

| 排名 | 专业大类 | 人数占比 | 与就业率排名第一专业差 |
|---|---|---|---|
| 1 | 轻工纺织大类 | 0.89 | 0 |
| 2 | 装备制造大类 | 7.56 | 3.00 |
| 3 | 土木建筑大类 | 5.60 | 3.84 |
| 4 | 新闻传播大类 | 0.84 | 3.87 |
| 5 | 能源动力与材料大类 | 0.88 | 4.11 |
| 6 | 资源环境与安全大类 | 1.15 | 4.43 |
| 7 | 交通运输大类 | 2.62 | 4.51 |
| 8 | 水利大类 | 0.40 | 4.51 |
| 9 | 文化艺术大类 | 8.40 | 4.56 |
| 10 | 生物与化工大类 | 0.55 | 6.30 |
| 11 | 财经商贸大类 | 20.55 | 6.46 |
| 12 | 食品药品与粮食大类 | 2.06 | 6.54 |
| 13 | 旅游大类 | 2.48 | 6.95 |
| 14 | 电子信息大类 | 16.88 | 8.25 |
| 15 | 公共管理与服务大类 | 1.45 | 9.66 |
| 16 | 公安与司法大类 | 0.35 | 10.38 |
| 17 | 教育与体育大类 | 8.95 | 10.71 |
| 18 | 农林牧渔大类 | 3.13 | 11.60 |
| 19 | 医药卫生大类 | 15.18 | 13.26 |

资料来源：中国残联就业服务指导中心内部资料《2021届全国普通高校残疾人毕业生就业创业年度报告》，2021。

本科学历残疾人毕业生按学科门类就业情况如表6所示，在本科学历残疾人毕业生中，哲学、工学和理学的就业率最高，就业率最低的是法学、医学和历史学。在研究生学历的残疾人毕业生中，工学、经济学、农学、理学、文学就业率排名靠前，法学、管理学就业率一般，艺术学、历史学、哲学就业率较低。

表 6　本科学历残疾人毕业生按学科门类就业情况

单位：%

| 排名 | 学科门类 | 人数占比 | 与就业率排名第一专业差 |
|---|---|---|---|
| 1 | 哲学 | 0.10 | 0.00 |
| 2 | 工学 | 28.52 | 6.35 |
| 3 | 理学 | 7.59 | 7.50 |
| 4 | 农学 | 1.78 | 8.17 |
| 5 | 艺术学 | 13.64 | 8.84 |
| 6 | 管理学 | 18.70 | 9.12 |
| 7 | 文学 | 8.84 | 11.56 |
| 8 | 教育学 | 3.57 | 11.71 |
| 9 | 经济学 | 4.54 | 12.24 |
| 10 | 法学 | 3.17 | 15.15 |
| 11 | 医学 | 8.79 | 16.33 |
| 12 | 历史学 | 0.77 | 16.67 |

资料来源：中国残联就业服务指导中心内部资料《2021届全国普通高校残疾人毕业生就业创业年度报告》，2021。

## （二）残疾大学生就业结构发展现状

就业结构是社会劳动力在国民经济各部门、各行业、各地区、各领域的分布、构成和联系，可分为就业的部门结构、城乡结构、所有制结构、地区结构、知识结构以及性别结构、职业结构、技术结构等。

1. 残疾大学生就业区域结构

残疾大学生就业区域选择与普通大学生选择基本一致，33.7%的残疾大学生期待在大城市就业，因为他们认为大城市能够增加就业机会，提供更多就业的可能。① 《2021年用人单位聘用残疾人就业调查报告》调研结果显示，为残疾大学生提供更多岗位的单位分布中，华东地区名列前茅，东北地区屈居最末。另外，残疾大学生就业的区域结构与生源地呈高度正相关，这与普通大学生就业区域结构差异较大。例如，长春大学特殊教育学院的残疾大学生就业调研结果显示，超过80%的残疾大学生有意向回到生源地就业。

**2. 残疾大学生就业产业结构**

随着互联网经济的快速发展，智能化、信息化的新就业形态更加有利于残疾大学生就业，就业行业呈现多样性、多元化。与普通大学生就业一样，第三产业对残疾大学生就业的贡献最大，并且决定了就业总量的变化，第二产业对残疾大学生就业的吸纳力提升最快，产业结构与就业结构趋向合理。② 在1039家安置残疾人就业的企业中，企业能提供的岗位以工厂类/机械类岗位为主，占比为49.47%；其次为行政类/人力资源管理类/财务相关类岗位，占比为37.05%；文职类岗位占比为29.07%；酒店/餐饮类/商场类岗位占比为24.74%；计算机/互联网/金融/经济相关类岗位占比为15.11%；贸易/销售/业务相关类岗位占比为15.01%；传统制造业/IT/网络运营是提供残疾大学生就业岗位的主流行业。③

**3. 残疾大学生就业所有制形式**

随着我国非公有制经济的快速发展，就业岗位日益增多，为稳定和扩大残疾大学生就业发挥了重要作用，残疾大学生的就业观念也从选择公办单位逐步转向选择私营企业、股份制企业、外资企业或从事个体经营，国有企业和事业单位不再是就业的唯一选择，劳动者可以在各种就业类型中进行选择，④ 在2021年残疾大学生就业单位中，民营企业占比为64%，国有企业

① 范莉莉：《残疾大学生职业生涯规划现状调查研究》，《教育理论与实践》2018年第24期，第18~20页。
② 林浩波：《大学生结构性就业问题的实证研究》，硕士学位论文，浙江师范大学，2013。
③ 中国残疾人联合会就业服务指导中心内部资料《2021年用人单位聘用残疾人就业调查报告》，2021。
④ 国家统计局人口和就业司：《就业总量持续增长 就业结构调整优化——改革开放40年经济社会发展成就系列报告之十四》，《中国信息报》2018年9月13日，第1版。

占比为11%，党政机关只占1%，如图3所示。调研数据显示，2021年长春大学特殊教育学院在企业就业的残疾大学生达到84.69%。

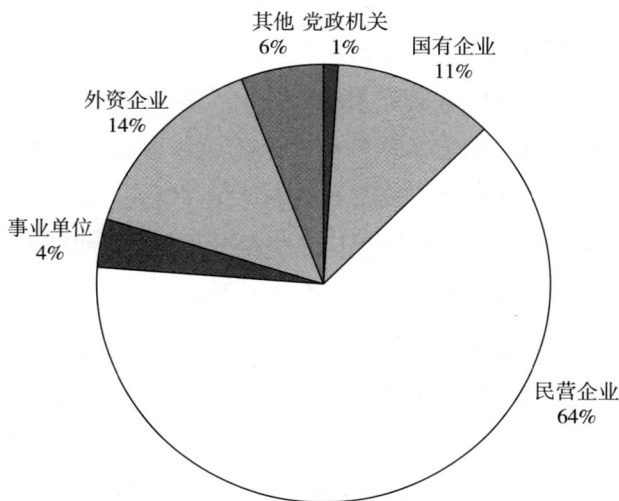

**图 3　2021 年残疾大学生就业单位性质占比**

资料来源：中国残联就业服务指导中心内部资料《2021 年用人单位聘用残疾人就业调查报告》，2021。

## （三）残疾大学生就业质量发展现状

就业质量是指在整个就业过程中劳动者与生产资料结合并取得报酬或收入的具体状况之优劣程度的综合性范畴，[①] 主要包括毕业生就业率、薪酬水平、专业对口率、就业满意度、就业流向和就业单位性质等指标要素。[②]

---

[①] 彭建章、曾凡锋、王讯：《我国高校毕业生就业质量评价指标体系研究——基于教育部直属高校 2014 年就业质量报告的统计分析》，《华北电力大学学报》（社会科学版）2015 年第 6 期，第 121~127 页。

[②] 武毅英、王志军：《教育部直属高校毕业生就业质量评价体系探析——基于教育部直属高校 2013 年就业质量年度报告的数据》，《江苏高教》2015 年第 1 期，第 100~104 页。

**1. 残疾大学生就业率现状**

《2021年用人单位聘用残疾人就业调查报告》显示，全国2021届高校残疾人毕业生达25023人，截至2021年12月，全国有就业意愿的残疾人毕业生就业率超过80%，就业率再创新高。

各高等特殊教育学院（校）多措并举，力保疫情期间残疾大学生就业率稳步增长。2021年，长春大学残疾大学生就业率超过90%，有意向就业残疾大学生初次就业率超过80%，半年后就业率超过90%。北京联合大学定期为残疾大学生举办专场招聘会，带领残疾大学生参加中国残联举办的专场招聘会，① 2021年残疾大学生就业率接近100%。天津理工大学聋人工学院听障大学生就业率超过86%。普通高校残疾大学生就业工作也备受重视，以武汉理工大学为例，近5年来，通过学校就业指导、职业规划、专场招聘会等一系列措施，武汉理工大学残疾大学生每年都实现了100%的就业率。②

中国残疾人联合会就业服务指导中心统计数据显示，2021年，上海、浙江、福建三地残疾大学生就业率均为100%，吉林省残疾大学生就业率也从2014年的不足40%提升至2021年的80%以上。

**2. 残疾大学生就业薪酬水平现状**

《2021年用人单位聘用残疾人就业调查报告》显示，在已安置残疾大学生就业的1039家单位中，残疾大学生平均工资高于城市当地最低工资，低于当地平均工资，残疾大学生的平均工资最低为3291元（西北地区），最高为4322元（华东地区），如图4所示。华东地区残疾大学生平均工资占城市平均工资比例最高，为65.59%，就业区域导致的薪酬水平差异较大。传统制造业的薪酬水平较低，月薪集中在3000~5000元，薪资在5000元以上的行业主要集中于IT/网络运营/电子商务/软硬件服务等行业，如表7所示。

---

① 徐俊星：《试点先行 只为做得更好——2019年全国高等融合教育试点总结会侧记》，《中国残疾人》2020年第1期，第50~51页。

② 王苏甫·买买提、张冰、韩同远：《打造残疾学生"五心"教育模式——武汉理工大学残疾人高等融合教育实践侧记》，《中国残疾人》2020年第10期，第54页。

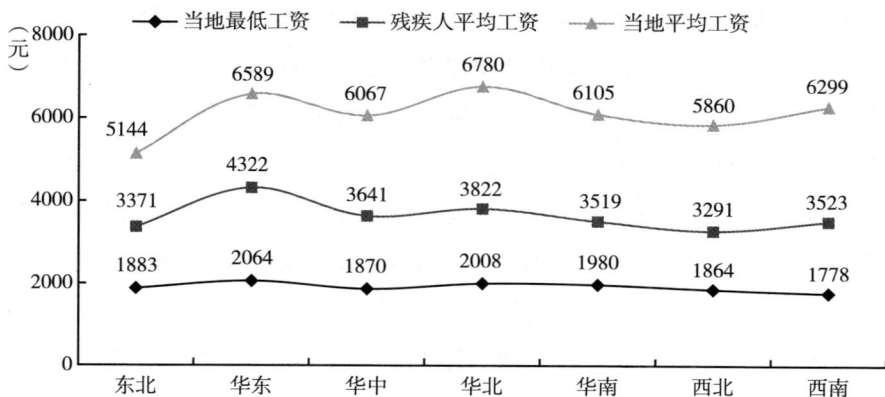

**图4 残疾大学生平均工资与城市平均工资及最低工资走势**

资料来源：中国残联就业服务指导中心内部资料《2021年用人单位聘用残疾人就业调查报告》，2021。

**表7 2021年残疾大学生就业行业薪酬水平占比统计**

单位：%

| 就业行业 | 薪酬水平 | |
|---|---|---|
| | <5000元 | >5000元 |
| 传统制造业 | 18.18 | 11.30 |
| 其他行业 | 10.28 | 10.43 |
| IT/网络运营/电子商务/软硬件服务 | 10.06 | 19.13 |
| 批发零售 | 8.87 | 6.09 |
| 餐饮/娱乐/旅游 | 5.95 | 0 |
| 食品/饮料/化妆品 | 4.76 | 0 |
| 房地产开发/装潢/设计/建筑工程 | 3.79 | 6.09 |
| 教育、培训、科研、院校 | 0 | 6.96 |

资料来源：中国残联就业服务指导中心内部资料《2021年用人单位聘用残疾人就业调查报告》，2021。

另外，根据长春大学特殊教育学院对2017~2021年残疾人毕业生的调查数据，选择网络平台就业、自主创业等新就业形态就业的残疾大学生薪酬水平不低于企业单位日常坐班薪资，月入工资为3000~5000元的占68.67%，5000~8000元的占22.00%，8000元以上的占9.33%。

### 3.残疾大学生就业专业对口率、岗位匹配度及个人职业发展现状

残疾大学生对专业对口率的期望较高，不同专业学生的专业对口率情况存在一定差异，如视障大学生的针灸推拿学、康复治疗学等专业的专业对口率较高，超过90%；听障大学生就业专业对口率为60%左右，而视障大学生音乐专业的专业对口率相对较低。由于专业受限等原因，高等特殊教育学院（校）的残疾人毕业生就业专业对口率低于普通高校的残疾人毕业生就业专业对口率。

《2021年用人单位聘用残疾人就业调查报告》显示，在用人单位针对残疾大学生的管理过程中，超过三成的用人单位认为残疾大学生存在岗位不匹配问题。在1039家已招聘残疾大学生的用人单位中，517家企业认为应聘人员实际能力达不到公司岗位招聘要求，占比为22.20%；236家用人单位认为应聘人员能力与简历不符，占比为10.13%；其余还包括没有招聘渠道、招聘过程中与残疾人员沟通困难、对残疾人的了解甚少、对就职残疾人无晋升及培养通道、对政策不了解等，如图5所示。

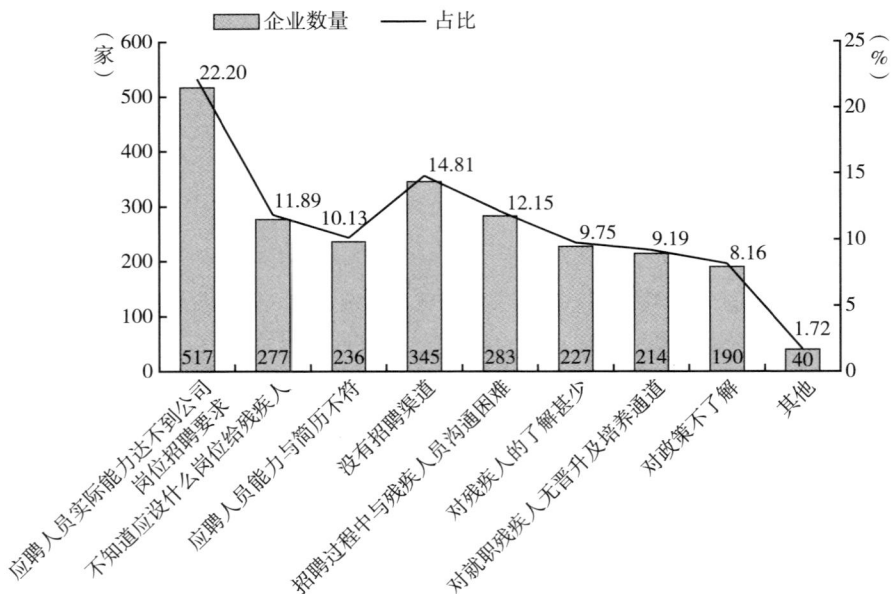

**图5　残疾大学生岗位不匹配原因统计分析**

资料来源：中国残联就业服务指导中心内部资料《2021年用人单位聘用残疾人就业调查报告》，2021。

在个人职业发展上，残疾大学生比以往更注重个人职业发展规划的制定和晋升机会的大小。对安置残疾大学生就业的企业的调查结果显示，半年晋升占比为10%；1年晋升占比为20%；1~3年晋升占比最高，为33%；3年以上晋升占比为16%；无晋升渠道占比为21%。综上可见，79%的企业愿意为残疾人提供晋升机会，晋升周期集中在1~3年，但仍有21%无晋升机会。[1]

**4. 残疾大学生就业稳定性**

残疾大学生就业稳定性与生活环境、工作环境、人际适应等正相关，[2]在传统就业模式下，残疾大学生就业稳定性较高。《2021年用人单位聘用残疾人就业调查报告》调研结果显示，从事制造业工作的残疾大学生就业稳定性最高，工作1年以上的占比为93%；3年以上的占比为61%。IT/网络运营/电子商务/软硬件服务的残疾大学生稳定性偏低，工作不满1年的占比为33%；不满3年的占比为76%。

**5. 残疾大学生就业模式发展现状**

（1）就业模式多元化

《中华人民共和国残疾人保障法》第四章第三十一条规定，针对残疾人就业需要实行集中与分散相结合的方针，采取优惠政策和扶持保护措施，通过多渠道、多层次、多种形式，保障残疾人劳动就业。[3] 集中和分散就业一度均为残疾大学生就业的重要模式，但随着经济发展，以网络平台为主要支撑的新型就业市场逐渐扩张，新技术、新业态使残疾大学生的就业模式发生了变化，即除了传统的就业模式以外，还包括灵活就业、自主创业和网络就业等模式，呈现就业模式多元化的发展态势。

（2）集中就业、按比例就业比例下降

近年来，集中就业和按比例就业比例明显下降，灵活就业成为当前残疾

---

① 中国残疾人联合会就业服务指导中心内部资料《2021年用人单位聘用残疾人就业调查报告》，2021。

② 张艳敏：《社会无障碍环境建设对于残疾人大学生就业稳定性的影响》，《创新创业理论研究与实践》2020年第21期，第193~195页。

③ 《中华人民共和国残疾人保障法》，中国政府网，http://www.gov.cn/guoqing/2021-10/29/content_5647618.htm。

大学生就业的新样态。从长春大学特殊教育学院残疾大学生的数据统计中可见，集中就业与按比例就业占残疾毕业生总人数的33%，辅助性就业占比为12%，居家就业占比为21%，灵活就业占比为34%，如图6所示。

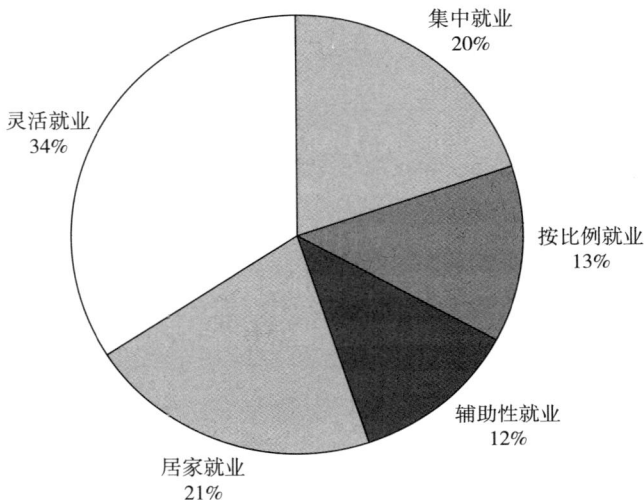

**图6　残疾大学生毕业后就业模式**

（3）网络就业和居家就业成为新就业模式

网络就业和居家就业深受残疾大学生欢迎。残疾大学生以互联网为依托居家办公，摒弃传统的居家物理空间内从事体力劳动的就业形式，以网络信息为主要就业途径，求职者和用人单位之间无须面对面接触，通过网络平台实现信息的沟通、交流，这种足不出户的就业模式成为融媒体时代深受残疾大学生喜爱的就业模式。对长春大学特殊教育学院2021届残疾大学生就业情况的调查数据显示，当前网络就业主要集中在手工艺作品研发销售、残疾人文化宣传与服务、健康知识宣传与推广、地方特产代言销售等领域，从事绘画和设计相关工作的占比为58.80%，其中包括插画、绘画、工艺品设计与制作、UI设计、动漫泥塑作品创作、电商平台搭建与设计等；从事小程序开发工作的占比为8.56%，电商商场开发和网络开发占比为17.00%，线上营销和策划执行工作、文案策划工作等其他工作占比为15.64%。

（4）自主创业和个体就业模式逐渐呈现

残疾大学生自主创业和个体就业呈现上升趋势。近年来，除国家相关部委颁布的就业创业支持政策外，多省份均对残疾大学生自主创业者或从事个体经营者给予政策支持和资金补助。陕西、新疆、江苏、河南、山东、吉林、四川、上海、天津等地为残疾大学生自主创业提供补贴、一次性奖励、场地等，促进了残疾大学生自主创业和个体就业。

**6. 残疾大学生就业途径发展现状**

（1）传统就业途径

传统就业以招聘会和熟人介绍为主。据不完全统计，2017 年至今，全国范围内开展的残疾大学生专场招聘会达到 56 场之多，实现就业的比例为 12%。经熟人介绍实现就业的比例为 32%，为当前较为重要的就业路径，如表 8 所示。

**表 8　残疾大学生就业途径分布**

单位：%

| 就业途径 | 占比 |
| --- | --- |
| 网络就业信息 | 28 |
| 残疾人就业服务机构 | 15 |
| 其他就业服务机构 | 8 |
| 熟人介绍 | 32 |
| 招聘会 | 12 |
| 其他（创新创业赛事、创业达人选拔赛等） | 5 |
| 总计 | 100 |

（2）数字化线上就业路径

随着互联网技术的快速发展及数字化办公平台的广泛应用，加之新冠疫情的影响，我国在助推残疾大学生就业的路径建设方面主要呈现了线上和线下融合的发展趋势。对已就业的残疾大学生抽样调查发现，28% 的残疾大学生通过网络平台成功就业，主要的网上就业平台包括：中国残疾人就业创业网络服务平台、国家 24365 大学生就业服务平台、全国残疾人就业情况联网认证"跨省通办"系统、省市残联和高校发布就业信息的网站等。

# 三　残疾大学生就业存在的问题分析

## （一）社会无障碍环境及支持服务方面存在的问题

**1. 社会模式角度的无障碍环境建设支持不足**

（1）物质无障碍就业环境建设无法满足残疾大学生的就业需要

残疾大学生就业物质无障碍环境主要体现为对无障碍化的住宿条件、工作支撑以及通勤状态的需求。良好的物质无障碍环境建设是保障残疾大学生就业的基础。虽然无障碍环境的建设一直受到政府的高度重视，但仍然存在许多不足，无法满足残疾大学生的就业需求，从而对残疾大学生的就业产生一定的阻碍。具体表现为：设计不合理、不充分、被占用等情况仍较多；无障碍设施"有"，但无法"到达"和"使用"的现象严重；为落实法规要求而进行片段式的无障碍设施建设；类似盲道突然改道；等等。

（2）信息无障碍环境建设不足

在信息无障碍建设上，我国已取得了丰硕的成果，构建了适合残疾大学生的信息无障碍综合业务示范工程，残疾大学生无障碍上网已基本实现。2020年，《关于推进信息无障碍的指导意见》的发布，为我国信息无障碍建设提供了建设指南与标准。但目前信息无障碍建设仍存在较多问题，如尚缺少单独规范，地方立法因缺乏具体规范而可操作性差，且缺少相应标准，辅助技术措施也难以满足残疾大学生的多样化需求，以残联为主体推进信息无障碍建设，其组织协调受到客观条件制约。① 残疾大学生的信息无障碍就业环境建设仍需进一步加强。

（3）社会文明无障碍环境建设需进一步加强

在社会就业中，残疾大学生就业仍是需要重视的问题。"如何看待残疾

---

① 李牧、马卉、李群弟、胡哲铭：《我国信息无障碍环境建设支持研究》，《残疾人研究》2022年第S1期，第42~50页。

人"的观念因素在一定程度上是关乎残疾大学生就业成败的决定性因素。① 中国社会科学院研究员唐钧认为，社会是造成障碍的主要原因，残疾人的社会融入困难既有社会规范的显性社会排斥，也有隐性社会排斥。要做好残疾人工作就要站在残疾人的视角和立场。② 到目前为止，人类社会的残疾人观大体可分为残疾的医疗模式、残疾的社会模式、残疾的权利模式三个阶段。③ 现有残疾人观在大众层面重权利理解，缺少视角和立场共情，简单地把促进残疾大学生就业当作一种社会责任和慈善事业，导致对残疾大学生的能力和需求认知不足，进而形成了残疾大学生的社会融入和就业困难。

**2. 公共就业服务机构对残疾大学生就业服务支持建设不足**

从前面的就业现状分析可以看出，残疾大学生的就业招聘多数由相应高校和地方政府及残联以专场招聘会的形式进行落实。这种服务模式一方面有利于集中解决残疾大学生就业问题，另一方面也反映出残疾大学生就业服务体系建设不足，残疾大学生的就业服务支持没有切实融入社会就业服务体系中，没有切实成为社会就业机构工作中的一部分。残疾大学生因缺少消除障碍的辅助性服务而难以参与更多的校园招聘会和公共就业服务机构举办的毕业生招聘会。④ 缺少了整体社会就业服务机构的对接，用人单位对残疾大学生了解不足，才会出现虽然在国家政策上有按比例安排就业和安置残疾大学生就业的相关福利政策出台，但仍有大量用人单位直接拒绝招聘残疾人。

## （二）残疾大学生就业法规及政策存在的问题

### 1. 残疾大学生就业专门支持性政策体系有待完善

目前，我国已在集中就业、按比例就业、自主就业、农村残障人士就业

---

① 张九童、王颖：《论现代社会残疾人观在残疾人就业中的地位和作用》，《残疾人研究》2017 年第 1 期，第 55~60 页。
② 冯善伟、赵溪：《第十三届中国残疾人事业发展论坛综述》（下），《残疾人研究》2020 年第 2 期，第 94~96 页。
③ 李志明、徐悦：《树立新型残疾人观，促进残疾人社会参与和融合》，《社会保障研究》2010 年第 1 期，第 105~108 页。
④ 贾迎军：《平等视角下的残障大学生就业困境及解决路径》，《中国大学生就业》2016 年第 5 期，第 34~41 页。

等方面进行了法律法规的建立，并已将残障人士就业纳入了法治化范围。[①]
自 2009 年人力资源和社会保障部、教育部、财政部、中国残疾人联合会联
合发布《关于进一步做好高等学校残疾人毕业生就业工作的通知》以来，
残疾大学生就业政策和法规的陆续出台，为残疾大学生就业带来了新的机
遇。残疾大学生作为残疾人群体中的佼佼者，与残疾人群体相比，有着更高
层次的就业需求，也是残疾人高质量就业的典型，国家相继出台的政策与法
规加快就业工作发展步伐，但仍存在针对残疾大学生而制定的专门性政策不
足现象。因此应在已出台的政策法规基础上围绕残疾大学生就业权益保护、
创新创业指导与支持、按比例就业、灵活就业等方面，[②] 给予政策细化和法
规设立。另外，现有针对残疾大学生就业的相关政策只是针对就业中的一个
或部分环节，缺乏政策的完整性、系统性。

2. 残疾大学生就业政策法规普及力度不够

我国对残疾大学生就业的法律法规和政策颁布呈现了高度重视但执行和
宣传方面还存在认识不足问题，尤其是用人单位对残疾大学生就业政策认知
不清，对残疾大学生群体缺乏了解，政策执行效果较差。[③] 尽管国家给予招
收残疾人企业税收减免优惠政策，但用人单位因对残疾人认识存在误区，担
心残疾大学生会增加用人成本，即使具备残疾大学生能够胜任的工作岗位，
也宁愿缴纳残疾人就业保障金，这在一定程度上造成残疾大学生求职屡遭拒
绝，甚至残疾大学生得不到有效用人需求信息。另外，残疾大学生对于就业
相关政策的了解与正确解读也影响其就业，因此政策法规的普及和推广急需
加强。[④]

---

① 杨立雄：《残疾大学生就业问题与对策研究》，《残疾人研究》2016 年第 2 期，第 12～
  19 页。
② 刘媛媛、王丽云、李丽：《残疾大学生就业现状及对策研究——从用人单位视角出发》，
  《中国大学生就业》2015 年第 2 期，第 25～30 页。
③ 胡美玲、王瑞：《残疾大学生就业困境分析与指导体系构建》，《绥化学院学报》2015 年第
  1 期，第 147～149 页。
④ 刘娜、张聪聪、付孟冉、张晓丽：《残疾大学生就业现状分析及其对策研究》，《卫生职业
  教育》2019 年第 20 期，第 33～36 页。

### 3. 残疾大学生就业政策法规的执行监督力度不够

首先，在残疾大学生就业支持系统方面，要求残疾人就业单位配置适合残疾人工作和生活的无障碍设施，我国公共无障碍设施建设虽已取得长足进步和发展，但因无障碍设施铺设具有特殊性和科学性，较多用人单位存在增设难度，[①] 因此无障碍设施建设的规定还存在执行不到位问题。其次，在残疾人就业保障金使用和监管方面，国家收缴的就业保障金促进了残疾人事业稳步发展，但针对残疾大学生的就业保障金发放还存在监管缺位，[②] 部分残疾大学生对就业感到恐慌，宁可领取就业保障金也不敢步入职场，就业保障金的领取并非助长残疾大学生"等靠要"的懈怠就业思想，应充分发挥就业保障金助推残疾人就业重要作用。再次，在按比例就业方面，相继出台的政策法规要求国家、社会按照一定比例安置残疾人就业。部分岗位属于暂时性工作，残疾大学生就业问题在短时间内得以解决，但缺乏长远发展规划，部分工作岗位工作内容单调，或缺乏就业期待与挑战，残疾大学生就业需求和职业追求存在差距，导致残疾大学生不能长期从事部分按比例就业工作。[③] 最后，在新型就业领域扶持和保障方面，随着社会发展变化，残疾大学生灵活就业比例不断攀升，尤其借助网络信息平台诞生了诸多新职业新岗位，针对残疾大学生就业工作新形态，政策法规的监管和执行还存在滞后。利用网络平台助推残疾大学生发扬自强不息、创新就业精神，为残疾大学生定制"一人一策"就业发展规划服务等方面均需加强支持。

### 4. 各地区残疾大学生就业政策不均衡

在国家下发政策和法规基础上，各地区结合各自状况设置了不同的政策法规，整体上呈现了高度重视残疾大学生就业发展态势，但由于经济、地缘结构、社会发展等原因，国内各地区残疾大学生就业政策差异性较大。据不

① 肖日葵、郝玉玲：《残疾人社会保障策略优化：弥合收入支持与就业融入的结构性张力》，《南京社会科学》2022 年第 2 期，第 71～79 页。
② 侯日云：《中国残疾人就业保障金政策实施效果分析》，《社会福利》（理论版）2021 年第 3 期，第 11～18、25 页。
③ 黄震、杨立雄、廖娟副、顾莉莉：《促进按比例安排残疾人就业笔谈》，《残疾人研究》2019 年第 2 期，第 92～96 页。

完全统计，各省份在就业岗位补贴政策方面有所差异，① 天津、内蒙古、吉林、福建、山东、重庆、宁夏等地区有所制定，补助金额为 1200～6000 元不等，还有地区规定以当地最低工资的倍数为主，呈现 0.5～5 倍的差异；超比例安置残疾人奖励政策主要针对安置单位给予奖励，天津、河北、内蒙古、辽宁、浙江、安徽、福建、吉林、湖南、宁夏、上海、江苏、广西、海南、四川、云南、西藏、青海、新疆等区域进行了明确规定，每超额安排 1 名残疾人，一次性给予 1000～7600 元不等奖励，同时还有规定按照最低工资标准的 0.5～8 倍奖励；制定就业社会保险补贴方面政策的地区有北京、山西、上海、广西、云南、西藏、陕西等区域，给予的社会保险补贴 1～10 年不等；制定就业创业、个体就业扶持政策的地区有山西、内蒙古、辽宁、黑龙江、浙江、安徽、福建、江西、重庆、宁夏、广东、广西、海南、贵州、云南等区域，个体就业补贴的额度也呈现每月 800～2000 元的差异，个别地区创业补贴多达 3 万元。同时，不同地区鼓励中介机构支持就业创业，比如上海地区每安置一名残疾人就业，能签订合同达 1 年以上的奖励中介机构 1000 元。② 从以上数据统计可分析出我国各地的政策支持呈现较大差异性，且各地区政策涵盖面有所不同，支持力度的不均衡性和不全面性导致残疾大学生就业困难，尤其是回归生源地就业的残疾大学生，能够争取的就业支持差异较大。

### （三）高等特殊教育及融合教育存在的问题

**1. 高等特殊教育学院（校）人才培养模式滞后于市场和社会对人才的需求**

首先，高等特殊教育学院（校）在制定人才培养模式过程中，虽然结合残疾大学生的生理特点设置专业及课程、确定教育目标、选用教学方式、进行教学评价，但不能根据市场和社会对人才需求的变化进行及时调整，使

---

① 丛宇：《问题、原因、对策：残疾人就业的社会支持研究》，硕士学位论文，山东大学，2019。
② 《残疾人就业政策－上海》，范文写作网，https：//www.dyhzdl.cn/k/doc/4a0c0105412891 5f804d2b160b4e767f5acf80af.html。

高校对残疾大学生的人才培养模式滞后于市场和社会对人才的需求，限制了残疾大学生就业能力的发展，调查发现，47.1%的学生认为人才培养模式对就业能力产生了影响，[①] 进而使残疾大学生的就业领域、专业对口率、岗位匹配度、薪酬待遇等受到重要影响。

其次，残疾人高等教育专业中的国家重点专业、一流专业占比明显不足，专业纵向发展严重滞后，进而导致残疾大学生的核心竞争力不足。这里的核心竞争力主要体现为专项技能，专项技能是指在从事某种职业过程中所必须掌握的某项或者几项特殊能力。对专项技能的要求不能是简单具备而要精专，才能在就业和职业发展中具有一定竞争实力。核心竞争力提升是科技革命与互联化经济模式发展带给残疾大学生的新挑战，也是亟待解决的重要问题。

最后，高等特殊教育院校残疾大学生的现有专业建设广度相对不足，严重滞后于我国产业结构的调整和市场对人才的需求。如盲人群体的专业仍局限于推拿按摩、钢琴调律等特定行业，这就限制了盲人就业的多元化发展。[②] 专业横向建设发展的滞后状态严重限制了残疾大学生融入社会的路径，成为残疾大学生就业困难和个人发展受限的一个重要因素。

**2. 普通高校对残疾大学生的培养针对性不强**

随着高等融合教育的发展，普通高校逐渐成为残疾大学生培养的主力军，但目前许多高校在教师专业素质、专业设置、培养方式、教学条件、无障碍设施等方面不能满足残疾大学生的发展需求，不利于残疾大学生知识、技能的习得和其他能力的发展，从而对其就业产生消极的影响。第一，我国普通高校教师在特殊教育的学习和实践上经验比较缺乏，特殊教育的相关教学技能薄弱，不能根据学生特点进行因材施教，教学质量不高；[③] 第二，一

---

① 林海燕：《高等教育对残疾大学生就业能力影响的研究》，《文教资料》2017 年第 3 期，第 148~150 页。

② 郑倩倩、韩飞：《视障青年的特殊教育及就业问题探析》，《河北青年干部管理学院学报》2008 年第 4 期，第 27~30 页。

③ 王淑荣：《高等教育大众化背景下残疾大学生就业问题的对策研究》，《中国成人教育》2015 年第 18 期，第 59~60 页。

些普通高校针对残疾大学生开设的专业并不符合残疾人的生理特点，一进校门就定专业，毫无专业选择的准备时间；[1] 第三，很多高校的无障碍设施不完善，特殊教学资源不足，增加了学生的学习和生活压力。这些问题共同体现出普通高校对残疾大学生的培养缺乏针对性和系统性，不利于残疾大学生就业能力的培养。

### 3. 高校残疾大学生就业服务支持体系不完善

残疾大学生的就业情况如何，很大程度上取决于学校的就业服务体系。目前高校针对残疾大学生的就业服务体系还不够完善，缺乏对残疾大学生进行全方位的就业指导，如存在就业心理辅导、职业生涯规划、创新创业等方面的指导不到位，残疾大学生就业平台欠缺、就业信息提供不足等问题。尤其在普通高校，残疾大学生所占比例极低，其就业服务工作重心多在健全大学生，几乎没有设置专门性的残疾大学生就业服务指导机构，[2] 针对残疾大学生的就业服务体系因此已无法建立起来。调查发现只有 18.6% 的残疾大学生参加过残疾人专场招聘会或就业讲座，58.7% 的被调查残疾大学生从没有参加过类似的活动，[3] 这说明许多高校只重视普通学生就业，而忽视了残疾大学生的就业。另外，由于高校普遍缺少专门的残疾大学生就业指导工作人员，不能有针对性地给他们提供就业指导和职业规划，[4] 建立完善的就业服务体系更是无从谈起。

## （四）残疾大学生自身存在的问题

### 1. 残疾大学生整体就业能力不高

生理障碍导致的残疾大学生在学习能力、实践能力和求职能力上的不足是影响其就业的重要原因。残疾大学生在生理上具有某些方面的功能障碍，

① 李月：《论新时期残疾大学生就业困境及援助途径——以南京晓庄学院为例》，《当代教育实践与教学研究》2018 年第 2 期，第 214~215 页。
② 王欣然：《残疾人大学生就业问题研究》，《经济师》2016 年第 1 期，第 87~88 页。
③ 马宇：《我国残疾人高等融合教育支持体系研究》，博士学位论文，南京师范大学，2014。
④ 杨立雄：《残疾大学生就业问题与对策研究》，《残疾人研究》2016 年第 2 期，第 12~19 页。

必然会对其从事相应的职业有所影响。① 另外，生理功能的障碍也直接或间接导致残疾大学生在认知能力、知识水平、社会交往能力、思想成熟程度、心理健康等方面普遍滞后于健全大学生。② 所以，残疾大学生即使拥有了高等教育学历，但是自身能力与市场要求也存在差距。③ 这对其就业率、就业稳定性和薪酬待遇具有很大的消极影响。在求职过程中，其制作简历的能力、就业信息搜索能力、临场表现能力等的不足对他们获得就业信息、面试成功率等均可能产生负面影响。

### 2. 残疾大学生就业心理问题严重

很多研究表明，残疾大学生心理健康水平比较低，普遍存在焦虑、抑郁、人际交往障碍等心理问题，④ 就业心理问题较严重，调查研究显示，66.3%的残疾大学生在面临就业时，会出现忧心忡忡、焦虑不安等消极情绪，⑤ 这些消极的心理特征难免对其就业产生负面的影响，进而产生消极的就业心理，表现为：部分残疾大学生自我定位不准确，⑥ 即对自己缺乏正确的认知，在就业中容易产生自负或自卑心理，导致职业期望过高、拒绝就业或求职目标模糊等现象；就业观念保守，多数残疾大学生倾向于寻找一份福利待遇好、"五险一金"全、较为稳定的工作，因而错过许多就业机会；⑦ 就业意志差，即在就业中盲从、依赖性强，遭遇失败后，丧失就业信心和就业希望，主动就业变为被动就业，甚至自暴自弃，放弃就业。

---

① 杜芬娥：《"精准帮扶"背景下残疾大学生就业支持体系的构建——基于高校的视角》，《科教文汇》（上旬刊）2021年第8期，第16~18页。

② 元志立、王娟：《残疾大学生高校就业援助机制研究》，《出国与就业》（就业版）2012年第6期，第21~22页。

③ 刘娜、张聪聪、付孟冉、张晓丽：《残疾大学生就业现状分析及其对策研究》，《卫生职业教育》2019年第20期，第33~36页。

④ 甘开鹏、刘洪：《残疾大学生的心理问题及其调适》，《湖南第一师范学报》2007年第1期，第14~15页。

⑤ 刘媛媛、王丽云、李丽：《残疾大学生就业现状及对策研究——从用人单位视角出发》，《中国大学生就业》2015年第4期，第25~30页。

⑥ 吕淑惠：《残疾人大学生就业现状、问题及对策》，《大学教育》2017年第5期，第186~187、190页。

⑦ 王欣然：《残疾人大学生就业问题研究》，《经济师》2016年第1期，第87~88页。

## 四　促进残疾大学生就业发展的对策

### （一）发挥政府职能，完善残疾大学生就业政策体系

首先，政府发挥服务功能，出台专门针对残疾大学生群体就业的政策，制定相关政策鼓励残疾大学生积极投身社会，建立残疾大学生、用人单位、社会多维度联动的就业扶持和监督机制。其次，政府发挥引领作用，普及残疾大学生就业政策法规，充分利用社会资源形成残疾大学生就业的支持网络。针对残疾大学生、残疾家庭、安置单位、社会民众等群体加强就业政策法规的解读宣传，构建全社会对残疾大学生就业援助体系，提高全社会对残疾大学生就业关注度。再次，发挥政府监督作用，加强政策法规执行，针对按比例分配残疾人企业的管理监督，应加强政策统一规范的强制性规定以及必要处罚措施，对违法违规的企业提高残疾人就业保障金的征缴幅度，[1] 改善残疾大学生就业监管服务。[2] 最后，发挥政府调控职能，均衡地区协调发展以残疾大学生为本的就业政策理念，提升就业政策的规划性与协同性。[3] 充分发挥政府的宏观调控作用，进行就业资源优化配置，给予残疾大学生均等就业机会，调动用人单位积极性，加强全国政策执行协同规划，以满足残疾大学生在全国范围内多地、均衡、灵活就业选择，从而促进残疾大学生就业高质量发展。

### （二）加强无障碍环境支持建设，改善社会就业环境

完善无障碍环境建设相关立法，将无障碍建设工作纳入政府职责的同时

---

[1] 任启敏、汪昕宇：《我国残疾大学生就业问题研究》，《经济师》2019 年第 5 期，第 257～258、260 页。

[2] 郭娟：《残疾大学生就业现状分析与指导体系的构建》，《吉林省教育学院学报》2015 年第 12 期，第 30～31 页。

[3] 鄂义强：《中国大学生就业中政府责任研究》，博士学位论文，东北师范大学，2020。

建设各级管理体系，由各地方政府相关部门对不同类别的无障碍设施进行审核验收。完善社会监督机制，并在无障碍建设项目开展时广泛征求残疾人意见，① 以保证物质无障碍就业环境的适用性、全面性。通过发挥媒体宣传和基层引领作用，增强社会公众的无障碍意识，减少对无障碍设施的占用和破坏，保证无障碍设施真正做到无障碍。② 信息无障碍环境建设需进一步完善相关法律制度保障；细化信息无障碍内容，明确相关各部门职责，提高建设的实操性；构建通用的信息无障碍标准体系，加强无障碍技术应用和产品规范以提供规范；提升政府的信息无障碍服务和管理水平；增强公众的信息无障碍化理念。③

以"优势视角"关注残疾大学生的优势和潜能，才能对残疾大学生有正确的认知。④ 要实现这一点就需要在残疾人文化宣传报道上，改变以往突出几个残疾人创业典型和社会扶持为主体的形式，更多地对残疾人和残疾大学生群体的优势能力进行宣传，增进社会对残疾大学生的全面了解，提高社会对残疾大学生的接纳性，进而在社会文明的层面上为残疾大学生提供无障碍环境保障，促进残疾大学生就业。残疾大学生就业既要有针对性的服务机构进行支持，又要从政策法规上强化各公共就业服务机构将残疾大学生就业服务作为工作内容之一，并切实执行。通过整个公共就业服务体系的沟通建立校企、人企和线上供需匹配机制。⑤ 充分发挥残疾大学生就业服务机构的帮扶职能，以全社会之力，做到"一人一案"，对残疾大学生就业进行精准帮扶，才能使残疾大学生就业工作进一步落到实处。

---

① 韩笑宓、聂婷婷、姜彩良、赵昕：《发达国家交通无障碍环境建设经验及对我国的启示》，《交通运输研究》2021 年第 3 期，第 45~53 页。
② 唐小然、熊和平：《海南无障碍环境建设的实践与思考》，《残疾人研究》2022 年第 S1 期，第 77~83 页。
③ 李牧、马卉、李群弟、胡哲铭：《我国信息无障碍环境建设支持研究》，《残疾人研究》2022 年第 S1 期，第 42~50 页。
④ 杨颜荣：《由"问题"到"优势"：残疾人群体就业路径的现代转型》，《黑龙江人力资源和社会保障》2022 年第 15 期，第 35~37 页。
⑤ 蔡潇彬：《完善重点群体就业支持体系研究》，《中国劳动关系学院学报》2021 年第 4 期，第 116~124 页。

## （三）强化高校育人功能，完善就业服务体系

根据残疾大学生的就业现状和存在的问题，高校要加大残疾大学生就业的服务力度，推动残疾大学生就业能力与就业心理的协同提升。第一，创新培养模式，调整专业设置，提升残疾大学生的就业能力。高校应充分考虑残疾大学生的特点、经济发展和市场需求、地域优势等因素，吸收新的教育理念，持续完善基础课程、优化专业设置、开展课程教学改革、提高师资队伍水平，提升残疾大学生的就业能力。第二，完善就业服务体系，加大就业帮扶力度。对残疾大学生的就业指导应注重全面性、层次性和针对性，力求做到"一人一策"，注重残疾大学生就业的帮扶质量；搭建就业平台，拓宽就业渠道。高校要积极为残疾大学生提供就业信息，推荐就业岗位，或者举办残疾大学生的专场招聘会，并做好就业的全程跟踪服务，及时了解他们在岗位上的困难和需求，通过多种途径为残疾大学生提供职后的培训，使其不断提升实际就业能力。[①] 第三，开展就业指导。建立科学、合理、规范、系统的残疾大学生就业指导课程体系，对残疾大学生进行有针对性的就业指导，包括就业心理辅导、职业生涯规划指导、求职指导等，积极引导残疾大学生对自己的职业进行生涯规划，培养他们的职业意识，帮助他们进行初步的职业定位。[②] 第四，鼓励残疾大学生自主创业，激发残疾大学生的创业意识，提升其创业信心，开发创新创业课程，提供参与创新创业实践的机会，夯实创业孵化地基，营造校园创业实践氛围，让更多的残疾大学生参与创业实践活动，增强残疾大学生的创业能力和适应能力。[③]

---

① 杜芬娥：《"精准帮扶"背景下残疾大学生就业支持体系的构建——基于高校的视角》，《科教文汇》（上旬刊）2021年第8期，第16~18页。

② 元志立、王娟：《残疾大学生高校就业援助机制研究》，《出国与就业》（就业版）2012年第6期，第21~22页。

③ 罗笑：《提升残疾大学生创新创业教育质量的策略研究》，《现代特殊教育》2019年第6期，第33~35、54页。

## （四）提升自我能力，积极参与就业

残疾大学生应从根本上去除残障负面标签，提升自我参与融入，改善就业困境。第一，努力学习，提升综合素质。残疾大学生要努力学好专业知识，提升专业技能，积极参加学校组织的各种课外活动，提高社会融入等综合能力，为就业做好准备。第二，树立积极健康的就业观。要转变就业观念，避免"等、靠、要"，明确职业目标，客观认识自我和就业形势，将自身追求与社会需求综合考虑，不跟风，不盲目，抓住时机，争取适合的岗位。第三，积极收集就业信息，寻求学校、教师和家人的支持，通过各类媒体了解当前就业形势。第四，坚定就业信心，避免过于关注自己的缺陷，努力发现自己的闪光点，以自信、乐观的态度应对就业过程中的困难。

**参考文献**

何盛明主编《财经大辞典》，中国财政经济出版社，1990。

王豪：《积极福利视角下残疾人就业保障研究》，经济管理出版社，2021。

中国残疾人联合会教育就业部、国务院法制办公室政法劳动社会保障法制司、劳动和社会保障部培训就业司、民政部法制办公室编著《残疾人就业条例释义》，华夏出版社出版，2007。

# B.7
# 中国视力障碍者就业发展报告（2022）

解 岩*

**摘　要：** 就业是最大的民生，中国视力障碍者就业发展的历程是中国政府不断完善残疾人就业模式的真实写照。本报告以中国社会的发展进程为背景，在权利视角下梳理出新中国成立后中国视力障碍者就业发展历经的五个阶段，探讨在以盲人按摩为主要就业渠道的基础上，新时代视力障碍者新职业发展的演化和进路。分析人口总量和结构数据缺乏精细化统计、反就业歧视和反残障歧视的立法建设不完善、社会支持网络尚待系统性建立等现状问题，提出以下三点建议：开展第三次全国残疾人口调查，建立全国残障大数据平台；制定《反就业歧视法》，加强反残障歧视宣传教育；构建新时代视力障碍者就业服务和管理体系。

**关键词：** 视力障碍　就业　信息无障碍　权利视角

　　党的十八大以来，以习近平同志为核心的党中央坚持把就业作为最大的民生，我国就业规模显著扩大，就业结构不断优化，公共就业服务水平大幅提升。在谱写新时代的篇章里，同样浸透着残疾人就业的发展，其中，视力障碍者（以下简称"视障者"）就业发展的历程是残疾人就业模式不断完善的真实写照，通过就业促进全社会充分认识到视障者劳动就业的经济价值与社会意义，视障者平等地参与社会生活、共享发展成果。

---

* 解岩，法学硕士，一加一残障公益集团创始人，上海有人公益基金会创始人、理事长，中国残疾人事业发展研究会常务理事，研究领域为残疾人社会组织、残障融合。

尽管如此，对于1700多万名中国视障者而言，就业总量压力、就业结构单一、就业质量不高等问题长期存在。但随着信息无障碍建设日趋完善，数字经济快速发展，视障者的新就业形态日渐增多。顺势而为，补齐短板，解决好视障者就业问题，始终是长期面临的一项艰巨任务。新时代呼唤新担当、需要新作为，中国特色残疾人事业发展不断丰富完善，沉淀下来的理念方法、政策措施、经验智慧，将成为未来面对新形势、踏上新征程的宝贵财富，在共同富裕背景下，中国视障者终将伴随中国经济高质量发展实现更加充分、更高质量的就业。

# 一 中国视力障碍者就业发展历程

视障者就业的发展，是中国视障者的发展历程和中国特色残疾人事业的重要组成部分，其中盲人按摩作为视障者就业的最主要渠道，占据着中国视障者就业发展历程的大部分篇幅，但视障者就业发展历程的阶段划分又不完全等同于盲人按摩的发展阶段。本报告从权利视角，以实现视障者内在价值诉求为本，将中国视障者就业发展历程分为五个阶段。

## （一）抢救恢复阶段（1949~1954年）

1949年新中国成立后，为弥补长期战乱给人民带来的灾难影响，面对大量处于社会底层的残疾人群体，政府以救济和社会规制结合为手段，使其成为自食其力的社会主义社会的主人，解决生存困境是主要的目标。为此，政府修造了生产教养院、游民改造农场、休养院、伤残人福利院、荣军疗养院、麻风村、精神病院等。这个阶段，盲人的安置与其他类别残疾人有很大不同。

一是当时从事算命和卖唱的盲人都已超过20万人，[①] 人民政府禁止算

---

① 铁山、郭荣：《回忆与思考（之二）——谈中国盲人就业的历史与现状》，《中国残疾人》2011年第8期，第30~31页。

命及街头卖唱之后，北京市文化局曾组织过盲人宣传队歌唱党的新政策。这些举措沿袭了盲人自古瞽者乐官出没于宫廷，礼崩乐坏后，走入民间成为走街串巷卖唱、说书的江湖艺人这一传统。

二是率先完成残疾人组织的建设。1953 年，经人民政府批准成立中国盲人福利会（以下简称"福利会"）。同年，教育部发布并在全国推广"中国盲文之父"黄乃的《新盲字方案》，该方案也被视为新中国成立后我国最早的信息无障碍政策。① 1954 年，创办《盲人月刊》，中国视障者有了属于自己的刊物。

本阶段的中国视障者就业发展正处于抢救恢复阶段，视障者的发展诉求是改变新中国成立前朝不保夕、流离失所的生存困境，政府给予了视障群体最基本的生活保障，就业政策侧重保障基本生存权利。视障领域通过组建视障者组织为下一阶段的发展奠定基础。

## （二）全面重建阶段（1955~1987年）

1955 年 7 月，《中华人民共和国发展国民经济的第一个五年计划（1953—1957）》的通过，表明我国经济恢复时期已经胜利结束，将开始执行国家建设的第一个五年计划。视障者的就业发展也跟随国家建设的步伐，在党和国家及福利会的带领下大踏步迈进。

建立福利工厂。20 世纪 50 年代中后期，民政系统开设福利工厂，组织盲人从事编织、轻工、五金等加工业，当时盲人生产的产品达到 1000 多种。② 一些产品还获得国家金质奖，优质产品还被用在当时的名牌产品里。

开展盲人按摩培训。1955 年，福利会举办首期盲人按摩培训班，同期开办的还有音乐、文化、工业和农业班。1958 年后，福利会又举办了三期盲人职业培训班，相继毕业的 200 多名学员如同种子般，分散在全国各省

---

① 李东晓、熊梦琪：《新中国信息无障碍 70 年：理念、实践与变迁》，《浙江学刊》2019 年第 5 期，第 14~23 页。
② 铁山、郭荣：《回忆与思考（之二）——谈中国盲人就业的历史与现状》，《中国残疾人》2011 年第 8 期，第 30~31 页。

（区、市）继续盲人按摩的培训，盲人按摩医院和按摩诊所也随之出现。在当时残疾人劳动技能的培训与指导较为鲜见的年代，盲人按摩的培训及盲人福利工厂的出现领先于其他类别残疾人的就业发展，与时代同步。

"文化大革命"期间，中国残疾人事业受到严重干扰和破坏，各项工作几乎处于瘫痪状态。随着党的十一届三中全会的召开，改革开放的全面开启，中国残疾人事业发展迎来重大的战略机遇。1978 年，全国各地的盲人聋哑人协会相继恢复工作，《盲人月刊》恢复出版。1982 年，中国视障者的劳动、生活和教育福祉得到《中华人民共和国宪法》根本性的法律保障。[1]

1983 年，全国在职的按摩师共有 8000 多人，盲人按摩人员就占 5000 余人，[2] 足见盲人按摩之重要地位。1985 年召开的第一届全国盲人按摩工作会议，是新中国成立以来第一次全国性会议，来自全国各省（区、市）协会秘书长、盲人按摩代表 200 多人齐聚河南，共同讨论起草了《全国盲人按摩工作会议纪要》。1986 年，中华盲人按摩中心和中国盲人按摩学会成立。同期，政府在福利企业促进残障者集中就业方面实施一系列政策举措，[3] 盲人按摩行业的各方面建设，在这一阶段已经初具形态。

1987 年，第一次全国残疾人抽样调查又为视障者就业发展提供数据依据。本次调查显示，15 岁以上视力残疾人（不含综合残疾）在业人数为 2604 人，占单项视力残疾人数（11028 人）的 23.61%，比其他类别残疾人的就业率都低，仅略高于综合残疾在业率（15.46%）。[4]

本阶段的中国视障者就业发展处于全面重建阶段，视障者的发展诉求从

---

[1] 《中华人民共和国宪法》（1982 年）第四十五条："国家和社会帮助安排盲、聋、哑和其他有残疾的公民的劳动、生活和教育。"

[2] 铁山、郭荣、陈曦：《回忆与思考——谈中国盲人按摩的发展历程》，《中国残疾人》2011年第 6 期，第 46~48 页。

[3] 1980 年，财政部、民政部联合发布《关于民政部门举办的福利生产单位交纳所得税问题的通知》；1983 年，民政部和劳动人事部联合发布《关于进一步做好城镇待业的盲聋哑残青年就业安置工作的通知》；1987 年，民政部、国家工商行政管理局联合发布《关于盲人聋哑人协会组织盲聋哑残人员举办经济实体有关政策问题的通知》；等等。

[4] 《1987 年全国残疾人抽样调查研究资料——视力残疾人基本情况》，中国残疾人网，http://www.chinadp.net.cn/datasearch_/aboutUs/2008-07/17-562.html，最后访问时间：2022 年 6 月25 日。

生存逐渐转向劳动生产，盲人按摩在视障者就业形态上的主导地位也得到了强化。在"发展社会主义市场经济"的前提下，就业政策侧重促进福利企业的发展，巩固保障视障者的基本生存权利，除盲人按摩行业之外的劳动力市场中开始出现视障者的身影，视障者劳动权利的实现在福利工厂得到庇护。

### （三）整合发展阶段（1988~2011年）

1988年，中国残疾人联合会（以下简称"中国残联"）成立，中华盲人按摩中心和中国盲人按摩学会分别被编入中国残联教育就业部及康复部，原本独立发展的视障领域顺势并入其中，与其他残疾群体共同分配残障就业、康复等方面的有限资源。但这一变动丝毫没有影响到视障者就业的主渠道——盲人按摩的跨越式发展。

自1988年《中国残疾人事业五年工作纲要（1988年—1992年）》对以盲人按摩为主的视障者就业进行明确规定之后，盲人按摩的培训力度进一步加大，被列入《中国残疾人事业"八五"计划纲要（1991年—1995年）》及以后历次残疾人事业五年规划之中。1990年，我国第一部专门保障残障人权益的法律《中华人民共和国残疾人保障法》（以下简称《残疾人保障法》）颁布实施，进一步明确提出"国家保障残疾人劳动的权利"。本阶段盲人按摩的管理部门开始试行医疗按摩和保健按摩并行的发展道路。

盲人医疗按摩方面，已经在按摩医院、综合医院和中医院的理疗科从事医疗按摩工作的视障者，始终渴望一步步通过学习、进修、考试之后，名正言顺地成为按摩医师、医生。1997年，《关于盲人医疗按摩人员评聘专业技术职务有关问题的通知》的出台，确认了盲人按摩的医疗性质，规定了盲人从事医士、医师、主治医师等各级医师的职称评定办法，盲人按摩医疗人员正式成为国家承认的医务人员。同年，《关于做好盲人保健按摩职业技能培训、鉴定及就业工作的通知》又对盲人保健按摩人员的培训、就业、上岗资格证书的取得做出详细规定。这两份文件为盲人医疗按摩和保健按摩的区分提供了坚实的政策依据。

在盲人保健按摩方面，《中国残疾人事业"九五"计划纲要（1996年—2000年）》首次描述盲人适宜从事按摩的理由，即"触觉灵敏、注意力集中"[1]，并明确培训盲人保健按摩人员的任务指标，未来各级残联每年都会将盲人保健按摩的职业培训纳入政府工作指标绩效。盲人保健按摩与医疗按摩的分开，为更多盲人在按摩行业的发展拉开就业层次的空间。中国视障者就业发展在盲人按摩行业，正式全面进入"盲人保健按摩培训"的大跃进时代。

与此同时，中国视障者就业发展在巩固和加强盲人按摩的主渠道之余，也开始出现两个新职业——钢琴调律师和心理咨询师，标志性事件分别是1990年和2004年首次举办的盲人钢琴调律师的师资班及盲人心理咨询师培训班。但这并未撼动盲人按摩行业的主流职业发展。

1999年，《中华人民共和国执业医师法》的颁布实施，将盲人医疗按摩医师划在职业医师的范围之外，盲人按摩从业者只能从事保健按摩而不能从事医疗按摩，盲人不能成为一名医师而只能是按摩师，犹如一盆冷水浇灭了盲人医疗按摩的发展之路。为此，中国残联、中国盲人协会（以下简称"中国盲协"）做了大量的争取和说服工作，让社会重新建立起对盲人医疗按摩的认可，让盲人在医疗按摩领域发挥所长。争取的工作历经10年，这10年也是中国残疾人事业发展受到政府的密切关注、经济社会生活中发生了重大事件的10年。

2006年，国家统计局、民政部和中国残联等16个部委共同组织的第二次全国残疾人抽样调查，旨在全方位了解中国残疾人口的基本情况。调查结果显示，视力残疾1233万人，占残疾人总人数的比重是14.86%；[2] 与第一

---

[1] 《中国残疾人事业"九五"计划纲要（1996年—2000年）》："按摩是中华民族特有的医疗、保健方法。盲人触觉灵敏、注意力集中，适宜从事按摩。我国现有1万多名盲人从事医疗按摩，占全国医疗按摩人员的一半左右。近年来，随着人民生活水平的提高，按摩尤其是保健按摩的社会需求迅速增加，为盲人服务于社会提供了新的发展机遇。"

[2] 《2006年第二次全国残疾人抽样调查主要数据公报（第一号）》，中国残疾人联合会网，https：//www.cdpf.org.cn/zwgk/zccx/cjrgk/ae127725fd4d4063b64447caacaa3a9d.htm，最后访问时间：2022年6月25日。

次全国残疾人抽样调查的数据——视力残疾 755 万人，占残疾人总人数的比重是 14.62%，[①] 增长基本同步。

2007 年，国务院颁发实施《残疾人就业条例》，标志着中国残疾人就业工作全面步入法治化的轨道，对保障残疾人就业权益、改善残疾人就业状况做了进一步细化规定，明确政府、社会、企业、残疾人的责任和义务。

2008 年，以北京奥林匹克运动会和残疾人奥林匹克运动会的筹备举办为契机，以《中共中央 国务院关于促进残疾人事业发展的意见》的发布和《残疾人保障法》的修订实施为标志，中国残疾人事业得到加速发展，残疾人的社会融入获得全方位的进步。

随后的 2009 年，盲人医疗按摩恢复并迎来更为规范的时代，为加强和规范盲人医疗按摩活动，卫生部、人力资源和社会保障部、国家中医药管理局、中国残联制定出台《盲人医疗按摩管理办法》。2010 年，在北京成立的全国盲人医疗按摩人员考试委员会，公布《盲人医疗按摩人员考试暂行办法》和《全国盲人医疗按摩人员考试大纲》。同年 10 月，盲人医疗按摩人员考试首次在全国各地同时举行，通过者将发放盲人医疗按摩人员从事医疗按摩资格证书。

本阶段的中国视障者就业发展处于整合发展阶段，包括视障领域从原本的行业内部管理并入中国残联，盲人保健按摩和盲人医疗按摩进一步规范化，视障者的发展诉求以保障劳动权利和赋能就业能力为主。这是伴随中国经济高速发展，公民权利意识逐步增强在中国残疾人事业的反映与落实。就业政策侧重于对视障者个体的赋能，是在生存权利基础上向发展权进发。

## （四）多点突破阶段（2012~2020 年）

党的十八大以来，中国残疾人事业迈出的历史性新步伐，所取得的一系列新成果深受国际社会和中国社会发展进程中重大事件的影响。

---

[①] 《1987 年全国残疾人抽栏调查概况》，中国残疾人网，http://www.chinadp.net.cn/data search_/aboutUs/2008-07/04-56.html，最后访问时间：2022 年 6 月 25 日。

国际方面，联合国《残疾人权利公约》（以下简称《公约》）2008 年经全国人大常委会批准在中国生效。2015 年 9 月，联合国大会正式通过《变革我们的世界：2030 年可持续发展议程》（英文简称 SDGs）。[1]《公约》强调残障平等的框架，SDGs 开始向着残障融合的框架转型，残障平等与残障融合互为支撑、互为根本，残障融合为残障平等的实现过程和发展目标描绘出更加清晰的方向。国内方面，2020 年我国全面建成小康社会，残疾人一个也不少，残疾人事业发展作为全面建成小康社会的重要目标，被列入国家经济社会发展总体规划。

在新时代的召唤下，视障者平等获取与使用信息的权益保障、信息无障碍的制度化建设正在带给视障者就业发展最为直接的改变。面对"信息鸿沟"，视障者对于信息无障碍的迫切需求不言而喻，相比其他残障者存在更大的困难与挑战。信息无障碍建设浪潮突然扑面而来，是在以移动互联网、大数据、智能物联网、人工智能等为代表的信息技术飞速发展的驱动下，赋予中国经济社会巨大的能量和动力，在生活方式、就业模式、参与社会等方方面面带来变革性的改变。视障者消除"数字鸿沟"的过程，从"科技跨越障碍"到"科技赋能"，从争取"信息平等"到享受"平等信息"，从来自中国残疾人事业内部的权利诉求到中国经济社会全方位的支持回应。中国视障者就业发展又增加了"信息无障碍"作为驱动力。

2019 年，国务院新闻办公室发布的《平等、参与、共享：新中国残疾人权益保障 70 年》白皮书中明确指出，要加快信息无障碍环境建设的步伐，推动残疾人平等获取与使用信息，满足残疾人日益增加的信息需求。[2] 2020 年，工业和信息化部、中国残联联合印发《关于推进信息无障碍的指导意见》，着重消除信息消费资费、终端设备、服务与应用三方面障碍，使老年人、残疾人、偏远地区居民、文化差异人群等信息无障碍重点受益群体

---

[1] 《变革我们的世界：2030 年可持续发展议程》，联合国网站，https://www.un.org/zh/documents/treaty/files/A-RES-70-1.shtml，最后访问时间：2022 年 6 月 25 日。

[2] 《平等、参与、共享：新中国残疾人权益保障 70 年》白皮书，国务院新闻办公室，http://www.scio.gov.cn/zfbps/32832/Document/1660476/1660476.htm，最后访问时间：2022 年 6 月 25 日。

能平等方便地获取、使用信息。

在信息无障碍建设的孕育下，在已有职业种类的基础上，视障者就业还出现：播音员、速录师、律师、电话客服、保险代理人、社会工作者、金融分析师、录音师、配音师、教师、程序员、咖啡师、催乳师、餐饮服务员、人工数据标注师、网络舆情分析师……无法尽数。

本阶段的中国视障者就业发展正处于多点突破阶段，盲人保健按摩、盲人医疗按摩、钢琴调律等稳步发展的同时，年轻一代的视障者在多个职业类别上形成个体或少数几个人的新突破。信息无障碍在技术上的变革，以另一种无形的方式解放了视障者在传统就业形态框架下的阻碍和束缚，为视障者参与社会、生产就业提供了顺风车式的平台，他们展现自己，也在动摇着社会大众看待视障者的既定视角和对其的理解。视障者的发展诉求以平等权利的实现和自我价值的体现为主，信息无障碍直接降低了视障者参与这些变革的门槛，为视障者就业新时代的到来消除障碍。

### （五）迭代变革阶段（2021年至今）

2020年，我国残障人摆脱绝对贫困，与全国人民共同迈入全面小康社会，这也是编制下一个残疾人事业五年发展规划的一年，还是新冠疫情发生的第一年。

2021年是《"十四五"残疾人保障和发展规划》实施的第一年，在与全国人民、全体残疾人共同全面建设社会主义现代化国家的新征程中，决不能让残疾人掉队。"十四五"时期，在充分肯定视障者的保障和发展呈现良好态势的基础上，应清醒认识存在的问题，未来通过"补短板、强弱项、提质量"，坚持以人民为中心，坚持对残疾人格外关心、格外关注，解决好残疾人最关心、最直接、最现实的利益问题。激发残疾人的积极性、主动性、创造性，不断增强残疾人的获得感、幸福感、安全感。[①] 新时期伴随着

---

① 《国务院关于印发"十四五"残疾人保障和发展规划的通知》，中国政府网，http://www.gov.cn/zhengce/content/2021-07/21/content_5626391.htm，最后访问时间：2022年6月25日。

新形势与新挑战，也带来了新任务。

本阶段的中国视障者就业发展，笔者预测将处于迭代变革阶段，原有的盲人就业的主导职业盲人保健按摩和盲人医疗按摩及其经济实体按摩店以及新经济时代下视障者诸多的新职业，将会被重新审视和评价，视障者劳动权利的落实将会在更多新职业的突破上得到进一步体现。视障者的发展诉求以残障平等和残障融合相结合为主，疫情带给各行各业经营和就业的冲击与变化，也将影响到视障者。共同富裕视角下的视障者就业将继续带给中国残疾人事业和中国社会发展更多的启迪。

## 二　中国视力障碍者就业的演化和进路

当前，中国视障者就业的主要渠道仍旧是盲人保健按摩和盲人医疗按摩，数据显示，全国共培训盲人保健按摩人员 13483 名、盲人医疗按摩人员 8372 名。现有盲人保健按摩机构 17128 个、盲人医疗按摩机构 1105 个。869 人获得盲人医疗按摩人员初级职务任职资格，232 人获得中级职务任职资格。[1] 2012~2021 年，已累计培训盲人保健按摩人员 178347 名、盲人医疗按摩人员 67559 名。[2] 信息无障碍的发展逐步催生了一批视障新职业，如此共同构成了中国视障者就业发展现状的图景。

在人类基本的五感（听觉、嗅觉、味觉、视觉和触觉）中，视障者缺少视觉，在生理、心理特征和运动特征等方面均有别于其他人。不同于国家标准对"视力残疾"的定义，[3] 视障者日常生活的主观感受包括看不清、看不准、看不全、看不见，主要挑战是对大量视觉信息、陌生环境的了解，以及对环境变动的及时掌握等。视障者对自己的视功能（用眼能力）的使用

---

① 中国残疾人联合会编《中国残疾人事业统计年鉴》（2012~2020），中国统计出版社。

② 《2021 年残疾人事业发展统计公报》，中国残疾人联合会网，https://www.cdpf.org.cn/zwgk/zccx/tjgb/0047d5911ba3455396faefcf268c4369.htm，最后访问时间：2022 年 6 月 25 日。

③ 《残疾人残疾分类和分级》（GB/T 26341-2010），对"视力残疾"的定义：各种原因导致双眼视力低下并且不能矫正或双眼视野缩小，以致影响其日常生活和社会参与。

又不一样，即使两个人医学定义的视力情况完全一样，在生活和工作中的表现也可能相差甚远。

对视障者的认知，深远影响和决定着人们认为的视障者擅长或适合从事的职业。2006 年之后，受《公约》的残障权利意识启蒙，视障社群开始反思基于视障而对人的职业制约，盲人不止能做按摩。一批尝鲜的视障者，开始从传统的盲人按摩行业出走。本报告对中国视障者就业发展进程中产生的新职业进行提炼归类，据此分析视障者新职业的演化和进路。

## （一）能力代偿类

英国著名科幻作家 H.G. 威尔斯的短篇小说《盲人国》，讲述在一个全由盲人构成的国度里人们都盲了，"看见"才是神志不清，意外闯入的明眼人成为异类。在这里"盲"处于世界的中心地位，建构起一套非视觉标准的认知制度和价值秩序，来控制社会的运作准则。小说的虚构引出以身体为切入点的社会分类，及其深层动力以及社会分类对社会秩序的维持。视障者失去视觉的身体与明眼人的差异，制造出一些合乎生物特性的职业。这些职业的产生有一个共同的特征，即与视障者的听觉、触觉、嗅觉、味觉直接相关，是明眼人基于"盲"而人为设计的职业，是残障医疗模式下的产物。

### 1.触觉：按摩师

受"盲人触觉灵敏、注意力集中，适宜从事按摩"的指引，从事按摩行业的视障者要接受经络、穴位、骨骼、肌肉等一套理论学习，及按、摩、推、压、捏等多种手法练习。此外，还有一系列对于身体的练习，包括提升腰腹及手部力量、灵敏度等，以及一些身体内功的训练。盲人按摩的教育也已形成多层次的学历层级，包括中等专科学校、大学专科教育、大学本科教育、研究生教育等，以及培训周期、内容不同的职业技能培训。

### 2.听觉和触觉：钢琴调律师

钢琴调律师是指从事钢琴音质调试、音准定律、机件调整、部件整修的人员，钢琴调律是一门技术与理论相结合的技术，盲人从事钢琴调律是从听觉和触觉的身心发展特点得出。

我国的盲人钢琴调律教育起步于1990年，"2000年全球发展基金会"援助中国盲人就业的国际合作项目，计划在中国培养10名盲人钢琴调律师的师资班（简称"卡特班"），长春大学特殊教育学院受国家教委和中国残联的委托承办，结束后，回到全国各地继续培养盲人调律师。其中，来自北京市盲人学校的卡特班中的盲人学员李任炜，于1991年在北京盲人学校创办了全国第一个盲人钢琴调律中等职业教育专业，开始培养输送盲人钢琴调律师。

发展至2012年，中国盲协盲人钢琴调律师委员会成立，举办"首届全国盲人钢琴调律职业技能比赛"，26名盲人钢琴调律师参加比赛。2016年中国技能大赛——全国钢琴调律职业技能竞赛，有4名盲人钢琴调律师进入总决赛，其中2名最终成为进入前16名的选手。近30年，仅北京就已成功培养400~500名合格的盲人钢琴调律师。[1]

### 3. 听觉+触觉：音乐人（乐器演奏/歌手）

历史文献中，有关盲人善乐的记载很多。《周颂·有瞽》是中国古代第一部诗歌总集《诗经》中的一首诗，[2] "瞽"是指"盲人"，该诗描写盲人乐师在周庙上演奏音乐献给先祖神灵时的情景。汉魏以后，礼崩乐坏，盲人乐师的社会地位一落千丈，发展成走街串巷卖唱、说书、乞讨的江湖人，其情景如南宋诗人陆游《小舟游近村舍舟步归》一诗的描写："斜阳古柳赵家庄，负鼓盲翁正作场。死后是非谁管得，满村听说蔡中郎。"

新中国成立后，视障者的音乐教育在教学内容、教学方式等各个方面建设得较为完善，形成以特殊教育学校为主线，学前、小学、初中、高中（职业）一条龙式的教学。当前共有三所高校设置了音乐专业，分别为北京联合大学特殊教育学院、长春大学特殊教育学院、南京特殊教育师范学院。培养出来的视障者多在民间或官方的残疾人艺术团担任视障乐手、歌唱者，在特殊教育学校或音乐教育机构担任音乐教师等。

---

[1] 杨拯：《回顾盲人钢琴调律师职业教育的发展历程》，《乐器》2021年第3期，第17~19页。
[2] 《周颂·有瞽》："有瞽有瞽，在周之庭。设业设虡，崇牙树羽。应田县鼓，鞉磬柷圉。既备乃奏，箫管备举。喤喤厥声，肃雍和鸣，先祖是听。我客戾止，永观厥成。"

### 4. 听觉: 速录师

速录师, 是指从事语音信息实时采集并生成电子文本的人员。他们将稍纵即逝的话语定格为文字记忆。人的正常语言表达速度平均为 160~180 字/分, 速录师可记录的速度最高可达到 500 字/分。因此被誉为"追赶声音"的人, 这恰巧与视障者的听觉相匹配。

视障者从事速录工作, 最早始于 2010 年 3 月, 由公益机构 (一加一) 和行业协会 (北京市速记协会/亚伟速录) 合作培养视障者学习速录的项目, 2 名视障者接受一对一的速录专业培训。两年后, 朱学元 (女, 视障) 通过人力资源和社会保障部举办的高级速录师资格认证考试, 成为中国第一名视障高级速录师, 陈天浩 (女, 视障) 获得中级速录师资格认证。

此后, 上海、广州、苏州等地残联相继举办盲人速录师培训班, 培训人数和规模都得到极大提升。近年来, 随着自动语音识别技术的出现, 速录行业本身也面临很大的挑战。

### 5. 声音: 有声书主播 (声优)

视障者热爱朗诵、配音、主持、唱歌、广播等语言艺术, 对声音的依赖是与生俱来的, 把自己的声音作为谋生手段, 在以喜马拉雅为主的音频分享平台出现之后成为现实。数字经济平台使视障者突破了原来的声优大部分是非视障者的局限, 在声音的世界里用声音论高低, 实现声音的平等, 盲人按摩师工作之余做有声主播, 或全职从事有声小说的演播、录制, 承接声音广告片录制、音频内容合作等。

## (二) 政策支持类

当前, 我国的残疾人就业已形成按比例就业、集中就业、公益性岗位就业、自主就业创业、辅助性就业、支持性就业等多种就业形态并存的格局。以中国残联牵头, 民政部、人力资源和社会保障部、财政部等诸多不同政府部门联合建立起来的残疾人就业政策体系, 催生了一批残疾人的就业岗位。

### 1. 公益性岗位: 残疾人专职委员

残疾人专职委员作为一种公益性岗位, 是社区和残障者联系的纽带, 因地制宜、有的放矢地处理社区中的一些事务和纠纷，最早出现在 2009 年的政策文件里，① 2014 年对其工资待遇做出明确规定。② 他们大部分是残障者，其中一些人是视障者，多为低视力人士，这在很大程度上解决了视障者就地就近就业的需求，截至 2021 年底，乡镇（街道）残联、村（社区）残协专职委员总计 55.1 万人。③

### 2. 视障教师

各地综合类的特殊教育学校（中心）和盲校，拥有一名以上的视障教师，从事音乐、按摩、定向行走等课程的教学工作，一直是视障者就业的主力军之一。2010 年发布的《国家中长期教育改革和发展规划纲要（2010—2020 年）》中明确提出，到 2020 年，基本实现市（地）和 30 万人口以上、残疾儿童少年较多的县（市）都有一所特殊教育学校。④ 截至 2021 年，全国共有特殊教育学校 2288 所，招收各种形式的特殊教育学生 14.91 万人，在校生 91.98 万人，共有特殊教育专任教师 6.94 万人。⑤ 由此推算，视障教师的数量应会进一步增加。

现实并没有那么乐观。随着教师资格制度的实施，以及体检标准的阻挡，视障者不符合公务员体检标准，无法通过各省（区、市）教师资格认

---

① 《民政部 财政部 人力资源和社会保障部 中国残联〈关于进一步加强和规范基层残疾人组织建设的意见〉》（残联发〔2009〕13 号）：各地要根据本地实际开发乡（镇、街道）残疾人专职委员（专干）和村（社区）残疾人专职委员等适合残疾人就业的岗位；残疾人专职委员要由各类残疾人担任。

② 《中国残联关于印发〈村（社区）残疾人协会工作规范（试行）〉和〈残疾人专职委员工作规范（试行）〉的通知》（残联发〔2014〕45 号）第十九条：城市社区残协专职委员纳入公益性岗位进行管理，享受全额岗位工资，不得低于当地最低工资标准，并按有关规定为其办理社会保险，缴纳社会保险费。村残协专职委员可享受同级村民委员会委员待遇，其误工补贴要纳入当地财政预算。

③ 《2021 年残疾人事业发展统计公报》，中国残疾人联合会网，https：//www.cdpf.org.cn/zwgk/zccx/tjgb/0047d5911ba3455396faefcf268c4369.htm，最后访问时间：2022 年 6 月 25 日。

④ 《国家中长期教育改革和发展规划纲要（2010—2020 年）》，教育部网站，http：//www.moe.gov.cn/srcsite/A01/s7048/201007/t20100729_171904.html，最后访问时间：2022 年 6 月 25 日。

⑤ 《教育部：2021 年全国教育事业统计主要结果》，教育部网站，http：//www.moe.gov.cn/jyb_xwfb/gzdt_gzdt/s5987/202203/t20220301_603262.html，最后访问时间：2022 年 6 月 25 日。

定的体检标准，不能从事公务员、教师工作。视障教师并没有因为特殊教育学校的增加有实质性的人数增长，既是视障身份又是教师的双重优势，在特殊教育学校的教学作用受到限制。

### 3. 社会工作者

社会工作者，简称社工，其工作内容涵盖社会生活的方方面面，是基层社会治理的重要参与者，以"扶弱济贫"为社会使命，以"助人自助"为专业使命，是社会服务机构中从事专门性社会服务工作的专业技术人员。残障社会工作始终是社会工作中的重要组成部分，视障者从事社会工作，为自己的社群提供服务，以视障支持视障的同侪效应，其意义不仅是为视障者的就业提供一条途径，还是视障社会服务质量提升的重要补充。

2017年，以北京市丰台区声波残障社会服务中心的视障员工为主的7名视障者，参加了社会工作师职业水平考试，虽然此前也有零星的视障者，主要是低视力人士参加该考试，但有组织的、获得人力资源和社会保障部人事考试中心全程支持、通过人工读题及大字卷等方式参加考试，在国内尚属首次。之后每年社会工作师职业水平考试期间，媒体时常报道视障者在当地参加考试，使用独立考场、答题无障碍等方面的新闻。

### （三）信息无障碍类

近些年，"互联网+"、平台经济、数字经济等新业态的迅猛发展，已成为拉动中国经济增长的重要引擎，催生大量的新岗位新职业，丰富了就业岗位和就业形式，也为残障人就业提供了新的契机、赋予了新的活力。同时，政府、企业单位、高校研究机构、公益组织、社群机构、视障者等各方心系信息时代下的视障者需求，积极推进信息无障碍建设，为促进基本公共服务均等化、弥合"数字鸿沟"问题带来了更多新的解决方案。部分视障者受到残障权利意识启蒙后的职业选择发生从量变到质变的突破，诞生了多种新职业，将不可能变成可能。本报告从信息无障碍的技术、信息、应用和态度四个障碍维度对视障者的新职业进行分类。

1. 技术障碍：电话客服

屏幕朗读软件作为视障者获取电子信息的必备工具，是将电脑和手机等电子屏幕的文本内容进行朗读的科技辅助技术，具有放大镜功能和支持语音输入法、多语言翻译等功能，它的出现在一定程度上消除了视障者与互联网的隔阂。在信息无障碍刚起步的阶段，产生的典型职业是呼叫中心的电话客服。

2010 年，"光明天使呼叫中心"（盲人热线）在北京成立。2012 年，昆仑健康保险首次在其电话销售中心为视障者设立保险电话销售员职位，经过相关培训后，首批视障者顺利通过中国银保监会组织的保险代理人资格考试，成为国内首批视障保险代理人。

2. 信息障碍：媒体人

信息无障碍的信息，包括信息的获得、理解、分配和利用等，涉及信息传播的方式，使用者的可及性、理解能力，以及信息平等、信息公平等方面的问题。熟练使用屏幕朗读软件的视障者最能够感受互联网上的信息鸿沟。为此，出现了以声音的方式进行信息的整合、提炼、表达与传播的广播媒体人新职业。虽然视障者进入广电系统成为播音员、节目主持人，还要通过普通话水平测试，全国广播电视编辑记者、播音员主持人资格考试等，但是在数字经济平台出现后，门槛降低了。

代表是 2006 年成立的一加一声音工作室。这是中国第一个由视障者组成的广播制作团队，2010 年成为中央人民广播电台《残疾人之友》节目制作单位。负责人杨青风（全盲）是中国奥运会和亚运会历史上第一位赛会注册的视障记者，先后采访报道 2008 北京残奥会、2010 广州亚残运会。

3. 应用障碍：程序员

较早接触互联网的视障者，深受互联网的影响，也切实感受到互联网对视障者的限制和不友好，这引发了部分视障者在学校或者通过自学掌握了一定的 IT 技术，借助屏幕朗读软件从事软件开发、软件测试、编程、网页制作等工作，对互联网的热爱是一方面，更重要的是通过他们的经验和技术改进，可以使越来越多的视障者享受互联网生活，平等、方便、安全地获取、交互、使用信息。从消除互联网世界的技术障碍出发，视障者自己创造了视障者的新职业：程序员。视障者从互联网的使用者成长为信息无障碍的建设者。

代表有两类：一类是屏幕朗读软件的程序开发与维护，比如1999年的"永德读屏软件"、2011年的"争渡读屏软件"、中国盲人出版社的"阳光读屏软件"等；另一类是信息无障碍的测试、咨询、优化，比如2005年成立的深圳市信息无障碍研究会、2015年的一加一职得等。

4. 态度障碍：云客服、人工智能标注师、网络舆情分析师

随着互联网技术深入渗透到社交短视频、电商、本地生活等各个细分领域，发展过程中的优胜劣汰，流量增长见顶，业务扩张步伐放缓，政策监管加强等诸多因素导致互联网发展从增量红利模式转入存量博弈时代，特别是告别无序扩张和野蛮生长的中国互联网已迎来越发完善的监管。面对不同于以往的监管要求和公众期待，互联网企业亟须重新审视自身定位，企业社会责任（CSR）也不应该止步于慈善和公益，向ESG（环境Environmental、社会Social、公司治理Governance的缩写）企业可持续发展进阶，落实在经营发展的全链条，全球化发展的规则与竞争，从更具公共性视角思考和解决问题。

在这一背景下，中国企业在信息无障碍建设中的表现，从信息无障碍技术研发、产品服务改造和标准规范制定，转变为将信息无障碍的视障受益者视为其员工或服务外包商，嵌入其服务生产流程中，不仅创造出视障者新职业新岗位，还在消除残障就业歧视中起到示范效应，企业支持的不仅是视障者就业发展，还向全社会表明残障者在创造同等质量的产品或服务，企业并未因在某一环节雇用残障者或采购残障者的服务而影响产品质量和品牌形象。这是在以信息无障碍为基础和保障的前提下，从态度和意识层面减少或消除对残障者的偏见和歧视。

代表：2019年，阿里巴巴的"视障云客服"业务；2019年，小米公司与一加一职得签订基础语音标注业务订单，近20名视障者在同工同酬、同等要求、公平竞争的前提下成为人工智能标注师，为"小爱同学"提供语

音语义的标注服务；2021 年，字节跳动与一加一职得签订网络舆情分析师业务。

## （四）眼盲心亮类

"盲"字在中文的解释：看不见东西；比喻对某种事物不能辨别或不懂。电影《盲井》《盲山》《盲道》的导演李杨说"视而不见，就是盲"。"盲"字背后带有深刻的人性思考。流传许久的哲理故事"盲人提灯"①，耳熟能详的成语故事"盲人摸象"，都巧妙地利用"盲"这个字讲述和破解做人做事的道理，给人以启发或警示。视障者就业发展中由"盲"字引发出来的职业特征受到"盲"字的隐喻。

代表有两种，一种是算命，古老而略显神秘的行当，在不同年代不同时期始终与"盲"有或明或暗的联系，从事算命的视障者多散落在民间。中国现当代散文家、学者、文学批评家、翻译家梁实秋先生曾在《算命》一文中讲道"算命先生皆是盲人。大概是盲于目者不盲于心，所以大家都愿意求道于盲"。由赫达·莫里逊拍摄于 1933～1946 年的珍贵相册《洋镜头里的老北京》一书也讲道"发现许多算命先生都是盲人"。

另一种是心理咨询师，是运用心理学以及相关知识，遵循心理学原则，通过心理咨询的技术与方法，帮助求助者解除心理问题的专业人员。2004 年，首个盲人心理咨询师培训班网上开课，共有 156 名学员完成了心理咨询岗位技能培训的 10 门课程，通过了结业考试。

## （五）小结

穷尽视障者的职业是不现实的，或许更是一道伪命题。视障者诸多的"第一位"，盲人女大学生、盲人医科博士、参加普通高考的盲人、视障律

---

① 盲人提灯：有一个盲人，晚上出门总提着一个明亮的灯笼。别人看到了，很是奇怪，就问他："你又看不见，为什么还要提着灯笼走路？"那个盲人认真地回答说："这个道理很简单，我提灯笼当然不是为自己照亮道路，而是为了给别人照亮，让他们能看见我，这样既帮助了别人，又保护了自己。"

师、盲人模特、盲人旅行家、登上珠穆朗玛峰的盲人……中国视障者正在每一个领域、每一种职业出现"第一位"，突破自我、突破障碍。视障者为什么不可以做诸多的职业，是什么限制了他们的职业种类和发展空间，是需要重点关注和思考的问题，以期未来持续打开中国视障者就业发展的多元之路。

# 三　中国视力障碍者就业问题分析

现阶段，我国残障就业领域尚存在许多问题，例如，就业政策的理念有待更新、残障人就业法律体系尚待完善、就业保障金的征收和使用存在疏漏、地区发展不平衡、就业形式发展不均衡、职业培训欠丰富、就业质量不高、岗位开发能力不足等，这些得到残障研究者、政策制定者和残障社群等广泛、深入的关注与共识。本报告在此基础上，从人口数据、制度建设和社会支持等更具普遍意义的三方面加以分析。

## （一）人口总量和结构数据缺乏精细化统计

当前学术界、行业主管部门、残障社群等对于我国残障人口总量和结构数据的变化持有不同的感受或看法，在数据的理解和使用上产生一定困扰和分歧。众所周知，人口数据是国家制定方针政策的根本依据。切实地、理性地掌握和管理残障人口数据，在一定程度上会减少残障问题道德化、人性论甚至意识形态论的干扰，更加客观、科学地看待残障事务；防止数据混乱，明确数据统计的责权利，厘清政府和行业主管部门间的职责分工；加强残障人口数据的统计，进一步推进中国残疾类别、等级标准的完善，了解受残障影响的人群状况及家庭支持情况，掌握残障人口发展和全国人口发展的比较和趋势变化。由此，完善残障人口统计制度，产生更加系统丰富连续的统计数据，明确使用数据的权限，保障数据安全，引导更多的研究者基于统计数据开展残障研究，形成对残障问题规律性的认识和把握，为推进残疾人事业发展提供科学理论和现实依据。

残障人口总量和结构数据的精细化对于视障者就业发展的贡献有以下几个方面。首先，防止就业岗位"一刀切"，即"干什么都一样"，全盲和低视力人士从事相同或类似的职业，针对不同的视力状况采取不同的就业引导。其次，防止就业层次"大锅饭"，即"干不干都一样"，应根据先天失明和后天失明、受教育程度、个人就业意愿等多方面考量和选择就业方向。最后，防止就业质量"同质化"，即"怎么干都一样"，缺少职业上升空间，势必形成"一个和尚有水吃，三个和尚没水吃"的就业样态，使部分视障者变得懒惰、不思进取。

### （二）反就业歧视和反残障歧视的立法建设不完善

2022 年，全国两会公布的《政府工作报告》中郑重提出："坚决防止和纠正性别、年龄、学历等就业歧视……着力解决侵害劳动者合法权益的突出问题。"[1] 这是《政府工作报告》首次明确提及"就业歧视"，足见这一社会问题的严峻性和紧迫性。《公约》对"残障歧视"[2] 做出明确界定，反歧视的道路上，要从就业和残障两个维度展开行动。

反就业歧视无论在公共治理、社会舆论层面还是在法学界、公益组织等主体间，早已不是新鲜话题，我国相当数量的法规、规范性文件均有针对反就业歧视的条款内容。在残障就业领域主要由《残疾人保障法》《残疾人就业条例》等法律法规以及一系列的相关政策组成，但这些相关规定多为原则性、倡导性的宣示，且零碎分散未成体系。现实中，难免存在认定标准模糊、监管措施乏力、法律责任过轻、救济渠道不畅等制度欠缺，进而导致就业歧视案件"界定难、立案难、举证难、维权难"等现实困境。[3]

---

① 《政府工作报告》，中国政府网，http://www.gov.cn/premier/2022-03/12/content_5678750.htm，最后访问时间：2022 年 6 月 25 日。

② 《公约》第二条定义，"基于残疾的歧视"是指基于残疾而做出的任何区别、排斥或限制，其目的或效果是在政治、经济、社会、文化、公民或任何其他领域，损害或取消在与其他人平等的基础上，对一切人权和基本自由的认可、享有或行使。基于残疾的歧视包括一切形式的歧视，如拒绝提供合理便利。

③ 阿计：《反就业歧视需摁下专门立法快捷键》，《人民之声》2022 年第 5 期，第 59 页。

反就业歧视和反残障歧视中基于视障的表现有别于其他类别残疾人，其意义尤为重要。仅以盲人从事按摩行业为例分析，一方面，大批视障者从接受教育开始就接触同一个行业，到义务教育结束进入职业或高等教育，按摩依然是主要的学科和职业，除按摩以外的行业，很难接受视障从业者，这是对视障者的就业歧视的表现；另一方面，盲人适合做按摩的固有偏见，使视障者被固化在某一个行业，这是基于视障的残障歧视的表现。可见，反就业歧视和反残障歧视同等重要，但侧重点有所不同。

反就业歧视和反残障歧视，是歧视的两个领域并互有交叉。前者基于就业，是残障与性别、户籍、身份、宗教、年龄、身高、容貌等在就业领域受到的歧视；后者基于残障，是就业与康复、教育、社区、文化、体育等在残障领域受到的歧视。反就业歧视和反残障歧视，既相关又有不同。为此，残障人就业既要放在反就业歧视的整体里，也是反残障歧视的重要组成部分。

### （三）社会支持网络尚待系统性建立

长期以来，视障领域的进步是中国残疾人事业发展的成绩体现，视障者的各项社会支持已初具雏形。

支持内容方面，出行支持包括定向行走培训、导盲犬、志愿者引领等，是视障者个体发展的基础；信息/工具支持包括技术使用、信息获取、辅具供给等信息无障碍和辅具的建设，是视障者个体发展的支撑；社群/陪伴支持包括各地各级盲协、社群自组织、助盲志愿者组织等，是视障者个体发展的沃土；教育支持包括各地各级盲校、特殊教育中心等，就业支持包括各地各级就业指导中心、盲人按摩指导中心等，两者是视障者个体发展的保障；情感支持包括社会融合、价值肯定等，是视障者个体发展的核心。

支持来源及主体方面，家庭中的父母、配偶及子女，学校中的老师、同学，社区中的社会工作者、志愿者，以及朋友、爱心人士的支持，更重要的是政府政策的保障支持。支持理念方面，代替、覆盖的他助与独立、自主的自助相结合是视障者个体发展的价值取向。

正是因为视障者各项社会支持的长足发展，使得每一部分均有其固定的业务、组织、程序等，也就呈现了"视障孤岛"样态和局面。以残联系统为例，教育、就业、残障研究、盲协、盲人出版社、信息中心、盲人按摩指导中心、辅具中心、康复协会……每块业务单元都有视障方面的业务内容。各业务"孤岛"之间极易出现不能满足的信息共享或信息沟通需求，并且"孤岛"之间缺乏有效的信息沟通渠道，又无法通过系统内部的自我调整及配置建立起相互之间的沟通。当视障者走入社会之后，残联系统内的"孤岛"与社会方方面面的信息共享，还会产生新的"孤岛"。

国务院印发的《"十三五"推进基本公共服务均等化规划》①，其中包括对所有人的基本公共服务均等化规划，又专章设置"残疾人基本公共服务"，既承认服务需求的普遍性，又承认残障需求的特殊性，为打破"孤岛"夯实了政策基础。第三代智能残疾人证的换发、数据要素市场的培育，以及"区块链"等信息化建设的革新式发展，为打破"孤岛"提供了技术可能。以视障者的个体需求和发展为本，缺乏系统性建设从而形成的"孤岛"现象终将被打破，建立起有效的社会支持网络。

# 四　中国视力障碍者就业发展建议

## （一）开展第三次全国残疾人口调查，建立全国残障大数据平台

《2016 年中国残疾人事业发展统计公报》第一次披露全国残疾人人口基础数据库持证残疾人的人口数量；2018 年，加快推进第三代残疾人证（智能化）换发工作。自 2021 年 6 月 28 日起，残疾人证的新办、换领、迁移、挂失补办、注销、残疾类别（等级）变更等 6 项事项不再受户籍地限制，实现"跨省通办"。加之，2020 年新冠疫情发生后，广泛使用行程卡及

---

① 《国务院关于印发"十三五"推进基本公共服务均等化规划的通知》，中国政府网，http://www.gov.cn/zhengce/content/2017-03/01/content_5172013.htm，最后访问时间：2022 年 6 月 25 日。

各地的健康码。从 1987 年到 2006 年，两次全国残疾人抽样调查间隔 20 年，2006 年到 2021 年也长达 15 年，学界、民间对于启动第三次抽样调查或普查的呼声一直不断，建立全国残障大数据平台的时机和条件逐渐成熟。

开展第三次全国残疾人口调查，建立全国残障大数据平台，实现各地、各级残障人口数据资源共享，促进各地、各级残工委成员单位增加残障数据分类及数据交换，进一步建立健全残障人口统计体系，优化残障人口统计标准体系，提高我国残疾人事业信息化管理水平，更好地为残疾人事业的全面发展提供数据要素服务。

### （二）制定《反就业歧视法》，加强反残障歧视宣传教育

反就业歧视专门立法，包括明确就业歧视的概念，列举就业歧视中的各种类型，最大限度地明晰就业歧视的类型和构成要件；设立专门的反就业歧视管理机构；法律责任的规定以抬高侵权成本为目标，设置多元化的惩戒手段；支持个体维权，引入公益诉讼等救济制度，拓宽权利保护路径等。其真正目标，一方面，在于更好地、全面地解决我国现行法律中存在的各种问题；另一方面，在于消除各类根深蒂固的歧视观念，调整现有的立法思维。

反就业歧视专门立法之路，也是给反残障歧视立法提供重要的借鉴。着手反残障歧视的研究，全面开展残障平等意识教育，以反歧视理论和《公约》为基础，结合我国的传统文化和国家在相关方面的教育宣传，将纷杂的残障歧视场景进行辨析和提炼，厘清残障歧视的概念，明确残障人的社会保障与平等就业权利之间的关联，在监管、法律责任和权利救济等方面规范基于残障的歧视。

### （三）构建新时代视障者就业服务和管理体系

作为视障者社会支持网络的重要组成部分，视障者就业服务和管理体系相比康复、教育等单一领域，更为集中体现社会政策制定的基础性、公共性和针对性，政府责任的实施与落实，社会多元主体的参与机制和程度，以及服务支持网络的专业化和系统化，是以视障者为本的整体表现和检验，为

此，要做到以下几点。

第一，理念变革，从能力标准到支持能力。以"能力"论长度，始终是视障者就业的观念病毒，或以能力为标准，限制视障者进入新职业拓展的想象力和阻拦各方做出新职业的创新行动，或一味补足残障者个体的能力，忽视外在环境和观念的人为限制。

第二，制度保障，从道德感性到制度理性。以"善"论好坏，始终是视障者就业的糖衣炮弹。仅靠政府、残联和社会各界的宣传、呼吁等舆论倡导，仅靠临时性、慈善式、运动式的就业服务和管理，缺少刚性、规范性、惩治性的制度保障和支撑，就无法保障视障者个体的可持续发展。

第三，绩效改革，从数字成绩到个体效能。以"量"论多少，始终是视障者就业的数据考核。服务型政府的理念和作风转变，由人治模式和对上模式的随机性、零碎性、粗放式的服务思维和行为，到建立起科学化、个性化、专业化的服务范式。数字不再是唯一的评价指标，应将视障者个体真实的就业效果和赋能作为检验工作成效的评价依据。

第四，供给适度，从残联主导到多元混合。以"出身"论高下，始终是视障者就业的服务门槛。政府和残联并非视障者就业服务的唯一主体，社会组织、就业中介机构、社会培训机构、用人单位、残障人自身及其家庭等都是视障者就业的利益主体，但同时保持适度开放及竞争，防止出现利用政策套取财政补贴，损害国家和视障者利益的现象。实现各主体的相互作用与影响，最大限度地调动积极性、能动性。

第五，价值共创，从要我就业到我要就业。以"成败"论英雄，始终是视障者就业的禁忌魔咒。就业不仅仅是谋生计的手段，还是视障者不断突破各种限制，挑战和展现自我的途径及价值体现。视障者就业从被动地接受安排，转变为主动地选择方向，从"服务客体"转变为"权益主体"。正是这样的转变，对就业服务和管理体系提出更高、更个性、更全面、更系统的要求，服务需求者、提供者、支持者等各方相互成就，实现价值共创。

# B.8
# 中国心智障碍者就业发展报告（2022）*

许家成　高小雯**

**摘　要：** 中国心智障碍者长期被忽略，被排斥在教育和就业之外，近半个世纪以来逐渐受到社会关注，接受了教育，得到了康复，进入了就业领域。心智障碍者最初的就业从零星的个案开始，一时难以突破4%的就业魔咒。随着社会观念的转变，相关法律的不断完善，义务教育之后的职业教育发展，就业辅导员的就业转衔支持，心智障碍者就业率持续提升。为了进一步提升心智障碍者的就业率，改善就业质量，我国要在全生命周期的教育体系中，发展以融合为主的支持式职业教育，注重个别化就业转衔支持，加强就业和社会生活中的支持系统建设。

**关键词：** 心智障碍者　融合就业　支持系统

## 一　中国心智障碍者就业发展历史

### （一）心智障碍的含义演变与就业

**1.心智障碍概念的内涵变化对就业的影响**

在我国传统的理念中，心智障碍者被称为"愚鲁"、"痴愚"和"白

---

* 本报告为国家社科基金课题"智力－发展性障碍者支持模式中国实践与创新研究"（19BSH63）阶段性研究成果。

** 许家成，北京联合大学教授，中国残疾人康复协会副理事长、智力残疾康复委员会主任，研究方向为残疾人教育与康复；高小雯，捷中教育交流协会，研究方向为残疾人职业教育。

痴"，他们被排斥在教育之外，也无从谈及就业的问题。20 世纪 80 年代，我国将智力残疾人列入第一次全国残疾人抽样调查的对象，从此，心智障碍者的康复、教育和就业逐渐进入人们的视野。自从 2001 年世界卫生组织提出 ICF 的残障功能的框架，2006 年联合国《残疾人权利公约》（CRPD）将残疾的个人病理模式调整为社会互动模式，国际社会和我国都在这个框架内对残障概念的内涵进行了调整，在个体与社会环境的互动关系上重新诠释了残障新概念。

在心智障碍领域，1992 年，美国智力残疾协会（AAIDD）出版了第 9 版手册，将智力残疾归结为智力功能障碍，并首次提出支持分类。2002 年，在 AAIDD 的第 11 版手册中首次用"智力残障"（Intellectual Disability，ID）的术语替换了"智力残疾"或"智力发育迟缓"（Mental Retardation，MR），2021 年，最新的第 12 版定义沿用了"智力残障"这一术语。[①]值得注意的是，"智力残障"这一术语正在向"智力与发展性障碍"（Intellectual and Development Disability，IDD）发生转变。在 IDD 的术语之下，包括智力障碍、社交障碍（自闭症谱系障碍）、言语障碍、运动障碍和多重障碍的人群。[②] 在我国的语境之下，将智力与发展性障碍称为"心智障碍"[③]。本报告使用的心智障碍的概念和智力与发展性障碍的概念一致。因此，本报告是在"心智障碍"概念之下讨论智力与发展性障碍者的就业问题。

**2. 心智障碍者干预模式的转变使他们的就业成为可能**

心智障碍概念内涵的转变在理论与实践上意义重大。首先表现在心智障碍者干预模式的转变上，转变的关键在于从 20 世纪 80 年代以前的"智力-适应行为模式"，转化为 1992 年提出的"功能概念"，从 2002 年到现在，在功能内涵的基础上构建了"支持模式"。这种建立在功能内涵之上的支持

---

① Robert L. Schalock, Ruth Luckasson, and Marc J. Tassé, *Intellectual Disability：Definition，Diagnosis，Classification，and Systems of Supports* (12th edition) (AAIDD，2021).

② Robert L. Schalock, Ruth Luckasson, and Marc J. Tasse, " Ongoing Transformation in the Field of Intellectual and Developmental Disabilities：Taking Action for Future Progress," *Intellectual and Developmental Disabilities*，59（2021）：380 - 391.

③ 本报告中将智力与发展性障碍统称为"心智障碍"。

模式，使心智障碍者教育与就业在融合环境中成为可能。

20 世纪 90 年代中期，中国心智障碍领域开始将功能概念引入国内，尝试了适应性功能课程的研究与实践，① 再逐渐过渡到支持模式。1998 年，四川省成都市郫县两名心智障碍者采用支持模式实现了就业。② 由此表明，心智障碍概念的功能内涵以及与之相适应的支持模式，在我国的国情背景下，开拓了心智障碍者的就业新途径。

**3. 心智障碍者的就业率一直偏低**

改革开放以来，我国残疾人事业得到长足发展。从残疾人康复，再到残疾人义务教育、职业教育，残疾人就业也被提到议事议程。在各类残障人群中，心智障碍者一直是就业困难最大的群体之一。虽然在心智障碍的概念中引入了功能内涵的支持模式，但普及率比较低，导致心智障碍者就业率一直偏低，由于该类障碍人数众多、影响面广，他们的就业成为亟须解决的一道社会难题。

我国心智障碍者就业率低及其产生的社会问题引起了人大代表和社会媒体的关注。人大代表发现"2000 万名心智障碍者背后，是 2000 万个急需帮助的家庭和超过 8500 万家庭相关人员"，"心智障碍青年因缺乏工作机会而难以走向社会、融入社会，功能退化严重，给众多家庭带来了沉重的经济负担，成为一个社会问题"。人大代表提出"促进支持性就业，让心智障碍青年更好地融入社会"。《广州日报》发文称"2019 年的一项调查显示，广州 16 岁及以上持证心智障碍人士为 24131 人，正式就业的仅 4%"，"2021 年，在广州，许多人正尝试为更多心智障碍者打破'4% 的就业魔咒'"。③

## （二）心智障碍者职业教育的模式演变

**1. 心智障碍者职业教育起步**

我国义务教育阶段培智教育催生了心智障碍者的职业教育。随着我国义

---

① 张文京、许家成等：《弱智儿童适应性功能教育课程与实践》，重庆出版社，2002。
② 黄锦宇、吕家富、曾小惠、袁红梅：《弱智者支持性职业教育与个别转衔模式研究》，《现代特殊教育》2001 年第 1 期。
③ 贾政、林琳：《心智障碍者就业模式初见成效》，《广州日报》2022 年 1 月 27 日。

务教育阶段培智教育的发展，学校、家庭和社会开始意识到学生义务教育之后的出路问题，于是心智障碍者的职业教育在义务教育阶段内开始萌芽。20世纪末21世纪初的世纪之交，国内各地培智学校在劳动技术课程内增加了职业教育成分，或独立开设职业教育课程，开始探索职业教育。许多培智学校将清洁、烹饪等作为职业教育课程。① 但当前心智障碍者接受职业高中教育的渠道仍然有限，不少开设职业高中教育的学校缺乏职业教育专业师资。

### 2. 支持式职业教育的提出与实践

1998年，在"三类残疾儿童的劳动技术教育与职业教育问题研究"课题的研究中，许家成发现，我国传统的特殊教育学校的准备式职业教育对培智学校的学生进行的职业教育，取得的就业成效不佳。在研究了国际社会正在兴起的支持性就业和国内当时心智障碍者就业的状况后，许家成提出了心智障碍者的支持式职业教育模式。②

从20世纪末到21世纪前20年，我国一批特殊教育学校开始进行心智障碍者的支持式职业教育探索。北京市宣武区培智中心学校进行了支持式职业教育模式的教学实验，分析了搞好支持式职业教育的条件因素。实验结果显示，对智力落后学生实施支持式职业教育是可行的。③ 天津市和平区培育学校进行了心智障碍学生的支持式劳动技术和职业教育的实验研究，"本实验尝试运用支持式职业教育的理念，探讨新形势下启智学校职业教育的改革方向与职业教育模式。结果表明：实验突破了传统的教学模式，符合智力落后儿童身心发展规律，开发了就业潜能，提高了劳动能力、社会适应能力和求职谋生的能力，为平等参与社会奠定基础"④。

---

① 赵树铎：《盲、聋、启智学校劳动技术与职业教育问题研究方案》，《中国特殊教育》1998年4期，第12~15页。
② 许家成：《残疾人职业教育的准备式和支持式模式》，《中国特殊教育》1998年第2期，第32~36页。
③ 佟子芬：《智力落后学生支持式职业教育模式初探》，《中国特殊教育》1999年第4期，第34~36页。
④ 苏秀玲：《启智学校劳动技术教育与支持式职业教育模式的实验报告》，《中国特殊教育》1999年第4期，第37~39页。

### 3. 支持式职业教育课程的研究

2005 年，夏峰在上海市长宁区进行了大龄智障青年初级职业教育支持式课程的研究。[①] 2013～2016 年，在国际劳工组织的支持下，许家成在北京、上海、成都、武汉等地组织了一批特殊教育学校进行心智障碍学生支持式职业教育研究。这次研究总结了我国进行的支持式职业教育实践，提出了将支持式职业教育分为两个阶段，第一阶段为职业素养教育阶段，第二阶段为职业转衔教育阶段。在职业素养教育阶段，职业课程建设主要进行以自我（个人）决定为要素的，包括自主生活、社区适应、职业道德、职业习惯和基本职业能力等内容的职业素养课程建设；在职业转衔教育阶段，职业教育课程将注重就业学生的个人意愿、就业岗位与环境生态分析，以及就业面试、就业法规和社会保险等方面的内容。

### （三）心智障碍者就业转衔支持

#### 1. 转衔支持是心智障碍者职业教育与就业的关键环节

随着心智障碍学生职业教育的发展，培智学生毕业后就业率在一定程度上打破了"4%的就业魔咒"，但是从整体来看，就业率还是偏低。北京市朝阳区安华学校校长龙建友在刚刚接手校长工作时，了解到安华学校职教部心智障碍学生就业率为 30%左右。当时的调查表明，许多心智障碍学生就业安置后不久就失业了。就业维持率很低；但是，10 余年后，龙校长再对本校毕业生的就业情况进行调查，结果发现毕业生的就业率稳定在50%以上了。此外，由于现实情况的复杂性，心智障碍者的就业转衔可能面临更曲折的情况和更长的就业转衔支持周期，例如在成都，在职业高中没有普及的情况下，不少培智学校的毕业生在从义务教育阶段毕业时未得到就业转衔支持服务，学生毕业后回归家庭和进入阳光家园，再由就业辅导员通过联系残联或阳光家园等为有工作动机且家庭支持的心智障碍者提供支持性就业服务，帮助心智障碍者走出家庭实现就业，此时的就业转衔

---

① 夏峰：《大龄智障学生初职教育支持式课程的研究》，《上海教育》2005 年第 12 期，第55 页。

支持以就业支持机构、社区和企业支持为主，学校参与较少。上述分析发现，在各种因素中，就业转衔支持十分重要，但是目前我国的就业转衔支持还是一个薄弱环节，尤其是就业之后的持续支持是维持心智障碍者就业的必要因素。

### 2.国内心智障碍者就业转衔教育的探索

关于国内就业转衔教育起源与发展过程，以成都市成华区特殊教育学校为例。2010 年，刘小龙到成都市成华区特殊教育学校担任校长后，不断面临家长们的追问："老师，我的孩子毕业后怎么办？""难道只能回到家里，待在家里吗？""可不可以走进社会，参加工作？"这一声声追问，不断地触动着成华区特殊教育学校的每一位老师，也困扰着踌躇满志的刘小龙。当时，我国中西部地区的培智高中教育一片空白。[①] 成都市成华区特殊教育学校从 2012 年开始在义务教育阶段进行了安置导向的智障学生转衔教育体系的探索与实践的研究。[②]

刘佳芬在宁波达敏学校进行培智教育社区化的研究时，发现在社区化的条件下，心智障碍学生的就业率得到显著提升。20 世纪 90 年代，她被调任象山县一所聋哑学校当校长。6 年下来，学校 18 周岁毕业的学生实现百分之百就业。但是 1997 年来到宁波达敏学校后，既有经验似乎不灵了。学校中都是智障儿童以及有学习困难、自闭症、情绪障碍儿童，大部分有癫痫症……刘佳芬认为，在中国办启智教育，要借助社区的力量。在教育部门和当地社区的帮助下，有 100 家社区单位、机构、企事业单位成为教育协作理事会的理事单位，发展教学基地、开展社区教学一下子顺畅了很多……宁波市的 200 多处超市、农贸市场、银行、医院、餐馆甚至公共厕所，都成了达敏学校的课堂。学校里只有 26 名老师，而社会上的"兼职教师"人数远远超过了学生数。[③]

---

① 陈军、李益众：《转衔教育，让智障孩子享有生活尊严——成都市成华区特教校构建智障学生转衔教育体系》，《四川教育》2019 年第 23 期，第 32~34 页。

② 成都市成华区特殊教育学校研究成果"安置导向的智障学生转衔教育体系的探索与实践"获教育部 2018 年职业教育国家教学成果二等奖（证书编号：Z-2-2018235）。

③ 余靖静：《她的智障学生百分之百就业——记浙江宁波市达敏学校校长刘佳芬》，《中国青年报》2011 年 9 月 14 日，第 6 版。

在当地企业的支持下，当时的应届心智障碍学生全部就业。

上海市长宁区初级职业技术学校沈立对轻度智障学生进行了个别化职业转衔教育的支持计划的研究。因其本身障碍限制和不利环境因素的影响，轻度智障学生就业率偏低，社会融合面临困境。2010年之前，该校轻度智障学生考试合格均获得职业资格证书，实现100%推荐就业，但就业留存率（毕业后3个月在职学生比例）仅为67.8%。2012年，为改变这一状况，学校为所有就业学生提供职后跟踪服务，就业留存率提升至73.3%。实践表明，集中的职业指导可从整体上解决轻度智障学生在实习、就业过程中普遍存在的问题。[①]

**3. 心智障碍者就业转衔支持模式的探索**

心智障碍者支持服务模式也逐渐深入就业转衔教育的环节。

首先，通过家庭自然支持推进心智障碍学生就业。成都市郫都区特殊教育中心的学生邱某从特殊教育中心毕业以后，该中心的教师袁红梅、朱思燕等对邱同学提供家庭支持，制订个别化就业转衔支持计划，对邱某及其家庭进行整体支持，以自然支持为主，让邱某顺利实现就业，并维持了就业。郫都区某中学的班主任发现随班就读的徐同学喜欢烹饪，家庭开了餐馆，教师与家庭拟订和实施家庭支持计划及就业转衔支持计划，学生在完成初中义务教育，年满18周岁以后，在学校教师的指导下，在家长和亲戚的自然支持下，顺利在家庭的餐馆实现就业。[②]

其次，职业教师与社工结合的就业转衔支持是一个重要经验。在2015年前后，北京市宣武区培智中心学校职业教育部与来自社区的社工团队合作，实施就业转衔支持，当年毕业的7名心智障碍学生均实现了成功就业。

---

① 沈立：《轻度智障学生个别化职业转衔服务计划研究》，《现代特殊教育》2013年第12期，第13~15页。
② 英国救助儿童会融合教育项目内部资料《融合教育个案支持案例研究——郫都区案例材料》，2018。

# 二　中国心智障碍者就业发展现状

## （一）我国残疾人事业发展与残疾人就业相关的法律

### 1. 我国残疾人事业发展促进了心智障碍者就业

改革开放推进了我国残疾人事业的发展。我国残疾人工作由过去以救济为主的社会福利，逐步发展成包括康复、教育、就业、扶贫、社会保障、维权、文化、体育、无障碍环境建设、残疾预防等的综合性的社会事业。党的十八大以来，残疾人事业形成了"五位一体"总体布局和"四个全面"的战略布局。我国社会努力消除障碍，让残疾人接受教育、实现就业创业、平等参与社会。

我国残疾人事业发展促进了心智障碍者就业。心智障碍者涉及我国残疾人的多种类别，主要包括智力残疾、精神残疾、言语残疾、脑瘫和多重残疾，他们的就业问题虽然比较困难，但也得到了社会的关注。过去被视为不能就业的智力残疾人、孤独症患者和脑瘫人士的就业案例由少到多，就业成功面也越来越广，心智障碍者就业逐渐成为社会接受的事实。

### 2. 我国残疾人法律建设推进了心智障碍者融合就业

我国残疾人权利保障法中关于反对就业歧视、就业机会均等、按比例就业的立法理念推动了心智障碍者在融合环境中获得就业机会。

全国人大常委会 1987 年批准了国际劳工组织的 159 号公约《残疾人职业康复和就业公约》。该公约规定"残疾工人就业与一般工人机会均等"，"为落实残疾工人与其他工人机会和待遇均等而采取特殊积极措施，不应视为对其他工人的歧视"。[1] 我国政府签署，并得到全国人大常委会批准实施的联合国《残疾人权利公约》（CRPD）规定"缔约国确认残疾人在与其他人平等的基础上享有工作权，包括有机会在开放、具有包容性和对残疾人不

---

① 国际劳工组织：《残疾人职业康复和就业公约》，1983，第二章第四条。

构成障碍的劳动力市场和工作环境中，为谋生自由选择或接受工作的权利"①。《中华人民共和国残疾人保障法》规定"国家实行按比例安排残疾人就业制度"，并规定"国家机关、社会团体、企业事业单位、民办非企业单位应当按照规定的比例安排残疾人就业，并为其选择适当的工种和岗位"，"国家鼓励用人单位超过规定比例安排残疾人就业"。上述法律法规为心智障碍者在融合环境中实现平等就业提供了系统的法律保障。

3. 心智障碍者就业中"替代性决策"逐渐让位于"支持性自主决策"

在心智障碍者就业的法律实践中遇到的一个重要问题是"替代性决策"。许多心智障碍者被认为是缺乏民事行为能力的人，这严重地阻碍了心智障碍者就业的步伐。例如，心智障碍者在与用人单位签署劳动合同时会因此遇到困难。又如，用人单位与心智障碍者签署了劳动合同，却不让心智障碍者真正参与工作，还将工资交给心智障碍者的父母。针对这种情况，联合国《残疾人权利公约》提出了"支持性自主决策必须对所有人适用"，"在做决策过程中提供支持——这一举措，必须不可成为限制残障人士的其他基本权利的正当理由"。② 在支持模式的理念下，强调心智障碍者个人决定，只有在出现支持需求的时候才可采用支持性自主决策，从而有利于促进心智障碍人士在融合环境中就业。

## （二）心智障碍者的职业教育与就业形态

### 1. 心智障碍者职业教育发展现状

心智障碍者早期职业教育主要是在培智学校进行，如今，培智学校的职业教育已经初步形成一定形态，正在逐步向融合职业教育发展，已经出现了多种融合职业教育形态。

第一，心智障碍者职业教育向普通中等职业学校特殊班级发展。福建省安溪茶业职业技术学校是一所在茶业方面有影响力的职业教育学校，利用自

---

① 联合国：《残疾人权利公约》（CRPD），2006，第二十七条第一款。
② 联合国：《残疾人权利公约》（CRPD），2006，第十二条。

己的办学优势，为心智障碍学生举办了茶业方面的职业教育——安溪茶校爱慧职业特教班。[①]

第二，心智障碍者职业教育由中等职业教育向高等职业教育延伸。2019年，广州市心友心智障碍服务者协会、广东省岭南教育慈善基金会、广东岭南现代技师学院三方联动，为心智障碍学生联合办学。[②]

第三，义务教育随班就读推动了职业教育随班就读在各地兴起。成都市双流区在义务教育结束后，大部分轻度心智障碍学生可通过中考进入普通高中继续学习，或到普通职中学习技术。随班就读的职业教育形态有其特别的优势，能为心智障碍者提供更好的融合环境和更多的专业选择。

融合职业教育也促进了心智障碍学生更好地适应融合就业。北京的一位心智障碍者徐某从小学到中专一直在普通学校随班就读，他对常态社会生活环境有归属感，认为自己与别人是一样的，找工作的目的是赚钱养活自己，因为他一直认为自己本来就是生活在常态社会中的，并非要通过就业来融入社会。随着我国义务教育阶段随班就读的充分发展，中等职业教育以及更高层次的职业教育的随班（专业）就读，必将成为心智障碍者职业教育的重要形态。[③]

**2. 心智障碍者就业安置多种形态**

多种形态的融合职业教育的发展，也促进了残障者就业形态从无到有、从少到多。就业形态多样化也出现了多个名词。

在我国的残障者就业的有关法律政策中，涉及残障者就业形态的名称有"集中就业""分散就业""辅助性就业""帮扶性就业"等，在各种文献和实践中还有"灵活就业""居家就业""支持性就业""融合就业"等多个名词。目前我国残疾人就业形成了以集中就业、按比例就业和灵活自主就业

---

① 《落实省市残联部署，安溪残联力推职业特教班和辅助性就业结合模式》，泉州经济网，2020 年 4 月 11 日，http://www.qzce.com/html/news/202004/11/33211.shtml。

② 刘雪、傅博：《校行企三方联手，心智障碍孩子可上高职，还包分配工作》，《南方都市报》2021 年 1 月 7 日。

③ 蔡倩、樊懋：《心智障碍学生职业高中教育课程建设之实践探索——以成都市双流区特殊教育学校为例》，《教育学文摘》2021 年第 5 期。

为主要途径，公益性岗位、社区就业等为补充的就业体系。集中就业、按比例就业和自主就业是当前我国残疾人就业的主要途径。[①]

从多样化的残疾人就业形态来看，一方面，说明残障人士就业得到社会关注，有关部门和学者进行了广泛的探索；另一方面，许多与就业相关的名词出现，也折射出残障人士就业存在着不确定性的现实情景。

### 3. 心智障碍者典型案列分析

就业提升了心智障碍者的独立性，增强了其社会适应能力。成都市一位自闭症青年在社区门口推着一个小车子售卖包子，他一边喊着卖包子的口号，一边给顾客打包，生意火爆。据他的母亲讲，从小就没有把他关在家里，而是让他多参加活动，注意培养他的独立自主意识，为了他以后的生存，让他自己安排自己的生活，觉得合理就听他的，遇事首先让他发表意见。据这位自闭症青年自己讲述，他从特殊教育学校义务教育毕业之后来到阳光家园，但他很不喜欢阳光家园的环境，觉得像个"大幼儿园"，就是在"混"，在有工作机会的情况下，他毅然离开了阳光家园，他父母也支持他出来工作，他本不善交际，因为想要工作，想要融入社会，单位安排他从事销售、发传单、给客人上菜等工作，他要求自己克服人际交往障碍，最终渐渐从工作中磨炼出一副好口才，这对他工作之余参加其他活动进行社会交往也起着重要作用。

就业让心智障碍青年持续成长，赢得了自己的家庭。2013 年，在国际劳工组织的支持下，笔者在国内一批从事心智障碍者工作的民非组织中开展支持性就业的项目。南京博爱的一位心智障碍青年，他在一个公司得到了一份室内保洁的工作，由于工作认真负责、质量不错，得到公司经理的认可，并增加工资，增长了自信，后又恋爱结婚，有了小孩。成功的就业生活使他渐渐成为一个支持需求越来越少的常态青年。2017 年，北京市东城区培智学校也有一个类似的案例。一位心智障碍女性学生从该校毕业到了学校附近的一家咖啡馆做服务员，获得顾客好评，也赢得了自己的爱情，建立了家

---

① 郑功成主编《中国残疾人事业发展报告（2017）》，人民出版社，2017，第 59~60 页。

庭。在该校支持性就业的项目结题评审会议上，校长现场向在座的专家和听众介绍了案例故事，大家也见到已经成为"准妈妈"的当事人。

心智障碍者就业提升了整体的家庭生活质量。贾某生活在北京的一个单亲家庭中，主要靠母亲的退休金维持生活，后来支持性就业获得成功，他从自己的工资中拿出 500 元交给母亲。当母亲得到孩子的这笔钱时，心情十分激动，感受到自己家庭的"生产力"有了提升，于是举办了一次家庭聚会，将孩子的父亲也邀请回来，共同庆贺。后来随着贾某的工资提升，每月给母亲的钱达到 1000 元。心智障碍者就业让整个家庭人际关系得到改变，生活气氛变得更加积极。

### （三）心智障碍者就业辅导员队伍培养

#### 1. 我国融合就业的支持模式呼唤就业辅导员

在进行心智障碍者就业实践探索的过程中，不仅需要有科学的理念和实践模式，更需要有一支专业的队伍——从事心智障碍者就业工作的就业辅导员。在运用支持性就业模式实现心智障碍者就业过程中，逐渐出现了就业辅导员这支专业队伍。早在 21 世纪初，我国最早从事心智障碍者成人服务的机构——北京市丰台区利智康复服务中心（以下简称"利智"），开始比较系统地从成年心智障碍者的托养模式转向支持性就业模式和自主生活模式，经过 20 余年的不断努力，利智从传统的隔离式的托养模式，转变为自主生活与融合就业相结合的社区支持模式。利智从 2002 年开始一直探索心智障碍者支持性就业，先后安置了近百名心智障碍者融合就业，在这个过程中，就业辅导员团队逐渐形成。

#### 2. 就业辅导员的培养探索

北京市残联是在国内较早推动就业辅导员培训工作的单位。2010 年，北京市残联组织人员前往台湾地区考察心智障碍者就业。他们考察了心智障碍者三种就业模式：第一，庇护性就业；第二，作坊式就业；第三，支持性就业。考察之后，北京市残联邀请在台湾地区最早推行支持性就业的台湾中厉启智技能中心的负责人李崇信先生，在北京进行了比较系统的心智障碍者支持性就业的培训。

2015 年，北京市融爱融乐家长联盟邀请马来西亚和日本从事支持性就业的专业人士在北京进行了就业辅导员培训；2016 年，国际劳工组织通过项目委托北京联合大学许家成在国内 12 所培智学校开展了支持性就业辅导员的培训与实践。

国际劳工组织与中国智力残疾人及亲友协会合作，在中国残联的支持下，在国内一些地区开展支持性就业的试点工作。从 2012 年开始，中国智力残疾人及亲友协会在国际劳工组织的支持下，和中国残联就业指导中心等单位合作，推广“支持性就业模式”。在全国 7 个省市试点。迄今为止，聘请了美国、德国、日本、马来西亚、中国台湾、中国香港等国家和地区的专家，召开了 8 次研讨会，开展了 7 次就业辅导员国际标准课程培训。培养了就业辅导员 249 名，安置智障人士就业 100 多例。①

**3. 就业辅导员成为我国新的职业技能种类**

中国残联发布的《残疾人就业促进“十三五”实施方案》（残联发〔2016〕48 号）提出，积极探索支持性就业。调动各类社会资源，以智力、精神残疾人为主要对象，以扶持其在劳动力市场实现就业为目的，继续在部分省市开展残疾人支持性就业试点工作。扶持建设残疾人就业辅导员培训专业机构（基地），培训 2500 名就业辅导员，帮助更多残疾人实现支持性就业。

2020 年 2 月，人力资源和社会保障部出台《关于发布智能制造工程技术人员等职业信息的通知》（人社厅〔2020〕17 号），在“职业指导员（4-07-03-01）”职业下增设“残疾人就业辅导员”工种。

落实《“十四五”残疾人保障和发展规划》（国发〔2021〕10 号）对于建立残疾人就业辅导员制度的要求，推动有条件的地方建立残疾人就业辅导员队伍。扶持一批残疾人就业社会服务机构、人力资源服务机构，按规定将就业服务纳入政府购买服务范围。

---

① 张宝林：《成年智障人士支持性就业在中国》，《中国残疾人》2016 年第 9 期，第 34～35 页。

# 三　中国心智障碍者就业发展分析

## （一）心智障碍者就业困难的原因分析

### 1. 残障理念对就业影响的分析

心智障碍者经历了不同的社会文化历史的演变，在不同的社会文化背景之下人们对心智障碍者出现了不同的社会历史预期。夏洛克等[1]使用"社会历史角色期望"的概念分析了心智障碍者经历的数种不同的"社会历史角色"，在人类社会不同历史时期，心智障碍者被视为"非人的有机体""对种族生存的威胁""怜悯的对象""神圣的无辜者""患病的个体""嘲笑的对象""永恒的孩子"。与上述"社会历史角色"相对应，西方将心智障碍者排斥在常态社会之外，或者建立大型机构将他们集中、隔离起来。从20世纪70年代开始，主张让心智障碍者融入社区，让他们在常态生活中具有包括就业在内的完整生命周期。

我国心智障碍者也有类似的社会历史命运。由于我国长期处于农耕文明的时期，在这个时期，心智障碍者被视为"愚鲁""痴愚""白痴"。在民国时代，心智障碍者被称为"低能儿"。改革开放以来，我国通过两次全国性的残疾人抽样调查，让心智障碍者进入社会关注的视野。

我国社会跨越式发展，使心智障碍者面临的落后的"社会历史角色期望"与心智障碍者真实的社会生活条件之间出现了差异或错位。这种差异和错位也反映在心智障碍者的就业问题上。许多人（包括部分家长）还是将心智障碍者视为"长不大的孩子"，不愿意为心智障碍者提供就业机会，认为他们不能就业。除了少数心智障碍者就业成功，总体就业率徘徊在"4%的就业魔咒"上。然而，有少数事例的就业率突破了这个"魔咒"，其

---

[1]　R. L. Schalock, R. Luckasson, M. J. Tasse, and K. A. Shogren, "The IDD Paradigm of Shared Citizenship: Its Operationalization, Application, Evaluation, and Shaping for the Future," *Intellectual and Developmental Disabilities* 5 (2022): 426-443.

至达到"瞬时"的100%。我们可以预期，随着对心智障碍者的"社会历史角色期望"与他们的真实社会历史逐渐协调一致，心智障碍者的就业率将会大幅度提升。

2. 心智障碍者面临的就业歧视

歧视是目前心智障碍者就业的最大挑战。歧视的本质是各种落后负面的"社会历史角色期望"在人们公共意识和社会文化中积淀。这种负面文化观念将心智障碍者视为"非人、病人、愚人"，导致公众对他们产生"排斥、怜悯和隔离"的态度，成为对心智障碍者歧视的基本内涵。

在歧视的表现形态上出现了"公开歧视""隐蔽歧视""拒绝提供合理便利"等。这些歧视对心智障碍者就业产生了严重的影响。

第一，公开拒绝心智障碍者就业，这是就业率低的主因。长期以来，歧视造成对心智障碍者的负面看法，从而影响了他们的就业，甚至影响了有关心智障碍者就业政策的制定；部分家长的"替代性决策"也剥夺了心智障碍者个人决定的权利，成为阻碍有关心智障碍者就业的文化、理念、法律政策和社会实践发展的鸿沟。

第二，隐蔽歧视成为拒绝心智障碍者就业的重要原因。在实施按比例就业的政策时，用人单位宁愿使用其他残障人士，也不愿意接纳心智障碍人士，甚至可以给予心智障碍者最低工资、五险一金，但是不让他真正参与工作，而出现一些心智障碍者"被就业"状态。

第三，在心智障碍者就业过程中，当需要他人协助时，周边的同事或人员拒绝提供合理便利，嫌麻烦，甚至故意为难也时有发生。而这样做的人并不知道他们已经造成了对心智障碍者的歧视，更没有认识到拒绝提供合理便利就是触犯了法律。拒绝提供合理便利是心智障碍者就业维持率低的重要原因之一。

3. 心智障碍者就业的障碍因素分析

从心智障碍者真实社会存在的角度分析影响他们就业的障碍因素。

（1）物理和信息环境障碍

虽然我国在现代化进程中倡导了多年的物理和信息环境无障碍，并且也有了很大的改善，但是物理和信息环境中存在的障碍还在影响着心智障碍者就业。例如，心智障碍者会因为信息技术的应用水平不及常人而在就业中的竞争力不足。

（2）认知判断障碍

这是心智障碍者的核心障碍，是他们就业率低的根本原因。在儿童时期，认知能力低下导致他们在学习中阅读、写作和计算困难；在成人期，认知判断障碍导致他们不能从事知识性、技术性或专业性较强的工作，致使他们就业范围受到一定限制。

（3）人际关系互动障碍

心智障碍者缺乏社会适应能力，容易轻信、盲从、上当受骗等人格因素，导致心智障碍者在人际关系复杂的环境中就业困难。

4. 职业教育不足带来的短板

国内学者研究表明，受教育程度越高，残疾人就业的可能性越大，[1] 应该增加对特殊教育的投资。[2] 受教育程度是影响残疾人就业的重要因素。与义务教育相比，心智障碍者职业教育当前严重不足。在义务教育结束之后，可接受心智障碍者入学的职业高中少，专业职业教育教师缺乏。不少心智障碍者由于没有接受职业教育，不知道什么是工作、为什么要工作，没有树立正确的就业观，缺乏就业动机。即使有了工作机会，心智障碍者也可能因为缺乏职业素养而难以维持，如工作偷懒，上下班迟到早退，对支持者缺乏相应的感情回馈，缺乏产品的质量意识等，让用人单位不愿意持续聘用心智障碍员工。

## （二）心智障碍者职业教育发展模式分析

### 1. 传统的残疾人职业教育模式分析

中国传统的盲人、聋人职业教育模式存在的局限影响了培智学校职业教

---

[1] 白先春、邓晓艳、宦颖洁：《我国残疾人就业影响因素的实证研究》，《残疾人研究》2018年第2期，第92~96页。

[2] 周春平：《教育对提高残疾人就业机会及收入水平的影响——基于CHIP 2013数据的实证研究》，《残疾人研究》2018年第1期，第58~63页。

育的发展。例如，我国盲人的职业教育和就业集中在按摩领域，从短期技能训练，到中等职业教育、高等职业教育，甚至研究生教育，盲人的职业教育主要在按摩领域。而聋人的职业教育也相对集中在绘画与美术、视觉传达设计、计算机教育等为数不多的职业教育领域中。这种职业教育模式也称为"准备式职业教育"，意为学什么专业，毕业后就从事这类的职业。由此产生两个问题：一方面，专业教育有限，中国的盲人过度集中在按摩服务，聋人相对集中在视觉传达设计等职业领域内；另一方面，并非所有盲、聋人士都愿意从事这些职业。这种由隔离式特教学校发展出来的准备式职业教育模式显然不适合心智障碍者职业教育。针对心智障碍者支持性就业方式的产生，有学者提出用融合开放的支持式职业教育模式来提升心智障碍者的就业率和就业质量。

2. 心智障碍者职业教育课程与教学分析

为了适应心智障碍者职业教育，提出了相应的职业教育课程与教学方式。

（1）心智障碍者职业教育课程模式的转变

心智障碍者职业教育课程正在从专业课程向以学生为中心的广域课程转变。专业课程是指以职业为特征的课程，例如，按摩专业、视觉传达设计等课程。广域课程模式有利于培养心智障碍者的职业核心素养，再通过职业样本的教学训练来实现与就业岗位的衔接，引导学生走向就业。

（2）心智障碍者职业教育教学方式的转变

盲人职业教育和聋人职业教育的理论建立在"缺陷补偿"的原理之上。例如，盲人的缺陷带来了触觉的代偿，可以从事按摩一类的职业；而聋人虽有听觉缺陷但保留了良好的视力，可以从事视觉传达设计。利用盲文或手语解决了他们沟通方面的问题，他们的职业教育采用了"整齐划一"的集体教学和训练方式。相比较，心智障碍学生的特征存在显著的个别差异，传统的集体教学方式难以适应他们的个别化需求，于是出现了由集体教学和训练向个别化差异教学和训练方式的转变。

3. 心智障碍者职业教育实践与就业衔接分析

虽然心智障碍者职业教育有了发展，但是从职业教育走向就业的"最后一公里"对于心智障碍学生还存在巨大的挑战。心智障碍者面对这种挑战或差别，还是需要得到必要的就业转衔支持。于是为了协助他们完成从学生生活向以就业为主的成人生活的转变，需要为每个心智障碍者拟订个别化就业转衔支持计划，在该计划的引导下实现就业和成人生活。

### （三）心智障碍者就业过程的分析

#### 1. 心智障碍者就业方式的转变

对心智障碍者的分类从过去的能力模式，向功能模式以及支持模式转变。这种转变对心智障碍者就业产生了积极的影响。从能力模式来看，心智障碍者能力低下无法就业。从功能模式来看，能力与环境互动形成功能状态，可以改变环境来降低就业对心智障碍者的能力要求，心智障碍者就业看到了可能性。进一步，当心智障碍者功能不足时还可以增加支持，于是一种适合心智障碍者就业的新模式——支持性就业产生了。自 20 世纪 80 年代提出支持性就业模式以来，心智障碍者就业率得到提升，就业质量得到改善。

#### 2. 心智障碍者就业在中国的探索

20 世纪 90 年代末，心智障碍者支持性就业模式也进入中国，并在四川成都、北京、上海等地逐渐推开。随着支持性就业在国内的实践经验积累，就业成功案例越来越多，表明这种就业模式在中国也有生长的土壤。中国在心智障碍领域内，在全生命周期的不同阶段全面引入支持模式，提出了支持性生活、支持性教育和支持性就业。这种支持模式为心智障碍者就业奠定了广泛的基础，人们也开始比较多地接受心智障碍者融合就业的支持模式。

#### 3. 心智障碍者就业过程持续支持的分析

在心智障碍者从职业教育实现融合就业的过程中，不仅要有支持性职业教育、就业转衔支持，而且需要有就业过程的持续支持。就业过程中的持续支持可以有多种途径，首先可以营造物理和信息的无障碍环境，也可以运用通用设计的理论改变和调整不尽合理的工作流程和步骤，最终可以为心智障碍者提供个别化的多种支持策略，利用辅具支持等；当成功地协助心智障碍者实现在常态环境中就业之后，应该还有一个重要的步骤必须进行，这就是支持强度不断递减，在最少最必要的协助状态下实现动态平衡的持续支持，尽量避免"帮忙过多"带来的干扰。

# 四　中国心智障碍者就业对策建议

## （一）心智障碍者终身教育体系的建议

### 1. 建立基于全生命周期教育体系的职业教育

生命的成长需要一步一步地铺垫。全生命周期的系统教育为心智障碍者的成长奠定了必要的基础。从早期干预、学前教育康复、义务教育、职业教育到成人继续教育，完成了心智障碍者的职业探究、职业准备、就业转衔……每一步都是建立在前一步的基础上。目前我国心智障碍者教育从义务教育向学前和职业两端延伸，建立在生涯教育基础上的职业教育不久就会在我国成为现实。它必将有效地提升心智障碍者的就业率和改善就业质量。

在职业教育阶段要重视心智障碍者的职业素养的培养。职业素养教育要重视就业者的优秀人品，如诚信、友善、守时、质量等要素。尤其要重视对个人决策的培养。中国的心智障碍领域长期存在忽略个人决策的倾向。家长和教师常常用替代性决策的方式，剥夺了心智障碍者的个人决策机会。因此终身教育体系应该培养心智障碍者的个人决策能力，用支持性自主决策不断弱化替代性决策，逐渐培养个人决策能力。个人决策能力在就业转衔支持中也将发挥重要作用。个人决策要从家庭教育开始，包括培养心智障碍者的就业动机、就业意向，学会就业选择等重要内容。个人生活、社区适应和人际关系也是职业教育的重要内容。

### 2. 发展与完善心智障碍者职业教育支持模式

为了让心智障碍者实现多样态融合就业的支持模式，应该着力发展支持式职业教育，包括以下三项基本内容。

建设职业教育广域课程，打破"分科或专业"的课程模式。建立广域课程，如职业价值、职业素养、职业知识、职业技能、生活技能和社会适应等领域，下设长期职业教育目标（用于评估）和短期教学目标（用于教学），以及课程本位评估和结果分析图。

构建基于国家职业技能标准的职业样本。构建一批与国家职业技能标准联结的职业样本。职业样本可以分为职业诊断样本、职业素养样本和就业导向样本，通过三类职业样本分步实现与国家职业技能标准对接，并体现特殊职业教育的特色。

拟订与实施个别化职业教育支持计划。职业教育阶段的每个学期，通过职业教育评估诊断、个案综合分析会议，为每个学生拟订个别化职业教育支持计划，包括学生期待的目标、家长需求的目标和支持团队应做的目标。

**3. 构建支持式职业教育的教学模式**

（1）边学边做的"做中学"教学模式

在个别化职业教育支持计划的引导下，依托不同的职业样本，对心智障碍学生的个别化教育目标进行有针对性的职业训练。让学生参与到具体的职业样本中，学习必要的理论知识，掌握关键的工作技能，在模拟的就业岗位上，针对自己需要掌握的职业教育目标，进行一边学习一边练习的"做中学"的职业教育训练。

（2）"做中学"教学模式的基本形态

"做中学"可以分化为三种基本形态。第一种是集体差异教学训练。学生在职业样本建立的教学空间中，采用团体或分组训练，学习多数学生需要掌握的职业教育目标，或在不同的支持形态下，完成自己的学习目标。第二种是个别康复训练。对有特殊需要的少数或个别学生实施小组式或一对一的职业康复训练。第三种是对学生进行个别化的家庭社区支持。最简洁、有效的方式就是在自己的家庭和社区中得到自然支持，完成个人和社区生活方面的教学目标。

（3）建立"前测和后测对比"的总结评估机制

个别化职业教育支持计划的建立基于个案的纵向评估机制。职业教育目标的前测建立了职业教育训练前的基线，经过三种教学活动形态，均获得了训练后的评估效果，将所有教学目标的效果评估汇集起来就可以有依据地进行学期末的后测，得到一学期以来执行个别化职业教育支持计划的成效，并为后续的个别化职业教育支持计划的拟订提供依据。

### （二）心智障碍者就业转衔支持机制的建议

**1. 支持心智障碍者顺利完成从职业教育到就业的转折**

人生有几个重要的转衔时期，从学生到就业者是其中最关键的转折。在这个重要的生涯转折期，需要为心智障碍者提供有针对性的帮助，完成从职业教育到就业的个别化就业转衔支持计划，建立个别化就业转衔支持机制，成为提升心智障碍者就业成功率的关键环节。

**2. 加强中国社会条件下的就业转衔理论与实践创新研究**

心智障碍者的就业转衔客观存在，国内外该领域的学者提出了有关就业转衔的理论，我们需要加强研究和探索适合中国社会条件的就业转衔理论与实践。我们在中国国情下对心智障碍者以生活质量为成果导向的支持模式进行了多年的探索与实践，将心智障碍者就业转衔的理论与实践作为研究的重点之一，提出了与心智障碍者融合教育支持模式对应的支持式职业教育模式，在就业转衔模式中引入了建立在中国人学理论基础上成果导向的转衔支持机制，提出了"三个重要"的关键点区别于国际社会提出的"两个重要"的模式，也由此涉及将"自我决定"改变为"个人决定"等一系列理论体系、操作模式和工具化的变革与创新。

**3. 将心智障碍者就业转衔支持机制落实到个体的途径**

拟订与实施个别化就业转衔支持计划。当学生进入就业前的最后一个学期，面临就业安置时，需要将学校环境与真实就业环境进行环境生态的对比分析，对真实工作样本进行工作分析，并结合学生的意愿（important to）、家长的需要（important for）和就业岗位的应做（important towards），拟订出协助学生从职业教育环境过渡到真实就业环境的转衔支持计划。

### （三）心智障碍者就业支持系统的建议

**1. 支持系统是心智障碍者就业的必要条件**

在中国的残疾人就业法律中，提出过按比例就业，每个企事业单位要按1.5%的比例安置残疾人。按比例就业的法律为中国残障人士在融合环境中实现就业提供了法律依据。然而按比例就业没有支持系统，难以解决心智障碍者的就业问题。一是许多企事业单位不愿意安置心智障碍者；二是即便安置了心智障碍者按比例就业，没有支持系统，就业也难以为继。因此，要安置和维系心智障碍者就业，支持系统成为必要条件。

2. 构建各方参与的心智障碍者就业支持系统

与残障人士就业相关的各方均要参与到支持系统的建构中来。党和政府、企事业单位、学校、医院、社区民众、家庭成员、朋友、同学、同事等都是构建支持系统的人力资源，为心智障碍者提供社会支持、自然支持、通用支持和专业支持，构建社会支持为主导，自然支持、通用支持为主体，专业支持为后援的支持系统，政策法规、政府、企事业单位和家长发挥各自的支持作用，让心智障碍者成为就业的主体。

3. 将综合、协调的支持系统落实到每位心智障碍者上

构建在社会生态系统上的支持系统，包括宏观系统（基于国家法规政策、社会文化、国家标准等）、中观系统（基于心智障碍者真实生活的城乡社区环境），最终需要落实到个案及家庭的微观系统中，为每位心智障碍者制订个别化职业教育支持计划和个别化就业转衔支持计划，形成制度建设，就能从根本上提升心智障碍者就业的数量，改善就业的质量。

# 专题篇

## Special Reports

# B.9
# 社会环境对我国残疾人就业的影响

徐添喜　张　悦　胡　芹*

**摘　要：**　残疾人就业的社会环境是指在残疾人就业过程中各组织与个体之间的交互作用，主要包含政治因素、经济因素、文化因素、信息因素等。当前我国残疾人就业发展稳步推进，就业渠道不断拓宽，就业人数持续提升，但是政治、经济、文化、信息等社会环境因素对残疾人就业产生了深刻影响。本报告深入分析了影响残疾人就业的社会环境因素，从宏观调控、环境营造、观念转变、就业指导四个层面提出对策建议，以期进一步改善残疾人就业情况，提高广大残疾人及其家人的生活质量。

**关键词：**　社会环境　社会因素　残疾人就业

---

* 徐添喜，博士，副教授，硕士生导师，华中师范大学教育学院特殊教育系主任，研究领域为残疾人职业教育与就业支持服务等；张悦，华中师范大学教育学院硕士研究生，研究领域为残疾人职业教育与就业支持服务；胡芹，华中师范大学教育学院硕士研究生，研究领域为残疾人职业教育与就业支持服务。

2022 年 3 月 25 日，国务院办公厅印发了《促进残疾人就业三年行动方案（2022—2024 年）》，明确提出要保障残疾人在就业中的基本权益，提高残疾人就业创业的能力，建设理解、关心、支持残疾人就业创业的良好社会环境。① 党和政府向来重视残疾人就业，在过去几十年里，残疾人事业稳步推进，残疾人相关的就业保障与服务体系不断完善。但与此同时，残疾人通过就业的方式来共享经济成果，仍有较大的提升空间。② 残疾社会模型的主要倡导者迈克尔·奥利弗认为，个体之所以成为残障者，是因为社会不能提供优质的、支持性的社会环境和制度体系来保障他们平等地参与社会生活。③ 社会为残疾人提供充足、有效的支持与保障对残疾人的就业与生活质量提升意义重大。在影响残疾人就业成效的诸多因素中，白先春等通过实证研究发现，社会保险制度、农村实用技术培训、资金信贷扶持等社会环境变量对残疾人就业产生显著影响。④ 此外，张小燕等通过分析得出，公众无障碍设施、残疾人福利保障等因素影响残疾人就业成效。⑤ 综合以往研究，深入分析影响残疾人就业的社会环境因素对于推动残疾人就业的长远发展、构建全方位支持的残疾人就业保障体系具有重要意义。本报告在对影响残疾人就业的社会环境因素进行深入分析的基础上，从宏观调控、环境营造、观念转变、就业指导四个层面提出促进残疾人就业的相关建议。

## 一　社会环境与残疾人就业的相关概念

构建包容、支持和稳定的社会环境是推动残疾人就业发展的重要基础。社

---

① 《国务院办公厅关于印发促进残疾人就业三年行动方案（2022—2024 年）的通知》，中华人民共和国中央人民政府网，2022 年 4 月 8 日，http：//www. gov. cn/zhengce/zhengceku/2022-04/08/content_ 5684090. htm。

② 肖日葵、郝玉玲：《残疾人社会保障策略优化：弥合收入支持与就业融入的结构性张力》，《南京社会科学》2022 年第 2 期，第 71 页。

③ Michael Oliver, *The Politics of Disablement*（London：Macmilian Education，1990）.

④ 白先春、邓晓艳、宦颖洁：《我国残疾人就业影响因素的实证研究》，《残疾人研究》2018 年第 2 期，第 92 页。

⑤ 张小燕、管越、李淼：《户籍制度背景下我国残疾人就业影响因素分析》，《人口与发展》2020 年第 2 期，第 116 页。

会环境因素主要包括政治因素、经济因素、文化因素、信息因素等，与跟残疾人就业相关的观念指引、物质保障、氛围营造、信息支持等息息相关。

## （一）社会环境的概念

学术界对于社会环境的概念尚且缺乏统一的界定，相关学者从不同角度分别进行阐释。陶应虎、顾晓燕从公共关系的角度将社会环境分为政治环境、经济环境、文化环境、心理环境等范畴。[①] 库少雄从人类行为和社会环境关系角度将社会环境定义为人与人之间相互作用的方式，如国家、政府、社区、家庭、个体之间的相互联系。[②] Barnett 和 Casper 认为，社会环境由人与人之间的各种社会关系所形成，具体包括政治制度、经济体制、传统文化、社会治理、邻里关系等方面，并且社会环境具有动态性、易变性等特征。[③] 总体而言，社会环境在人与人之间的交互中产生，政治经济、传统文化、人际交往等因素均会对个体的生存和发展产生重要影响。在推动残疾人就业发展的过程中，政策、制度、法律等政治因素对残疾人就业起着规范和指导作用，而经济发展、产业结构、收入水平等经济因素为残疾人就业奠定了坚实的物质基础。认知、观念、态度等文化因素对转变企事业单位的用人观念至关重要，对残疾人就业良好氛围的营造起着推动作用。此外，求职方与招聘方之间信息的对称性也是影响残疾人就业的重要因素。就业问题的纾解需要求职方与招聘方之间信息对称，依靠市场调节机制尽量减少信息窄化或失衡造成的结构性失业。[④] 因此，就业信息的获取、传输、匹配等因素对残疾人就业起着桥梁作用。

基于此，本报告中的社会环境是指在残疾人就业过程中各组织与个体之间的交互作用，主要包含政治因素、经济因素、文化因素、信息因素等方面。

---

① 陶应虎、顾晓燕主编《公共关系原理与实务》，清华大学出版社，2006。
② 库少雄主编《人类行为与社会环境》，华中科技大学出版社，2005。
③ E. Barnett and M. Casper，"A Definition of 'Social Environment'," *American Journal of Public Health* 3（2001）：465.
④ 王晓璟：《城镇化进程中我国农民工就业问题分析》，《现代商贸工业》2019 年第 18 期，第57 页。

## （二）社会环境的分类

首先，政治因素是指社会各主体为维护自身利益而产生的，以法律、制度、意识形态等形式表现出的社会权力关系和政治结构。[①] 本报告中所指的政治因素主要包括残疾人就业相关的制度、政策和法律等。政治因素是影响残疾人就业的根本动因，在指引残疾人就业发展方向、规范劳动力市场秩序、提供基本权利保障等方面起着决定作用。其次，经济因素是对企业或者个体活动产生影响的某个国家或者地区的宏观经济状况，如经济发展、产业结构、收入水平等。经济因素直接关系到残疾人就业的质量，在残疾人就业发展中起着主导作用，对残疾人的社会保障、就业方式、就业质量提升等产生重要影响。再次，文化因素是受种族、年龄、历史、地理环境等方面的影响而形成的价值观念，且在不同的场域、不同的历史时期表现不同。文化因素是导致残疾污名长期存在的关键因素，公众对残障群体的排斥与偏见深刻地影响残疾人就业机会的获得、就业过程中的获得感以及社会融入和参与的体验。最后，信息因素是指传播者与接收者之间的交互内容因素，在就业中表现为求职方就业知识与技能、岗位需求等方面的展示，招聘方岗位信息、入职要求等方面的呈现。信息因素是求职方与招聘方相互了解与互动的基础，具有真实性、全面性、及时性等特征。

社会环境的改善可以为残疾人就业提供制度保障、经济保障和信息保障等。与此同时，残疾人就业的发展也会进一步完善法律制度、积累社会财富、营造和谐的社会氛围。因此，要深入分析与残疾人就业相关的社会环境因素，发挥各因素在推动残疾人就业中的积极作用。

# 二 残疾人相关的社会环境因素分析

在新时代背景下研讨残疾人就业问题，需要暂且跳脱个体本位的圈子，

---

[①] 张骁勇：《政治因素对档案社会功能的影响及其作用规律》，《档案学通讯》2016 年第 1 期，第 4 页。

从更加宏观、更为全面的社会角度探析影响残疾人就业的社会环境因素。基于以上部分的分析，本报告拟从政治因素、经济因素、文化因素、信息因素四个角度探究影响残疾人就业的社会环境因素。

## （一）政治因素

法律、制度和政策等是影响残疾人就业的重要政治因素。首先，在法律和制度层面上，法律和制度是规范社会成员行为和关系的基本准则，为残疾人就业提供了重要保障。与残疾人相关的就业、创业、社会保障等方面的法律和制度，深刻地影响着残疾人就业的质量和社会参与。例如，2007年颁布的《残疾人就业条例》对残疾人就业保障金制度给予明确规定，即用人单位中残疾人的入职比例不能低于在职员工数量的一定比例，低于此标准的用人单位应当缴纳一定的残疾人就业保障金。[①] 然而，在实际生活中，与残疾人就业相关的法律与制度缺乏完备性，现有法律与制度的不健全对残疾人在就业中的权利保护产生不利影响。例如，在《中华人民共和国残疾人保障法》中，仅仅对残疾人的劳动就业、社会保障等方面做出一些总体规定，未对机构、人员、程序等方面做出具体要求。此外，中央政府和地方政府等行政主体在法律或制度上存在一定的不协调性。例如，《残疾人就业条例》中有明确规定"禁止在就业中歧视残疾人"，但是一些地方教育部门制定的教师体检标准把"两下肢不等长超过5厘米"等规定为不合格，与上位法律法规存在冲突。[②]

其次，在政策层面上，残疾人就业政策是体现不同时期残疾人就业理念、保护残疾人合法劳动权利、规范政府与社会职责的重要工具。新时期残疾人就业政策包括就业保护政策、需求支持政策和服务匹配政策。[③] 一是在残疾人就业保护政策上，要求完善按比例就业、辅助性就业、竞争性就业等

---

① 《残疾人就业条例》，中华人民共和国中央人民政府网，2007年2月25日，http://www. gov. cn/gongbao/content/2007/content_571566. htm。

② 陈成文、黄利平：《从"制度阻滞"看促进残疾人社会参与的制度创新》，《中州学刊》 2021年第11期，第78页。

③ 许琳：《残疾人就业难与残疾人就业促进政策的完善》，《西北大学学报》（哲学社会科学版）2010年第1期，第116页。

机制，依法保护残疾人就业相关的基本权益。2021 年 7 月，国务院印发《"十四五"残疾人保障和发展规划》，指出要规范残疾人按比例就业，为安置残疾人的就业单位提供补贴，同时增加资金投入支持就业的残疾人获得失业保险等。① 二是在残疾人需求支持政策上，鼓励利用互联网信息技术满足残疾人就业需求，实施困难残疾人就业帮扶计划。2022 年 4 月，国务院办公厅印发《促进残疾人就业三年行动方案（2022—2024 年）》（以下简称"三年行动方案"），提出要组织一批快递、电商等新企业对接残疾人就业需求，扶持农村残疾人或其家庭成员从事种植、乡村旅游、农村电商等行业。② 三是在残疾人服务匹配政策上，为残疾人提供就业培训项目，开发辅助技术，建设无障碍环境。例如，《"十四五"残疾人保障和发展规划》提出，用人单位应当为残疾职工提供劳动条件、无障碍环境等。

政治因素对残疾人就业的发展起着决定作用，能够有效指引残疾人就业的发展方向，保障残疾人就业的基本权利，规范和制约劳动力市场。首先，政治因素对残疾人就业具有指导作用。与残疾人就业相关的制度、政策、法律等政治因素，以实践中的热点和难点问题为重要基础，蕴含了残疾人事业发展的价值理念，为残疾人就业提供关键性指引。例如"三年行动方案"牢牢把握中国特色社会主义的时代背景，立足于我国残疾人就业的实践探索，提出实现"全国城乡新增残疾人就业 100 万"的任务目标。③ 其次，政治因素对残疾人就业具有保障作用。我国在政策和制度上向来保护弱势群体的基本权益，尽量满足弱势群体的特殊需求，推动残疾人就业朝着更加公平、更加可持续的方向发展。例如，为其提供最低工资、医疗保障、职业培训、

① 《国务院关于印发"十四五"残疾人保障和发展规划的通知》，中华人民共和国中央人民政府网，2021 年 7 月 21 日，http：//www.gov.cn/zhengce/content/2021-07/21/content_5626391.htm。
② 《国务院办公厅关于印发促进残疾人就业三年行动方案（2022—2024 年）的通知》，中华人民共和国中央人民政府网，2022 年 4 月 8 日，http：//www.gov.cn/zhengce/zhengceku/2022-04/08/content_5684090.htm。
③ 《国务院办公厅关于印发促进残疾人就业三年行动方案（2022—2024 年）的通知》，中华人民共和国中央人民政府网，2022 年 4 月 8 日，http：//www.gov.cn/zhengce/zhengceku/2022-04/08/content_5684090.htm。

无障碍设施等，尽可能减少残疾人在就业过程中遇到的阻碍。最后，政治因素对劳动力市场起到一定的规范作用。《劳动力市场管理规定》中对人员录用、就业创业、公共就业服务等各方面均有较为详细的规定，并且就违背劳动力市场规范的用人单位将受到的强制性处罚等内容做了明确说明。但是目前就业市场中仍旧暗含一定的残疾歧视，用人单位采取或明或暗的手段，使残疾人丧失应有的就业机会与待遇。因此，与残疾人就业相关的制度、法律、政策等需要不断地完善与细化，以进一步指导、保障和规范残疾人就业。

### （二）经济因素

经济发展、产业结构、收入水平等是影响残疾人就业的重要经济因素。第一，我国经济发展的总体水平是影响残疾人就业的重要因素之一。受复杂严峻国际形势、新冠疫情等多重因素的影响，近年来我国的经济发展总体放缓。

2017～2020年我国国内生产总值增速呈明显减缓态势，受疫情影响，2020年增速显著回落（见图1）。在用人单位以及残疾人就业的总体情况上，2019年城乡持证残疾人就业、按比例就业、集中就业、个体就业等残疾人就业的人数有所下降，部分企业出现缩招和倒闭的现象（见表1）。例如，萧文斌等对疫情下广东省盲人按摩机构的调查分析发现，诸多盲人按摩机构承受"场地租金、员工工资、员工食宿"等多维压力，甚至可能出现倒闭潮。[1] 2020年为实现全面建成小康社会的目标，残疾人就业培训、资金投入、康复服务等的力度进一步加大，因此，残疾人就业的总体情况有所改善。2021年，中国宏观经济持续复苏，新冠疫情防控总体趋于稳定，高新技术产业持续向好，顺利完成全面建成小康社会的目标，[2] 为残疾人就业的恢复与发展提供了持续

---

[1] 萧文斌、梁皑莹、韩忠智：《新冠疫情下盲人按摩机构的现状分析与助残援企政策的研究——以广东省盲人按摩机构为例》，《经济师》2021年第8期，第131页。

[2] 中国人民大学中国宏观经济分析与预测课题组：《疫情反复与结构性调整冲击下的中国宏观经济复苏——2021—2022年中国宏观经济报告》，《经济理论与经济管理》2022年第1期，第13页。

的动力和坚实的基础。2022年以来，国际不确定性、不稳定性因素增多，国内疫情多地散发频发，对我国上半年经济产生了严重的冲击，导致残疾人就业的机会减少或丧失，残疾人家庭出现生计返贫的概率提高。如何高效统筹疫情防控和经济发展，维持残疾人就业发展的良好态势，帮助残疾人实现更高质量、更加充分就业，是"十四五"时期残疾人事业亟待解决的问题。

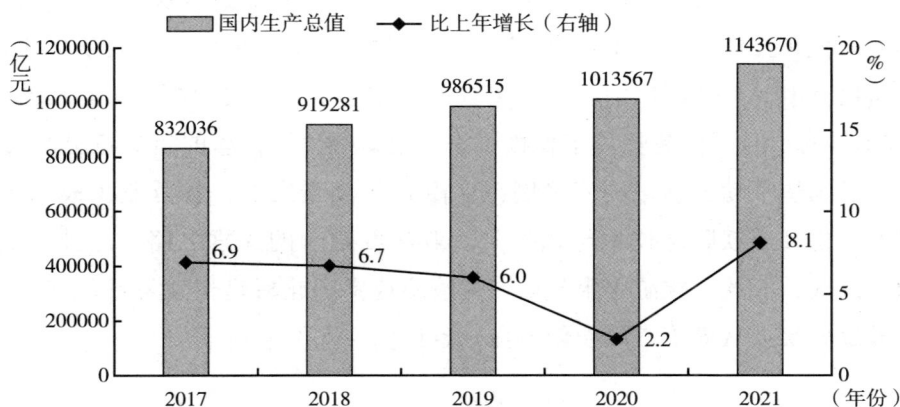

**图1　2017～2021年国内生产总值及其增长速度**

资料来源：《中华人民共和国2021年国民经济和社会发展统计公报》，中华人民共和国中央人民政府网，2022年2月28日，http://www.gov.cn/shuju/2022-02/28/content_5676015.htm。

**表1　2017～2021年残疾人就业总体情况**

单位：万人

| 年份 | 城乡持证残疾人就业 | 按比例就业 | 集中就业 | 个体就业 | 公益性岗位就业 | 辅助性就业 | 灵活就业（含社区、居家） | 从事农业种养加 | 盲人按摩机构（含保健、医疗） |
|------|------|------|------|------|------|------|------|------|------|
| 2017 | 942.1 | 72.7 | 30.2 | 70.6 | 9.0 | 14.4 | 272.7 | 472.5 | 2.0 |
| 2018 | 948.4 | 81.3 | 33.1 | 71.4 | 13.1 | 14.8 | 254.6 | 480.1 | 1.8 |
| 2019 | 855.2 | 74.9 | 29.1 | 64.2 | 14.4 | 14.3 | 228.2 | 430.1 | 1.4 |
| 2020 | 861.7 | 78.4 | 27.8 | 63.4 | 14.7 | 14.3 | 238.8 | 424.3 | 1.8 |
| 2021 | 881.6 | 81.8 | 26.8 | 63.5 | 14.8 | 14.3 | 250.3 | 430.1 | 1.8 |

资料来源：根据残疾人事业发展统计公报数据整理。

第二，产业结构直接影响残疾人的就业结构。如图2所见，2017～2021年产业结构稳定，第一产业占比较小，第二、第三产业已成为主导产业，整体产业结构在不断优化升级，而以服务业为主体的第三产业对残疾人就业存在积极影响。残疾人受身体障碍、受教育程度、社会排斥等因素的限制，大多从事层次结构低、工作内容简单、耗费大量体力的第一产业。从表1可以看出，2017～2021年从事农业种养加的残疾人人数居高不下。但是互联网信息技术的发展，为残疾人就业创造了发展新优势，为帮助残疾人克服身体障碍、参与更高层次的就业提供了更多可能。2015年发布的《国务院关于积极推进"互联网+"行动的指导意见》提出，要加快推动各领域同互联网深度融合与创新发展，各行业积极响应号召，也开启互联网技术与残疾人就业深度融合的探索之路。此外，快递、邮政、餐饮、旅游等服务业在疫情防控常态化后呈快速发展的状态，为鼓励残疾人从事第三产业创造良好条件。

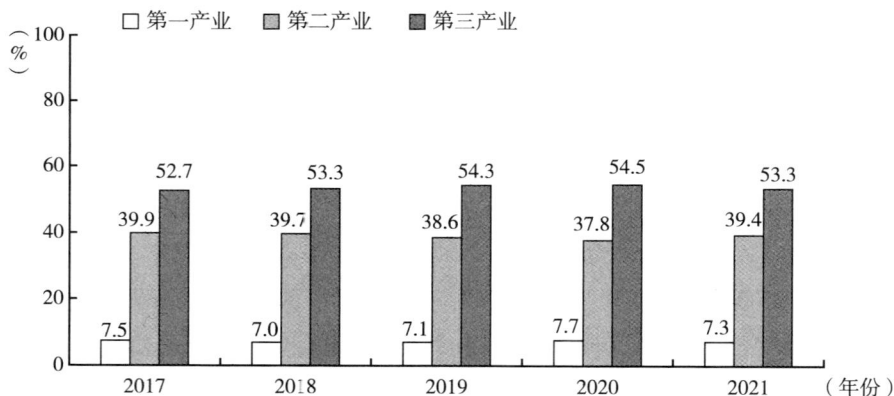

图2　2017～2021年三次产业增加值占国内生产总值比重

资料来源：《中华人民共和国2021年国民经济和社会发展统计公报》，中华人民共和国中央人民政府网，2022年2月28日，http://www.gov.cn/shuju/2022-02/28/content_5676015.htm。

第三，收入水平也是影响残疾人就业的一个重要因素。从图3可以发现，2018～2020年市场总体的工资增长水平呈下降势头。残疾人以家庭成员的劳动收入为主要的生存资本，因而市场总体的工资水平一定程度上可以反映出残疾人的工资水平与生存状况。吴忠良通过调查研究泉州市的残疾人收入状况发现，许多残疾人的经济收入难以满足其基本的生存需求，残疾人人均月收入竟不到全市人均月收入的50%，有22.6%的残疾人靠着领取低保金维持生计，而就业或者营业收入是残疾人的主要经济来源。[①] 就业直接关系到残疾人的生活质量，在总体工资水平处于不利的情况下，残疾人的就业及生存状况只会更加恶劣。由于残疾、性别、受教育程度等因素的影响，残疾人一直处于劳动力市场的劣势地位，考虑到企业生产成本、劳动生产率等因素，用人单位会对残疾人采取"最后雇用，最先解雇"的态度。[②] 在总体经济收入水平不佳时，弱势群体的权益会受到最直接、最主要的冲击。

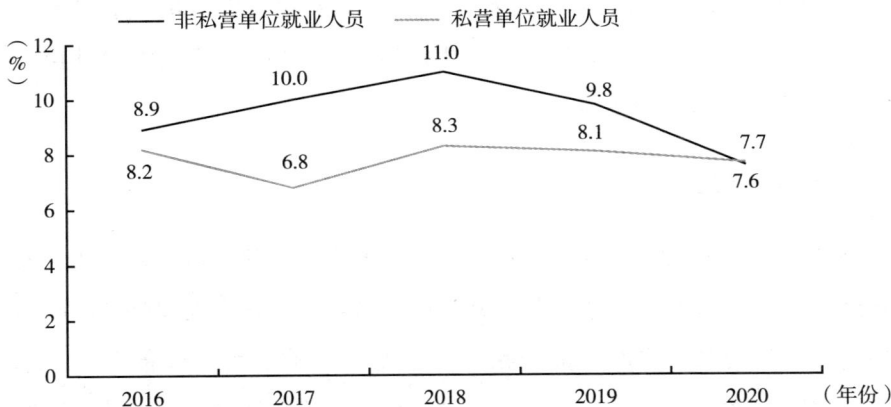

图 3　2016～2020 年全国城镇单位就业人员年平均工资同比增长情况

资料来源：根据国家统计局 2020 年城镇私营单位就业人员与非私营单位就业人员平均工资的相关数据整理。

经济因素对残疾人就业的发展起着主导作用。首先，经济发展的总体水平对残疾人就业具有一定的促进或者抑制作用。虽然残疾人就业不一定会与

---

① 吴忠良：《残疾人就业状况、收入水平及其与社会支持的关系——以福建省泉州市为例》，《江西科技师范大学学报》2018 年第 3 期，第 71 页。

② 薄赢、丁金宏：《农村残疾人就业意愿和就业困境研究——基于上海市金山区农村残疾人调查的实证分析》，《西北人口》2017 年第 3 期，第 84 页。

经济实现同步发展，但是经济增长可以不断地产生可供分配的物质财富，而将这些资源转移到需要就业支持的弱势群体中，可以更好地保障残疾人就业的基本权利，减少残疾人就业的种种阻碍。① 反之，在经济发展水平不高、物质资源短缺的情况下，残疾人就业相关的需求难以得到有效支持。其次，产业结构会对残疾人的就业方式与途径产生影响。产业结构的合理调整对于改善残疾人的就业方式有一定的积极作用，例如，在稳固第一产业的同时，充分发挥互联网信息技术的优势，大力发展第三产业，为残疾人参与服务业提供契机。但是互联网信息技术的使用需要残疾人具备专业知识，并且需要足够的社会保障为残疾人参与服务业保驾护航。最后，收入水平直接影响残疾人的就业率以及生活质量。收入是影响残疾人就业最直接、最现实的因素，一定的收入保障可以提升残疾人生活质量，提高其经济与社会地位，是其融入社会生活的基本要求。

### （三）文化因素

文化是不同历史时期政治、经济等方面的客观反映，对社会实践及人们的思想观念具有重要的指引作用。在残疾人就业中，残疾人观是最深层的文化因素。② 长期以来残疾人都处在社会最底层，被认为"无能""低能"等，被看作家庭与社会的沉重负担，被排斥在主流的社会生活之外。很长的一段历史时期内，残疾人处于一个自生自灭的集体无意识状态。③ 在人文主义和"回归主流"等思想的影响下，社会对于残疾人的认识发生了根本性的转变，以"平等·参与·共享"为核心的新残疾人观越来越深入人心，让残疾人平等地参与社会生活成为当前国际社会共同努力的重点。在此种背景之下，我国的残疾人观也发生了显著变化，残疾人从最初的被歧视、

---

① 吕学静、赵萌萌：《经济增长对残疾人就业的影响分析》，《湖北社会科学》2012 年第 4 期，第 85 页。

② 吴忠良、肖非：《社会资源整合：推进残疾人支持性就业的关键》，《学术交流》2018 年第 5 期，第 122 页。

③ 张福娟主编《特殊教育史》，华东师范大学出版社，2000。

隔离到近现代逐渐得到社会的认同和接纳。为保障残疾人的基本权利，我国出台了一系列的相关法律法规，以促进残疾人顺利就业，在此过程中残疾人也逐渐得到社会的尊重和认可。但是，在求职过程中残疾人遭遇歧视的现象仍时常发生，因为对残疾人持有刻板印象而不愿意雇用残疾人的雇主依旧很多。[①]"残疾人无用""残疾人是社会的累赘"等消极传统观念依然存在。

社会文化是人类历史长期积淀的产物，具有根深蒂固的特点，落后文化随时代发展而被摒弃，但是在先进文化还没有完全形成且没有与人类的社会生产生活实践结合时，传统的文化依然会对人们的思想和行为产生深刻影响。在传统观念的影响下，人们多从"问题视角"来看待残疾人，把残疾人视为需要救助的问题群体，过分地强调残疾人存的问题和困难，而忽视残疾人本身具有的潜能和独特性，[②]从而形成了残疾污名化的社会现实。传统残疾人观对残疾人就业的影响具体体现在以下几个方面。首先，形成了社会大众对于残疾人的排斥，打消了残疾人融入社会的积极性。在传统消极的残疾人观下，社会形成对残疾人不正确的认知、偏见；同时，残疾人也认为自己不正常，产生自我怀疑、自卑、抑郁等不良心理反应。社会对残疾人的偏见与残疾人的不良心理反应相互影响，从而导致残疾人被动地与社会保持距离，逐渐被社会边缘化。其次，影响残疾人平等地享有基本公共服务。传统残疾人观念下，残疾人受教育程度普遍不高，进而影响残疾人的就业层级、就业质量等。从基础公共设施来看，不完善的公共环境无障碍设施和不完备的企业配套设置，限制了残疾人的就业范围，降低了残疾人就业的可能性。例如，残疾人可能找到了合适的岗位，但是由于工作环境的限制其无法正常上下班，最终导致残疾人无法顺利就业。最后，影响残疾人获得就业机会、体验就业过程和享受就业福

---

① 高圆圆：《从扶持安置到能力开发：残疾人就业保障转型研究》，《西部论坛》2017 年第 3 期，第 89 页。

② 李静：《从生活救助到就业支持——优势视角下残疾人福利的实现路径》，《南京大学学报》（哲学·人文科学·社会科学版）2012 年第 6 期，第 68 页。

利。由于企业对残疾人的外显偏见和内因排斥，残疾人在劳动力市场中面临重重困难，整体就业率不高。① 实现就业的残疾人，依然存在薪资待遇低、福利保障缺乏等问题。

### （四）信息因素

信息因素是残疾人就业的另一重要影响因素。信息因素对于残疾人就业的影响体现在：求职方就业知识与技能、岗位需求等方面的展示与招聘方岗位信息、入职要求等方面的匹配问题。影响残疾人就业的信息因素具体表现为以下三个方面。第一，信息影响残疾人就业需求的识别。要实现残疾人顺利就业，必须全面了解残疾人真实的就业需求，如就业能力、就业形式的偏好、薪资待遇的期望等。第二，信息影响企业岗位需求的识别。预留或开发适合残疾人的岗位，需要全面掌握岗位的需求情况，如残疾人是否能满足岗位要求、是否能发挥比较优势等。第三，信息影响残疾人就业需求与企业岗位需求的对接，影响求职方与招聘方之间的信息对称状况。如企业有岗位，残疾人也有能力胜任，但是信息不对称，最终导致残疾人就业失败。残疾人就业需求与企业岗位需求之间信息不对称，是残疾人就业率低、就业层次低、收入水平低等问题的重要原因之一。如何使企业与残疾人信息匹配、解决现实生活中残疾人找不到工作与企业招不到合适的人之间的矛盾是未来残疾人就业工作努力的重点。②

信息作为传输残疾人与用人单位之间岗位供需信息的桥梁，在残疾人就业过程中起着沟通作用。解决残疾人就业需求与用人单位岗位需求之间的矛盾最为关键的是需求对接、用人单位与残疾人的信息匹配。首先，信息可以用于记录、展示、分析残疾人的就业需求，为实现残疾人精准就业提供依据。目前残联已经对残疾人就业、失业和职业培训情况进行了实名统计，建

---

① 李静：《从生活救助到就业支持——优势视角下残疾人福利的实现路径》，《南京大学学报》（哲学·人文科学·社会科学版）2012 年第 6 期，第 68 页。
② 周进萍：《新时代残疾人就业服务精准供给的路径研究》，《残疾人研究》2019 年第 3 期，第 59 页。

立了残疾人就业信息管理系统，灵活运用大数据分析残疾人的就业需求，从而实现需求的精准化定位。其次，企业就业岗位、岗位要求等信息的发布可以为企业筛选"人才"，同时根据就业市场需求，对残疾人开展职业技能的相关培训，提高残疾人的就业率。残疾人的就业培训可以依据企业发布的招聘信息进行调整，以培养适合企业需要的人才。最后，信息有助于政府、社会组织共同介入并致力于残疾人就业服务，以提高残疾人就业的量和质。政府根据企业招聘要求和残疾人就业需求等信息通过颁布相应的法律、出台相应的政策等来保障残疾人就业权益。社会组织结合政府的法律政策和用人市场的需求，为残疾人就业搭建良好的社会支持网络，为残疾人就业营造良好的社会舆论氛围，从而促进残疾人就业资源整合，提高残疾人就业的量和质。如2021年12月湖北省残联与湖北省教育厅等单位联合举办的"'阳光就创'残疾人大学生就业创业促进活动"，[①] 2022年3月广西残联、广东残联与残疾人就业指导中心等机构联合举办的"'粤桂协作，真情相助'——2022年粤桂协作残疾人线上直播招聘会"，[②] 均致力于消弭残疾人就业途径单一、就业领域狭窄、就业层次不高等问题，为残疾人提供全方位、个性化、精准化的就业服务。

## 三　改善残疾人就业社会环境的对策建议

社会环境的改善既需要政府强化责任，完善与残疾人就业相关的政策、制度和法律，同时大力发展经济，增加残疾人就业岗位，又需要整个社会转变传统的残疾人观念，为残疾人提供平等的就业机会，更需要减少信息的不对称性，满足残疾人就业的基本需求。

[①] 《省残联等四部门联手开展湖北省"阳光就创"残疾人大学生就业创业促进活动》，湖北省残疾人联合会网，2021年12月6日，http：//www.hbdpf.org.cn/sjb/xwzx/gzdt/177 224.htm。

[②] 《"粤桂协作，真情相助"——2022年粤桂协作首开残疾人线上直播招聘会》，广东省残疾人联合会网，2022年5月7日，http：//www.gddpf.org.cn/ztjj/qgzcr32nd/yw/content/post_897899.html。

### （一）完善相关法律法规，进一步维护残疾人就业权益

完善残疾人就业相关的法律法规，为残疾人就业与未来发展提供基础保障。统筹疫情防控和推动残疾人就业发展，一是需要在政策上给予残疾人特殊的照顾与保护。在制定相关的防疫规定时，考虑特殊人群的防疫需求，拓宽残疾人获取防疫信息的渠道，并且给予残疾人康复机构额外的补贴，在疫情防控常态化的背景下保障残疾人最基本的生命安全。二是对于残疾人自主创业和接纳残疾人的企事业单位，给予额外的优惠政策，并且加大监督力度，保障各项政策实施到位。对于重度残疾人、农村残疾人等弱势群体，要采取优惠式政策倾斜，同时要充分动员社会组织、专业机构、企业单位等民间主体共同建立残疾人就业帮扶体系，搭建有效的残疾人就业社会服务平台。三是发挥法律对"互联网+残疾人就业"的提质作用和规范作用。在法律条文中增加"互联网+残疾人就业"的相关内容，尽可能地规范和推动互联网背景下残疾人就业的发展。地方政府需要出台相关的扶持政策，完善互联网技术的配套设施，对于利用互联网技术实现就业的残疾人，在资金、设备、培训等方面提供全方位保障，健全"互联网+残疾人就业"的支持体系。四是发挥政府对劳动力市场的规范与调节作用。对于蓄意抬高招工指标、歧视残疾人的企事业单位，采取强制性惩罚措施，在法律层面上保护残疾人就业的基本权利不受侵犯。同时对于劳动力供求失衡问题，需要提高政府对劳动力市场宏观调控的有效性，在对劳动力市场的走向做出前瞻性预判的同时，对其实施全局性、整体性调整。

### （二）推动经济持续发展，进一步增加残疾人就业机会

经济发展是推动残疾人事业可持续发展的主导力量，经济水平的不断提升、物质财富的更加丰富、生产工具的持续改进等是推动残疾人就业稳步前进的关键因素。首先，需要加快发展经济，促进国民经济可持续发展，为残疾人就业建立完善的保障机制。改革开放四十多年来，残疾人就业的理念和环境逐步改善，但是与残疾人就业相关的基本保障机制仍不健全，支持性环

境的建设仍不完善。经济增长是为残疾人提供社会保障的前提和物质基础，[①] 只有实现经济可持续性发展，才能有更多的物质资源和人力资源投入残疾人就业中来。经济增长对残疾人就业的推动，需要发挥政府对可分配资源的协调作用，建立系统性的残疾人就业帮扶体系，持续完善残疾人就业保障机制，从多个维度增加对残疾人就业的投入。其次，优化产业机构，为残疾人就业提供多样化选择。第三产业的大力发展，为残疾人参与更高层次就业提供机遇。政府需要帮助企业树立正确的用人观念，为残疾人营造良好就业环境，同时鼓励残疾人不断尝试新兴行业。企业在追求利益最大化的同时，应当承担社会责任，遵循平等的录用原则，给予残疾人公平竞争的机会。最后，努力提高居民收入水平。一方面，加大残疾人教育培训力度，使残疾人真正具备进入劳动力市场参与竞争的知识与技能，规避技术带来的结构性失业；另一方面，残疾人参与企业工作时，需要明晰落实劳动关系，明确工作职责与收入明细，减少同岗位之间的工作内容与收入差异，切实保障残疾人就业的基本权益。

### （三）注重文化宣传倡导，进一步营造包容和谐的文化氛围

"如何看待残疾人"影响残疾人的就业结果，关乎残疾人就业的成败。[②] 有关部门、机构需要塑造新的残疾人观，营造有利于残疾人就业的社会舆论。以"优势视角"取代"问题视角"，在"优势视角"认知下，要注重开发残疾人的潜能及优势，帮助社会正确认识与接纳残疾人，以实现残疾人顺利就业的目的。转变传统观念、形成新的残疾人观，首先，要立足优秀传统文化，坚持中华文化自信。挖掘传统文化中博爱、包容等传统美德和自强不息等传统人文精神，赋予其新的时代内涵，为形成新的残疾人观奠定坚实的文化基础。其次，树立新的残疾人观和残疾人就业观。动员全体社会成员

① 吕学静、赵萌萌：《经济增长对残疾人就业的影响分析》，《湖北社会科学》2012年第4期，第85页。
② 张九童、王颖：《论现代社会残疾人观在残疾人就业中的地位和作用》，《残疾人研究》2017年第1期，第55页。

共同参与，促进残疾人的社会融合，提升全社会对残疾人的熟悉和认可程度。在全社会加大助残舆论宣传力度，通过各大互联网平台、广播电视、自媒体等渠道，广泛宣传残疾人就业政策和企业应承担的社会责任，使公众形成正确的残疾人观，为残疾人顺利就业营造平等和谐的社会氛围。此外，在全社会大力宣传残疾人自强不息的典型就业事例，激励更多企业提供融合工作岗位，鼓舞更多的残疾人走进职场，同时让社会大众了解残疾人，参与到残疾人事业中，形成全社会共同关注残疾人就业的良好环境。再次，发挥政府的主导作用，使新的残疾人观在社会现实中得以实践。政府在残疾人就业中应承担主体责任，督促企业等按照《残疾人就业条例》等法律法规中残疾人按比例就业的内容安置残疾人，保证残疾人处于公平的劳动力市场之中，如近年来深圳市残疾人就业率提高了很多，政府督促企业等落实按比例就业在其中发挥了重要作用。[①] 最后，完善与残疾人就业相关的法律法规、制度等。残疾人就业体制成效与残疾人就业观念定位具有关联性，当残疾人就业出现困境时，人们往往质疑制度的合理性而忽视观念的错误定位。因此，应该将新的残疾人观贯穿于有助于残疾人就业的各个环节，从而实现从实践和理念上共同推动残疾人就业。

## （四）加强信息平台建设，进一步提高就业信息的通达效率

信息是残疾人与用人单位相互了解与互动的基础，对国家残疾人就业法律政策等的制定、残疾人就业数量与质量的提高、残疾人社会接纳与融入具有重要的作用。解决残疾人就业过程中信息不对称、信息不匹配的问题，结合我国的实际国情，需要充分考虑供需双方、统筹协调多方。基于目前残疾人受教育程度普遍不高、企业对残疾人存在歧视现象、社会对残疾人有刻板印象等实际国情，首先，加强地区残疾人就业指导中心的建设，进一步完善残疾人就业信息平台的功能。加大对地区残疾人就业指导中心的宣传力度，

---

[①] 解韬、李昀东、张晶、袁湘鹤：《公共部门率先招录残疾人按比例就业研究——以广东省为例》，《残疾人研究》2021年第3期，第61页。

吸引残疾人关注及高质量的企业入驻就业信息平台；整合地区残疾人就业指导中心的信息，链接不同平台的就业信息，提高信息的通达效率和利用率；完善残疾人就业指导中心管理建设，配置有效管理模式，提高信息沟通的效率。从信息宣传、信息整合、信息管理三方面进一步推动残疾人就业指导中心的建设，提高残疾人就业率。其次，改善用人单位招聘信息的发布机制，充分发挥互联网在残疾人就业中的作用。一方面，要让残疾人了解用人单位的招聘要求；另一方面，要向用人单位推荐合适的残疾求职者。采用智能化的方法发布企业招聘信息，提高企业招聘的精准性；采用多渠道发布企业招聘信息，拓宽残疾人就业信息接收渠道。最后，发挥政府主导作用，协调其他组织机构，共同致力于提高供需信息的通达效率。有调查研究显示，残疾人获得工作的机会具有很大的偶然性、途径具有非正规性。[1] 政府、残疾人就业指导中心等组织机构应根据劳动力市场信息，整合残疾人求职和用人单位的信息资源，建立就业信息平台，实现数据互联互通，以确保更为精确地为残疾人提供就业服务。此外，需要多开展残疾人就业供需咨询会、线下线上招聘会、残疾人就业政策宣讲会等，加大对此类活动的信息宣传力度，加强残疾人的就业意愿与用人单位招聘要求的对接，助力残疾人实现就业。

---

① 陈静：《基于脆弱性视角的残疾人就业政策研究》，《残疾人研究》2017年第2期，第57页。

# B.10
# 职业技能竞赛对我国残疾人就业的影响

牟民生　徐　静　吴　菲*

**摘　要：** 残疾人职业技能竞赛对推进残疾人就业培训高质量发展、提高残疾人职业技能水平发挥着重要的作用，为残疾人实现充分就业、高质量就业创造条件。迄今为止，国际上已举办九届国际残疾人职业技能竞赛，我国也已举办了六届全国残疾人职业技能竞赛。开展残疾人职业技能竞赛活动，为残疾人提供展示职业技能才华的舞台，推动开展高层次残疾人职业技能培训，引导残疾人在更广阔的领域就业，残疾人就业培训环境得到较大改善。残疾人职业技能竞赛活动还存在残疾人技能人才培养覆盖面不够宽、对促进残疾人就业的引领作用不足、残疾人职业技能竞赛体系尚需完善等问题。应当建立"融合竞赛"机制，拓宽残疾人能工巧匠培养渠道；发挥竞赛龙头作用，建立职业教育和职业培训"双轮驱动"人才培养体系；以就业为导向设置竞赛项目，发挥技能竞赛对就业的牵引作用；提高技能竞赛办赛水平，提升残疾人高技能人才供给能力。

**关键词：** 职业技能竞赛　残疾人就业　高质量发展

---

* 牟民生，江苏省残疾人事业发展研究会副会长，研究领域为残疾人事业；徐静，江苏省残疾人就业管理中心副主任，研究领域为残疾人就业培训；吴菲，博士，南京特殊教育师范学院中国残疾人数据科学研究院讲师，研究领域为残疾人事业服务管理。

# 一 残疾人职业技能竞赛发展历程

## （一）国际残疾人职业技能竞赛的发展

国际残疾人职业技能竞赛是最高水平的世界性残疾人职业技能赛事，又称特殊职业奥林匹克、国际残疾人展能节。国际残疾人职业技能竞赛发源于日本。1972 年，日本残疾人就业促进会举办旨在提高残疾人职业技能的残疾人技能奥林匹克竞赛。[1] 1981 年 10 月，第一届国际残疾人职业技能竞赛在日本东京举行，并确定以后每四年在不同的国家或地区举办一届国际残疾人职业技能竞赛。这届赛事除残疾人职业技能竞赛外，还开展了残疾人职业技能表演、作品展览和残疾人事业情况展览、座谈讨论会等活动。[2] 第二届国际残疾人职业技能竞赛于 1985 年在哥伦比亚举行，其间成立国际残疾人职业技能竞赛联合会，总部设在日本，负责组织管理竞赛活动，为可持续举办国际残疾人职业技能竞赛提供组织保障。

第三届至第八届国际残疾人职业技能竞赛于 1991 年、1995 年、2000 年、2003 年、2007 年、2011 年分别在中国香港、澳大利亚珀斯、捷克布拉格、印度新德里、日本静冈、韩国首尔举行。第九届国际残疾人职业技能竞赛于 2016 年 3 月 24 日在法国波尔多湖畔展览中心开幕，3 月 26 日闭幕。这届竞赛共设计算机组装、网页制作、电子装配、数据处理等 49 个项目，有来自 35 个国家和地区的 400 余名选手参加比赛。[3] 第十届国际残疾人职业技能竞赛原定于 2020 年在俄罗斯莫斯科举行，因新冠疫情的影响推迟。

---

① 中国残疾人联合会编《中国残疾人事业大辞典》，华夏出版社，2018，第 192 页。

② 《国际、国内残疾人职业技能竞赛历史》，广东省残疾人联合会网，2007 年 8 月 31 日，http://www.gddpf.org.cn/ztjj/cjrzyjn/jsjs/content/post_ 590299.html。

③ 《第九届国际残疾人职业技能竞赛在法国波尔多开幕》，人民网，2016 年 3 月 25 日，http://world.people.com.cn/n1/2016/0325/c1002-28227978.html。

## （二）我国参加国际残疾人职业技能竞赛的历程

我国是国际残疾人职业技能竞赛运动的重要参与国，是国际残疾人职业技能竞赛联合会执行委员会成员。作为残疾人人力资源大国，我国除第一届国际残疾人职业技能竞赛派出观察员观摩竞赛活动外，组团参加了从第二届至第九届国际残疾人职业技能竞赛。在1985年举办的第二届国际残疾人职业技能竞赛上，我国首次组团参赛，派出19名选手参加金属车削、广告艺术、缝纫、木工等9个项目的比赛，共获得5枚银牌、2枚铜牌。

第三届国际残疾人职业技能竞赛于1991年在中国香港举行，我国派出由残疾人职业技能竞赛团和残疾人艺术团共150人组成的代表团。我国残疾人职业技能选手在竞赛中取得优异成绩，54名选手参加职业技能、生活技能等28个项目比赛，共获得10枚金牌、12枚银牌、15枚铜牌，金牌数和奖牌总数均位列第一。[①]

第九届国际残疾人职业技能竞赛我国派出42名选手参加计算机组装、网页制作、电子装配、刺绣等29个项目的角逐，共获得8枚金牌、6枚银牌、6枚铜牌。我国还积极支持国际残疾人职业技能竞赛组织工作，选派14名裁判员参加竞赛的评判工作，数量是上届的2倍。[②] 中国选手在历届国际残疾人职业技能竞赛中共获得金牌39枚、银牌47枚、铜牌41枚（见表1）。

表1 中国代表团参加历届国际残疾人职业技能竞赛情况一览

| 届数 | 参加人数（人） | 参加项目数（个） | 金牌数（枚） | 银牌数（枚） | 铜牌数（枚） | 奖牌总数（枚） |
|---|---|---|---|---|---|---|
| 第二届 | 19 | 9 | — | 5 | 2 | 7 |
| 第三届 | 54 | 28 | 10 | 12 | 15 | 37 |
| 第四届 | 19 | 19 | 2 | 4 | 4 | 10 |
| 第五届 | 29 | 25 | 4 | 9 | 5 | 18 |

① 《国际、国内残疾人职业技能竞赛历史》，广东省残疾人联合会网，2007年8月31日，http：//www.gddpf.org.cn/ztjj/cjrzyjn/jsjs/content/post_ 590299.html。

② 《国际残疾人职业技能竞赛落幕 中国选手再创佳绩》，海外网，2016年3月28日，https：//m.haiwainet.cn/middle/3540916/2016/0328/content_29777541_2.html。

| 届数 | 参加人数（人） | 参加项目数（个） | 金牌数（枚） | 银牌数（枚） | 铜牌数（枚） | 奖牌总数（枚） |
|---|---|---|---|---|---|---|
| 第六届 | 28 | 24 | 5 | 3 | — | 8 |
| 第七届 | 32 | 23 | 4 | 6 | 7 | 17 |
| 第八届 | 32 | 27 | 6 | 2 | 2 | 10 |
| 第九届 | 42 | 29 | 8 | 6 | 6 | 20 |
| 合计 | 255 | — | 39 | 47 | 41 | 127 |

资料来源：残联系统资料；《国际、国内残疾人职业技能竞赛历史》（http：//www.gddpf.org.cn/ztjj/cjrzyjn/jsjs/content/post_ 590299.html）；第九届国际残疾人职业技能竞赛，百度百科；中国残疾人联合会编《中国残疾人事业大辞典》，华夏出版社，2018；张莉：《国际残疾人职业技能竞赛研究》，《世界职业技能教育》2013年第3期。

## （三）我国残疾人职业技能竞赛的发展与现状

### 1. 我国残疾人职业技能竞赛起步阶段

我国残疾人职业技能竞赛起源于参加国际残疾人职业技能竞赛运动。1985年，为选拔选手组队参加在哥伦比亚举办的第二届国际残疾人职业技能竞赛，我国在湖北省武汉市举办了部分省份残疾人职业技能选拔赛，来自19个省份的20支代表队参赛。选拔赛共设车工、修表、缝纫、英文打字等10个竞赛项目，各项目取前三名，并为获奖者颁发奖状。

1989年，为参加在香港举行的第三届国际残疾人职业技能竞赛，经国务院批准，民政部、劳动人事部、全国总工会、中国残联在湖北省武汉市举办第一届全国残疾人职业技能竞赛，来自全国28个省（区、市）的29支代表队参加比赛。首届竞赛设14个竞赛项目，共有352名残疾人选手参加角逐。本届竞赛除为各项目取得前三名的残疾人选手分别颁发金、银、铜牌外，还设立团体奖，为获得前三名的省（区、市）代表队颁发奖杯。①

为参加第五届国际残疾人职业技能竞赛，2000年4~5月，中国残联在北京、天津、辽宁、山东、江苏、浙江、湖北等七个省市举办全国残疾人职

---

① 《国际、国内残疾人职业技能竞赛历史》，广东省残疾人联合会网，2007年8月31日，http：//www.gddpf.org.cn/ztjj/cjrzyjn/jsjs/content/post_ 590299.html。

业技能选拔赛，共有 330 多名选手参加比赛。这届选拔赛设刺绣、丝绸手绘、男女服装制作、计算机编程等 27 个竞赛项目，竞赛开幕式在江苏无锡举行，闭幕式在北京举行，历时两个月。

**2. 我国残疾人职业技能竞赛发展阶段**

2001 年，国务院发布《中国残疾人事业"十五"计划纲要（2001 年—2005 年）》，纲要明确提出"举办残疾人职业技能竞赛，表彰残疾人职业技术能手"，首次将举办残疾人职业技能竞赛纳入国家残疾人事业发展规划。2003 年，中国残疾人联合会、劳动保障部共同举办第二届全国残疾人职业技能竞赛，竞赛分别在上海、广州、北京三个城市举行。本次大赛共设计算机、服装、工艺美术、手工制作等五大类 22 个项目，来自全国各省（区、市）、新疆生产建设兵团、黑龙江垦区的 33 个代表团 600 余名残疾人职业技能选手参加竞赛。这次大赛，首次向优胜选手授予"全国技术能手"称号。从本届开始，国家确定定期举办全国残疾人职业技能竞赛。

第三届至第六届全国残疾人职业技能竞赛分别于 2007 年、2011 年、2015 年、2019 年在陕西西安、江苏南京、湖北武汉、浙江嘉兴举行（见表 2）。在第四届全国残疾人职业技能竞赛期间举办了全国残疾人就业及技能培训成果展暨首届全国残疾人展能节。第六届全国残疾人职业技能竞赛共设信息通信、美术、手工、工业和服务五大类 26 个项目，来自全国各省（区、市）和新疆生产建设兵团、黑龙江垦区的近 900 名残疾人选手参加比赛。

**表 2　历届全国残疾人职业技能竞赛一览**

| 届数 | 竞赛时间 | 举办地点 | 竞赛项目数 | 参加人数 |
| --- | --- | --- | --- | --- |
| 第一届 | 1989 年 5 月 | 湖北武汉 | 14 项 | 352 人 |
| 第二届 | 2003 年 8 月 | 上海、广州、北京 | 五大类 22 项 | 600 多人 |
| 第三届 | 2007 年 8 月 | 陕西西安 | 五大类 32 项 | 876 人 |
| 第四届 | 2011 年 6 月 | 江苏南京 | 五大类 30 项 | 788 人 |
| 第五届 | 2015 年 7 月 | 湖北武汉 | 五大类 24 项 | 843 人 |
| 第六届 | 2019 年 10 月 | 浙江嘉兴 | 五大类 26 项 | 892 人 |

资料来源：《历届全国残疾人职业技能大赛赛事简介》，中国网，2019 年 10 月 25 日，http：//canjiren. china. com. cn/2019-10/25/content_40934617. html。

### 3. 我国残疾人职业技能竞赛现状

全国残疾人职业技能竞赛已成为与全国残疾人运动会、全国残疾人艺术会演并重的一项重要残疾人赛事，是展示残疾人自强精神和职业技能才华、加强残疾人就业培训工作交流的重要平台。组织残疾人定期开展残疾人职业技能竞赛写入《残疾人就业条例》，以国务院法规的形式固定下来。全国残疾人职业技能竞赛与国际残疾人职业技能竞赛接轨，形成每四年举办一届的制度。

经过30多年的探索与实践，全国残疾人职业技能竞赛发展成为国家级一类职业技能竞赛。全国残疾人职业技能竞赛由中国残联、人社部等国家部委和单位主办，省级地方人民政府承办。竞赛项目通常由计算机技术、手工制作、工艺美术、工业技术、生活服务等五大类组成，每届竞赛项目根据国际残疾人职业技能竞赛要求，结合我国残疾人就业培训发展实际有所调整，近几届保持在24~32项。竞赛期间，同时还举办残疾人展能节、残疾人就业及技能培训成果展、残疾人就业高层论坛等一系列与残疾人就业培训相关的活动。全国残疾人职业技能竞赛已经形成较为有效的组织形式、相对固定的竞赛项目、比较丰富的活动内容。

从2012年开始，在全国残疾人职业技能竞赛间隔年间，国家每年举办全国残疾人岗位精英职业技能竞赛，竞赛项目与全国残疾人职业技能竞赛项目有所不同，以单项竞赛为主。2021年全国残疾人岗位精英职业技能竞赛在浙江省海宁市举行，竞赛设无人机操控、网络信息安全、宠物美容3个项目，有来自全国36个省、自治区、直辖市和计划单列市的代表队300余名残疾人选手参加比赛。全国残疾人岗位精英职业技能竞赛为国家级二类职业技能竞赛，已成为全国残疾人职业技能竞赛活动的重要组成部分。

## 二　职业技能竞赛促进了我国残疾人就业

### （一）职业技能竞赛是展示残疾人职业技能才华的大舞台

残疾人是重要的人力资源，各行各业蕴藏着无数残疾人能工巧匠和高技

239

能人才。残疾人职业技能竞赛为残疾人技能人才提供了展示才华的舞台。全国残疾人职业技能竞赛设立的竞赛项目虽然有限，但涉及残疾人就业的主要职种，会聚了国内从事这些职业的残疾人技能精英。全国残疾人职业技能竞赛举办之前，各地通过报刊、电视、广播、网络等媒体进行宣传，公布参赛条件，开通报名渠道，广泛动员符合条件的残疾人踊跃报名参赛。参加全国竞赛的绝大部分选手经过省级竞赛产生，有的还经过市级甚至县级的层层选拔，优胜选手基本上代表了全国的最高水平。在历届国际残疾人职业技能竞赛中，我国共派出255人次参赛，累计获得127枚奖牌，获奖率达到49.8%，展示出较高的职业技能水准。在近几届国际残疾人职业技能竞赛上，我国选手在刺绣、手工编织、服装制作、文本处理、CAD制图、摄影等项目上保持着较大的优势。

残疾人职业技能竞赛也是对残疾人能工巧匠技能水平的认可。从第二届全国残疾人职业技能竞赛开始，每届大赛竞赛项目第一名，以及参赛选手在15名及以上的竞赛项目第二名，由人力资源和社会保障部授予"全国技术能手"称号。同时，获得较好名次的残疾人选手还有机会晋升职业资格，竞赛项目前5名的选手可以晋升高级工或技师。全国残疾人岗位精英职业技能竞赛已纳入国家职业技能竞赛管理序列，获得竞赛项目前两名的选手也被授予"全国技术能手"称号。至2021年，全国已有257名残疾人选手通过各类残疾人职业技能竞赛获得"全国技术能手"称号（见图1）。

从获得"全国技术能手"称号的残疾人分布可以看出，江苏、浙江、上海、河南、山东、北京等省市获得"全国技术能手"称号的人数排在前六位，东部地区、中部地区、西部地区获得"全国技术能手"称号的人数分别为172人、54人、31人，占比分别为66.93%、21.01%、12.06%，东部地区比中部地区、西部地区分别高出45.92、54.87个百分点，从侧面反映出残疾人高技能人才资源在全国的地区差异。

全国残疾人职业技能竞赛还为残疾人特殊技能人才搭建了展示才艺的平台。从第四届全国残疾人职业技能竞赛开始，与竞赛同期举办残疾人展能节。残疾人展能节主要由残疾人作品展示、产品展销和残疾人特殊技能人才

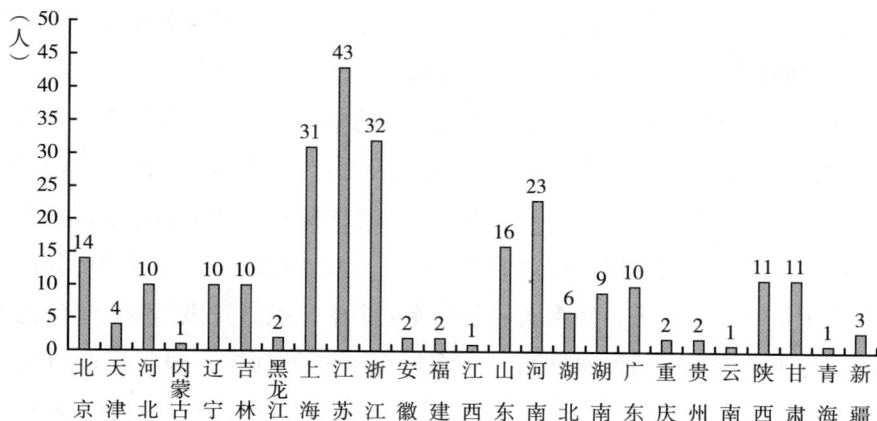

**图1　全国通过各类残疾人职业技能竞赛获得"全国技术能手"称号的残疾人分布**

说明：数据截至2021年，新疆数据包含新疆生产建设兵团数据。

资料来源：根据残联系统统计资料整理。

表演等部分组成。残疾人特殊技能人才表演是整个活动的亮点。表演项目除传统的绘画、印染、雕刻和各类艺术品制作外，各省（区、市）还选派具有当地特色的残疾人特殊技能人才参加。首届残疾人展能节共有164名残疾人特殊技能人才参加才艺表演。残疾人特殊技能人才的表演很有感染力，如无臂残疾人用脚写字、刺绣、打字和用嘴衔笔写字，汶川地震截肢女孩展示精湛绣艺，聋人精彩的时装模特表演等，以对生命抗逆潜能的有力诠释，展现出独特的生命之美，给予前来观摩的社会各界群众强烈的视觉冲击和心灵震撼。残疾人以非凡的毅力克服逆境、改变命运的自强不息精神，通过媒体的宣传报道得以放大，在社会上产生巨大的影响。

## （二）职业技能竞赛推动开展高层次残疾人职业技能培训

残疾人职业技能竞赛对高层次残疾人职业技能人才的培养具有导向作用。残疾人职业技能竞赛可分为国际竞赛、全国竞赛、省级竞赛、市县竞赛几个层面。为在残疾人职业技能竞赛中取得好成绩，对优秀残疾人职业技能选手进行赛前集训是国家和地方的普遍做法。残疾人职业技能选手赛前集训，主观上是为了夺取好的成绩，为国家或地方争光，客观上提高了残疾人的职业技能水平，推动了高层次残疾人职业技能人才的培养。对应各层次残疾人职业技能竞赛，残疾人职业技能选手赛前集训可分为国家集训、省级集训、市县集训三个层次。国家集训培训选手比较少，但培训水平高，选手的技术水平基本上代表着国家的最高水准，取得国际竞赛金牌的选手也代表着世界最高水准。省级培训面相对要宽，集训时间也比较长，一般采用分散集训和封闭集训两种方法，残疾人职业技能选手水平提高较快。市县集训比较灵活，普遍来说集中培训时间较短，多以专家指导为主，很少采取封闭集训，但培训面广量大，为省和国家选拔具有潜能的残疾人职业技能人才打下较为坚实的基础。

全国残疾人职业技能竞赛的竞赛项目规则对高质量、规范化开展残疾人职业技能人才培训提供了依据。为组织好竞赛，全国残疾人职业技能竞赛组委会设立竞赛评判委员会，评判委员会成员包括竞赛项目行业内的资深专家。评判委员会负责制定各竞赛项目规则。竞赛规则依照国家职业分类大典高级工要求，结合国际残疾人职业技能竞赛标准制定，包括竞赛标准、试题和评判细则。竞赛前全国残疾人职业技能竞赛组委会公布各项目竞赛标准，部分项目还提前公布试题。各省（区、市）和市县残疾人职业技能选手的赛前训练基本上按照国家公布的竞赛标准进行。按国家公布的竞赛标准开展残疾人职业技能培训，培训内容明确、技术要求规范、训练更加正规，培训导师也有了权威的技术遵循，有效提高了残疾人职业技能培训的质量。有些参加培训的残疾人选手为自学成才成长起来的"民间高手"，在技术上有弱项，导师按照竞赛标准对其进行有针对性的训练，纠正过去不正确的习惯，使其由"土生工匠"成长为"正规工匠"，为参加竞赛取得好成绩，也为后续的职业能力成长、实现更好的创业就业打下良好基础。

职业技能竞赛催生各地建立残疾人高技能人才培训基地。许多省（区、市）依托高校、研究机构、企业建立省级残疾人职业技能培训基地，常态化培养高技能残疾人职业技能人才。培训基地依托的单位大多曾经承担残疾人职业技能选手赛前集训任务，有开展培训的场地、设备、师资，也有对残疾人进行技能训练的经验和热情，尤其是一些具有当地特色产业项目的单位具有较高的比较优势。以残疾人职业技能培训基地的形式将这些单位固定下来，并给予一定的支持建立与竞赛项目相关的培训平台，以开办培训班、师带徒等形式对残疾人优秀职业技能选手进行经常性训练和指导，是在组织残疾人职业技能竞赛活动中探索出的新型合作形式。

## （三）职业技能竞赛对残疾人就业行业分布和从业职种具有导向作用

我国组织残疾人职业技能竞赛活动，起初是为了参加国际残疾人职业技能竞赛，设立的竞赛项目以国际竞赛项目为准，通常选择较为通用的职业种类，并且设立的竞赛项目比较少。经过30多年的发展演变，全国残疾人职业技能竞赛的竞赛项目已从第一届的14个项目，发展到最多时达到32个项目。以第六届全国残疾人职业技能竞赛设立的26个竞赛项目为例（见表3），虽然竞赛项目不是历届最多，但竞赛项目的设立既与国际竞赛接轨，又兼顾残疾人就业，有通用性强、涉及残疾人就业面广的项目，也有技术含量高、具有发展潜力的项目，竞赛项目基本上涵盖了当前残疾人就业的主要行业和从业职种。

表3　第六届与第一届全国残疾人职业技能竞赛项目对比

单位：项

| 竞赛项目类别 | 第六届全国残疾人职业技能竞赛 | | 第一届全国残疾人职业技能竞赛 | |
| --- | --- | --- | --- | --- |
| | 竞赛项目数 | 竞赛项目 | 竞赛项目数 | 竞赛项目 |
| 信息通信技术类 | 6 | IT网络系统管理、计算机编程、网页制作、数据处理、桌面出版、文本处理 | 1 | 计算机编程 |
| 美术专业类 | 3 | 海报设计、摄影艺术创作、动漫设计 | 1 | 广告艺术 |
| 手工业类 | 8 | 竹编、刺绣、插花、棒针纺织、陶艺、剪纸、服装制作、木雕 | 7 | 缝纫、木工、木雕、硬材料编织、毛线编织、英文打字、中文打字 |
| 工业类 | 3 | CAD制图、电子装配调试、机电一体化 | 2 | 车工、机械制图 |

| 竞赛项目类别 | 第六届全国残疾人职业技能竞赛 | | 第一届全国残疾人职业技能竞赛 | |
| --- | --- | --- | --- | --- |
| | 竞赛项目数 | 竞赛项目 | 竞赛项目数 | 竞赛项目 |
| 服务类 | 6 | 美发、蛋糕装饰制作、盲人保健按摩、中式面点制作、茶艺、咖啡冲调 | 3 | 修表、修收音机、修电视机 |
| 合计 | 26 | — | 14 | — |

资料来源：残联系统资料；《国际、国内残疾人职业技能竞赛历史》，http://www.gddpf.org.cn/ztjj/cjrzyjn/jsjs/content/post_590299.html。

全国残疾人职业技能竞赛还设立多项具有中国特色的竞赛项目，如剪纸、扎染、美甲、盲人保健按摩等竞赛项目，贴近我国残疾人独特的就业需求。尤其是盲人保健按摩项目，是近些年发展起来的盲人就业的主要渠道。盲人保健按摩项目将中国传统的中医按摩手法与盲人触觉灵敏的特长相结合，较为适合视力障碍残疾人就业。国家大力推动盲人保健按摩技能培训，2012~2021年的10年间，全国累计培训盲人保健按摩人员17.8万余人次。全国残疾人职业技能竞赛设立盲人保健按摩项目，为从事保健按摩职业的视力障碍残疾人提供学习、交流、提高的平台。

### （四）残疾人就业培训环境持续优化

举办残疾人职业技能竞赛，不断提升竞赛活动的影响力，促进了残疾人就业培训环境持续优化。组织残疾人职业技能竞赛活动、推动残疾人就业培训发展的要求，已连续纳入国家"十五""十一五""十二五""十三五""十四五"残疾人事业发展规划。全国残疾人职业技能竞赛引起国家、地方政府领导对残疾人事业和残疾人就业培训工作的重视。历届全国残疾人职业技能竞赛期间，各省（区、市）省级政府领导担任各地代表团团长，出席技能竞赛、展能节相关活动。国家部委除主办单位中国残联、人社部外，参加组委会的成员单位从各自的职能出发支持办赛，派出人员出席竞赛活动。第六届全国残疾人职业技能竞赛前夕，中共中央政治局常委、国务院总理李克强做出重要批示，指出全国残疾人职业技能大赛展示了残疾人的奋斗风采，要坚持不懈做好残疾人职业技能提升和就业创业促进工作。中央广播电视台、人民日报、中国日报、中新网等主要媒体安排记者采访大赛，各省（区、市）也选派当地主要媒体记者随团采访报道，营造集中关注残疾人能工巧匠和高技能人才生态的社会氛围。

全国残疾人职业技能竞赛期间，举办残疾人就业及技能培训成果展，展示近期各地残疾人就业培训工作的成果，以图片、影像、实物等形式，突出残疾人工作的亮点和特色，以及宣传做出突出成绩的残疾人企业家、残疾人技能精英。全国残疾人职业技能竞赛期间举办残疾人就业高层论坛，国家部委和地方政府领导、国内知名专家学者参加研讨，为推动残疾人事业发展、解决制约残疾人就业培训发展的深层次问题出谋划策。全国残疾人职业技能竞赛期间还举办残疾人企业产品展销活动，吸引了全国各地众多残疾人福利企业、国际知名品牌企业参展，为以吸纳残疾人就业为主的企业提供宣传展示的机会，也为更多的企业认识残疾人能工巧匠的能力、促进用人单位引进残疾人高技能人才搭建了平台。

残疾人职业技能竞赛有利于提高人们对残疾人职业潜能的认识程度，促进全社会形成残疾人就业新观念：残疾人也是重要的人力资源，是推动经济社会发展的重要力量。残疾人职业技能选手通过竞赛及赛前集训提高技能水平，获得相应荣誉，提高了知名度，为创业就业和在优质岗位稳定就业创造了条件。来自江苏宜兴的肢体残疾人夏淑君，在第三届、第四届国际残疾人职业技能竞赛陶艺项目上连续两届获得金牌，荣获中国职业技能最高表彰奖项"中华技能大奖"。她领办国家级技能大师工作室，制作高品质的紫砂壶，作品被中南海紫光阁收藏。[1] 获得三枚国际残疾人职业技能竞赛刺绣金牌的苏州绣娘陈秋英，开办残疾人刺绣培训班，指导学员提高技艺，帮助残疾人通过刺绣项目实现就业。残疾人在参加职业技能竞赛活动的过程中，不断激发潜能、提高技艺，开阔了眼界，树立了信心，在职业成长过程中成为社会福利的有效供给者，为经济社会发展做出积极贡献。

---

[1] 《民间工匠》，江苏省人力资源和社会保障厅网，2017 年 9 月 22 日，http：//jshrss. jiangsu. gov. cn/file/service/zt/20170922jssxt/mjgj/201709/t20170922_ 211379. html。

## 三 开展残疾人职业技能竞赛存在的问题分析

### （一）残疾人技能人才培养覆盖面有待拓展

不可否认，残疾人职业技能竞赛培养出一批高技能残疾人职业技能人才，许多残疾人通过竞赛脱颖而出，成为国家级甚至世界级职业技能顶尖能手。但相对于面广量大的残疾人群体，残疾人职业技能竞赛和集训的规模都比较小，技能竞赛培训高技能人才的辐射面还比较窄，远远不能满足广大残疾人渴望提高职业技能水平的需要。残疾人职业技能竞赛制度有待健全。国家和省级残疾人职业技能竞赛一般定期举行，但涉及人数相对较少，竞赛规模最大的全国残疾人职业技能竞赛参赛残疾人选手不到一千人。面向广大残疾人群体的基层往往没有形成固定的残疾人职业技能竞赛制度，有的市县不是通过举办残疾人职业技能竞赛选拔选手，而是推荐选手直接参赛。常态化的残疾人高技能人才职业技能培训机制尚未建立，以常态化的培训保持和提高残疾人职业技能选手的技术水平，为残疾人提高就业能力赋能的供给能力不足。同时，由于组织职业技能竞赛和集训的资源可获取程度不同，残疾人职业技能竞赛还呈现从国家到省、市、县高技能人才培训边际效果递减效应，越往基层高技能人才的培训质量越打折扣。通过残疾人职业技能竞赛取得好的成绩，为国为地方争光固然重要，但竞赛不是目的，竞赛是为了推进残疾人职业技能培训，从而促进残疾人更好就业。如何吸引更多在岗残疾人参加职业技能培训，提高职业发展能力；如何使更多待业的残疾人通过高质量培训获得一技之长，实现有尊严地就业，是开展残疾人职业技能竞赛活动面临的重要课题之一。

### （二）职业技能竞赛对促进残疾人就业的引领作用有待提升

残疾人职业技能竞赛通过职业技能选手培训培养、宣传报道、优秀选手的示范作用将其影响力传递延伸到就业上，对就业起到重要的引导作用。但由于残疾人职业技能竞赛规模有限，竞赛项目设置不多，有些就业需求量大、适合残疾人就业的项目尚未纳入竞赛范畴。四年一届的全国残疾人职业技能竞赛，加上一年一度的全国残疾人岗位精英职业技能竞赛，竞赛项目合起来仅30多项，国家职业分类大典公布的职业有1838个，[①] 残疾人职业技能竞赛设立的竞赛项目所占比例很小。有些竞赛项目比较复杂，需要专门的场地、设备，或竞赛时间较长，或需要专门的安全防护，如涉及农村农业的就业项目、大型工业项目、精密仪器等领域的项目，需要研究专门的竞赛规则和竞赛形式，组织竞赛比较困难，一时难以列入残疾人职业技能竞赛之中。还有些国际竞赛涉及的项目，比如第九届国际残疾人职业技能竞赛项目中的建筑石雕、汽车构造、假肢制作、园艺景观、废旧物品再利用等20多个项目没有纳入第六届全国残疾人职业技能竞赛项目之列。省级以下残疾人职业技能竞赛创新不足，新设立的竞赛项目不多，大部分省（区、市）仅围绕国家设置的竞赛项目组织竞赛。有些地方没有充分发挥优秀残疾人选手的作用，对残疾人职业技能竞赛选手创业就业的支持力度不大，优秀残疾人选手创业就业的环境有待改善。不少地方还存在重竞赛、轻就业的现象，在竞赛项目就业潜力的挖掘上，缺少推进的动力，特别是对竞赛新设项目如何与当地实际结合，开辟残疾人就业新领域的研究不够充分。

### （三）残疾人职业技能竞赛体系有待进一步完善

举办残疾人职业技能竞赛为残疾人能工巧匠和高技能人才提供了展示才华的机会，但目前残疾人职业技能竞赛体系因受到竞赛规模、竞赛项目、竞赛频次的限制，无法吸纳更多的残疾人参赛，难以满足残疾人日益增长的参加竞赛的需求。许多不在竞赛项目内的残疾人能工巧匠、民间高手，因竞赛没有设项而失去参加竞赛的机会。残疾人参加为健全人举办的职业技能竞赛，因为受到参赛资格、比赛环境等因素的影响，参加竞赛存在种种障碍。

---

① "职业"，百度百科，https：//baike. baidu. com/item/%E8%81%8C%E4%B8%9A/2133531?fr=aladdin#5。

同时，全国残疾人职业技能竞赛单独举办，虽然产生较大的影响力，但与全国职业技能大赛相比，在办赛质量、规模、影响力上尚有差距。不同类别残疾人参加职业技能竞赛还存在不均衡现象，第四届全国残疾人职业技能竞赛参赛选手中，肢体残疾选手占 56.6%，听力残疾选手占 20.7%，多重残疾选手占 10.7%，视力残疾选手占 8.6%，言语残疾选手占 2.8%，精神残疾选手占 0.5%，智力残疾人没有参赛选手。残疾较重的残疾人选手在竞赛中难以获得奖牌，虽然他们顽强拼搏的精神、较好的技能表现得到大会组织者的认可，但技术水平与轻度残疾人相比还有差距，竞赛组委会往往设置拼搏奖等奖项给予安慰性奖励。残疾人职业技能竞赛的执裁模式有待改善，需要逐渐与国际职业技能大赛接轨。残疾人职业技能竞赛资金投入不足，制约着职业技能竞赛办赛规模的扩大、办赛质量的提升。开展残疾人职业技能竞赛活动在竞赛组织、选手选拔和培训、训练基地建设、优胜选手奖金等方面的资金投入，都与残疾人体育竞赛有较大差距。

## 四　提升职业技能竞赛对残疾人就业促进作用的对策建议

### （一）建立"融合竞赛"机制，拓宽残疾人能工巧匠培养渠道

残疾人就业权利是国家宪法赋予的基本权利，是残疾人发展权的重要组成部分。建立"融合竞赛"机制，使更多的残疾人有机会参加竞赛，通过竞赛培训技能，提高职业技术水平，从而实现更好的就业，是残疾人享有发展权的重要体现。所谓"融合竞赛"，是指残疾人参加政府、社会、行业举办的各类职业技能竞赛，残疾人竞赛与健全人竞赛相互融合，从而提高残疾人参加职业技能竞赛的概率。健全人的竞赛种类繁多，竞赛项目包罗万象，与残疾人职业技能竞赛相比，涉及更多的行业领域和职业种类。从全国残疾人职业技能竞赛和残疾人展能节残疾人的出色表现来看，残疾人有非凡的职业潜能，三百六十行，行行都有残疾人出状元的可能性。参加健全人的职业技能

竞赛，可以使残疾人职业技能竞赛普及到更广泛的范围，更多残疾人的技能才华有机会得到展示。然而，残疾人参加健全人职业技能竞赛还存在一些障碍，比如有些竞赛是行业内的比赛，对报名参加竞赛的资格有限制；获取竞赛信息的渠道不畅通，有技能有意愿的残疾人不知如何参加竞赛；收入较低的残疾人选手参加比赛存在经济上的困难；竞赛环境存在障碍，为健全人安排的竞赛很少考虑到残疾人特殊的无障碍需求等。建立残疾人职业技能"融合竞赛"机制，首先要改变人们的观念，打破行业限制，让残疾人有平等参加竞赛的资格和权利。在竞赛环境上，要为残疾人参加竞赛提供无障碍化的便利条件，如为残疾人设立合适的工作台，允许残疾人携带不影响竞赛公平的特殊器具，为有需要的残疾人选手配置手语翻译、盲文资料等。残联组织应与竞赛主管部门建立信息沟通渠道，及时向残疾人技能人才发布和传递竞赛相关信息，保证残疾人参赛的知情权。建议从残疾人就业保障金中安排一定资金，作为残疾人人力资源开发的人力资本投入，支持经济困难残疾人技能选手参加竞赛。全国残疾人职业技能竞赛也应当与全国职业技能大赛相融合，参照残奥会与奥运会、残运会与全运会相融合的模式，在同一时间、同一地点举办两个赛事，实现"两个竞赛，同样精彩"，提高办赛水平、竞赛质量和赛事影响力。

（二）发挥竞赛龙头作用，建立职业教育和职业技能培训"双轮驱动"人才培养体系

目前，残疾人职业技能竞赛汇聚的优质资源主要集中在培训培养残疾人高技能人才精英上。利用好职业技能竞赛资源，发挥职业技能竞赛对残疾人职业技能培训的龙头作用，扩大残疾人职业技能培训的覆盖面，推动培育千千万万残疾人能工巧匠，把职业技能竞赛打造成残疾人职业技能培训的策源地，应是国家花大力气举办残疾人职业技能竞赛的初衷所在。提高职业技能是为残疾人实现就业赋能，而赋能最为重要有效的手段是职业教育和职业技能培训。建立和完善残疾人职业教育和职业技能培训体系，发挥两个体系推动残疾人高技能人才培训培养的"双轮驱动"效应，可以扩大残疾人职业技能人才培训培养覆盖面，厚植残疾人职业技能人才的基础。一方面，职业

教育为残疾人职业技能人才培养提供有力的人才和智力支撑。开展残疾人职业教育的高等院校和中等职业教育学校、技工学校是残疾人职业教育的主阵地。残疾人职业教育院校应发挥学校在师资力量、技术资料、知识储备、场地设备等方面的优势，积极与残疾人职业技能竞赛衔接，设置与竞赛项目接轨的职业教育课程，将竞赛项目相关内容纳入教学计划，有针对性地对残疾学生开展职业技能训练。对一些新设立的科技含量高、具有引领作用、就业前景广阔的项目，集中力量积极开展研究，探索在新项目上残疾人职业技能人才的培养路径。另一方面，大力推进针对就业年龄段有就业意愿残疾人的职业技能培训，通过培训提升残疾人的职业技能水平，提高残疾人的就业能力。残疾人职业技能人才培训除以职业技能竞赛项目为指南设置培训内容外，更应针对市场需求和残疾人意愿设置培训项目和内容。尤其应当注重设置符合当地产业发展情况，具有当地特色的适合残疾人就业的项目，通过职业技能培训提高残疾人在传统项目上职业发展的比较优势。应依托在职业技能竞赛项目或当地传统优势项目上有资源的单位建立残疾人职业技能培训基地，开展残疾人职业技能人才常态化培训。在集中办班开展残疾人职业技能培训的同时，也应重视师带徒的个性化培训方式，名师、大师指导有潜质的徒弟学习技艺是培养残疾人能工巧匠的重要途径，也能使传统工艺得到传承发展。基地应加强与人社部门的合作，共同推进和规范残疾人职业技能培训活动，对完成培训内容的残疾人学员进行职业技能鉴定，向达到相应资格要求的学员颁发职业资格证书或晋升等级，提高残疾人职业技能培训的质量。

（三）以就业为导向设置竞赛项目，发挥职业技能竞赛对就业的牵引作用

当前，我国社会的主要矛盾是人民日益增长的美好生活需要和不平衡不充分的发展之间的矛盾，反映在残疾人就业上，矛盾主要集中体现为就业不充分、职业分布不平衡。开展残疾人职业技能竞赛，拓展残疾人就业职种选择范围，引导残疾人从事更有技术含量的职业，对扩大残疾人就业面、提高残疾人就业质量有着重要的推动作用。在继续保持竞赛项目与国际接轨的同

时，残疾人职业技能竞赛应开拓竞赛项目设项范围，使残疾人技能人才有更为广阔的用武之地，有更多的就业取向可以选择，以满足残疾人更为美好的就业愿望和就业需求。应广泛深入开展调研，收集就业市场和就业需求信息，选择设立具有良好市场就业前景、适合残疾人就业的项目，通过职业技能竞赛扩大其影响力和提高残疾人知晓率，促进更多残疾人通过新的职业实现就业。组织力量研究适合残疾人就业的非遗项目，创新竞赛方法和组织形式，制定公平的竞赛规则，促进非遗项目纳入残疾人职业技能竞赛范围。应当注重挖掘具有职业发展潜力的前沿科技竞赛项目，提升残疾人在具有较高科技含量的职业中的就业能力。2020 年我国数字经济的规模为 39.2 万亿元，占 GDP 的比重达 36.8%，[①] 数字经济所涉及的信息化、网络化、智能化领域具有广阔的就业发展前景，成为残疾人特别是新时代残疾青年就业的重要途径。推动残疾人职业技能竞赛项目向农村农业延伸。农业科技和实用技术人才需求量大，从传统的农机、农具、种植、养殖技术项目，到新兴的无人机农业技术、农村电商、快递物流，甚至手机在就业上的应用等项目，都有可能被开发为残疾人职业技能竞赛项目。采取有效措施鼓励支持基层设立具有当地特色的竞赛项目，提高残疾人在地方特色产业中就业的竞争力。应建立残疾人职业技能竞赛与残疾人就业的有效衔接，制定相关政策，支持残疾人职业技能选手就业创业。

### （四）提高职业技能竞赛办赛水平，提升残疾人高技能人才供给能力

残疾人职业技能竞赛培养和造就了一批技术水平较高的残疾人技能人才，但无论在办赛的形式、办赛的质量还是推进残疾人技能人才培养上都有需要提升的空间。提高残疾人职业技能竞赛的质量，推进职业技能竞赛向更为广阔的领域拓展，需要推动残疾人职业技能竞赛品牌化、规范化发展，开展多层次多类型的残疾人职业技能竞赛，扩大残疾人高水平技能型人才和适

---

[①]　赵丹：《筑牢数字生态的制度根基》，《人民日报》2022 年 3 月 17 日，第 5 版。

用型人才的有效供给。

开展多层次残疾人职业技能竞赛。在巩固和提高全国和省级残疾人职业技能竞赛、固化省辖市级竞赛的同时，应重点推动县级以下残疾人职业技能竞赛的开展，形成基层开展残疾人职业技能竞赛的制度。基层竞赛可以因地制宜采取形式多样、灵活适用的竞赛形式，如以技能表演、大比武、打擂台、挑战赛等多种形式，展示残疾人特殊技能和才华、激发残疾人学习技能的积极性和兴趣。创新竞赛形式，在全国残疾人职业技能竞赛间歇年间，组织开展区域性残疾人职业技能竞赛，如长三角地区、珠三角地区、西北地区、东北地区联赛等，增加残疾人职业技能竞赛的频次。广泛开展多种类型的残疾人职业技能竞赛，探索举办诸如残疾人青少年选手技能竞赛、残疾人农业技能竞赛、残疾人非遗项目竞赛等新赛事，开拓残疾人职业技能竞赛新领域。可以依托有资源的高校、研究机构、知名企业、社会组织分类别建立残疾人职业技能竞赛行业协会、研究中心等机构，利用社会力量组织、管理不同类型的残疾人职业技能竞赛。研究为不同类型和等级的残疾人提供平等公平比赛机会的竞赛组织方式。参照设立盲人保健按摩项目扩大视力残疾人参加竞赛规模的做法，研究不同残疾人的技能特点，设立适合不同类型残疾人的特殊竞赛项目。建议借鉴残疾人体育比赛分级竞赛的方法，或给予延长时间、提供特殊辅助等方式，研究制定重度残疾人平等竞赛的规则，为重度残疾人选手获得应有的尊重、较好的成绩提供机会。

适当扩大"全国技术能手""全省技术能手"授予面，对参加整体技能水平较高项目比赛的残疾人选手，适当提高相应荣誉授予比例。同时打通获得较好名次残疾人选手晋升职业资格的堵点，制定符合残疾人实际情况的特殊晋升规则。建立高水平残疾人职业技能竞赛裁判员队伍，提高执裁水平，完善评判模式、仲裁机制，保证竞赛过程和结果公平公正。建议选择适当时机申办国际残疾人职业技能大赛，在提高我国残疾人职业技能竞赛影响力、展示中国人权保障事业发展成果的同时，提升我国残疾人职业技能竞赛办赛水平。加大对残疾人职业技能竞赛的资金投入力度。残疾人职业技能竞赛与残疾人体育运动竞赛资金投入有较大的差距，仅就优秀残疾人选手奖金而言，国家给予在第 31 届残奥会上获得金牌、银牌、铜牌的残疾人运动员的奖金分别为 60 万元、35 万元、23 万元，而给予在同年举办的第九届国际残疾人职业技能大赛上获得金牌、银牌、铜牌的残疾人选手的奖金分别为 5 万元、3 万元、2 万元，两者差距明显。多渠道筹措残疾人职业技能竞赛资金，加大财政资金投入力度，广泛争取社会资源，同时应提高在残疾人就业保障金中安排职业技能竞赛相关活动资金的比例，为提升残疾人职业技能竞赛质量、培训培养残疾人高技能人才提供经费保障。

## 参考文献

高晓平、牟民生、周沛：《残疾人发展理论研究》（卷一），南京大学出版社，2017。

高晓平、牟民生、周沛：《残疾人发展理论研究》（卷二），南京大学出版社，2018。

凌亢、白先春等：《中国残疾人事业发展报告 2006—2015》，中国统计出版社，2017。

凌亢主编《中国残疾人事业发展报告（2018）》，社会科学文献出版社，2018。

江苏省残疾人联合会编《江苏省残疾人状况分析和事业发展研究》，河海大学出版社，2009。

江苏省残疾人事业发展研究会、南京大学残疾人事业发展研究中心编著《中国特色残疾人事业概论——残疾人工作基本知识培训读本》，华夏出版社，2017。

《中国残疾人事业重要文件选编：1978—2018》编辑组编《中国残疾人事业重要文件选编：1978—2018》，华夏出版社，2018。

# B.11
# "互联网+"背景下我国残疾人
# 就业的发展分析[*]

王庭照　陈一铭　王　潇[**]

**摘　要：** 近年来，我国逐渐探索出了基于互联网的残疾人就业支持模式，
积累了"互联网+残疾人就业"的实践经验。总的来看，"互联
网+残疾人就业"的发展历史较短，经历了探索期、快速发展
期，在残疾人实现个体价值、残疾人就业政策保障、信息无障
碍建设方面取得了显著的发展成效，政府积极引导残疾人利用
互联网进行就业创业。但是"互联网+残疾人就业"的发展仍然
面临着诸多挑战，互联网服务区域间发展水平不平衡、残疾人
群体内就业能力不平衡、信息无障碍立法规范性不够、信息无
障碍普及程度不高、政策扶持力度有待加大、社会支持体系有
待健全。为有效应对挑战，需要完善"互联网+残疾人就业"的
政策法规，改进"互联网+残疾人就业"的支持服务，优化"互
联网+残疾人就业"的评估与培训，探索"互联网+残疾人就业"
的新形式。

**关键词：** 互联网+　残疾人就业　信息技术　无障碍

---

* 本报告为国家社科基金重大项目"汉语自闭症人群的社会融合路径研究"（项目编号：
21&ZD293），海南省高等学校科学研究项目"海南省黎族地区特殊教育发展模式研究——基
于黎族文化保护的视角"（项目编号：hnky2021-21）阶段性研究成果。

** 王庭照，博士，教授，陕西师范大学博士生导师，研究领域为特殊儿童发展与评估；陈一
铭，陕西师范大学博士研究生，海南师范大学教育学院讲师，研究领域为残疾人职业教育；
王潇，陕西师范大学博士研究生，西安市盲哑学校教师，研究领域为特殊教育教师信息素养。

# 一 "互联网+残疾人就业"概述

互联网是 20 世纪末兴起的网络与网络组成的庞大的网络系统，随着信息技术的发展，各种信息终端设备不断更新迭代，互联网的使用也变得越来越普及。中国互联网络信息中心（CNNIC）发布的第 49 次《中国互联网络发展状况统计报告》显示，截至 2021 年 12 月，在网民中，即时通信、网络视频、短视频用户使用率分别为 97.5%、94.5% 和 90.5%，用户规模分别达 10.07 亿、9.75 亿和 9.34 亿；在线办公、在线医疗用户规模分别达 4.69 亿和 2.98 亿，网上外卖、网约车用户规模分别达 5.44 亿和 4.53 亿。[①] 可见互联网已经应用到国民生活的方方面面，深刻地影响着人们生产、生活、交流的方式。

## （一）核心概念理解

### 1. "互联网+"的内涵

在互联网深刻影响社会发展的时代，"互联网+"的内涵也变得较为复杂。"互联网+某领域"就是通过互联网的方式，运用互联网思维对"某领域"进行互联网化。"互联网+"最早致力于对传统行业的改变，普遍认为每一个传统行业都可以被互联网化，但也有学者指出"互联网+"是有条件的，不是随便什么都可以"+"，一定要从实际出发。[②] 不同的领域对"互联网+"有不同的解释。有学者认为，从社会治理、经济转型、信息传播不同角度来理解"互联网+"，其所承担的使命也有所不同。[③] "互联网+"的

---

① 《第 49 次〈中国互联网络发展状况统计报告〉》，中国互联网络信息中心，2022 年 2 月 25 日，http://www.cnnic.cn/n4/20220401/c88-1131.html。

② 周鸿铎：《我理解的"互联网+"——"互联网+"是一种融合》，《现代传播》（中国传媒大学学报）2015 年第 8 期，第 114~121 页。

③ 张岩：《"互联网+教育"理念及模式探析》，《中国高教研究》2016 年第 2 期，第 70~73 页。

本质是传统产业的在线化、数据化，[①] 并将在线化和数据化融合拓展到更宽广的产业领域，推动产业结构迈向中高端。[②] 互联网已经给各个产业带来了巨大变革，有学者指出"互联网+"未来发展的三个方向，分别是"互联网+工业""互联网+商贸""互联网+金融"，同时"互联网+医疗""互联网+交通""互联网+公共服务""互联网+教育"也紧随其后呈现蓬勃发展的态势。[③] 毫无疑问，"互联网+"给传统行业的变革带来诸多机会，同时也催生出了新的服务模式、发展模式。

2. "互联网+残疾人就业"的内涵

目前尚没有对"互联网+残疾人就业"统一的界定，但在"互联网+"背景下残疾人就业被赋予了丰富的内涵。有学者认为，"互联网+残疾人就业"是指在现代信息科技高速发展的状态下，政府和企业充分打造的基于互联网时代背景的就业新形式，[④] "互联网+残疾人就业"的服务主体不同，其内涵也有所不同。从政府角度来看，政府要充分发挥互联网的优势，在职业培训、资源整合、模式创新方面做好对残疾人就业的支持服务，主要体现在以下三点。第一，运用互联网思维解决残疾人就业过程中面临的问题，逐步消除残疾人信息交换的障碍。第二，利用互联网技术创造新的就业形式，增加残疾人就业的机会。第三，利用大数据分析做好对残疾人就业的支持，便利残疾人生活。从残疾人个体角度来讲，要积极投身于互联网的浪潮中，把握新的就业形式，实现灵活就业。综合前人研究和对已有实践经验的总结，我们认为互联网是工具而不是目的，"互联网+残疾人就业"更多是一种思维方式的转变，残障群体可以利用互联网进行就业创业实现个体价值，政府和社会可以借助互联网做好对残障群体的支持和服务。

---

[①] 宁家骏：《"互联网+"行动计划的实施背景、内涵及主要内容》，《电子政务》2015年第6期，第32~38页。

[②] 邬贺铨：《"互联网+"行动计划：机遇与挑战》，《人民论坛·学术前沿》2015年第10期，第6~14页。

[③] 于佳宁：《"互联网+"的三个重要发展方向》，《物联网技术》2015年第4期，第3~4页。

[④] 于丽丽：《"互联网+"背景下残障群体就业问题研究》，硕士学位论文，山东大学，2017，第9页。

### （二）"互联网＋残疾人就业"的模式

残疾人群体复杂多样，要根据障碍程度和障碍类型确定互联网在残疾人就业中所扮演的角色和扶持力度，"互联网＋残疾人就业"呈现多种发展模式。有学者专门论述了"互联网＋"时代残疾人居家就业模式，分析了残疾人居家就业的 B2C 模式、C2C 模式、综合集成应用及技术支持系统，[①] 主要以电子商务为基本就业形式，但此类形式对残疾人个体要求较高，适用于轻度感官类障碍和肢体类障碍群体。有学者针对重度残疾群体提出"互联网＋残疾人就业"的三种模式，即技能培训＋政策扶持模式、服务平台＋招聘会/示范基地模式、政府购买＋电商服务模式，[②] 此模式针对重度残疾群体对政策的依赖性较强，以政府购买服务的庇护性就业为主。"互联网＋"背景下残疾人就业支持的岗位就业模式、外包就业模式和自主创业模式，[③] 也有了新的实践形式。虽然不同的就业模式其表现形式和支持方式有所差别，但本质还是通过应用信息技术为残疾人构建就业支持系统，从而减少残疾人在就业过程中面临的障碍。基于互联网经济的超时空、虚拟性等基本特征，"互联网＋残疾人就业"模式以现代信息技术为依托实现残疾人就业，呈现以下特点。第一，具有复合性。复合性意味着实现残疾人就业需要线上和线下的结合，要以线下为基础，充分发挥线上优势，尽量规避线下劣势。第二，具有目的导向性。互联网作为服务残疾人就业的工具，归根结底要以实现残疾人就业为最终目的。第三，具有政策依赖性。虽然互联网给残疾人就业带来了契机，但残疾人作为弱势群体要在信息时代获得就业竞争力需要更多的政策支持。

---

① 何侃：《"互联网＋"时代肢体残疾人居家就业探析》，《残疾人研究》2016 年第 2 期，第 5~11 页。

② 高圆圆、范绍丰：《"互联网＋"背景下我国重度残疾人居家就业模式的现状及对策》，《残疾人研究》2018 年第 4 期，第 72~78 页。

③ 邓锁：《信息化背景下残疾人就业模式及政策支持路径分析》，《残疾人研究》2016 年第 1 期，第 62~68 页。

## 二 "互联网+"背景下残疾人就业的发展历程

### （一）探索期

中国互联网的发展经历了成长期、快速发展期、繁荣期，至今不过二十几年的时间，"互联网+"的概念产生于互联网繁荣期，当时中国建成世界上最大的 4G 网络，"互联网+"的发展被提升到了国家战略层面。互联网从诞生之日起就带着便利人们生活、通达世界的使命，互联网技术的不断革新，也给残疾人的生活和就业带来了无限的可能性。汶川地震后，阿里巴巴集团于 2009 年在震区成立了青川残疾人再就业基地，通过招募网络客服的方式，帮助因地震致残的群体实现就业，这是我国较早以公益项目推动残疾人实现互联网就业的案例。同年深圳市颁布了《深圳市无障碍环境建设条例》，规定要逐步对公共服务网站进行无障碍改造，公共图书馆要为视力残疾人使用互联网提供便利。2011 年，有学者对互联网背景下残疾人就业问题进行了探讨，在比较了福利企业集中就业、按比例分散就业和自主就业的基础上，提出了残疾人就业的 C2C 模式，即以互联网为依托的电子商务的消费者对消费者的创业模式，[1] 依托残联和电子商务平台，充分做好对残疾人创业的支持和保障工作。残疾人可以参与网上开店或者其他通过互联网发展起来的新兴行业，实现个体自主创业。2012 年，国务院颁布《无障碍环境建设条例》，提出要鼓励、支持采用无障碍通用设计的技术和产品，推进残疾人专用的无障碍技术及产品的开发、应用和推广，并且要创建残疾人信息交流无障碍环境。[2] 经过无障碍改造后的网络服务，打破了过去束缚残疾人的物理性障碍，为出行交流不便利的残疾人打开了一个全新的世界，成为

---

[1] 吕洪良：《电子商务兴起与残疾人就业模式创新》，《商场现代化》2010 年第 17 期，第 83~84 页。

[2] 《无障碍环境建设条例》，中国政府网，2012 年 6 月 28 日，http：//www.gov.cn/gongbao/content/2012/content_2182743.htm。

残疾人学习、沟通、就业、创业的平台,残疾人可以利用互联网开展网络渠道推广、网上店铺、博客、自由撰稿等工作。① 2015 年,中国残联与阿里巴巴集团启动"橙就未来"项目,该项目计划在 5 年内投入价值 3 亿元资金的资源,为残疾人提供 5 万个"云客服"就业机会、10 万人次在线培训,② 据统计,2014 年在"淘宝网"开网店的残疾人达到 5 万人。③

### (二)快速发展期

2015 年,李克强总理在政府工作报告中首次提出"互联网+"行动计划,随后通过了《国务院关于积极推进"互联网+"行动的指导意见》,④ "互联网+"进入快速发展阶段。政府开始鼓励大众创业、万众创新。随着直播和短视频的兴起、共享经济时代的到来、零售业的新发展、自媒体的繁荣以及知识付费的普及,"互联网+"的发展进入一个全新的阶段,在国民经济发展中占有越来越重要的地位,占 GDP 比重逐年攀升。据统计,2019年我国数字经济增加规模达到 35.8 万亿元,占 GDP 比重达到 36.2%,到 2021 年,中国数字经济规模超过 45 万亿元,数字经济占 GDP 的比重超过 40%。⑤ 在"互联网+"时代,新的残疾人就业形式⑥和培训形式⑦不断产生。阿里巴巴公益助残报告显示在统计期内(2018 年 6 月至 2019 年 5 月)在淘宝网上有 17.41 万家残疾人网店实现销售,销售额达 116.63 亿元,销

---

① 祝萍:《优势视角下残疾人劳动就业问题研究》,《东岳论丛》2014 年第 5 期,第 55~59 页。

② 顾磊:《中残联与阿里巴巴集团启动"橙就未来"》,人民网,2015 年 12 月 15 日,http://politics.people.com.cn/n1/2015/1215/c70731-27932037.html。

③ 张涨:《"互联网+"为残疾人就业做加法》,《社会福利》(理论版)2015 年第 10 期,第 62 页。

④ 《政府工作报告首提"互联网+"》,中国网信网,2015 年 7 月 6 日,http://www.cac.gov.cn/2015-07/06/c_1115824896.htm。

⑤ 《中国数字经济发展报告(2022 年)》,贵州省大数据发展管理局网,2022 年 7 月 11 日,http://dsj.guizhou.gov.cn/xwzx/gnyw/202207/t20220711_75506676.html。

⑥ 罗静:《互联网"共享用工"推动残疾人就业新模式》,《上海企业》2019 年第 6 期,第 69~71 页。

⑦ 张甜甜、邓涛:《"互联网+"背景下残疾人就业培训模式探析》,《长春理工大学学报》(社会科学版)2020 年第 6 期,第 53~58 页。

售额在 3 万元以上的商家约 2.18 万家。① 随着国家全面建成小康社会，在农村地区也可以依托互联网引导残疾人充分利用当地资源在电商领域进行创业，开设售卖农产品的网店等。②

# 三 "互联网+"背景下残疾人就业的发展成效

互联网迅猛发展的这几年，我国充分意识到了"互联网+"背景下残疾人就业的新机遇，积极扶持残疾人进行互联网创业、就业。政府部门也在运用互联网技术改善对残疾人的就业服务。首先，科技改变了固有的残疾观念。其次，颁布相关政策法规支持"互联网+残疾人就业"。最后，积极利用互联网改善残疾人的生活和就业环境。残疾人就业在互联网时代获得了新的变化，取得了一定的发展成效。

## （一）"互联网+"背景下残疾观念被重新塑造

### 1. 社会对残疾人认识的转变

社会对残疾人的认知经历了从残废到残障的转变，现代康复理念基于生物、医学、社会模式重新定义了残疾，认为残疾是在与环境互动过程中产生的障碍，这个障碍可以是个体导致的，也可以是环境导致的。"互联网+"时代下信息技术、人工智能、仿生技术等新兴科技的发展，提升了残疾人个体对环境的适应性，实现了残疾人的功能补偿。在"互联网+"背景下对残疾人人力资源的认识将彻底改变以往劣势视角下的残疾人观，走出福利理论下的就业困境，科技赋能实现了基于技术对残疾人人力资源的功能加强。③

---

① 《2019 阿里巴巴公益助残报告》，阿里巴巴公益基金会网，2019 年 6 月 26 日，http://www.alijijinhui.org/content/17051。

② 李静：《多中心治理视域下农村残疾人就业创业支持主体研究》，《南京大学学报》（哲学·人文科学·社会科学版）2016 年第 5 期，第 66~72 页。

③ 黄震、杨兵：《"互联网+"时代的残疾人人力资源开发——兼论科技赋能对于残疾人人力资源开发的突破性意义》，《残疾人研究》2016 年第 4 期，第 3~6 页。

当然即便是科技赋能残疾人仍然无法和普通人一样获得同等的竞争力，但改变了社会对残疾人的刻板印象。

### 2.残疾人对自身认识的转变

残疾人受困于自身缺陷，无法在劳动力市场获得足够的竞争优势。身体和现有的受教育程度是残疾人人力资本开发最大的劣势，也是阻碍残疾人就业的重要因素。[①] 在"互联网＋"背景下，许多不可能变为可能，残疾人也在社会的支持下开始寻求个体生活的价值，残疾人的自我认知改善，回归社会的信心增强。第一，扩大了残疾人的社交范围。互联网便捷了人们的沟通交流方式，残疾人借助网络的自由开放空间寻找志同道合之人，抱团取暖、互相慰藉、互助共赢，实现了更广泛的社会交流。第二，重拾对生活的信心。现代科技辅之以现代服务业、物流、仓储、销售，助力残疾人就业创业自力更生，残疾人有了就业创业的可能，就业创业又重新赋予了残疾人个体生活的价值。残疾人重新认识到个体价值，重拾了对生活的信心。第三，丰富了残疾人的生活体验。残疾人的解放主要表现为社会在物质和精神上为残疾人提供无障碍的环境，推动残疾人进行平等的社会交流和残疾人凭借自由自觉的实践活动融入社会，实现主体价值。[②] 在"互联网＋"背景下，残疾人在网络上和其他人一样平等自由地交流分享，通过网络参与公共事务，极大地提升了残疾人的社会参与程度。

## （二）"互联网＋"背景下残疾人就业保障逐渐完善

### 1.政策立法保障残疾人就业权利

从《宪法》到《残疾人保障法》，形成了我国残疾人就业保障的法律框架。第一，界定了残疾人的基本类型，确保了残疾人就业的基本权利。残疾人作为弱势群体，国家和社会有责任保障残疾人的就业权。第二，确定了残

---

① 周云、荣茹静：《我国残疾人就业保障策略研究——基于人力资源开发视角》，《中国人力资源开发》2015年第7期，第70~75页。
② 张九童：《科技进步对残疾人的价值补偿》，《滨州学院学报》2012年第1期，第51~56页。

疾人就业的基本形式。残疾人劳动就业采用集中就业、按比例就业的就业形式，同时鼓励和扶持残疾人自主择业、自主创业并提供相关支持保障。1995年印发的《关于开展残疾人按比例就业工作的若干意见》进一步落实了残疾人按比例就业的基本政策。第三，确定了经费保障体系。《残疾人就业保障金管理暂行规定》《残疾人就业条例》继续确定了残疾人的就业保障和经费保障。《中华人民共和国营业税暂行条例》规定残疾人就业和创业可进行免税补贴。第四，重点引导残疾人进行互联网就业创业。从 2015 年起，国家相继颁布相关法规支持残疾人进行互联网就业和创业。2016 年，国务院印发《"十三五"加快残疾人小康进程规划纲要》，提出鼓励残疾人利用网络就业创业，鼓励引导各类互联网企业为残疾人提供就业岗位或以众包服务等方式，帮助残疾人网络就业。① 2018 年，《关于扶持残疾人自主就业创业的意见》中提到支持"互联网+"就业，残疾人利用网络就业创业的享受设备和网络的补助及创业担保贷款政策。② 2020 年，《关于推进信息无障碍的指导意见》提到深入开展"互联网+科技助残"行动，支持电子商务助力残疾人创业就业，为残障人士提供低成本、高效率、多方式创业的机会，③ 进一步为残疾人基于互联网的就业和创业提供了保障。

2. 信息无障碍夯实残疾人就业基础

信息无障碍（Information Accessibility），指不同的人群对于信息获取和信息利用应有平等的机会和差异不大的成本。④ 2011 年 11 月，联合国教科文组织制定了"网站设计无障碍标准"项目，信息无障碍建设开始走向规范化。2011 年，《中国残疾人事业"十二五"发展纲要》指出，建设无障

---

① 《国务院印发〈"十三五"加快残疾人小康进程规划纲要〉》，中国政府网，2016 年 8 月 17 日，http：//www. gov. cn/xinwen/2016-08/17/content_5100176. htm。

② 《关于扶持残疾人自主就业创业的意见》，中国残疾人联合会网，2018 年 1 月 23 日，https：//www. cdpf. org. cn/zwgk/ggtz1/4edbe73ee138405c9e5b558db902f86a. htm。

③ 《两部门关于推进信息无障碍的指导意见》，工业和信息化部网，2020 年 9 月 23 日，https：//www. miit. gov. cn/xwdt/gxdt/sjdt/art/2020/art_ 49be4dfeb53843668521bcdeb0fb581e. html。

④ 徐恩元、张赟玥：《我国信息无障碍建设进程探究》，《图书馆论坛》2009 年第 6 期，第 237~240 页。

碍环境的主要任务之一就是加强信息无障碍建设。① 随着《无障碍环境建设条例》的颁布，信息无障碍开始进入快速推动时期。2013 年，国内互联网公司成立中国信息无障碍产品联盟（CAPA），致力于通过对互联网产品进行无障碍改造，便利残疾人使用互联网，互联网产品使用无障碍在互联网公司的推动下逐步成为社会共识。

政府接连颁布推进信息无障碍服务的专项政策，加快建设信息无障碍。中国残联、中央网信办在 2016 年发布《关于加强网站无障碍服务能力建设的指导意见》，提出要全面促进和改善网络信息无障碍服务环境。② 随后在 2017 年，中国残联、工业和信息化部制定出台了《关于支持视力、听力、言语残疾人信息消费的指导意见》，指出各级残联要协调网信等部门，推进政府和从事相关公共服务的行业采取信息无障碍措施，为视力、听力、言语残疾人网络创业、电商交易等提供无障碍信息服务。③ 2020 年，工业和信息化部、中国残联联合印发《关于推进信息无障碍的指导意见》，提到要在法规建设、便利普惠的电信服务、信息无障碍终端产品供给、信息技术无障碍服务水平、信息无障碍规范与标准体系建设方面推动信息无障碍的发展，这也是我国首部专门的信息无障碍建设指导意见。自 2013 年起，超过 800 家政府单位搭建了信息无障碍服务平台，3.2 万个政务网站实现信息无障碍，行政村通光纤和通 4G 比例均超过 98%。④ 2021 年，国务院印发《"十四五"残疾人保障和发展规划》，将无障碍作为重点发展

---

① 《国务院批转〈中国残疾人事业"十二五"发展纲要〉》，中国政府网，2011 年 6 月 8 日，http：//www. gov. cn/jrzg/2011-06/08/content_1879655. htm。

② 《中国残疾人联合会 国家互联网信息办公室关于加强网站无障碍服务能力建设的指导意见》，中国残疾人联合会网，2022 年 4 月 22 日，https：//www. cdpf. org. cn/ywpd/wq/wzahjjs/828f0f3d055e49 6f9b8956085a4b6e59. htm。

③ 《中国残联、工业和信息化部关于支持视力、听力、言语残疾人信息消费的指导意见》，中国残疾人联合会网，2022 年 3 月 2 日，https：//www. cdpf. org. cn/ywpd/wq/qybz/zcwq/246fe080279644488b13 7bb96af746e5. htm。

④ 《信息无障碍建设持续推进，惠及残障人士、偏远地区居民等群体 服务越来越好 用网难度变小》，中国政府网，2020 年 11 月 4 日，http：//www. gov. cn/xinwen/2020-11/04/content_5557168. htm。

项目，确定要实现互联网和移动信息互联网无障碍服务。[①] 在《促进残疾人就业三年行动方案（2022—2024年）》中也提到，要依托全国残疾人就业创业网络服务平台，建立全国残疾人职业培训服务与管理系统，以综合性残疾人就业服务平台推进信息无障碍。[②] 在政府和社会的共同努力下，信息无障碍建设逐步得到完善，保障力度逐步加大。

**3. 政府重视引导残疾人就业方向**

在"互联网+"行动指导下，各地政府和残联积极整合各种资源，探索残疾人新的就业形式，扶持残疾人就业创业。第一，政府将"互联网+职业技能培训"纳入规划中。比如《中山市残疾人职业技能培训实施细则》提出各地要大力组织"互联网+职业技能培训"。第二，积极探索"互联网+残疾人就业"的新形式，拓宽残疾人就业渠道。例如，杭州市滨江区残联的"掌阅作书匠"公益助残项目，残疾人通过学习电子书制作排版、校对审核等代码、编辑技能实现居家就业。[③] 第三，各地积极搭建残疾人就业综合支持平台。据统计，全国有36家省级残疾人就业信息平台，提供就业信息、职业评估、职业培训等综合性信息。

### （三）"互联网+"背景下残疾人就业模式发生变革

**1. 自主创业模式的变革**

创业模式是指创业者通过对创业各要素的合理配置，为实现自身的创业理想与权益，对各种创业要素的合理搭配的范式。[④] 传统的创业模式过度依赖实体，创业门槛较高，残疾人竞争力明显不足，创业障碍多、难度大。

---

① 《国务院关于印发"十四五"残疾人保障和发展规划的通知》，中国政府网，2021年7月21日，http://www.gov.cn/zhengce/content/2021-07/21/content_5626391.htm。
② 《国务院办公厅关于印发促进残疾人就业三年行动方案（2022—2024年）的通知》，中国政府网，2022年4月8日，http://www.gov.cn/zhengce/zhengceku/2022-04/08/content_5684090.htm。
③ 《探索残疾人"互联网+就业"新模式 这个公益助残项目签约》，"人民资讯"百家号，2021年8月5日，https://baijiahao.baidu.com/s?id=1707260390864346497&wfr=spider&for=pc。
④ 徐明：《"互联网+"时代的大学生创业模式选择与路径优化》，《中国青年社会科学》2015年第5期，第49~55页。

"互联网+"有利于降低创业门槛和创业成本，创建更公平的创业环境，[1] 改变人们沟通交流的方式，进而弱化残疾人因自身缺陷导致的偏见。同时互联网的发展催生了很多新兴行业。残疾人依据自身条件，借助互联网平台合理结合个体的优势能力进行创业。比如，有媒体报道了视觉障碍群体利用互联网创业的成功案例，从淘宝代购、宝贝排名到线上的生鲜配送、直播，电商残疾人的创业形式不断变化。[2]

**2.岗位就业方式的变革**

传统的岗位就业方式受制于空间，残疾人需要到就业单位开展工作，这无疑对残疾人和就业环境有着更高的要求。互联网的发展一定程度上克服了空间障碍，残疾人利用互联网、物联网（IOT）、云计算等技术工具，运用数据移动端向工作终端传输数据，实现居家办公。[3] 比如，残疾人可以作为"数据标注员"使用自动化的工具从互联网上抓取、收集数据，包括文本、图片、语音等，然后对抓取的数据进行整理与标注。[4]

**3.就业形式呈多元化态势**

随着信息科技的发展，工业经济时代的技术经济条件禁锢正在不断被突破，就业形式也从组织型就业转向自主型工作、集中型就业转向分布型工作、单一型就业转向多元型工作。[5] 一方面不断产生新的就业形式，另一方面传统的就业形式不断被打破，残疾人的就业形式也呈现多元化发展的态势，就业形式更加灵活多样，如网络主播、残疾人电商、残疾人云客服、字幕翻译、程序员、美编等新职位。比如，某截瘫人士成为有声主播，多种就

---

① 辜胜阻、曹冬梅、李睿：《让"互联网+"行动计划引领新一轮创业浪潮》，《科学学研究》2016 年第 2 期，第 161~165 页。

② 钟兵斌、沈冬：《【城事】互联网，让他们"看"到世界的精彩!》，腾讯网，2021 年 11 月 17 日，https://xw.qq.com/cmsid/20211117A06S1E00。

③ 邹开亮、王霞：《居家办公模式下劳动法制度的适用困境与突破》，《长春理工大学学报》（社会科学版）2021 年第 3 期，第 59~64 页。

④ 《特稿丨互联网时代新式就业，残疾人也可活出精彩人生》，"银柿财经"百家号，2021 年 12 月 6 日，https://baijiahao.baidu.com/s?id=1718359991322828745&wfr=spider&for=pc。

⑤ 杨伟国：《从工业化就业到数字化工作：新工作范式转型与政策框架》，《行政管理改革》2021 年第 4 期，第 77~83 页。

业新形态为残障人士就业提供了更多的机遇和可能。① 这也要求残疾人就业培训要注重与时代特征相结合，提供形式灵活、内容丰富的在线培训服务。②

### （四）"互联网+"背景下残疾人就业支持智慧化

#### 1. 无障碍服务智能化

随着《无障碍环境建设条例》的颁布，各地方政府开始推进城市无障碍设施改造，提供智能化的无障碍服务。比如，无障碍智能天桥③、无障碍文献资源智能化④、人工智能支持听障学生无障碍学习⑤。第一，智能辅具的应用。可穿戴技术⑥、3D 打印技术⑦、人机交互技术⑧等在辅具配备中的应用，极大地提升了辅具的功能性和适用性。第二，辅具配备过程的智能化。"互联网+辅具服务"与传统辅具服务相比而言具有独特的优势，通过建设康复辅具综合平台，克服时间、空间、技术等限制，⑨ 实现辅具配备过程的在线化、智能化。比如，上海市残疾人辅助器具资源中心基于模块化理论，整合残疾人对辅助器具的需求、评估人员的评估与供应商辅具供应的信

① 张端：《新华全媒+｜"耳朵经济"让残疾人的生活"声"动起来》，光明网，2022 年 3 月 13 日，https：//m. gmw. cn/baijia/2022−03/13/1302842237. html.

② 张甜甜、邓涛：《"互联网+"背景下残疾人就业培训模式探析》，《长春理工大学学报》（社会科学版）2020 年第 6 期，第 53~58 页。

③ 王少玲：《无障碍智能天桥 实现特殊人群一站式无接驳运输》，《政府采购信息报》2021 年 8 月 30 日，第 15 版。

④ 刘富军、赵梦凡：《人工智能环境下的公共图书馆信息无障碍服务》，《河北大学学报》（哲学社会科学版）2020 年第 5 期，第 154~160 页。

⑤ 杨会良、黄璐娅：《人工智能时代听障生无障碍学习路径研究》，《现代特殊教育》2020 年第 12 期，第 67~71 页。

⑥ 单新颖、张腾宇、张晓玉：《可穿戴技术在康复辅具领域的应用研究》，《中国康复医学杂志》2016 年第 10 期，第 1149~1151 页。

⑦ 刘震：《基于 3D 打印技术的康复辅具数字化设计、材料优化和智能制造研究》，博士学位论文，南方医科大学，2019。

⑧ 陈学斌、刘利荣、安峥等：《穿戴式外骨骼康复辅具临床应用现状分析》，《科技导报》2017 年第 2 期，第 50~54 页。

⑨ 梁德欢、汪梦灵、朱聪：《康复辅具线上线下一体化》，《按摩与康复医学》2019 年第 22 期，第 16~19 页。

息,借助于线上平台实现一体化处理。① 第三,职业培训智能化。一是培训方式在线化。残疾人职业培训全过程在线化,通过实名认证、人脸识别、定位打卡、在线学习、在线指导、在线考评等方式提升培训效率。二是培训场景虚拟化。虚拟职业技能培训可以有效地解决传统职业技能培训中存在的问题。② 充分利用虚拟现实技术,开展残疾人职业技能培训,模拟职业场景,解决无法到场实践的问题,扩展培训场景,提升职业培训质量。

2. 残疾人就业支持精准化

第一,基于大数据精准满足残疾人就业需求。工业和信息化部电信研究院曾在《大数据白皮书(2014年)》中对大数据的概念进行定义,其认为大数据是体量大、结构异样、时效强的数据,且是新资源、新应用和新工具的综合体,③ 具有大量、高速、多样化的特征。建立起基于大数据的网络平台,实现全国省市、区县信息互通,在综合用人单位的要求、残疾人就业能力、就业需求等信息的基础上,通过算法精准满足残疾人职业培训和就业的需求。第二,残疾人就业信息平台快速响应残疾人就业需求。互联网具有即时性的特点,依托一体化的服务平台,能快速捕捉到残疾人的需求,进而完成网上审批、网上验证、网上学习等一系列的操作,精准快速响应残疾人需求。

# 四 "互联网+"背景下我国残疾人就业 发展面临的挑战

虽然互联网的发展给残疾人就业创业带来诸多新的机遇,残疾人就业获得了前所未有的发展,但也面临一些挑战。对于灵活就业的残疾人而言,市

---

① 宋毓、金荣、许斌等:《基于模块化理论的上海辅助器具服务信息综合平台建设实践》,《残疾人研究》2016年第3期,第53~58页。

② 李振华:《高职院校虚拟职业技能培训模式的探索》,《中国职业技术教育》2013年第4期,第69~72页。

③ 胡振宇、夏琪琦、王佳楠等:《基于大数据的信息管理模式研究》,《网络安全技术与应用》2022年第5期,第70~72页。

场在给予了更大自主权的同时，也对其专长的人力资本水平更加挑剔，灵活就业的形态要求劳动者不仅需要专注于自身的核心业务，还需要练就研发、营销、管理方面的能力，[1] 包括提高对互联网市场的敏锐程度。这对残疾人的知识水平、专业技能、健康状况都提出了比较高的要求，[2] 这些也是残疾人在和非残疾人竞争中的劣势，如果残疾人就业在激烈的市场竞争中缺乏长效保障，那么很容易在互联网发展的浪潮中败下阵来。

## （一）互联网服务发展不平衡

### 1. 区域间发展水平不平衡

第一，地区间城市服务水平存在差距。2021 年，《政府互联网服务能力蓝皮书：中国地方政府互联网服务能力发展报告（2021）》发布，该报告用于评价地方政府的互联网服务能力，其中有一项指标为应用适配能力，用来衡量城市的无障碍服务水平。虽然报告显示地区间的发展差距在不断缩小，但仍有 36% 的城市处在 C 等级和 D 等级，整体发展进步空间较大。第二，城乡发展差异的挑战。从互联网普及率来看，截至 2020 年 12 月，我国总体互联网普及率为 70.4%，其中城镇地区互联网普及率为 79.8%，农村地区互联网普及率为 55.9%，[3] 城乡互联网普及率差距较大。我国农村地区残疾人总数为 6225 万人，约占全国残疾人总数的 75.04%，[4] 庞大的残疾人群体受制于农村地区的互联网服务水平和自身受教育水平、技能水平，其利用互联网就业、创业的能力也受到了限制。

---

① 《"互联网+"背景下残疾人灵活就业的机遇与挑战》，国家发展改革委网站，2016 年 5 月 20 日，https://www.ndrc.gov.cn/fggz/jyysr/jysrsbxf/201605/t20160520_ 1124042_ ext.html。
② 漆依林：《SWOT 分析视角下"互联网+残疾人就业"的机遇与挑战》，《黑河学刊》2019 年第 2 期，第 185~188 页。
③ 《第 47 次〈中国互联网络发展状况统计报告〉（全文）》，中国网信网，2021 年 2 月 3 日，http://www.cac.gov.cn/2021-02/03/c_ 1613923423079314.htm。
④ 《2006 年第二次全国残疾人抽样调查主要数据公报（第二号）》，中国残疾人联合会网，2021 年 12 月 20 日，https://www.cdpf.org.cn/zwgk/zccx/cjrgk/93a052e1b3d342ed8a059357cabf0 9ca.htm。

### 2. 残疾人群体内就业能力不平衡

第一，不同障碍类型的残疾人就业能力不平衡。目前适用于"互联网+"创业就业的障碍类型，主要是肢体障碍、视觉障碍、听觉障碍。基于这几类障碍的特点进行无障碍改造后，此类障碍群体完全可以流畅使用互联网终端设备。残疾类型为智力残疾、精神残疾和多重残疾的障碍群体就业率明显低于其他残疾类型群体，适合他们的工作岗位更有限，岗位适应期更长。[①] 一是目前互联网无障碍改造仍然只是感官和肢体能力的改造，对于大脑神经受损，尤其是智力受损的群体仍然没有明显改善。二是互联网的使用对残疾人的认知能力要求较高，而智力残疾和精神残疾的核心障碍恰恰就是认知障碍。第二，不同障碍程度的残疾人就业能力不平衡。重度和极重度残疾的残疾人，日常生活起居皆需他人的支持，除此之外残疾还会影响个体的心理和身体的健康程度，而基于互联网的就业和创业需要个体有一定的就业能力和健康的身心。残疾程度较轻的残疾人在就业和互联网接受方面更有优势，轻度残疾的残疾人就业率是极重度残疾的残疾人的 2 倍左右。[②]

## （二）信息无障碍建设不足

### 1. 信息无障碍立法规范性不够

虽然近年来政府通过颁布相关法律法规推动了信息无障碍的建设，但信息无障碍的发展仍然面临诸多挑战。首先，多为地方性法规，刚性不足，残疾人的基本权利无法得到保障。多地依据《无障碍环境建设条例》纷纷出台地方性无障碍设施建设条例，其中会涉及信息无障碍的建设。但地方颁布之后多停留在行政命令层面，执行力度较小，一些地方无障碍信息改造进展缓慢。其次，多为宏观描述，可操作性差。常用"加快""推动""相关"等话语，只是方向性描述，但对于具体怎么加快、怎么推动缺乏详细的说明

---

① 吴忠良：《残疾人就业状况、收入水平及其与社会支持的关系——以福建省泉州市为例》，《江西科技师范大学学报》2018 年第 3 期，第 71~80 页。

② 王晓峰、赵腾腾：《互联网影响残疾人就业的作用机制研究》，《人口学刊》2021 年第 1 期，第 96~112 页。

和具体措施。最后，主体责任不清晰，实施动力不强。信息无障碍建设涉及的主体较多，如工信部、残联、网信办、互联网企业。由于缺乏行政强制性和追责机制，互联网信息提供主体实施无障碍改造的动力不足，导致能提供无障碍服务的互联网企业体量较小，尤其是移动互联网迅猛发展的这些年，移动 App 数量猛增，但可以提供无障碍浏览和使用服务的 App 仍然不足。

**2. 信息无障碍普及程度不高**

信息无障碍总体普及程度仍然不高，严重影响了残疾人平等获取信息的需求，损害了残疾人的参与权。比如疫情期间因各种管控措施，需要纷繁复杂地操作移动终端 App，这给残疾人带来许多不便。第一，无障碍产品体量小。虽然科技应用到残疾人功能改善领域带来了突破性的发展，但多数无障碍产品本身价格昂贵，无障碍改造成本较高，无法惠及普通残疾人家庭。可以提供无障碍服务的互联网产品多数仍停留在公益类产品、公共服务类产品层面，部分产品后期无法持续运营维护，障碍问题无法得到彻底解决。① 第二，社会共识不够。信息无障碍尚未在全社会形成共识，公众普遍缺乏信息无障碍的意识。互联网服务商的无障碍意识不足，把无障碍产品的提供当成增加成本却不能提高收益的负担。残疾人对个体信息无障碍获得权利认识不够，当残疾人自身信息获得受阻时，不能清晰地认识到自身的权利受到了损害，也无法依据相关法规捍卫自己的权益。

## （三）"互联网+"残疾人就业支持薄弱

### 1. 政策扶持力度有待加大

虽然我国已经接连颁布相关政策法规扶持残疾人群体基于互联网的就业和创业，但扶持力度仍然不足。第一，对残疾人的就业保障政策有待加强。残疾人就业保障政策，多围绕残疾人创业的资金支持和税收减免。残疾人岗位开发不足，且对象单一，对智力残疾、精神残疾的残疾人的政策支持是短

---

① 翁亚妮、张晓东、荣毅龙等：《面向数字社会无障碍信息交流的思考》，《北京规划建设》2022 年第 2 期，第 23~27 页。

板。第二，对企业的激励政策有待完善。当前我国主要通过减免税收的形式鼓励企业雇用残疾人，但企业招聘残疾人的总体意愿不强，这种就业安置形式虽然可以解决残疾人就业问题，但可持续性不强。有些企业甚至只是为了获得减税、补贴等优惠政策安置残疾人，残疾人既无法在岗位获得提升发展，也无法融入工作环境中。第三，行政合力有待提升。残疾人就业涉及的部门较多，导致各部门之间的协调性较差、合力不足，影响行政效率。

### 2. 社会支持体系有待健全

整个社会尚未建构出对"互联网+残疾人就业"的支持体系。第一，社会对残疾人的包容程度不高。虽然我国已经有相关法律法规禁止用人单位对残疾人进行就业歧视，但残疾人在基于互联网的就业、创业过程中，仍然面临着歧视、隔阂、排斥。社会对残疾人就业的态度仍然多从救济的观点出发，认为支持残疾人就业只是发善心，诚然支持残疾人就业的确有慈善救济的因素，但在慈善救济的基础上，社会完全可以充分挖掘残疾人的潜力，发挥残疾人的潜能，实现残疾人创收的目的，认识到残疾人的价值也是转变残障理念的基础。第二，社区对残疾人就业支持作用有限。"互联网+"背景下残疾人可以实现居家就业，以社区为核心的支持系统的建立对残疾人就业就显得十分重要。社区尚未建立起对辖区内残疾人的就业支持体系，残疾人群体在居家就业时所面临的问题不能及时得到解决。

## 五 "互联网+"背景下我国残疾人就业发展的建议

### （一）完善"互联网+残疾人就业"的政策法规

进一步完善"互联网+"背景下的残疾人就业政策法规。第一，完善信息无障碍立法。信息无障碍是残疾人基于互联网就业、创业的基础。出台专门的"信息无障碍建设法"，并且要明确在推进信息无障碍建设过程中的责任主体，将信息无障碍建设落到实处。在"信息无障碍建设法"框架下推进信息无障碍标准体系的制定，并要根据信息技术的发展及时做出修订和补充。建立信息无障碍等级评价体系，着力满足经济落后地区残疾人信息无障碍的基本需求。第二，完善企业激励政策。除依靠行政命令实现残疾人按比例就业，更重要的是让企业真正愿意接纳残疾人就业。除了给予税收等方面的优惠政策外，还应帮助企业进行残疾人就业环境的无障碍改造，通过宣讲等形式帮助企业树立起社会融合意识，掌握一定的残疾人心理、生理特征以及沟通技巧。设置专项奖励基金，鼓励残疾人基于互联网进行创业，并在贷款及税收等方面给予优惠，以提升残疾人就业和创业的意愿。① 第三，制定针对精神类残疾、自闭症、智力障碍、多重障碍残疾人的就业政策。在残障群体中这几类残疾人就业率较低、就业持续性不强，需要更多政策扶助。

## （二）改进"互联网+残疾人就业"的支持服务

第一，提高无障碍服务质量。一方面进一步加大互联网基础设施建设力度，增加无障碍服务供给，实现残疾人使用移动互联网设备全覆盖。另一方面继续推进信息无障碍服务，对残疾人群体常用的移动 App、互联网服务产品进行无障碍改造，简化政府服务网站的操作程序。第二，加大高新技术残疾人辅具的推广力度，提高应用程度。利用专项基金和企业捐助的形式，推进高新技术在残疾人辅具方面的开发和应用，真正惠及残疾人。第三，完善"互联网+"背景下残疾人就业服务。一是加大对残疾人基于互联网就业的宣传力度，建立起就业歧视的惩罚机制，逐步改善社会对残疾人的观念，形成包容性、支持性的社会氛围。二是构建以社区为中心的残疾人就业支持体系。引入社工，构建以社区为中心的"互联网+残疾人就业"支持模式。第四，提升管理效能和行政协调力度。一是建立整合性的残疾人就业信息服务机制，通过残疾人就业网络信息平台整合残疾人就业、创业、评估、生活服务的全部信息，持续做好残疾人就业支持工作。二是充分发挥残联的统筹协调功能，优化残疾人就业的行政管理机制，各单位密切配合残联工作，协调

---

① 余娟、孙晓、王纳威、张云晖：《"互联网+"背景下残疾人就业对策研究》，《经济研究导刊》2019 年第 4 期，第 146~147 页。

残疾人就业服务相关事宜，减少管理层面的阻碍，提高行政效率。逐步构建以政府为主导，社会、市场和个人等多元主体相协同的政策联动机制以保证残疾人就业支持政策执行效果。①

### （三）优化"互联网+残疾人就业"的评估与培训

在做好对残疾人外部支持的基础上，还应注重提升残疾人的就业能力。第一，科学评估残疾人职业能力。科学的职业评估是精准职业培训的前提，职业评估要结合岗位要求、残疾人现有能力和潜在能力进行综合评价。按照可以自主就业、需要部分辅助就业、庇护性就业进行分类管理、精准培训。第二，共享职业培训资源。信息化时代的就业培训需打破边界限制，推动培训资源共享，利用现代信息技术搭建地区的、全国的信息化就业培训网络。② 第三，开展常态化的职业培训。残疾人就业面临的困境更多，很容易中途失业，需要建立起残疾人就业培训的常态机制。一方面要制订"个别化职业培训计划"，进行一对一就业帮扶。2018 年教育部等四部门颁布的《关于加快发展残疾人职业教育的若干意见》就提到了要结合残疾学生特点和需求提供就业创业指导，提高残疾学生的就业创业能力，开展"一对一"服务，做到不就业不脱钩。③ 另一方面要建立残疾人就业的跟踪指导机制，在实现就业的同时能稳住岗位。

### （四）探索"互联网+残疾人就业"的新形式

互联网的快速发展不断催生新的行业，残疾人就业的服务主体要不断探索"互联网+残疾人就业"的新形式。第一，以需求为导向。以互联网服务社会发展的需求为导向，捕捉互联网发展的风口，拓展残疾人就业新形式。

---

① 安炳辉：《信息社会下残疾人就业社会支持体系研究》，硕士学位论文，吉林大学，2021，第 29 页。

② 邓锁：《信息化背景下残疾人就业模式及政策支持路径分析》，《残疾人研究》2016 年第 1 期，第 62~68 页。

③ 《教育部等四部门关于加快发展残疾人职业教育的若干意见》，教育部网，2018 年 7 月 18 日，http：//www. moe. gov. cn/srcsite/A07/zcs_zhgg/201807/t20180718_ 343400. html。

第二，优势视角。就业服务人员多数是从"问题视角"来看待残疾人群体的，但是如果根据社会工作的"优势视角"，从增能的角度，就可以看到残疾人的巨大潜能。[1] 在优势视角下，扬长避短，针对不同的障碍类型，进行相应的职业培训，增强残疾人群体的就业适应性。第三，以助残项目为基本形式。我国近些年通过助残项目的形式推动"互联网+残疾人就业"已经积累了较多的成功经验。如 2014 年创立的"智慧树残疾人之家"项目，在2022 年获得残联的推广。不断探索"互联网+残疾人就业"的新形式，创新"互联网+残疾人就业"运作模式，最终提升残疾人的就业率，帮助残疾人成为自食其力的劳动者进而更好地融入社会，其权利也将获得相应的保障。

---

① 玄冬冬：《优势视角下社会工作促进残疾人就业服务研究》，《残疾人发展理论研究》2018年第 1 期，第 121~130 页。

# B.12
# 零工经济背景下我国残疾人就业的
# 机遇与挑战

崔晓东　赵　彤*

**摘　要：** 本报告从零工经济的概念和发展态势出发，分析零工经济特征和
残疾人就业特征及二者契合点，说明零工经济能够在不同程度上
化解残疾人就业存在的三大障碍，存在助力残疾人就业的理论可
能。然后针对残疾人参与零工经济就业可能面临的困境和挑战，
结合相关研究实践，从政策支持导向、就业权益保障、就业环境
建设和就业参与能力四个层面提出助力残疾人参与零工经济就业
的建议。

**关键词：** 零工经济　残疾人就业　就业支持

就业工作关系国计民生，而残疾人就业是其最难攻克的一部分，尤其在
新冠疫情的影响、经济面临沉重压力的情况下，"稳就业、保就业"成为我
国宏观政策的首要目标。据中国残联实名统计，截至 2021 年底，我国有
8500 多万残疾人，约占总人口的 6.1%，其中有近 1800 万就业年龄段持证
残疾人，然而持证残疾人就业人数为 881.6 万。[①] 虽然近年来经过各级政府
和相关部门共同努力，我国残疾人就业率有所提高，但仍有规模庞大的

---

* 崔晓东，博士，南京晓庄学院副教授，研究领域为人口健康；赵彤，博士，南京晓庄学院
教授，研究领域为区域经济与管理。

[①] 《2021 年残疾人事业发展统计公报》，中国残疾人联合会网，2022 年 4 月 6 日，https：//
www. cdpf. org. cn/zwgk/zccx/tjgb/0047d5911ba3455396faefcf268c4369. htm。

800 余万持证残疾人未实现就业，加之人口老龄化的加速使未来残疾仍会多发，让残疾人实现较为充分较高质量就业面临较大压力。[①] 采取有效方式拓展就业渠道，加大残疾人就业创业扶持力度，促进残疾人就业创业，既是广大残疾人的迫切愿望，也是残疾人享有平等社会参与权利的体现，同时有利于就业目标更高更有质量地实现，有助于携手残疾人实现共同富裕，共享经济社会发展成果，提高残疾人的价值感和幸福感。零工经济，作为伴随数字技术发展而迅速崛起的平台经济，以灵活的就业模式、丰富的就业渠道、较低的就业门槛催生了一大批新就业形态，具有无差别增加就业的较大潜力。因此，蓬勃发展的零工经济将给我国残疾人就业带来怎样的机遇和挑战、如何给予社会支持化解挑战助力残疾人就业既是社会各界关注的话题，也是本报告所要讨论的主题。

## 一 零工经济概述

### （一）零工经济概念

信息技术进步和互联网经济的蓬勃发展引发了劳动力市场的结构性变革，工作方式出现了从线下到线上、从固定到灵活、从单一到多元的变化，[②] 其中，最典型且热门的当属近年来兴起的零工经济。零工经济的概念目前在学界并未形成准确定义，但被普遍接受的定义是零工经济是一种以网络平台为基础、以碎片化任务为工作内容、具有即时性的新兴经济模式，主要涉及平台、劳动者和劳务需求者三类利益相关方，[③] 平台作为中介，作用

---

① 《国务院办公厅关于印发促进残疾人就业三年行动方案（2022—2024 年）的通知》，中国残疾人联合会网，2022 年 4 月 8 日，https://www.cdpf.org.cn/zwgk/zcwj/wjfb/9475784b2c5d49e99082db6bbfb47615.htm。
② 世界银行：《2019 年世界发展报告：工作性质的变革》，世界银行，2019；莫怡青、李力行：《零工经济对创业的影响——以外卖平台的兴起为例》，《管理世界》2022 年第 2 期，第 34 页。
③ 吴清军、李贞：《分享经济下的劳动控制与工作自主性——关于网约车司机工作的混合研究》，《社会学研究》2018 年第 4 期，第 138 页。

是供另两者进行交易,劳务需求者通过平台将任务发出,劳动者通过平台承接任务。劳动者和劳务需求者形成的劳务关系是即时的,任务完成后就可以终结,不存在紧密的劳务关系。新用工需求和机会的产生、工作匹配度的提升和数字技术的加速渗透,推动零工经济成为新就业形态,其在扩大就业渠道、缓解就业压力方面将大有可为。

## (二)概念辨析

传统零工。零工经济和传统零工本质上是一致的,零工或者散工、短工等也属同一概念,都是指劳动者根据劳务需求者的需要提供服务,任务完成则二者间的劳务关系结束,临时性、项目性和不确定性是其共有特征。不同的是,零工经济中的劳务关系带有强烈的互联网色彩,劳动者不再经由劳务中介获取工作,而是通过数字平台与劳务需求者建立劳务关系,平台是劳务关系的基础和纽带,且随着中介平台的兴起,当代零工劳动者在工作时间、工作强度及工作地点等的选择上,具有更高的灵活性和弹性,形式上表现为"自由劳动者"。

灵活经济。灵活经济或灵活就业是相对于传统正规就业而言的,传统正规就业是指劳动者和其受雇的企业或组织通过签订正规的劳务合同或劳动合同建立就业关系,就业关系由相关法律法规予以规范,从而使劳动者和其受雇的企业或组织形成紧密关系。灵活就业中从事正规经济活动之外并能取得收入的劳动行为称为非正规就业,包括兼职工作、自营就业和临时工作等,雇员和雇主或承包人和发包人间弹性灵活的关系是灵活就业的基本特征。从本质上看,零工经济属于灵活经济用工范畴,通称为就业新业态、新业态劳动用工等,区别在于本报告所指的零工经济是依托互联网平台,使劳动者通过提供劳动、服务或产品获得报酬的用工方式。

## (三)零工经济发展态势

零工经济作为一种新兴经济模式,因互联网平台在发包人和承包人之间搭建了桥梁,使劳动者可以获得更多有更高自主选择性的工作机会、企业可以更合理地规划成本、社会资源匹配效率提高的优势在全世界迅速兴起，尤其是新冠疫情发生后，零工经济创造出许多新业态和大量就业机会，零工经济参与人员数量快速增长。从从业人数来看，Statista 全球统计数据库 2021年的一份统计报告显示，2020 年，美国全职从事零工工作的人数有 5900 万人，比疫情发生前的 2019 年增长了近 200 万人。中国《2021 数字化零工就业质量研究报告》显示，2020 年国内零工就业人数已超过 8000 万人，2019年零工市场规模达 4787.69 亿元。从产业发展来看，零工经济产生大量零工，比如发展最为迅猛的外卖配送行业，2020 年上半年通过美团获得收入的外卖配送人数同比增加了 40 余万人，达到 295.2 万人之多。近几年直播和视频平台迅速壮大，催生了大量的网红，根据艾瑞咨询报告，网红经济规模正在快速扩张，2018 年网红数量大幅增加，粉丝超过 10 万的网红数量同比增长 51%。而且平台经济、共享经济、第三产业发展及观念转变将持续催化灵活用工的发展，阿里研究院预测，到 2036 年中国零工经济下的自由职业者将多达 4 亿人，① 麦肯锡全球研究院（MGI）预测，零工经济是未来职业发展趋势，到 2025 年平台贡献值有望达到世界生产总值的 2%，到2030 年每年将有 1.5 万亿美元的收益。② 从发展区域来看，零工经济正迅速向中小城市深入，据统计，县域层面有零工收入的人群占就业人群的一半以上，其中又有三成以上的就业方式与互联网相关，也就是说从事现代意义零工的就业人群占总就业人群的 15% 以上，远高于其他各种类型零工。③ 从经济贡献度来看，传统零工经济正向互联网零工经济转变，并且零工经济开始成长为不容忽视的经济领域，据估计，2019 年零工经济对 GDP 总增量的贡献度为 10.43%，对 GDP 增长率的拉动量为 0.64 个百分点，预计到 2035

---

① 婧濛（音）：《中国 2036 年或有 4 亿人属于零工经济自由职业者》，向阳译，新华网，2017年 2 月 27 日，http://www.xinhuanet.com/world/2017-02/27/c_129496632.htm。

② McKinsey Global Institute, *Independent Work: Choice, Necessity, and the Gig Economy* (San Francisco, California: McKinsey Global Institute, 2016).

③ 罗峰：《泛消费、去技能与再组织：互联网时代的基础性零工经济何以可能》，《浙江工商大学学报》2021 年第 6 期，第 123 页。

年，零工经济占 GDP 比重将达到 6.82%，对 GDP 总增量的贡献度将达到 13.26%。[①] 可以说零工经济日渐成为推动"新就业形态"发展的重要力量和促进国民经济高质量发展的新增长点，在就业创造、居民增收、社会治理等方面均发挥积极作用。

## 二 残疾人参与零工经济就业的机遇

零工经济借助互联网技术迅速崛起，并渗透到多个领域，也将以自身优势为残疾人就业提供新机遇。《关于扶持残疾人自主就业创业的意见》、《"十四五"残疾人保障和发展规划》及《促进残疾人就业三年行动方案（2022—2024 年）》相继提出了促进和倡导残疾人多形式就业、灵活就业及借助互联网就业等政策建议，并给予必要的设备支持、网络资费补助等就业支持体系。基于互联网就业一度被认为是解决残疾人就业难题的最佳途径，对于如何理解基于互联网技术而迅速崛起的零工经济为残疾人就业所带来的机遇，本部分从零工经济就业特征、残疾人就业困境和二者的契合三方面论述。

### （一）零工经济就业特征

零工经济也被称为新就业业态，新就业业态之"新"，主要表现为其"五化"特征，即劳动关系灵活化、工作内容多样化、工作方式弹性化、工作安排去组织化、创业机会互联网化。[②] 这种新趋势中与残疾人就业相契合的就业特征可概括为以下三点。

从固定到灵活的工作模式。高灵活性和自由度是零工经济就业的显著特

① 清华大学社会科学学院经济学研究所、北京字节跳动公共政策研究院：《互联网时代零工经济的发展现状、社会影响及其政策建议》，清华大学社会科学学院经济学研究所网，https：//www.tioe.tsinghua.edu.cn/info/1109/1801.htm。

② 黄婧薇：《新就业形态呈五化趋势》，半月谈网，2021 年 1 月 27 日，http：//www.banyuetan.org/szjj/detail/20210127/1000200033135991611715682735986414_1.html。

征，相对于传统对工作时间、工作地点、劳务关系多加限制的用工方式，零工经济参与者可以自行决定和协调工作时间与地点，可以突破时间和地点的障碍进行工作，可以自由进入或退出平台。有学者以网约车为例展开的调查发现，90%以上的受访者表示愿意在机会合适的时候选择多做一份零工，超过80%的受访者表示选择零工经济就业的原因是工作时间和地点的灵活性，另外有37%的选择原因是门槛低机会多，"这样的工作使他们感到放松"。[①] 国外的调查研究同样说明了这一点，尤其对于残疾人，灵活的工作模式具有较大的吸引力。[②]

从线下到线上的工作情境与管理方式。零工经济在互联网时代主要表现为在线劳动力市场及基于应用程序的按需工作，其工作通常基于平台产生订单，劳动者的报酬由平台扣除相应费用后直接发放，每一个订单的完成都类似于一条虚拟的生产线。不同于传统企业内部的密切联系，在零工市场平台赋能下，供需双方能够借助网络连接大规模高效率地实现供需匹配，甚至可以单独或者毫无交集地完成任务，让企业招到所需员工，起到降本增效的作用，解决人力资源配置问题。[③]

从单一到多元的职业选择。零工经济基于平台提供的丰富用工信息和灵活用工方式能够盘活许多处于闲置状态的劳动力资源，尤其是较低的从业门槛及在中小城市的深入分布，实现了就业从无到有、从单一到多元。据国家信息中心分享经济研究中心发布的数据，2019年，滴滴平台上约90%的司机为兼职司机，约80%的兼职司机每天在线工作时间低于5小时，爱彼迎平台上约90%的中国房东属于兼职；美团平台上超50%的骑手每天工作时间低于4个小时。[④] 零工经济作为共享经济在人才市场上的体现，为未被充分

① 赵智磊：《零工经济时代灵活就业者的现状及未来就业意愿研究——以"滴滴出行"网约车司机为例》，硕士学位论文，北京交通大学，2020。
② Paul Harpur and Peter Blanck, "Gig Workers with Disabilities: Opportunities, Challenges, and Regulatory Response," *Journal of Occupational Rehabilitation* 4 (2020): 511－520.
③ 吴钦景：《零工经济 从"就业备胎"到"大有可为"》，《联合日报》2022年3月16日，第3版。
④ 金辉：《〈中国共享经济发展报告（2020）〉：2019年我国共享经济市场交易规模达3.28万亿元增长11.6%》，经济参考网，2020年3月4日，http://www.jjckb.cn/2020-03/04/c_138842903.htm。

利用的劳动力提供了多元的就业机会。

## （二）残疾人就业困境

残疾人就业困境终归是由残疾人进入就业市场存在的物理障碍、心理障碍和结构障碍所致的。[①] 物理障碍是指身体能力局限损害了残疾人在传统用工方式中的行动能力。不可否认，相较正常人，残疾人身体或智力方面的局限使得其就业选择范围较窄、就业质量较低，加之产业结构升级、高技术企业存在技术壁垒，残疾人在就业竞争中处于劣势地位。

心理障碍是指残疾人对自我的负面认知造成了其就业意愿和态度上的障碍。负面认知的产生根源于残疾人受困于自身局限而产生消极、悲观思想，面对就业问题时容易产生自我放弃、自我设限等负面心理，同时也被社会方面存在的误解和歧视所强化。通常公众对残疾人抱有同情心理，但误解或歧视在残疾人就业过程中也时有发生，比如招聘条件中直接把残疾人隔绝在招聘范围之外的显性社会性歧视以及内心深处存在的残疾人无法胜任工作的传统误读，不仅损害了残疾群体平等参与社会活动、促进个人发展的权利，而且进一步加重了残疾人心理负担，造成了对就业的态度障碍。

结构障碍指法律法规对残疾人权利的忽视与损害阻碍了残疾人自我发展和取得就业的机会。目前政府对残疾人的救助主要是采取社会救助和财政补贴等收入扶持的方式，但在残疾人自我能力提升、就业融入路径等方面支持力度较弱，一味提供外部援助既可能造成财政负担而不可持续，也无法帮助残疾人群体实现个人价值及真正提升就业率。

## （三）残疾人就业与零工经济的契合

零工经济减少了残疾人就业的物理障碍。零工经济借助平台完成劳务

---

① 焦若水、李国权：《残疾人就业：互联网时代的机遇与挑战》，《残疾人研究》2019 年第 4 期，第 46 页。

交易，对残疾人来说，最大的好处是克服了身体能力受限导致的物理障碍，能够根据自身情况独立安排工作日程并创建适合自身的个性化工作系统，可以更好地控制何时以及如何完成任务。例如，一方面残疾人可以根据自身健康状况或是家庭成员的健康状况，灵活处理任务的类型、任务的数量，灵活地进出劳动力市场；另一方面在家就业的残疾人可以获得辅助支持，对需要在住所安排个性化医疗或辅助设备以及需要家人和朋友支持执行工作任务的残疾人特别有益。同时在线平台的支持，如在线平台包含语音激活或屏幕阅读等基本可访问性功能，可以使存在听力障碍或视力障碍的人士无障碍工作。

零工经济减少残疾人就业的心理障碍。一方面，零工经济借助虚拟空间可以实现残疾人以个人独立身份与工作机会直接对接，避免了传统职业体系中可能遭遇的社会排斥和就业歧视，某种程度上减少了就业的心理障碍和态度障碍。尤其是有些残疾人的疾病可能是不可见的，比如抑郁、焦虑、学习障碍等精神和认知状况问题，或者如糖尿病和癫痫等身体健康状况问题，零工经济可以使他们减少或避免向雇主披露健康信息，减少潜在的污名和偏见。另一方面，残疾人借助互联网构建自己的社会支持网络，在提高自身康复水平的同时能够聚焦于能力建设和提升，如在线声控浏览器可以帮助视障人士实现在线学习和交流，在一定程度上摆脱了他者建构的依赖者形象，既提升了能力水平又增强了自尊心与自信心。

零工经济弱化残疾人就业的结构障碍。一方面，残疾人非正规就业由来已久。事实上，在零工经济崛起之前，非正规就业、独立的劳动承包关系、自主的职业安排等一直是残疾人就业的主要领域或方式。如美国的一项调查显示，2000~2015年，与工作不受限的非残疾人相比，男性和女性残疾人的自主就业比例分别要高3.5%和2.6%。[1]《残疾人权利公约》第27条也反映

---

[1] Elena Gouskova, "Why Self-Employment Rates Are Higher among People with Work Limitations," *Journal of Disability Policy Studies* 1 (2020): 15-25; Paul Harpur and Peter Blanck, "Gig Workers with Disabilities: Opportunities, Challenges, and Regulatory Response," *Journal of Occupational Rehabilitation* 4 (2020): 512.

了这种特点，将自主就业作为促进残疾人就业和经济发展的核心手段，① 因此，残疾人融入零工经济与心理上对就业层次高低的区分无关。另一方面，多元文化理念的形成。本质上残疾只是人体的一种特征，是中性的，只要消除残疾人社会参与的障碍，创建无障碍的包容世界，残疾人就能像其他人一样参与社会生活和经济建设。多元文化理念和先进的信息通信技术加快了无障碍包容世界的创建，比如基于无线通信的 Mobil 系统、增强现实（AR）和射频识别（RFID）技术、电子引路系统、Aria 眼镜、个性化无障碍地图（PAM）等新型技术和工具，极大地为残疾人实现包括零工经济方面的就业提供了可能。

## 三　残疾人零工经济就业的挑战

零工经济的发展为残疾人就业融入带来极大机遇，如果能够协调配合、管理得当，零工经济不失为提高残疾人经济独立能力、提高就业率的有效选择。但在就业实践中仍面临较大挑战，主要表现在以下三个方面。

### （一）残疾人群体整体就业能力较低

数字技能挑战。包括零工经济在内的平台经济尽管在理论上具有提高残疾人就业能力的可能，但由于具有明显的"信息"特征而给残疾人新业态就业带来了新的挑战，相对于非残疾群体，残疾人在拥有和使用信息技术的能力方面的欠缺导致的新的不平等也被称为数字鸿沟。尤其是我国残疾人整体受教育程度不高，据中国残联实名统计，2021 年底的 800 余万名持证未就业残疾人中，初中及以下文化程度残疾人占大多数，确保残疾人群体在互联网接入、平台使用、网络服务、信息链接等方面具有平等权利对促进残疾人零工经济就业至关重要。

专业技能挑战。互联网平台和新兴技术的兴起使当前零工经济参与者劳动方式发生巨大改变。传统零工劳动者大多只需有简单的单一的劳动技能，

---

① UNDESA, "Convention on the Rights of People with Disabilities," 2006.

打零工一般仅仅是劳务的共享，而当代零工经济是一种技能经济，基本信息利用是劳动者必须具备的技能，大多数零工劳动还要求具备某项专业技能，所以当代零工经济更强调知识技能的共享。而不可否认的是，相较其他群体，残疾人身体或智力方面的局限使其整体呈现技能少和低技能化的特征，加之产业结构升级、高技术企业存在技术壁垒，残疾人可选范围受限、就业质量较低，增加和提高残疾人的专业技能以匹配不断发展的需要成为又一挑战。

平台适应挑战。尽管零工经济因其灵活性为残疾人就业提供可能，但正如残疾社会模型所解释的那样，社会及其技术仍然是为身体健康的用户设计的，残疾人不被视为"标准"工人，这种适用于健康标准人群的技术设计实际上将残疾人排除在有意义的工作和社会参与之外，尤其是对于文化认知水平较低的残疾人群体，相对于非残疾人，残疾人的互联网利用率明显偏低。早在2000年，针对美国的互联网使用率调查结果就显示，残疾群体的互联网使用率为21.6%，非残疾群体互联网使用率为42.1%。2015年，Fox数据显示，前者上升至54%，后者升至81%，二者仍然存在较大差距。[1] 英国、韩国的残疾人互联网使用调查同样支持了该结论。[2] 因此在残疾人缺乏相应专业技能培训、缺乏必要网络服务支持的情况下将工作愿望转变为可行的工作实践仍存在一些挑战。

## （二）残疾人零工经济就业岗位供给能力不高

残疾人就业岗位供给能力需要提高。残疾人有零工经济融入意愿，但零工公司或者岗位供给者供给意愿较低。相对于正常人，残疾人群体零工经济参与比例更高，但残疾人就业岗位在数量和质量方面均处于较低水平，其原因有两方面。一方面，零工公司在主观感知上可能会拒绝使用或犹豫是否使

---

[1] Mariusz Duplaga, "Digital Divide among People with Disabilities: Analysis of Data from a Nationwide Study for Determinants of Internet Use and Activities Performed Online," *PLoS One* 6 (2017): e0179825.

[2] Su-Jung Nam and Eun-Young Park, "The Effects of the Smart Environment on the Information Divide Experienced by People with Disabilities," *Disability and Health Journal* 2 (2017): 257-263.

用残疾人，比如相对于其他人，零工公司可能不会允许行动不便的人从事哪怕与行动无关的工作，即使他们可能是此类工作合格的人选；又如，如果零工员工没有现成的基于网络的无障碍辅助设施，零工公司可能会拒绝与低视力或只有单眼视力或听力障碍的人合作。另一方面，从经济上看，零工公司可能认为雇用残疾人会更具安全风险，或者要对零工平台系统进行不切实际的调整，但是，一般而言，零工平台和公司可能不愿意或者没动力为残疾员工进行个性化调整，也没有法规要求必须这样做。

平台就业信息需要整合。平台信息供给包括岗位供给和需求信息的整合、发布和利用过程，有效的信息供给在于凭借信息传递及使用的方便流畅保证信息的时效性和准确性。然而目前信息平台尚不成熟，信息在供给过程中存在断层，比如，劳务需求者、平台和劳动者三方主体信息整合度不高，信息供给和获取存在一定时差，信息更新效率低或信息源单一等。另外就业信息供应链缺乏必要的反馈环节，比如现有平台缺乏对残疾人就业过程中的诉求与意见的收集，这将不利于残疾人平台就业效率的提高。

## （三）残疾人零工经济就业支持体系仍需加强

劳动权益难以保障。正如硬币都有两面，灵活松散的劳动关系对平台企业来说有利于降低成本，但对劳动者而言则是权益难以保障。尤其是对于收入水平普遍较低的残疾群体，我国当前社会保险的缴纳方式固定，缴费基数比较高，不同地区的参保政策差别较大，使得残疾群体参保率较低，难以获得基本的社会保障，收入较低加再加上社会保障的缺失，许多零工从业者可能会面临生计上的问题。同时零工经济平台之上劳资双方的地位存在明显的不对等，零工经济平台上充斥着大量的劳动者，一旦出现劳动纠纷，平台与劳务需求者往往掌握大量资源而具有绝对优势，而零工（经济劳动）者的议价能力普遍较弱。

安全隐患问题难以避免。首先，零工经济劳动者个人信息存在泄露风险。零工经济是平台经济，作为中介的平台需要劳动者提供大量详细的个人信息，工作期间其他设备信息也常因需要对手机定位而遭到暴露。其次，平台信息也可能不尽属实，如发布报酬丰厚的虚假信息以套取所谓证金和预交款等。最后，也存在劳动者发布虚假信息，给劳务需求者带来较大风险的情况，如零工从业者可能泄露劳务需求者的个人隐私，某些情境下劳务需求者的合法权益存在可能被侵害的风险。

残疾人信息化就业教育和培训资源匮乏。首先，残疾人信息化就业培训在机构、师资力量、课程设置等方面资源匮乏，且侧重于就业前期对岗位的认知和理解，聚焦于就业全流程的教育培训资源开发相对欠缺。其次，就业教育和培训在内容方面需要与时俱进，需要开发或更新与新业态就业岗位需求相关的培训内容。最后，现有的培训比较笼统，实际上不同类型的残疾人其就业方向存在较大差异，教育培训课程也应结合残疾人特征分类设计，否则容易导致培训内容与工作需求匹配度不高而产生二次失业现象。可以说信息化就业支持资源匮乏或者不匹配是残疾人互联网利用率远低于非残疾人的重要原因之一。

## 四　零工经济助推残疾人就业的国外经验借鉴

零工经济在全球范围内如火如荼地发展，也使得借助零工经济促进残疾人就业成为普遍趋势，不同国家和地区都不同程度地构建了残疾人零工经济就业的社会支持体系。结合残疾人参与零工经济面临的挑战，以下几方面国际经验或可借鉴。

### （一）残疾人就业支持转向

收入支持和就业融入是残疾人社会保障体系的两大重要内容，收入支持是对残疾所致劳动收入减少进行补偿，就业融入旨在改善残疾人就业环境和提升就业能力。收入支持是保障残疾人基本生活需求，而创造无障碍就业环境、提升就业融入能力是提升残疾人就业和福利的关键。从国际经验上看，收入支持为残疾人提供了基本生活保障，但同时对残疾人就业形成了张力，甚至抑制了残疾人就业的愿望和动力，出现了收入支持越多残疾人就业率越低的情况。① 为此，从收入支持转向扩大就业融入、聚焦于为残疾人创造"无障碍"环境已成为改革残疾人社会保障体系的重要路径和理念。② 美国《康复法案》、欧盟《欧洲无障碍法案》、日本《关于完善视障人士等阅读环境的法案》等均指向多措并举消除残疾人就业障碍，创造无障碍包容世界、实现能力平等的自由世界。③ 另一种支持残疾零工平等融入就业的方法是通用设计技术和服务的使用。通用设计（Universal Design，UD）拓展了产品和服务的适用人群范围，各类人群无需辅助技术或他人帮助即可使用此类服务，有可能消除残疾人零工工作的结构性障碍和态度障碍，提高了平台的可访问性和残疾人参与度，提高了残疾人就业的便利性，UD 范式的就业支持为未来残疾人就业提供了方向。

### （二）零工经济权益保障实践

随着新经济业态的发展，全球灵活就业人数持续上升，零工就业者的经济脆弱性和权益保障成为包括残疾人在内的零工就业者面临的共同问题。近期，欧盟委员会推出一项新法规草案，要求零工经济平台必须将其"零工"归类为"员工"，享受最低工资、带薪假期和养老金等权利，零工就业者的稳定性和权益范围正在逐步明晰。这是欧盟在监管科技公司、确保公平竞争环境方面做出的最新尝试，虽然仍处在探索阶段，且其实践性仍受国情差异影响，但其思路和方向可以为我国提供或参考。

### （三）零工经济的监管方式

美国和一些欧盟国家正在研究是否应该对零工经济进行监管以及如果是

---

① 肖日葵、郝玉玲：《残疾人社会保障策略优化：弥合收入支持与就业融入的结构性张力》，《南京社会科学》2022 年第 2 期，第 72 页。

② René Böheim and Thomas Leoni, Disability Policies: Reform Strategies in a Comparative Perspective (Massachusetts: NBER Disability Research Center, NBER Working Paper No. 22206, 2016).

③ Josephine Foubert, Katia Levecque, Ronan Van Rossem, and Alessia Romagnoli, "Do Welfare Regimes Influence the Association between Disability and Self-Perceived Health? A Multilevel Analysis of 57 Countries," *Social Science & Medicine* 117 (2014): 10–17.

的话如何监管。在决定是否对零工经济进行监管时，政府首先必须考虑监管以何种方式干预以及要达到何种目的，问题的答案也因不同国家监管模式的不同而不同。在美国，习惯上将雇主-雇员关系作为监管干预基础，一般而言，独立承包商不包括在《美国残疾人法案》等规定中，但一些州已经尝试为零工工人就业提供越来越多的保护，赋予他们作为平台公司雇员的权利。如加利福尼亚州在2020年颁布《第5号议会法案》，将提供劳动或服务以获取报酬的人（例如自营零工）视为雇员而非独立承包商，同时平台公司必须证明提供服务的人在公司核心业务正常过程之外，其中"核心"业务由监管机构或者法院根据具体情况界定。将零工关系转变为传统雇佣关系并不容易，于是意大利和西班牙创建了"中间"类别工人，加拿大创建了一个"依赖承包商"类别，并针对这一类别制定特别的就业保护措施。零工经济就业是一种新的经济范式，除了决定是否对零工工作本身进行监管外，还要研究如何监管平台公司对消费者和员工数据的收集和使用，尤其是在数据收集方面。

## 五　助力我国残疾人零工经济就业的可行路径

目前我国政府对推动包括残疾人在内的劳动者的零工经济就业做了诸多有益尝试，如重庆市政府向灵活就业者提供信贷优惠、苏州市推出职业伤害险、交通运输部出台《网络预约出租汽车监管信息交互平台运行管理办法》等，总体而言，政府对新就业形态的发展持鼓励和支持态度，但其实践仍在探索或初级阶段。针对残疾人零工经济就业面临的挑战，可从政策支持、权益保障、环境建设、就业能力几方面联合发力。

### （一）加强残疾人零工经济就业多维度政策支持

多维度政策支持是残疾人零工经济就业的坚实保障和有力推动。首先，结合当前残疾人就业发展新态势，在对残疾人就业支持导向上，政策支持不仅是为了解决基本生活问题，更要致力于残疾人就业能力的提升，由收入支持型转为就业融入型、由保障型过渡为发展型，并最终促使残疾人群体由以往的被动择业转为主动就业。其次，以政府为主导，鼓励平台和企业利用自身优势投入残疾人就业支持项目，构建以残疾人就业为中心的上下游协同联动机制，聚焦和破解残疾人就业过程中的难点和痛点。最后，政策支持的内容要与时俱进，从而提高支持政策的针对性和有效性。我国推进残疾人就业的政策工具不断丰富和完善，但政策工具的成功应用需要契合使用情境。零工经济背景下，政策支持内容要结合互联网特征，一方面从供给端推动残疾人零工经济就业无障碍平台建设，另一方面从需求使用端关注残疾人零工经济参与的平等性，包括互联网平台的物理接入、平台的使用等方面的平等性。

### （二）提供残疾人零工经济就业多举措权益保障

为残疾人零工经济就业提供权益保障需要多举措共同作用。首先，就残疾人就业整体而言，需要政府加大相关法律法规的执行力度，针对就业过程中可能存在的隐性门槛或隐性歧视，需明确歧视行为的认定准则及惩罚机制，剔除存在的模糊边界，切实保障残疾人在就业过程中能够行使应有权利。其次，对零工经济劳动者不受劳动法保护问题，可适当突破劳动法对劳动关系的单一认定，适当扩大劳动法的包容范围，暂时搁置劳动关系的争议而注重劳动事实，并以此明确权责归属；或是为不同行业或不同类型的平台企业规定不同的责任和义务，采取不同的规范方法。最后，对于零工经济存在的安全问题，需要创新监管模式。零工经济下，平台企业将劳动者和被服务者快速匹配，涉及的参与者规模庞大，且存在多重劳动关系，针对可能存在的安全问题，构建以平台自我监管为主、政府予以监管协助和指导的监管新模式，明确残疾人就业信息供应链各环节权责，保证就业信息供给和使用的稳定性和流畅性，提高平台管理针对性和精细度。

### （三）创建残疾人零工经济就业无障碍生态环境

无障碍生态环境建设是实现残疾人无差别零工经济就业的重要保障，其中包括文化环境、物理环境及信息环境建设。首先，倡导新时代残疾人就业观念，打破"就残论残"的局限，消除残疾人长久以来所受到的来自自己及他人的排斥，推动残疾人无障碍就业融入氛围营造。其次，消除残疾人就业过程中可能存在的物理障碍，提供与岗位配套的便利设施，保证残疾人零工经济就业的无障碍开展。最后，从硬件和软件两个层面实现残疾人零工经济融入的无障碍化。硬件层面包括为残疾人提供必要的硬件设备或资金补助，保证其具备利用平台的基本工具；软件或平台层面包括打造残疾人就业一体化网络平台，整合残疾人基本信息、就业信息和就业进展信息等，利用信息共享平台实现劳动者和劳务需求者快捷高效的信息匹配。

### （四）提升残疾人零工经济就业多方面个人技能

多方面提升个人就业技能是"授人以渔"、使残疾人更好参与和适应零工经济业态发展的保证。为此，首先，加快构建残疾人就业教育和多种技能培训体系，设立培训机构，扩充师资力量，鼓励互联网平台开展职业技能培训提高残疾人运用互联网平台的能力。其次，促进残疾人服务领域的科技创新，加快利用先进技术构建残疾人无障碍自我学习系统，提供和增强残疾人自我学习机会和自我发展能力。最后，从个体层面提升残疾人就业积极主动性，尤其是有就业需求和就业条件的未就业残疾人。对于其中有就业意愿的残疾人群体，聚焦于个体就业能力的培养和就业参与行为的落实，对于缺乏就业意愿的残疾人，可从收入增加、价值实现及社会尊重几个层面激发其就业欲望和驱动力，继而结合就业能力和就业过程进行帮扶，最终实现携手广大残疾人共同富裕及共享经济社会发展成果的目标。

**参考文献**

安炳辉：《信息社会下残疾人就业社会支持体系研究》，硕士学位论文，吉林大学，2021。

冯敏良、高扬：《积极福利视角下残疾人就业政策的转向探析》，《残疾人研究》2017年第2期。

何勤、杨宜勇、程雅馨、杨泽坤：《共享经济下平台型灵活就业劳动者就业选择影响因素差异研究——以"微工网"为案例》，《宏观经济研究》2019 年第 8 期。

胡放之、邵继红：《推动零工经济发展　促进多渠道灵活就业》，《理论月刊》2020 年第 10 期。

蒋越：《零工经济背景下高职学生职业跨界能力培养：意义、困境及路径》，《职业技术教育》2021 年第 5 期。

焦若水、李国权：《近十年来残疾人就业研究的热点、前沿与展望》，《江汉学术》2021 年第 5 期。

康丽、张新月：《基于政策工具视角的残疾人就业政策研究》，《人口与社会》2022 年第 2 期。

廖娟：《残疾人就业政策：国际经验及对我国的启示》，《人口与经济》2008 年第 6 期。

潘旦：《互联网"零工经济"就业群体的劳动权益保障研究》，《浙江社会科学》2022 年第 4 期。

王宁：《零工经济的性质、问题与就业潜力》，《人民论坛》2020 年第 21 期。

谢富胜、吴越：《零工经济是一种劳资双赢的新型用工关系吗》，《经济学家》2019 年第 6 期。

徐倩：《我国残疾人就业服务现状、困境与优化》，《残疾人研究》2015 年第 3 期。

杨滨伊、孟泉：《多样选择与灵活的两面性：零工经济研究中的争论与悖论》，《中国人力资源开发》2020 年第 3 期。

郑祁、张书琬、杨伟国：《零工经济中个体就业动机探析——以北京市外卖骑手为例》，《中国劳动关系学院学报》2020 年第 5 期。

Sarah Parker Harris, Majia Renko, and Kate Caldwell, "Accessing Social Entrepreneurship: Perspectives of People with Disabilities and Key Stakeholders," *Journal of Vocational Rehabilitation* 38 (2013): 35-48.

Gretchen M. Spreitzer, Lindsey Cameron, and Lyndon Carrett, "Alternative Work Arrangements: Two Images of the New World of Work," *Annual Review of Organizational Psychology and Organizational Behavior* 4 (2017): 473-499.

# 案 例 篇
Practice Reports

# B.13
# 上海市残疾人就业促进机制建设的
# 实践探索

赵伟时　邬兆龙　罗昱　高传新*

**摘　要：** 长期以来，残疾人就业促进是上海市政府基本公共服务供给体系的组成部分，是促进经济增长，维护社会公平、和谐的重要保障。随着上海经济社会的快速发展，在"平等、参与、共享"的残疾人发展理念的引领下，上海市的残疾人就业呈现参与主体多元化、责任落实多元化、就业模式多样化的特点。本报告从残疾人就业促进机制的机制演变、实践探索等方面进行深入阐述，针对就业促进主体互动机制不完善、调动残疾人就业积极性有效机制缺乏等现象，提出畅通各主体间的长效沟通机制，提升残疾人就业促进合力，通过提升残疾人就业能力，努力实现残疾人在新科技新市场新业态下的高质量就业和融合就业。

---

* 赵伟时，上海市残疾人就业服务中心主任；邬兆龙，上海市残疾人就业服务中心培训就业科科长；罗昱，上海市残疾人就业服务中心办公室文秘；高传新，澜至科技（上海）有限公司人事专员。

**关键词：** 残疾人　就业　就业机制　上海

# 一　上海市残疾人就业促进机制的发展

## （一）上海市残疾人就业促进政策的演变

随着经济社会的发展，上海市残疾人就业促进政策不断完善。新中国成立以来，上海市残疾人就业促进政策的演变过程根据特点可分为三个阶段：第一阶段是 1949~1990 年，其间政策导向为政府主导，发展福利企业保障残疾人的基本生存需求；第二阶段为 1991~1999 年，政策导向为在坚持保生存的同时，利用相关制度对企业在残疾人就业促进中的作用进行引导与规范；第三阶段是 2000 年至今，在保障残疾人基本生存的同时，政府、企业、社会组织等多元主体成为残疾人就业促进的决定力量。

### 1. 发展福利企业保障残疾人生存（1949~1990年）

（1）福利企业早期雏形

新中国成立初期，上海市根据国家要求落实残疾人就业政策，主要内容为安置伤残军人以及各区残疾人、就业困难人群等社会弱势群体，满足相关群体的基本生活需求。1950 年，依据《救济失业工人暂行办法》等相关政策法规，上海市有条件的区和街道建立的自我救济、自我发展的组织得到了初步发展，满足了一部分失业工人、社会弱势群体的生活需求，是早期建立福利性质社会组织的有益尝试，也为后续的福利企业奠定了基础。

（2）福利企业快速发展期

1957 年，上海市政府根据《关于城市烈属、军属和贫民生产单位的税收减免和贷款扶助问题的通知》中的规定，对福利性质的企业免征工商业务税，并且在经营困难时给予贷款支持，有效推进相关福利性质企业、组织的发展。

1963 年，在经济社会发展相对困难的历史背景下，为了保障相关福利性质企业的稳定发展，吸收更多残疾人等社会弱势群体就业，上海市将相关福利企业定性为国有企业，给予更多的政策保障。

1964年，上海市根据《关于民政部门领导的社会福利生产单位纳入地方计划的通知》中的规定，成立了福利企业生产管理处，通过成立部门的方式对福利企业进行管理与监督，以更好保障残疾人的就业权利。

（3）福利企业规范发展期

1979年，针对不同生产部门福利企业管理不规范的问题，上海市计划委员会颁布了《关于民政福利工厂产供销由工业部门归口管理的通知》，对福利企业的归属做出了细致划分，福利企业进一步规范化发展。

1986年，国家计委等六部门联合发布《关于进一步保护和扶持社会福利生产的通知》，上海市民政局等部门随后发布上海市贯彻落实该通知的文件，就进一步保护和扶持社会福利生产，保障福利企业在市场经济中的更好发展做出具体规定。

1990年前后，上海市又先后出台了关于加强地区福利企业管理、在企业劳动制度改革中照顾残疾职工等的多个文件和规定，系统规定了福利企业的性质、登记审批程序、权利义务、管理机构、劳动工资、财务制度、税收使用原则和残疾人职工招录标准等。

纵观这一历史时期，上海市残疾人就业促进的相关政策有两个比较鲜明的特征。一是就业促进的理念更加注重保障，通过保障吸收残疾人等社会弱势群体就业的福利企业正常运转、正规化运行，进而保障社会弱势群体的基本生存。二是政策的规范主体较为单一。1957年后陆续出台的各项政策，核心是不断规范福利企业的运行机制，呈现明显的计划经济特点。

**2. 社会主体参与促进残疾人就业（1991～1999年）**

1991～1999年，随着改革开放不断深化，社会主义市场经济体制逐步建立，这一时期上海市残疾人就业政策呈现出集中就业与按比例就业并行的特点。这一时期，福利企业依然在残疾人就业促进中发挥重要作用。同时，按比例就业政策的实行，发挥着引导与规范企业安置残疾人就业的积极作用。

（1）集中就业规范化

这一时期，残疾人就业促进主要依托政府部门的相关福利供给，其中福利企业吸收残疾人就业为主要的形式。为了保障福利企业的运行，进一步规范福利企业的发展，上海市从 1992 年到 1993 年陆续出台了《关于进一步加强民政部门对社会福利企业管理职能的通知》《改革直属福利企业用工制度的意见》等相关政策法规，进一步健全、规范福利企业的管理、运行。

（2）推进残疾人按比例就业

1993 年《上海市残疾人分散安排就业办法》的颁布与实施，标志着企业作为残疾人就业促进的主体，正式加入残疾人就业促进的体系中。1995 年颁布并实施的《上海市残疾人就业保障金管理暂行实施办法》，是对按比例就业的有益补充，并对残疾人就业保障金的征收、使用等做了明确的规定。

3. 多元主体参与促进残疾人生存与发展（2000年至今）

进入 21 世纪后，上海市经济社会快速发展，推动了残疾人事业取得长足进步。这一时期，多元主体参与残疾人就业促进，同时政府出台相关制度、采取相关措施促进残疾人的全面发展。

（1）残疾人集中就业方面

2000 年，《关于切实做好本市残疾人劳动就业工作的意见》中提到要实现福利企业投资主体多元化，引导社会资本支持福利企业的发展。2014 年，上海市颁布的《上海市福利企业资格认定实施办法》对福利企业认定条件、提交的材料、受理部门等做了规定，确保了福利企业的有序增长。

（2）残疾人按比例就业方面

2003 年，《关于促进本市残疾人劳动就业的暂行办法》特别规定了对企业招聘就业特别困难残疾人的相关补贴安排。同时，对超额安排残疾人就业企业所缴纳的残疾员工保险金予以补贴。2007 年，上海市发布的《关于促进残疾人大学生就业安置工作的（试行）通知》对于给予招聘残疾人大学生的企业的培训费补贴做了规定。

（3）残疾人创业方面

2005 年，上海市《关于建立残疾人扶贫基地的基本要求及经费补贴的暂行办法》发布，要求相关政府、职能部门根据本地区的实际情况建立扶贫基地，帮助残疾人脱贫。此外，对于自主创业的残疾人，上海市政府也出台了《关于促进本市残疾人劳动就业的暂行办法》（2003）、《关于实施"残疾劳动者就业促进专项计划"的通知》（2017）等文件和法规，给予残疾人创业者税务、用地等方面的优惠政策保障。

（4）残疾人职业培训方面

2003 年，《关于促进本市残疾人劳动就业的暂行办法》对参与培训的残疾人培训费以及培训期间困难残疾人的生活费补贴等做了较为详细的规定。2014 年，《关于加强残疾人职业技能培训工作的通知》规定参加上海市、区县残疾人就业服务机构组织或核定的培训项目，符合结业要求的残疾人可享受每年最多两次、总金额不超过一万元的补贴。

（5）残疾人教育方面

2016 年，《关于调整上海市残疾人学生和生活困难残疾人家庭子女助学补贴标准的通知》提出对在校残疾人学生给予资金补助，其补助额度为：就读高职、大学专科、大学本科的残疾人学生每人每学年学费补助不超过6500 元，硕士研究生每人每学年学费补助不超过 8000 元，博士研究生每人每学年学费补助不超过 10000 元。

## （二）上海市残疾人就业促进主体的演变

### 1. 政府主导阶段

这一历史阶段的时间大致与残疾人就业促进政策发展中的发展福利企业保障残疾人生存的历史阶段一致。政府部门发挥政府的公益职能，主要是通过民政部门下辖的福利企业吸收残疾人就业。因此，这一时期的法律法规主要是对福利企业的不断规范化，并且形成了残疾人就业促进的相关机制。

这一时期，政府出台残疾人就业促进的法律法规，规范残疾人就业促进的相关工作，不断提升福利企业吸收残疾人就业的能力，政府相关部门依据相关政策法规监管、指导福利企业的运作。

**2. 政府主导下的企业参与阶段**

20 世纪 90 年代，市场作为残疾人就业促进的主体参与到残疾人就业促进的工作中，其标志是残疾人按比例就业的相关法律法规得以制定与落实，企业成为促进残疾人就业的重要载体，这是对政府主导下的残疾人就业促进的重要补充。

这一时期，形成了政府主导下的福利企业、市场双就业载体的就业格局。一方面，福利企业承接着政府的社会公益属性，吸收残疾人群体就业，政府相关部门对福利企业的运作进行监管；另一方面，政府出台按比例就业相关的政策法规，并对政策的落实实施监管，企业落实残疾人就业政策的相关要求，吸收残疾人就业，探索政府、社会共同促进残疾人就业的有效机制。

**3. 政府主导下的多元主体参与阶段**

进入 21 世纪，上海出台一系列残疾人就业、教育、培训相关政策。这一时期的残疾人就业促进机制有以下的特点：一是随着市场经济的发展，福利企业本身的运作出现了困境，但是依然是残疾人就业促进体系的重要组成部分，政府相关职能部门监管、指导福利企业的运作与发展；二是政府部门根据按比例就业相关政策法规，监管企业按规定吸收残疾人就业，不断完善按比例就业的相关机制；三是社会组织参与残疾人就业促进有法可依，政府监管、指导社会组织的运作，并提供必要的政策、资金支持。

## 二　上海市残疾人就业促进机制的实践

### （一）机关、事业单位专项招录残疾人

近年来，国家和地方相继出台了一系列机关、事业单位专项招录残疾人的政策法规。2013 年中共中央组织部等七部门联合发布《关于促进残疾人按比例就业的意见》，明确规定党政机关、事业单位及国有企业应当为全社会做出表率，率先垂范招录和安置残疾人，并提出要切实维护残疾人平等报考公务员的权利。在这一意见的指导下，上海市在全国率先启动了机关、事

业单位专项招录残疾人工作。

**1. 持续强化政策引导，发挥机关、事业单位推动残疾人平等就业的示范性作用**

2013 年，上海在全国率先开展机关、事业单位专项招录残疾人工作。2015 年，上海市印发《关于促进残疾人按比例就业的实施意见》，要求2020 年以前，市级党政机关、区（县）级残疾人工作委员会主要成员单位至少安排一名残疾人就业。2017 年，上海市出台了《关于实施"残疾劳动者就业促进专项计划"的通知》，要求发挥机关、事业单位招录残疾劳动者的带头作用，面向残疾劳动者开展专项招录工作。

**2. 建立常态化就业服务机制，提高残疾人专项招录岗位设置与需求适配度**

一是建立残疾人就业情况排摸机制。上海市各级残联组织对符合机关、事业单位基本报考条件的残疾人进行排摸，实时掌握残疾人身心特点、报考岗（职）位意向情况。二是建立岗位征集机制，在全市范围内向符合条件的市、区两级机关、事业单位征集岗位，岗位以通用性岗位为主，减少因专业局限无法报考的情况。三是建立招聘信息发布机制。每年制定《面向残疾人专项招聘岗位简章》，通过多种方式进行公开宣传，并对专项招录的单位信息进行集成展示。随着专项招录残疾人工作机制的不断完善，上海市机关、事业单位招录残疾人工作已成为常态性工作。

### （二）高校残疾人大学生高质量就业的初步实践

近年来，上海通过制定政策、搭建平台、创新服务机制等方式，在保持高校残疾人大学生高就业率的同时，积极探索残疾人大学生的高质量就业。

**1. 加强政策保障，建立残疾人大学生就业长效激励机制**

2014 年，上海出台《关于实施分散安排残疾人就业岗位补贴的通知》，符合条件且与残疾职工签订劳动合同的用人单位可提出岗位补贴申请；同时还出台了《关于加强全日制普通中高等院校残疾人毕业生就业促进工作的通知》，明确中高等院校残疾人毕业生就业人数计算方式，对符合申请条件的用人单位给以社会保险费补贴,加大对中高等院校残疾人毕业生就业支持力度,进一步鼓励用人单位安排中高等院校残疾人毕业生就业。2017~2021年,上海高校残疾人大学生就业率均在95%以上(见表1)。

表1 2017~2021年上海市高校残疾人大学生就业率

单位:%

| | 2017年 | 2018年 | 2019年 | 2020年 | 2021年 |
|---|---|---|---|---|---|
| 高校残疾人大学生就业率 | 95.6 | 99.1 | 98.8 | 100 | 100 |

资料来源:历年中国残联实名制数据系统。

### 2. 建立多方联动机制,搭建就业供需匹配平台

一是加强市、区两级纵向联动,严格执行高校残疾人应届毕业生就业情况半月报制度,完善全市残疾人大学生一人一档建档工作,掌握应届残疾人大学生基本信息、就业状况、就业意愿等情况。二是加强部门、社会横向联动,积极加强与人社、国资委等相关部门的沟通联系,立足残疾人应届毕业生的求职能力和需求,以本市高校残疾人毕业生专场招聘会为主要载体提供岗位(见表2),为残疾人大学生就业提供精准化、个性化服务,实现招聘单位和残疾人大学毕业生的双向互动,同时在传统线下招聘的基础上,引入"直播带岗"方式,通过智能终端实现"云端送岗",做到线上线下相融合,进一步拓宽高校残疾人毕业生就业渠道。

表2 2017~2021年上海市高校残疾人毕业生专场招聘会岗位数量

| | 2017年 | 2018年 | 2019年 | 2020年 | 2021年 |
|---|---|---|---|---|---|
| 高校残疾人毕业生专场招聘会岗位数量 | 350个以上 | 400个以上 | 300个以上 | 384个 | 394个 |

资料来源:历年上海市高校残疾人毕业生专场招聘会统计数据。

### 3. 借力专业力量,建立全周期服务机制

积极引入社会专业力量,通过残疾人大学生就业支持工作坊、残疾人大学生高等教育资源服务等项目载体,在研究残疾人高等教育规律、了解残疾

人大学生需求的基础上，整合企业和社会资源，为高校残疾人大学生提供新生适应培训、职业生涯规划培训、职业心理指导、求职技巧训练、软技能提升服务等高等教育资源服务，从高校入学开始提供免费、持续的资源支持与专业服务。2021 年为残疾人大学生提供个别化就业支持 303 人次，个别化学业支持 52 人次，开展软技能线上及线下培训共 19 场，累计服务 482 人次。①

### （三）特殊中等职业教育发展

**1. 建立健全特殊职业教育管理机制**

2017 年上海出台《关于加强特殊职业教育管理的实施意见》，明确要求每区至少举办 1 个区属中等特殊职业教育办学点，尚未设立特殊职业教育办学点的区要整合区域内职业教育资源，通过举办特殊职业学校或在普通中职院校举办附设特教班等方式设置特殊职业教育办学点。上海各区特殊职业教育办学点根据学生特点，开设酒店管理、烹饪等符合特教学生就业需求的课程。

**2. 探索中职院校残疾人毕业生实习、就业长效服务机制**

多部门联动，构建横纵联合的帮扶网络。在教委、人社、残联等多部门的合力推动下，充分发挥覆盖全市的"市—区—街镇"二级机构三级残疾人就业服务网络作用，密切对接相关部门，深挖社会资源，针对性开发适合残疾人毕业生的工作岗位。

校政企通力合作，加强岗位供给。坚持以项目带就业，通过中职院校特教班学生实习就业等项目实施，开展中职院校特教班残疾人毕业生的招募、实习岗位安排及岗位适应期培训。

深入排摸需求，实施"一人一档"服务。一是进一步保持与中职院校的密切联系，及时掌握应届毕业生的最新动向和求职愿望。二是加强和残疾人毕业生家长的沟通联络，介绍行业动向、招聘信息，提供职业规划等有关服务，帮助他们规划毕业生的职业生涯。三是跨前一步，提前启动下一年度中职院校特教班学生的排摸工作，掌握学生就业意向，尽早做好实习、求职规划及准备。

---

① 数据来源：残疾人大学生高等教育资源服务项目 2021 年统计数据。

## （四）培训就业一体化探索

实现残疾人就业的关键是要提升残疾人的职业技能，而提升残疾人职业技能的关键在于就业培训。在就业培训方面，一方面通过给予职业技能培训费补贴、职业技能培训期间生活费补贴、培训带教人员补贴等形式加大对残疾人职业技能培训的扶持力度，另一方面积极建立残疾人培训与就业有效衔接机制。

### 1. 建立职业技能培训项目遴选机制

立足上海残疾人就业实际，探索符合社会经济发展需要且适合残疾人特点的新行业、新业态培训内容，引入第三方专业机构对项目资质、内容进行评估认定，优化调整残疾人职业技能培训项目目录。上海市残疾人职业技能培训涉及有声主播、电子竞技陪练师、宠物美容师、无人机测绘员等新兴职业，并建立相关师资库和人才库，拓展残疾人的就业选择面，切实提高残疾人的就业层次。

### 2. 探索建立残疾人人岗匹配就业服务平台

实施"培训就业一体化"项目，按照人岗匹配的原则，以行业甄选为路径，委托专业机构建立"职乐通"平台，强化实名制系统中残疾人职业技能培训与就业数据的应用。同时，开展自我诊断、求职情景模拟等活动，分析残疾人的就业行为和职业能力，生成"就业行为诊断报告"，便于了解残疾人职业兴趣、技能水平、就业能力等，提高残疾人就业成功率。

## （五）残疾青年的"创客空间"

自主创业是残疾人实现"自我造血"、积极融入社会的重要途径，备受社会关注。在国家"大众创业、万众创新"理念的号召下，上海在残疾人就业领域推出残疾青年"创客空间"项目，向残疾人创业者提供场地、办公设备、从创业起步到正式创业的各类支持服务，搭建残疾人创业孵化平台。

在政策层面，制定《上海市残疾人创客空间管理办法（试行）》和

《"创客201"运营管理服务制度》，在机制上保障项目管理、运营的有序推进，为全市各区开展残疾人创业支持服务提供了经验和参照，进一步增强项目辐射带头作用，到 2017 年，上海共有市级残疾青年"创客空间" 1 家，区级 3 家。

在为创客提供服务支持方面，残疾青年"创客空间"旨在为残疾人创业者提供工作空间、网络空间、社交空间和资源共享空间以及创业展示、交流、培训、指导等一站式孵化服务。在入驻申请时，通过与经专家评估批准入驻的创客签订孵化服务协议，将其纳入管理服务名录，建立档案，开展创业扶持政策的宣讲及申请协助；在入驻过程中，通过开展创业导师服务、创业培训、主题沙龙、创业项目推介等活动，跟踪了解创客创业孵化进展情况及需求，为残疾人创客项目搭建推介平台。

### （六）残疾人就业扶持

长期以来，上海根据残疾人残疾程度的不同分别实行有针对性的就业保障和就业扶持措施，逐步形成了"重度残疾人托起来、中度残疾人扶起来、轻度残疾人走出去"的就业格局。"重度残疾人托起来"就是对丧失劳动能力的重度残疾人提供全面托底性保障。"中度残疾人扶起来"是通过职业服务、政策扶持，帮助有就业意望但竞争就业有困难的中度残疾人，满足其劳动就业和社会保障需求。如阳光职业康复援助基地（以下简称"阳光基地"）组织中轻度就业困难残疾人相对集中地开展职业培训、生产劳动、就业服务，并给予资金扶持；扶残涉农经济组织以劳动或劳务合同形式招用残疾人就业，帮助农村困难残疾人参与农业劳动，实现劳动增收。"轻度残疾人走出去"就是通过分散按比例就业、集中就业等就业方式对有就业意愿和就业能力的轻度残疾人进行推荐就业，对自主创业残疾人给予个体工商户开办费和社会保险费补贴，同时结合非遗居家就业项目和扶残涉农经济组织项目，引导鼓励残疾人实现社会化就业。

#### 1. 集中就业

上海的社会福利企业，在残疾人就业岗位提供、残疾人就业增收等方面发挥着重要作用。根据民政部"集中就业单位安置残疾人比例须达到25%，至少安置10名残疾人"的规定，2021年上海残疾人集中就业的福利企业共计安置了8506名残疾人。① 如上海三智汽配实业有限公司，这是一家有106人的企业，主要为上汽集团下属上汽大众汽车有限公司、上汽通用汽车有限公司、上海汽车集团股份有限公司乘用车分公司三家主机厂提供汽车配件，2022年6月底，有聋哑残疾职工36人，从事导线压接、工装、包装等工作，上岗率为100%。公司与每位残疾职工签订了劳动合同，工资薪酬一视同仁，残疾职工与健全职工实行同工同酬。公司开通"微信直通车"，让广大残疾职工更好地分享心得和喜悦，表达情绪与建议。同时，公司在设备改造、三级安全教育、消防演练等方面都为残疾职工重点考虑，通过醒目的提示语、安全警示灯和手语普及培训，切实保障残疾职工的安全生产。

2. 建立健全"阳光基地"建设管理机制

2009年，上海市探索建设了具有上海特色的残疾人就业机构——"阳光基地"，组织就业困难的残疾人相对集中地开展生产劳动、就业训练、职业辅导等，满足各类残疾人的劳动就业和社会保障需求。2014年，上海市残联、财政局联合出台《关于完善阳光职业康复援助基地相关经费补贴的通知》（沪残联〔2014〕85号），从资金保障、组织管理、人员配置、软硬件等方面加强"阳光基地"建设。2018年，为推动"阳光基地"可持续发展，根据相关文件要求，上海市对"阳光基地"进行转制，进一步明确"阳光基地"的性质与管理机制，依法确立了与援助对象的劳动关系，调整了劳动补贴、社会保险费补贴、培训费补贴、餐费补贴及管理服务人员补贴等补贴项目标准。截至2021年底，全市共有172家"阳光基地"，援助就业困难残疾人4067人。②

3. 强化扶残涉农经济组织监督管理

2017年，上海市政府将"帮扶5000名农村困难残疾人劳动增收"项目列

---

① 数据来源：上海市残联内部统计的上海市残疾人就业实名制数据库2021年数据。
② 数据来源：上海市残联内部统计的上海市残疾人就业服务综合信息平台2021年数据。

为为民办实事项目，通过支持扶残涉农经济组织招用残疾人就业，帮助残疾人参与农业劳动。为支持扶残涉农经济组织建设，先后出台《关于帮扶农村困难残疾人劳动增收有关事项的通知》《关于进一步完善农村困难残疾人劳动增收帮扶工作的通知》等文件，明确了扶持对象条件、扶残涉农经济组织认定要求、补贴类别与标准、工作考核方法、组织与管理方法等，不断强化对扶残涉农经济组织的监管。从扶持资金使用、用工规范情况、帮扶措施开展、制度及运作情况、扶持人数和收入等方面监督扶残涉农经济组织运行。2021年，上海市有扶残涉农经济组织 188 个，共扶持农村困难残疾人 3225 人。①

# 三　上海市探索残疾人就业促进机制的初步成效与突出问题

## （一）上海市探索残疾人就业促进机制的初步成效

### 1. 初步实现了残疾人就业促进的多元化

当前上海残疾人就业促进工作已初步实现政府引导、企业为主、社会组织积极参与的良性互动。各主体之间分工明确、权责明晰。政府充分发挥引导作用，制定出台政策，相关职能部门和公共就业服务机构依据政策，开展残疾人就业服务工作，跟踪监督企业安置残疾人就业情况，对社会组织运行进行指导规范。企业承担残疾人就业促进主体责任，根据残疾人身心特点做好残疾人岗位设置及就业安排。社会组织承接政府的就业促进项目，提供项目扶持、就业培训、平台对接等服务。

### 2. 初步形成了残疾人就业促进的支持服务体系

残疾人就业促进工作主体的多元参与，有效推动残疾人就业促进相关支持工作开展。在残疾人就业培训方面，引入社会力量参与残疾人职业技能培训，根据残疾人需求发布残疾人职业技能培训项目目录，扩大培训覆盖面。

---

① 数据来源：上海市残联内部统计的上海市残疾人就业服务综合信息平台 2021 年数据。

通过与大金空调、麦当劳、欧尚超市等多家著名企业合作，成立了多个市级残疾青年职业见习基地。通过成立残疾人职业技术能手俱乐部，组织各类残疾人参加职业技能竞赛，提高残疾人就业能力和上岗信心。在残疾人教育方面，通过上海开放大学残疾人教育学院开放教育模式，为残疾人提供集学历教育、非学历教育、文化休闲教育于一体的残疾人终身教育平台，依托高校资源，为残疾人大学生提供学业支持、就业指导服务。残疾人学生和生活困难残疾人家庭子女助学补贴及残疾人教育相关福利措施制度化。

**3. 初步实现了残疾人就业从保障生存向促进发展的转变**

就业是残疾人群体融入社会的关键，推动并实现就业是对残疾人群体最好的权利保障。纵观新中国成立以来上海市残疾人就业促进政策发展脉络，上海在坚持保生存的同时，大力推进残疾人融入社会，满足残疾人个性化、多样化就业需求，实现高质量就业逐渐成为上海市残疾人就业促进的主流思路。经过多年发展，上海市残疾人就业已基本形成了以分散按比例就业为主、个体就业和集中就业相结合的格局。残疾人融入社会的前提是环境无障碍。在无障碍环境建设方面，上海市出台《上海市无障碍环境建设与管理办法》，明确政府及相关部门职责、无障碍设施建设与维护要求，鼓励支持社会参与，完善无障碍社会服务，在硬件上满足残疾人就业基本需求。

据《2020年上海市残疾人事业发展统计公报》，2020年上海市持证残疾人就业年龄段内（男：16～59岁；女：16～54岁）的就业人数为7.1万人，其中分散按比例就业4.7万人，集中就业0.9万人，务农0.1万人，辅助性就业、公益性岗位就业0.7万人，灵活就业、自主创业等0.7万人。[①]

## （二）上海市残疾人就业促进机制存在的突出问题

**1. 未形成紧密的网状就业促进扶持体系**

残疾人就业促进扶持体系，需要多元参与，且各就业促进主体之间可以

---

① 《2020年上海市残疾人事业发展统计公报》，上海市残疾人联合会网，2021年9月2日，https://www.shdpf.org.cn/clwz/clwz/ztwz/tjgb/2021/09/02/4028fc767b9b2b35017ba42b49fc180c.html。

形成良性的、紧密的互动，即较为紧密的网状就业促进扶持体系，从而提升残疾人就业促进的功效。根据政策分析与实践研究可知，当前上海市残疾人就业促进机制已经初步实现了多元参与的目标，参与的主体包括政府、社会组织以及市场等。但是，从目前的就业促进组织结构、管理方式等方面可以看出，就业促进主体之间的互动机制相对松散，其中吸纳残疾人就业的市场（企业）与能够提供灵活就业支持的社会组织残疾人就业促进机制还在形成过程中。残疾人就业服务需求与信息传递不充分，社会组织与残疾人之间尚未建立密切联系，导致上海市残疾人就业促进机制的合力不足，影响了残疾人就业促进的效果，成为残疾人就业多元促进机制构建面临的重要问题。

2. 缺乏调动残疾人就业积极性的有效机制

当前，政府通过法律法规约束企业完成政府关于招聘一定数量残疾人的任务。但在实际执行中，部分企业未完成就业任务，重数量轻质量，并未主动地根据残疾员工的生理心理特点予以安排岗位，出现人岗不适配等情况，导致残疾人的工作积极性偏低。同时，一些企业并没有真正安排残疾人工作，招聘残疾人仅仅为了达到按比例就业规定的数量，进一步打击了残疾人就业的自信心。与健全人相比，残疾人就业面临自身的心理与生理的障碍，同时也要面临外在的社会歧视与硬件环境的阻碍。因此，优化当前的残疾人就业促进机制，更好地解决当前残疾人在就业过程中面临的问题，提升残疾人就业的积极性，成为机制优化的重要任务。

# 四　完善上海市残疾人就业促进机制的基本思路

《上海市残疾人事业发展"十四五"规划》明确提出了"推动残疾人事业高质量发展、实现残疾人群众高品质生活"的发展主题，实现"多元促进"的高质量发展是上海市残疾人就业的近期目标。在信息科技飞速发展的时代背景下，残疾人就业模式产生新变化，残疾人就业呈现多层次多元化特点。上海市应立足残疾人就业工作实际，通过构建各主体间的长效沟通机制，增强残疾人就业促进的合力，通过促进残疾人发展提高残疾人的就业能力和就业信心，实现残疾人在新科技、新市场、新业态下的高质量就业和融合就业。

## （一）构建各主体间长效沟通机制，增强残疾人就业促进的合力

### 1. 充分发挥政府在多元就业促进中的引领作用

政府应以促进残疾人社会融合发展为导向，以满足残疾人日益丰富的就业需求为目标，积极保护残疾人的就业权利，通过政策制定、基本公共服务供给等形式为残疾人提供包容的硬件与软件环境，加强残疾人就业宣传，持续推动企业积极参与残疾人就业促进工作，保障残疾员工的正当权利，鼓励、指导社会组织参与残疾人就业促进工作。

### 2. 充分加强企业在多元就业促进中的主体责任

企业作为残疾人就业促进工作的重点主体，应致力于消除基于残疾的就业歧视，立足残疾人就业的特殊性，加强残疾人岗位设置，切实承担起主体责任，加强与各职能部门、单位的沟通联络，建立残疾人就业状况信息共享机制。进一步密切与残疾人就业促进社会组织的联系，及时传递企业用工需求，注重资源共享，建立"企业+社会组织+残疾人"的长效培训机制。

### 3. 充分激发社会组织在多元就业促进中的创造活力

社会组织应充分发挥自身优势，立足残疾人就业实际需要，积极地与政府相关部门做好反馈与协商，积极围绕市场及企业需求，设置符合残疾人特点的培训项目，制定好残疾人就业服务的内容、方式以及相关服务的进程安排，加强与残疾人群的联系互动，充分掌握残疾人就业需求，不断丰富服务内涵，将社会组织打造成集残疾人就业需求展示、就业技能培训、就业扶持等于一体的多动能互动平台。

## （二）促进残疾人发展，提升残疾人的就业能力

### 1. 加强残疾人职业教育，提高残疾人的综合素质和职业素养

一是完善残疾人职业教育体系。坚持以政府为主导、学校为主体、社区为依托，积极推进社会力量参与残疾人职业教育，形成覆盖高中教育、高等

教育和终身教育的残疾人职业教育体系，提高残疾人的综合素质和职业素养。二是提升残疾人职业教育水平。着重发展以职业教育为重点的残疾人高中阶段教育，根据市场需求和残疾人自身特点，设置适合残疾人的职业教育专业，整合社会职业教育资源，实现全市职业教育统筹，帮助残疾学生实现跨区自由选择职业教育机构。同时采取积极措施，支持普通高中和中等职业学校通过随班就读、特教班等形式扩大招收残疾学生规模。三是加强残疾人职业教育师资队伍专业化建设，建立完善残疾人职业教育评价体系，为残疾学生接受职业教育创造良好条件。

**2. 加强残疾人职业技能培训，提高残疾人岗位竞争力**

一是加强残疾人职业技能培训和实训基地建设，认真做好顶层设计，合理布局，分批建设，为新入职残疾人和求职残疾人提供更多、更便捷的职业技能培训。也为在岗残疾人提供继续教育，帮助他们提升岗位技能，更好地胜任工作。二是积极开发残疾人职业技能培训项目，根据国家职业资格要求，鼓励社会组织开展具有多样性、实用性和针对性的残疾人职业技能培训。三是重视残疾人职业技能竞赛，通过开展多种形式的残疾人职业技能竞赛和展能活动，将残疾人职业技能培训与就业服务结合起来，把普及型的职业技能培训和重点人才培养结合起来，对残疾人职业技能培训政策进行重新修订，鼓励残疾人通过培训获得职业技能等级证书，切实提高培训对残疾人就业的促进作用。

**3. 加强残疾人就业创业扶持，激发残疾人内生动力**

首先，重视党政机关、事业单位、国有企业在落实残疾人按比例就业中的示范性作用，带动全社会共同促进残疾人平等就业。其次，重视对残疾人创业的专业指导，鼓励残疾人参与非物质文化遗产保护，积极尝试"互联网+"、人工智能支持下的新就业形态。从市级层面，加强残疾人文化创意产业基地建设，同时整合社区资源，推动残疾人居家就业。最后，通过残疾人职业技能培训和竞赛活动，探索符合社会经济发展需要且适合残疾人特点的有声主播、电子竞技陪练师、宠物美容师、无人机测绘员等新职业，建立师资库、人才库，拓展残疾人的就业选择面，切实提高残疾人的就业层次。

# B.14
# 南京市残疾人就业援助服务的<br>实践与探索

白先春 褚 建*

**摘　要：** 锚定残疾人的"就业率、就业渠道、合法权益、职业技能、就业扶持、就业宣传"，做好残疾人就业援助服务工作，南京市新增残疾人实名制就业人数逐年增加。打造了"汇爱坊"残疾人就业创业品牌项目、全国首个以"助残爱心"为主题的地铁站、"南京梧翊凰绒花"品牌下的非遗技艺培训等。目前，南京市残疾人就业援助服务工作还面临一系列挑战：政策保障力度有待提高、用人单位对安置残疾人就业的积极性有待提高、残疾人就业能力有待进一步提升、残疾人就业意愿有待进一步加强等。据此，提出以下对策建议：完善残疾人就业政策法规，提升残疾人就业保障水平；加强残疾人服务机构培育，提升残疾人就业服务能力；加强政策引导，提升残疾人就业意愿。

**关键词：** 残疾人　就业援助　就业服务　南京经验

南京市积极实施残疾人就业援助计划，不断推进残疾人就业增收，走出了一条"分散按比例就业、集中就业、灵活就业、自主创业、电商创业、典型引领带动、专场招聘"等多管齐下、多头并举、特色鲜明、成效显著的残疾人就业援助服务之路。

---

* 白先春，博士，教授，南京特殊教育师范学院中国残疾人数据科学研究院院长，研究领域为残障统计；褚建，南京市残疾人就业管理中心主任，研究领域为残疾人就业。

# 一 南京市残疾人就业援助服务的工作举措

"十四五"时期，南京市提出"健全残疾人就业保护、就业支持和就业服务制度，更好保障残疾人平等就业权益""提升残疾人就业服务质量"①的目标。为此，着力于六个方面，下足硬功夫。一是在提升残疾人就业率上下功夫。一方面认真落实《江苏省关于做好全省残疾人就业实名制数据质量监测工作的通知》，摸清摸准残疾人就业情况；另一方面南京市委、市政府高度重视残疾人就业问题，2022年市政府将"扶持不少于1000名残疾人就业"列入市民生实事项目，对全市残疾人就业工作提出了更高的要求。二是在拓宽就业渠道上下功夫。推动残疾人通过集中就业、按比例就业、自主创业、灵活就业等方式实现就业，采取线上线下相结合的方式为残疾人就业提供精准服务，市、区残联每季度至少举办一场残疾人专场招聘会。结合乡村振兴，推动公益性岗位优先安置残疾人，扶持农村残疾人参与富民强村产业，提高农村残疾人就业比例。做好残疾大学生就业创业服务工作，积极鼓励社会用人单位为残疾人预留岗位，开发适合残疾人的居家就业项目，带动更多的残疾人实现就业创业。三是在维护残疾人合法权益上下功夫。强化政策宣传，协调组织部门及各党政机关、事业单位、国有企业带头预留残疾人适宜岗位，提高安置残疾人就业的主动性；联合劳动监察部门做好残疾人就业的执法检查工作。四是在提升残疾人职业技能水平上下功夫。认真落实《"十四五"残疾人职业技能提升计划》，健全覆盖城乡各类残疾人的就业培训体系，采取线上线下相结合的方式，精准开展"菜单"式培训和定岗定向培训，开展生活服务类、农村种养殖、非物质文化遗产传承、传统工艺技能等培训。着力打造省级残疾人非遗传承培训基地或残疾人非遗工匠工作室。五是在扶持盲人按摩行业上下功夫。积极开展盲人按摩服务宣传体验活

---

① 南京市人民政府：《关于印发〈南京市"十四五"残疾人事业发展规划〉的通知》，《南京市人民政府公报》2021年第12期，第4~19页。

动,通过购买服务的方式组织辖区内盲人按摩机构走进机关、园区、社区,进一步提升盲人按摩行业的知晓度。六是在扩大就业宣传上下功夫。结合实际开展残疾人就业宣传,宣传残疾人就业法规政策、残疾人就业先进典型、扶残就业先进事迹,营造良好的社会氛围。充分利用网站、微信公众号、抖音号等宣传资源,挖掘并宣传南京市残疾人创业、就业优秀事迹,鼓励更多的残疾人走出家门,通过自身努力实现人生价值。

## 二 南京市残疾人就业援助服务的工作成效

### (一)残疾人就业情况

2019~2021年南京市残疾人就业情况见表1。由表1可知,2021年南京市坚持残疾人就业优先战略,在公务员招考、事业单位招录、国有企业招聘中为残疾人预留一定数量的就业岗位,加大残疾人就业扶持力度,持续做好残疾人岗位开发工作,新增残疾人实名制就业人数达到3536人,分别比2019年、2020年增加2489人、2883人,城镇、农村新增残疾人就业人数均有大幅增长,达到了一个新的水平。

**表1 2019~2021年南京市残疾人就业情况**

单位:人,%

| | 2019年 | 2020年 | 2021年 |
|---|---|---|---|
| 新增实名制就业人数 | 1047 | 653 | 3536 |
| 新增城镇就业人数 | 791 | 360 | 2298 |
| 新增农村就业人数 | 256 | 293 | 1238 |
| 按比例就业占比 | — | — | 44.59 |

资料来源:南京市残疾人就业管理中心提供。

为做好残疾人就业精准帮扶工作,南京市主要做法如下。一是配合做好2021年就业援助月专项活动。南京市残联联合市人社局、总工会、妇联开展2021年就业援助月专项活动,全市累计走访残疾登记失业人员家庭386户,组织残疾人专场招聘会 33 场，帮助残疾登记失业人员 40 人实现就业，帮助 58 名残疾人享受专项扶持政策。各区残联主动做好就业援助，针对残疾毕业大学生开展"一对一"帮扶。江宁区残联与金陵科技学院聋人班衔接，全面做好应届大学生就业跟踪服务。建邺区残联综合考虑南京特殊教育师范学院附属学校毕业生实际情况，先后会同辖区内星级酒店、星巴克、肯德基等单位，开发出适合残疾人的就业岗位。雨花台区残疾毕业大学生小丁、小姜，通过区残联的技能培训，成功被区残联吸纳入职。二是组织多种形式残疾人专场招聘会。市残联先后联合相关部门，组织开展线上线下残疾人招聘会，并针对南京肯德基有限公司、江苏方向家科技股份有限公司等社会企业用工需求，为企业和残疾人提供"一对一"专场招聘服务。此外，各区（街道）残联也适时开展残疾人招聘会，为残疾人就业服务打通"最后一百米"。三是推动党政机关、事业单位招录残疾人。南京市残联协调机关、事业单位开发适合残疾人就业岗位，2017~2022 年，南京市先后有 10 名残疾人通过公务员专项招录进入机关、事业单位队伍，发挥了党政机关在促进残疾人就业方面的示范带头作用。

### （二）残疾人职业培训

2019~2021 年南京市残疾人职业培训情况见表 2。由表 2 可知，2019~2021年南京市新增残疾人实名制培训人数逐年增加，2021 年新增残疾人实名制培训人数达到 2096 人，分别比 2019 年、2020 年增加 1061 人、1019 人。2019~2021 年电商培训人数基本维持在 300 人左右；盲人保健按摩培训人数在 50 人左右；盲人医疗按摩培训人数变化较大，从不足 100 人次到 200 多人次不等。

表 2　2019~2021 年南京市残疾人职业培训情况

|  | 2019 年 | 2020 年 | 2021 年 |
| --- | --- | --- | --- |
| 新增实名制培训人数（人） | 1035 | 1077 | 2096 |
| 电商培训人数（人） | 340 | 316 | 295 |
| 盲人保健按摩培训人数（人） | 41 | 58 | 50 |
| 盲人医疗按摩培训人数（人次） | 89 | 213 | 121 |

资料来源：南京市残疾人就业管理中心提供。

为做好残疾人职业技能培训工作，2021 年，南京市开展了中式面点、电子商务、绒花制作、布艺制作、灯彩制作和绳结制作 6 期技能培训班。针对残疾人职业培训与就业脱钩问题，各区主动推动就业培训一体化建设。江宁区残联主动与餐饮公司合作开展订单式西式糕点制作培训，采取集中理论学习与"一对一"实操辅导相结合的方式进行授课，学习结束后直接进入餐饮公司门店实习一个月，由公司择优录取。学员的培训方向和就业意向具有鲜明的针对性，为后期稳定就业发挥了积极作用。建邺区残联主动联系汉中门花市，根据花市用工需求，邀请南京中山陵园管理局高级景观设计师对 30 名残疾人进行中西式插花专业培训，品学兼优的学员直接推荐就业。此外，南京市还积极组织有需求的残疾人参加各级残联组织的技能培训班，包括全省首期"残疾人播音培训班"、全省首期"残疾人创业提升培训班"、全省"残疾人居家客服培训班"、2021 年全省"盲人按摩机构经营管理能力提升培训班"和 2021 年全省"盲人按摩人员培训班"。2021 年，还组织 121 名医疗按摩人员参加继续教育线上培训并获得学分，指导盲人报名参加全国盲人医疗按摩人员考试。

## 三　南京市残疾人就业援助服务工作的经验做法

### （一）持续开发残疾人就业项目，积极引导社会力量支持残疾人就业

南京市残联主动对接社会资源，动员各方力量助力残疾人事业发展。2022 年 4 月，对南京市"汇爱坊"助残公益实体店进行提档升级，升级后的"汇爱坊"成为市、区两级残疾人辅助性就业调配中心，为辅助性就业的"项目引进、技能培训、产品销售、品牌推广"等提供统一的平台支撑，不断扩大品牌影响力，带动更多的残疾人实现就业增收。2022 年 5 月，"汇爱坊"助残公益实体店已安置残疾人就业 10 余人，带动 30 余家残疾人机构 500 余名残疾人实现就业增收。各区残联也立足实际，主动出击，其中，鼓楼区残联和

上海星巴克咖啡经营有限公司江苏分公司联合打造"星巴克·鼓楼"残疾人就业培训实训基地，为有需要的残疾人开设咖啡制作技能培训、技能提升课程。栖霞区残联和北京自立自强网络科技有限公司签订《战略合作框架协议》，打造南京市首个残疾人数字化就业创业基地，并成功入驻南京市高新技术园区——紫东国际创意园。该基地基于大数据、云计算、区块链等方面新型数字化岗位需求，帮助残疾人实现就业创业。2022年5月，基地线下集中就业残疾人15人，线上居家就业50余人，孵化的残疾人大学生创业项目"彩虹之光"播客项目，获2021年联合国"青年创客马拉松"比赛国际最高奖项。秦淮区残联联合南京零距离文化旅游产业发展集团有限公司，免费为南京市残疾人提供非遗技艺培训，并为有就业意愿的残疾人提供就业岗位等。

### （二）不断拓展残疾人就业创业渠道，全力打造助残就业宣传新阵地

2022年5月，市残联与地铁集团共同打造的"助残爱心"主题车站正式启用，活动在南京地铁1号线张府园站举行。这是全国首个以"助残"为主题的地铁站，是集公益宣传、产品展示、助残活动于一体的地铁主题车站。该车站将成为全市残联系统对外宣传和展示的新"窗口"，车站以"有爱·无碍"为口号，倡导全社会"通过大众的无私关爱，让每一名残疾人朋友无障碍地享受美好生活"，展示了各类残疾人和助残先进典型，残疾预防知识，残疾人节日宣传，残疾人就业政策解读，残疾人辅助性就业产品、各类手工制品和残疾人优秀书画作品等。由南京市雨花台区残联主导、南京益科职业技术培训学校承办的雨花台区残疾人就业创业孵化中心，于2021年7月成立。该中心以促进残疾人就业、培育残疾人创业为核心功能，是一个集残疾人就业、培训、孵化、辐射等功能于一体的服务综合体和"电商+残疾人就业创业"平台；已孵化由残疾人参与的就业创业实体项目有鲜花工坊、净菜销售、零食销售、茶享空间、单车直播销售等；可为残疾大学生提供职业能力测试、职业诊断咨询、职业规划、职业介绍等一站式、全方位、闭环式的就业服务。同时，把新业态作为推进残疾人就业创业的发力

点，积极搭建了网上商城，组建了残疾大学生电商运营团队，打造了共享直播间，充分助力残疾人实现电商就业和各类辅助性就业项目的开发。2021年9月，有11名残疾人实现中心就业。另外，市、区残联走入全市各大产业园区，开展政策宣讲，帮助园区内企业开发就业岗位，并推荐适合的残疾人就业，对于企业较为担心的劳务纠纷问题，主动联系劳动监察部门，为企业提供咨询和跟踪服务，消除企业用工的后顾之忧。为便于残疾人了解招聘信息，南京市残联系统通过就业服务微信公众号，及时为残疾人及用人单位提供获取更加便捷的、准确的、翔实的求职岗位信息。

### （三）坚持做好工作思想改革创新，打造残疾人非遗传承新思路

市残联坚持以创新思维谋发展，积极运用科学思维方式谋创新、促发展，大力推动残疾人就业创业，依托丰富的非遗文化资源，将传统文化和残疾人就业创业有效"关联"，得到了省残联的大力支持，将南京市列为非遗传承培训试点地区，开展非遗传承师带徒培训。省、市残联先后多次实地拜访非遗文化大师，帮助解决工作生活困难，并通过省、市共同培养方式，由省残联为残疾人提供参与非遗传承培训的政策支持、资金保障，市残联广泛深挖、筛选适合残疾人参与的非遗传承项目，免费提供非遗培训场地支持，加快形成南京市残疾人非遗传承带动就业创业的新局面。如非遗传承人赵树宪，身为残疾人从事绒花制作40余年，是江苏省非物质文化遗产"绒花制作技艺"代表性传承人，2010年获得联合国教科文组织的第二届世界民间艺术大会"组委会最高荣誉大奖"（金奖）和"世界青年眼中最美中国手工艺大奖"（银奖）。为帮助更多的残疾人通过非遗技艺实现就业创业，多年来，他始终致力于面向残疾人群体的非遗培训，并创立了自主品牌——南京梧翊凰绒花。在市、区各部门的大力宣传和推广下，南京绒花的影响越来越大，得到许多国际时尚品牌的关注，有过多次成功合作的范例。赵树宪带领残疾学员不断潜心钻研，推陈出新，创造了多种多样绒花技艺表现形式，打造了一系列畅销的绒花作品，将绒花的非遗传承与残疾人就业增收有效结合，既传承了非遗技艺，也帮助很多残疾人朋友通过自身努力实现人生价值。

### （四）推进公共服务向基层延伸，依托"残疾人之家"实现辅助性就业

"残疾人之家"建设是基层公共服务体系的重要组成部分，也是实现残疾人公共服务向基层延伸的有效载体。"十三五"期间，南京市建成各类"残疾人之家"265个，实现街道（乡镇）全覆盖，成为实现残疾人辅助性就业的重要基地。

依托"残疾人之家"实现残疾人辅助性就业，关键在于有比较稳定的就业项目。为此，南京市首家区级残疾人辅助性就业项目资源调配中心——栖霞区残疾人辅助性就业项目资源调配中心于2019年2月正式挂牌成立。该中心依托政府购买服务，由社会组织运营，负责整合资源、对接企业，以项目化的形式，引进、开发辅助性就业产品，募集资金，对全区"残疾人之家"进行产品调度，组织残疾人岗位技能培训，监管协调辅助性就业日常运作，保障残疾人辅助性就业产品的稳定性、持续性，满足残疾人对辅助性就业的多样性需求。截至2021年底，该中心引进、开发首饰盒、中药香囊、凝胶绿植、布包等16种辅助性就业产品，覆盖全区"残疾人之家"，实现辅助性就业人员179人。以"栖霞区仙林残疾人之家"为例，该机构注册于2017年6月，属于民办非企业单位。依托栖霞区残疾人辅助性就业项目资源调配中心，设立辅助性就业工作坊，承接南京明海电子有限公司的电子产品加工项目，与南京紫金工坊开展合作进行手工抱枕的制作，与南京市栖霞区星创包装加工厂合作加工首饰盒等，已形成电子电路板、抱枕、首饰盒等3个长期稳定的合作项目。"残疾人之家"学员每月不仅有辅助性就业的劳动报酬，还有街道配给的每天10元的出勤奖励。2021年实现辅助性就业人员有6人，包括精神残疾人2名、智力残疾人2名、多重残疾人1名、视力残疾人1名。其中二级残疾1人、三级残疾2人、四级残疾3人。辅助性就业平均月收入最少为337.92元/月，最多的达到879.36元/月，平均达到716.22元/月。辅助性就业不仅使残疾人自食其力，更是让他们在手工作业康复的同时实现自我价值。

## 四 南京市残疾人就业援助服务工作面临的挑战

### （一）政策保障力度有待提高

就业政策方面，2014年，市残联与财政部门联合下发《南京市用人单位按比例安排残疾人就业补贴和超比例奖励实施办法（试行）》，并沿用至今，文件中对于用人单位享受此政策的年限规定为"累计不超过3年"，2020年以来相关纾困解难政策在此基础上延长至"累计不超过4年"，奖励额度并未提高，无法充分调动用人单位招录残疾人的积极性。培训政策方面，残疾人职业技能培训、技能竞赛及集训班缺乏相关标准，目前参照人社部门职业培训及其政府补贴历年标准制定，与残疾人培训特殊性的需求不相符。

### （二）用人单位对安置残疾人就业的积极性有待提高

机关、事业单位和国有企业招录残疾人的意愿普遍不高；轻度智力、精神残疾人，即使他们拥有就业意愿也难以找到工作。目前，南京市残保金征收也未能做到全覆盖，部分企业既未足额及时缴纳残保金，同时也未能按比例安置残疾人就业。2019年，南京市、区两级残联联合市（区）劳动保障监察支（大）队，对200余家用人单位开展残疾人就业联合执法检查，向未安置残疾人就业也没有足额缴纳残保金的2家用人单位发放告知书。

### （三）残疾人就业能力有待进一步提升

残疾人由于身心障碍、受教育水平低、就业技能差等因素，适配的就业岗位有限，就业困难，就业稳定性差；智力、精神和重度肢体残疾人因自身生理和心理障碍，多数难以进入竞争性劳动力市场实现就业；加之用人单位对岗位的学历要求越来越高，导致大多数残疾人在劳动力市场上缺乏足够的就业竞争力。就业技能较低是造成有就业能力与意愿的残疾人未实现成功就业的重要原因。

### （四）残疾人就业意愿有待进一步加强

南京市未就业的残疾人中，存在就业意愿偏低的现象。一方面，部分有能力就业的残疾人依赖于政府提供的社会保障待遇，产生不愿寻找工作、参与就业的惰性心理；同时，也存在一旦就业后已享有的福利待遇被取消或降低的顾虑。另一方面，残疾人工作预期也在逐步提高，对于用人单位提供的保洁等此类简单劳动岗位，存在厌弃心理，使其不愿意参与此类工作岗位；同时，由于考虑到残疾人自身能力水平的问题，企业能够提供给残疾人的工资待遇往往低于社会平均水平，而残疾人特别是家庭经济条件较好的残疾人，对工作薪资的要求普遍较高，这就造成了适合残疾人的工作岗位无法招聘到合适的残疾人。

## 五 提高残疾人就业援助服务工作成效的对策建议

### （一）完善残疾人就业政策法规，提升残疾人就业保障水平

创新宣传方式，拓宽宣传渠道，大力宣传残疾人就业相关政策和保障工作举措，让社会各界知晓残疾人就业权益保障的相关规定，营造全社会关心、帮助、支持残疾人就业的浓厚氛围。协助企业做好残疾人就业的保障工作，针对企业对残疾人认知有限或管理经验不足等问题，提供专业化指导与就业跟踪服务。落实南京市残疾人按比例就业制度，切实保障残疾人的平等就业权，坚决打击针对残疾人的就业歧视与工资歧视。

### （二）加强残疾人服务机构培育，提升残疾人就业服务能力

积极构建残疾人就业专业化服务体系，加大对残疾人服务机构的管理及服务人员培训力度，鼓励南京市域内相关院校特别是职业院校开设残疾人服务相关专业或课程，推动建立一批残疾人实习实训基地。大力推进残疾人服务机构品质化运营，鼓励残疾人服务机构聘用残疾人。完善残疾人服务机构

人员技能等级、工作绩效等评价机制，不断提高残疾人服务机构从业人员相关待遇。做好农村残疾人实用技术培训工作，支持符合条件的残疾人技能大师建立工作室，开发线上线下相结合的残疾人职业技能培训优质课程资源。[1] 加大政府购买服务的资金投入，推动与人力资源服务机构的深度合作，利用专业人力资源公司对残疾人实行"量体裁衣"式的岗位培训与职位推荐。

### （三）加强政策引导，提升残疾人就业意愿

加强残疾人就业促进政策与社会保障政策的衔接，对于纳入低保范围的已就业残疾人在核算其家庭收入时，按规定扣减必要的就业成本，并在其家庭成员人均收入超过当地低保标准后给予一定时间的渐退期，消除残疾人就业顾虑。家庭是残疾人除就业单位、助残社会组织以外个体活动最多的场域，[2] 充分的家庭支持可以有效地提升残疾人的就业意愿。在为残疾人争取职业培训、工作介绍、求职应聘机会、履职协助等方面，广泛地寻求家庭成员对残疾人就业的大力支持。只有残疾人家庭及个人真正树立新时代残疾人自强不息的精神和强大的内驱力，残疾人对美好生活的向往才能更快地成为现实。

---

① 国务院：《国务院关于印发"十四五"残疾人保障和发展规划的通知》，《中华人民共和国国务院公报》2021年第22期，第25~38页。
② 晏子、章晓懿：《政策价值理念与政策工具错配了吗？——基于1978-2018年中国残障人士就业政策文本的实证分析》，《人口与发展》2020年第4期，第86~100页。

# B.15
# 厦门市残疾人就业服务专业化的实践探索

陈军 黄总志*

**摘　要：** 通过对厦门市残疾人就业服务中心近几年残疾人就业工作的深度剖析，从厦门市残疾人就业服务专业化现状、困境等方面，总结了厦门市残疾人就业服务专业化的主要经验及成效、存在问题及原因，以及对未来服务专业化的展望。厦门市残疾人就业服务中心通过加强自身建设，运用专业技能，为残疾人提供多层次、个性化的服务，推动厦门市残疾人就业率在全省名列前茅。今后，还需要完善帮扶政策，扶持各种社会力量参与残疾人就业服务，完善服务体系，实现残疾人就业服务的便利化、网格化，提高残疾人就业服务专业化水平。

**关键词：** 残疾人　残疾人就业　服务专业化

## 一　引言

通常情况下，人是通过参加社会实践，实现自身价值，进而从中获得成就感的。其中，就业就是人参加社会实践的形式之一。帮扶残疾人，最核心最关键的是帮助残疾人就业。其本质原因在于，就业能让残疾人更好地融入

---

* 陈军，厦门市残疾人就业服务中心主任，研究领域为特殊教育、残疾人就业、儿童康复；黄总志，厦门市特殊教育康复研究中心教研员，研究领域为特殊教育。

社会实践，更能突出其个人能力价值而不是缺陷问题，使他们能更加自主地、积极地、有尊严地解决生活问题，实现自身价值。

《残疾人就业条例》① 中明确指出残疾人就业的概念，强调了在残疾人就业帮扶中应将集中就业和分散就业相结合，促进残疾人就业。调查表明，目前我国残疾人就业形式除了集中就业和分散就业，还有灵活就业和辅助性就业。

残疾人就业形式只是残疾人就业的路径，而要实现残疾人高质量就业仅仅是完善就业形式是不够的。因此，残疾人就业的高质量发展应要思考如何提供相关的支持，即服务专业化。服务专业化有工具理性理解②和价值维度理解③，而残疾人服务专业化则包含着服务知识、技能的专业性，工作人员的专业性以及服务供给对残疾人需求回应的专业性。④ 目前，关于就业服务专业化，我国在人力资源和社会保障部办公厅印发的《关于推进公共就业服务专业化的意见》⑤ 中有相关论述，从职业指导、信息服务、就业服务模式以及就业支持队伍建设等方面提出了建议指导。可见，服务专业化是指某个组织或个人应用专业知识和专门知识，按照服务对象的需求，为客户在某一领域内提供服务。结合我国残疾人帮扶发展现状，残疾人就业服务专业化则是通过加强残疾人就业服务机构建设，提升残疾人就业服务机构专业化素质水平，提高残疾人求职者和用人单位的满意度，实现功能多元化、服务人性化、队伍专业化、手段信息化。换言之，我国残疾人的就业服务一般是由残疾人就业服务机构和公共就业服务机构承担。残疾人就业服务中心是同级残联所属的事业单位，也是公共就业服务机构的一部分，直接承担残疾人所

---

① 国务院：《残疾人就业条例》，中国政府网，2007 年 2 月 25 日，http：//www.gov.cn/zhengce/2020-12/27/content_5574494.htm。

② 褚宏启、杨海燕等：《走向校长专业化》，上海教育出版社，2009，第 6~7 页。

③ 周沛：《残疾人社会工作理论与实务研究》，《残疾人研究》2013 年第 1 期。

④ 刘翔、周沛：《残疾人托养专业化服务研究——以无锡市为例》，《残疾人研究》2017 年第 2 期，第 75~81 页。

⑤ 人力资源和社会保障部办公厅：《人力资源社会保障部办公厅关于推进公共就业服务专业化的意见》，人力资源和社会保障部网站，2017 年 7 月 25 日，http：//www.mohrss.gov.cn/xxgk2020/fdzdgknr/zcfg/gfxwj/jy/201708/t20170807_275328.html。

在区域的就业服务。基于服务对象的特殊性，残疾人就业服务侧重于解决残疾人生存、发展以及自我实现等问题，以为残疾人提供所需信息、技术或劳务等服务形式，帮助残疾人融入社会实践。在就业服务方法上，残疾人就业服务的方法主要有政策扶持、技能培训、多元服务和权益保护。

厦门市残疾人就业服务中心（简称"就业中心"）以提升服务专业化水平为核心工作，以残疾人就业服务方法为抓手，紧紧围绕服务专业化做文章，加强部门联动，汇聚合力，着力强化政策协调、民生保障、就业帮扶，以保促稳、以稳促进，积极探索提升残疾人就业服务专业化水平之路，实现厦门市残疾人就业高质量发展。

## 二 厦门市残疾人就业服务专业化工作现状

### （一）主要做法

1. 加强"近邻党建"，画好就业服务同心圆

以"近邻党建"为牵引，充分发挥党建在助残工作中的引领作用，凝聚扶残助残力量，推动残疾人共享改革发展成果，促进残疾人全面发展和共同富裕。融合部门资源，完善残疾人就业服务载体，积极发挥部门资源优势，结合职能工作定位，拓宽就业创业的路径，保障残疾人享受普惠性就业创业政策和公共就业创业服务。

（1）强化政策支撑，稳岗扶持增收

市委通过制度创新，强化党组织在基层治理格局中的领导力量，开展全市基层党组织结对共建和在职党员进社区报到工作。市委组织部，市直机关党工委、市文明办、人社局、财政局、民政局、农业局等相关部门相继建立党建引领、部门协作的扶残助残工作机制，出台有利于残疾人就业创业增收的措施。厦门市每年充分利用政策支撑为残疾人增加收入7000多万元，有力地促进了残疾人就业稳岗增收。

（2）拓展社区资源，实现就近就业

充分利用社区中各种爱心力量建立助残就业创业联盟，让社区中的各行

各业积极为残疾人就业创造适宜就业工种，实现残疾人在社区中就业、在社区中享受就业的红利。同时，利用党员下沉社区开展残疾人就业服务指导，帮助残疾人规划职业生涯，实现家门口的就业服务新形态。如福建省随心助残公益服务中心、纸行天下（厦门）文化传媒有限公司等，各自吸纳了附近 10 多名孤独症、智力障碍等残疾人就业。

（3）培育助残机构，发展培训网络

市残联面向社会各级各类职业院校和职业培训机构，"十三五"期间认定承担各类培训任务的培训基地 50 个，形成横向合作、纵向联动共同推动残疾人技能人才培训培养的工作格局。截至 2022 年 5 月举办 3 期残疾人支持性就业辅导员培训，来自高校、特教学校、镇街和社会组织的 150 多人参加，帮助残疾人精准化个性化就业。市委统战部、国贸大管家同城管理有限公司等单位用好新业态保障新就业，在"朝鹭学堂"中设置残疾人就业模块，在入驻工业园区的企业中宣传残疾人就业政策，把就业创业融入残疾人成长的各环节。福建省南极光公益服务中心和朝鹭学堂发起的"有爱朝鹭 无碍未来"支持性就业项目，截至 2021 年 10 月，已成功帮助 17 名身心障碍者实现就业。厦门市翔安区子轩残疾人职业培训学校是福建省首家残疾人职业培训学校，搭建平台，帮助残疾人增强"造血"功能，承办残疾人会计岗前培训班、残疾人雇主培训班，到 2021 年 11 月，成功帮助 70 多名残疾程度较重的残疾人实现灵活就业。厦门市中途之家脊髓损伤者服务中心承接残疾人手机维修技能培训、残疾人电商（微商）培训，到 2022 年 5 月，已直接为 13 名残疾人提供工作岗位，让 40 多名残疾人掌握手机维修技能，并通过电商培训，帮助 200 多名残疾人走上就业岗位。

2. 纳入爱心结对，就业帮扶走进大街小巷

厦门市委、市政府大力推进"爱心厦门"建设，建立"一对一"的结对帮扶机制，截至 2021 年 12 月，全市有 7823 名党员干部、3911 个党支部与困难群众开展结对帮扶。"爱心屋"作为"爱心助残"的一个重要载体，让残疾人的就业帮扶出现在大街小巷。[①] 到 2022 年 9 月，47 家"爱心屋"

---

① 资料来源于厦门市残疾人就业服务中心。

分布在厦门市各区各街道中的大街小巷，共安置了122名残疾人及残疾人家属就业，就业的残疾人最高每月收入有5100元。

厦门"爱心屋"建设成为厦门的一张文明建设的窗口名片，形成了独具特色的爱心帮扶就业创业模式。这种模式以市场为导向，以区域为特色，紧紧围绕残疾人的就业需要，对从产品的进驻到宣传推广的一系列环节都给以扶持，形成了各区"爱心屋"百花齐放的格局。思明区采用"1+3+N"运营方式，即1个店长+3个店员+N个残疾人职业援助中心学员；湖里区采用云展播形式运营推广"爱心屋"，在全市公交电视、地铁电视等平台进行展播推广；集美区采用"公益化+市场化+特色化"运营模式，形成"固定+临时"用工方法；海沧区采用"街道-爱心团队-爱心屋"链式对接运营模式；同安区采用"云上爱心屋"微信小程序运营模式；翔安区采用联合公益机构开展乡村文化旅游运营模式。①

**3. 扶持新业态就业，推进个性化精准就业**

残疾人个体障碍、文化知识和技能水平千差万别，就业需求各不相同。就业中心积极根据残疾人个体情况摸清他们的就业需求、优势强项，摸清市场需求，有的放矢地提供"全程性、一站式"的个性化精准服务。在实践中，新就业形态在拓宽就业渠道、增强就业弹性、增加残疾人收入等方面有着显著的作用，成为一部分残疾人就业的新选择。

新业态拓展就业创业渠道。基于由"互联网+"衍生出的移动互联网、共享经济、直播电商等新业态就业形式，以创业带就业，制定和修订出台了《厦门市残疾人自主创业就业扶持办法》和关于残疾人辅助性就业机构发展等的政策，建设了38家残疾人职业援助中心和6家福乐家园，截至2021年为1172名残疾人提供了就业岗位。② 厦门市残疾人创业创新孵化基地（依托于厦门市大众创业就业促进中心）为残疾人创业提供各种创业创新咨询、培训、跟踪、指导等服务，到2021年，完成了15个项目孵化落地，8个项

---

① 何无痕、黄琬钧：《同筑"爱心屋""助残"献爱心》，《厦门日报》2020年12月21日，第A07版。
② 资料来源于厦门市残疾人就业服务中心。

目赢利在 1 年以上。厦门市帮助了 1400 多名残疾人通过自主创业实现就业，发放创业奖励、经营补贴等补助 2897.75 万元。

**4. 提升队伍服务水平，确保事业跨越式发展**

随着网络化、信息化、智能化等相关新经济领域不断出现，自由职业者或多重职业者不断涌现，创业带动就业、多渠道灵活就业的业态正在形成。在人才主导的社会发展主流价值观下，加强自身队伍建设则是残疾人就业服务机构发展的重中之重。只有培养一支政治过硬、业务精湛、水平高超的专业化队伍，才能更好地服务于新形势下的残疾人就业工作。

（1）优化队伍结构，提升素质水平

依托党组织的政治优势和组织优势，把机关、企业、学校、科研院所、人才编织成"网"，通过"专兼挂"的方式，建设引才、用才、育才的人才发展体系，建立起优秀干部和专业人才库，"蓄水养鱼"并持续动态更新。[①]有效利用互联网、云技术等手段，加强社会学、管理学、教育学、人力资源管理等基础知识培训，以定期培训、专题培训、脱产轮训等形式，提升工作人员能力和素质。自 2018 年以来，厦门市残疾人就业服务中心多次被中国残联授予"就业服务成效奖"，多位基层残疾人就业服务工作人员被中国残联授予"职业指导模范"荣誉称号。[②]

（2）优化岗位配置，提升有为能力

加快梳理就业中心人员岗位，明确职责，定岗定责，优化内部机构设置和职能配置，形成职责明确、依法行政的管理服务体系。在厦门的实践经验中，就业中心出台《主要职责、内设机构和人员编制规定》，印发《关于严肃工作纪律 整顿工作作风的专项活动实施方案》等文件，不仅能紧抓干部职工队伍工作纪律作风，还能完善容错纠错和激励约束机制，给主动作为、积极作为、有所作为的干部职工撑腰鼓劲，对不作为、慢作为和乱作为

---

① 陈军：《四聚四化 推动残疾人就业向高质量发展——厦门市打造"就业益家"党建品牌服务残疾人就业》，《中国就业》2021 年第 6 期。

② 陈军：《四聚四化 推动残疾人就业向高质量发展——厦门市打造"就业益家"党建品牌服务残疾人就业》，《中国就业》2021 年第 6 期。

的干部职工进行严肃问责。①

（3）强化理论培养，助飞实践探索

邀请人力资源和社会保障部、中国人民大学等单位的专家学者到厦门开展培训讲学活动，建立"校企合作"的机制模式，实现理论研究和实践探索相结合。② 确立了"居家就业""云端就业"等新型就业模式，探讨新形势新业态人员的社会保障；职业教育培训就业全程化发展；打造就业创业指导专家服务平台，采取开业指导、咨询服务、主题活动等形式为残疾人自主创业者提供全方位高质量的创业指导服务；开展就业信息、市场服务与个性化匹配等课题研究，提升就业服务专业化水平。

（4）加强岗位锻炼，提升领导能力

就业中心通过出台《关于进一步加强干部职工队伍建设的实施办法》，加强干部培养，提升领导能力。近年已有30%的干部进行交流锻炼，强化对人才的考察和历练，让每一位人才都有机会经风雨、见世面、壮筋骨、长才干，开拓宏大视野，提升综合素质。

（5）健全考核机制，提供高效服务

创建一套适合新时代新形势下的残疾人就业服务人员的绩效考核评价机制体系，考核评价机制体系要紧紧围绕残疾人就业服务工作，综合考虑干部职工具体承担的工作量、服务意识、服务态度和残疾人的满意情况等内外因素，以综合评价指标体系促进残疾人就业服务工作的标准化和规范化，以考核机制促进干部职工人力资本的增值，从而打造出一支高素质、高效、优质的残疾人就业工作服务队伍。

（6）优化审批方式，提升服务效能

积极探索在岗残疾职工申报核定、超比例安排残疾人就业奖励"一链办理""免申即享"服务模式，深化与人社、医保、税务、退役军人、市场

---

① 陈军：《四聚四化 推动残疾人就业向高质量发展——厦门市打造"就业益家"党建品牌服务残疾人就业》，《中国就业》2021年第6期。

② 陈军：《四聚四化 推动残疾人就业向高质量发展——厦门市打造"就业益家"党建品牌服务残疾人就业》，《中国就业》2021年第6期。

监管等部门的数据共享和工作协同，实现"减材料、减环节、减时限"预期目标，让数据多跑路，企业零跑腿，优化营商环境。就业中心每年对近1100家企业进行在岗残疾职工核定。原来进行在岗残疾职工申报时，用人单位都要在规定的时限内携带单位和残疾职工的相关申报材料，到行政中心窗口进行办理，或者将申报材料邮寄到窗口才能办理。现在实现全程网办，无时限要求，用人单位按照系统要求填报信息提交申报，系统自动校验证照信息等，信息校验成功，系统自动受理办结。如果是超比例安排残疾人就业的用人单位，还会及时反馈超比例安排残疾人就业奖励的相关数据。

### （二）主要成效

市残联、就业中心以党建为引领，综合施策，探索出残疾人就业服务专业化的"厦门模式"。2017~2021年，厦门市残疾人就业率（已就业人数占有就业意愿、就业能力的人数的比例，下同）总体呈增长趋势（见表1）。其中，按比例就业、公益性岗位就业、辅助性就业、社区就业、居家就业以及灵活就业等就业人数大多每年有不同程度的增长（见表2）。这体现了厦门市残疾人就业形式多样化给残疾人的就业空间扩大了自由度，不仅有利于吸引残疾人有序且有效就业，还能让残疾人自由选择就业。从年度残疾人新增就业人数来看，城镇和农村新增就业人数总体呈增长趋势，残疾人就业率得到很大程度的提升，2020~2021年，残疾人就业率位列全省第一（见表3）。

表1 2017~2021年厦门市残疾人就业情况

单位：人，%

| | 2017年 | 2018年 | 2019年 | 2020年 | 2021年 |
|---|---|---|---|---|---|
| 就业年龄段总人数 | 22215 | 22045 | 21210 | 20913 | 20842 |
| 有就业意愿、就业能力的人数 | 12673 | 12396 | 13389 | 13894 | 14441 |
| 已就业人数 | 10358 | 10295 | 11995 | 12553 | 12933 |
| 总体就业率 | 46.63 | 46.70 | 56.55 | 60.02 | 62.05 |
| 就业率 | 81.73 | 83.05 | 89.59 | 90.35 | 89.56 |

资料来源：全国残联信息化服务平台就业培训模块。

表2　2017～2021年厦门市残疾人各就业形式就业情况

单位：人

| | 2017 年 | 2018 年 | 2019 年 | 2020 年 | 2021 年 |
|---|---|---|---|---|---|
| 按比例就业 | 4436 | 4688 | 4769 | 4822 | 4844 |
| 集中就业 | 379 | 347 | 330 | 311 | 284 |
| 个体创业就业 | 1407 | 1302 | 1257 | 1211 | 1200 |
| 公益性岗位就业 | 502 | 514 | 495 | 559 | 568 |
| 辅助性就业 | 777 | 772 | 801 | 881 | 873 |
| 农村种养加 | 1301 | 1113 | 1240 | 1288 | 1187 |
| 社区就业 | 214 | 223 | 311 | 339 | — |
| 居家就业 | 310 | 252 | 735 | 964 | — |
| 灵活就业 | 1032 | 1084 | 2057 | 2178 | 3977 |
| 总人数 | 10358 | 10295 | 11995 | 12553 | 12933 |

资料来源：全国残联信息化服务平台就业培训模块。

表3　2017～2021年厦门市残疾人新增就业、培训情况

单位：人，%

| | | 2017 年 | 2018 年 | 2019 年 | 2020 年 | 2021 年 |
|---|---|---|---|---|---|---|
| 城镇新增就业 | 人数 | 491 | 508 | 1805 | 1590 | 1750 |
| | 完成省任务率 | 87.21 | 82.07 | 307.50 | 234.51 | 246.48 |
| 农村新增就业 | 人数 | 281 | 233 | 529 | 441 | 388 |
| | 完成省任务率 | 182.47 | 132.39 | 391.85 | 210 | 208.60 |
| 城乡新增培训 | 人数 | — | — | 469 | 747 | 2669 |
| | 完成省任务率 | — | — | 125.07 | 152.45 | 392.50 |

注：2019 年，提前超额完成年度任务；2020 年、2021 年，均提前超额完成年度任务，残疾人就业率位列全省第一。

资料来源：全国残联信息化服务平台就业培训模块。

## 三　厦门市残疾人就业服务专业化存在的问题及原因

### （一）厦门市残疾人就业服务专业化存在的问题

#### 1.残疾人职业指导服务作用发挥不足

由于素质测评的工具和方法缺乏，就业中心无法更好地帮助各类有就业

需求的残疾人确定合理职业定位和方向，规划好职业发展。加上对针对用人单位的政策宣传、配套措施、用工指导不够重视，使用人单位在招收各类残疾人后无法得到持续有效支持，进而造成招聘会的针对性不强和签约成功率不高的不良现状。

**2. 残疾人就业帮扶不够精准**

通常情况下，就业帮扶的精准度取决于信息收集的精准性。就业中心在帮扶精准度上面临残疾人信息库建立不够健全、基层摸底调查不够深入、信息登记及更新不够及时、残疾人就业动态管理能力不够以及残疾人分级分类管理不系统等问题，导致提供"一人一档""一人一策"精细化服务能力相对不足。虽然采用了有效干预措施，如残疾人岗位信息采集和核验制度，但是由于现代信息科技的作用无法有效发挥，所以在实现精准识别服务对象，需求与服务智能匹配以及提供行业、职业发展需求分析与预测等服务效果上相对困难。在这种情况下，易产生未建立人岗匹配信息互联互通和共享发布机制导致就业创业信息共享困难，或者就业服务信息进展和追踪反馈机制滞后或缺乏，无法实时反馈服务对象的服务进展情况，最终影响用人单位将招聘岗位录用结果向残疾人求职者反馈的情况。此外，人手问题也不同程度影响了帮扶信息收集、跟踪以及全程记录的完整性。

**3. 残疾人就业服务模式创新动力不足**

虽然就业中心积极建立残疾人从就业指导到就业创业服务的一体化的服务管理机制，但是面临残疾人职业指导人员服务基层机制缺乏，这导致对就业困难人员、公益性岗位安置人员等服务对象无法提供专门的残疾人职业指导，更无法与之建立相对固定联系，进而提供针对性服务。在公共就业部门间联动机制、自身队伍建设机制和人才培养机制三方面建设力度不足，导致就业服务机构人员人力资本增值跟不上新时代和新形势发展要求等深层次问题。

**4. 残疾人就业服务标准化信息化建设滞后**

就业中心对于残疾人就业服务工作，在服务过程中存在管理手段粗放、没有通过大数据等手段去分析需求、服务内容不够丰富的问题，还没有建立起一套统一的残疾人就业工作服务标准，整个残疾人就业服务标准化信息化建设严重滞后。

## （二）厦门市残疾人就业服务专业化问题原因探析

### 1. 残疾人就业服务机构职能发生转变

自 2019 年以来，按照政事分开原则，事业单位承担的行政职能一律回归相关行政主管部门行使。就业中心作为厦门市残联下属的事业单位，主要职责是承担厦门市残疾人就业推荐、职业培训、就业在岗认定、盲人按摩、就业扶持政策落实等方面的技术性、辅助性、事务性工作。职能决定了残疾人就业服务机构属性，其服务于残疾人和用人单位，但对于用人单位只有指导权，没有监管权，无法形成对用人单位的有效监管。

### 2. 残疾人就业服务队伍存在短板

就业中心人员编制少，事务性工作较多。目前有一支由 16 名以本科学历为主的在编人员组成的团队。近年来，就业中心一直注重培养一支政治过硬、业务精湛、水平高超的专业化队伍，但是在服务队伍建设上还是存在"四化"问题：专业化人才缺乏，专家化人才空缺，职业化人才稀缺，规范化水平欠缺。这就导致了残疾人就业服务标准化建设滞后、就业服务专业化工作机制不健全、信息技术应用不成熟等一系列问题。

### 3. 激励与评价机制滞后

科学的激励机制有助于增强员工的获得感、幸福感。就业中心属于事业单位，薪资制度、晋升制度、评价制度、职务职级并行制度等不符合现代社会需求。人员编制制度制约人员流动，奖金补贴等货币激励机制形式依附于层级制，工作热情与激情在一定程度上受到影响。

评价体系是专业化服务的直观表现，具有一定的指向性。目前的外部评价更看重审批流程与时效，就业率、就业与培训等任务指标的完成，忽视服务效能与产出。内部绩效评价无法与员工激励等管理工作联系起来，绩效评价的结果也就达不到科学性的标准要求，难以为服务专业化提供支撑。

# 四 残疾人就业服务专业化的展望

## （一）完善残疾人就业扶持政策，促进残疾人就业保障制度化规范化

### 1. 有效帮扶残疾人就业创业，健全完善残疾人就业政策体系

以厦门市为例，自 2006 年以来，先后出台了《厦门市按比例安排残疾人就业实施办法》《厦门市建立轻度智力和精神残疾人庇护工场实施方案》《福乐家园机构和工作人员管理办法》《厦门市建立街（镇）残疾人职业援助中心实施方案》《厦门市超比例安排残疾人就业奖励办法》《关于对我市残疾人全日制普通高校毕业生进行就业援助的通知》《厦门市残疾人自主创业就业扶持办法》《关于扶持残疾人辅助性就业机构发展的通知》《关于贯彻落实疫情防控期间加大残疾人就业帮扶有关措施的通知》等政策，采取落实政策稳就业、扶持创业带就业、公益岗位保就业等系列措施，建立残疾人就业支持体系。今后，还要进一步健全和完善就业政策，按照新时代新业态新模式发展要求，加强残疾人就业帮扶，为残疾人就业创业提供扶持和保护，全力推动残疾人就业创业工作实现飞跃。

### 2. 推进治理体系现代化，健全残疾人就业保障体系

治理体系和治理能力的现代化，有利于促进社会主体组织化发展，在多元、集体、互动的治理模式下，社会问题得到专业解决。市发改委、财政局、人社局、民政局和残联等相关部门要持续为残疾人就业保障体系建设提供支持，积极推进保障残疾人就业的合法权益，规范劳务（派遣）用工，加强劳动人事争议调解仲裁，依法实施劳动保障监察。努力做好社会保障、员工维权等方面的服务。吸收更多的社会组织有效地参与到残疾人就业的过程中，开展年度企业或公司薪酬调查工作，建立健全企业或公司薪酬调查和信息发布制度，为企业或公司合理确定残疾职工工资水平提供依据和参考。推动企业用足用好各项扶残助残政策，积极推动构建工资稳定增长机制；推

动实施"智慧仲裁",实现劳动争议"观、管、防、化"一体融合,有效保障劳动关系总体和谐稳定。

### (二)加强专业人才队伍建设,促进残疾人就业服务精准化

**1. 搭建"三个平台",提高队伍专业化水平**

借助国家、省级职业认证培训平台,让从事残疾人就业服务的人员必须取得相对应的职业资格认证,而且每年或者五年以内必须再经过培训一次。借助国家、省级职业实践锻炼平台,让残疾人就业服务机构人员在服务残疾人之前都接受过实践锻炼。建立残疾人就业人才培养基地、残疾人就业智库,加强残疾人就业理论研究,提高就业服务能力和水平。

**2. 建立"三大机制",提高队伍职业化水平**

建立残疾人就业服务机构考核机制、跟踪指导机制和动态调整机制,动态为残疾人和用人单位提供各种需求服务,让服务既专业又精准。建立和健全残疾人就业服务辅导员制度,加强就业服务辅导员队伍建设,进一步规范残疾人就业服务机构建设、保障条件和专业人员配备。

**3. 开展"三项研究",提高队伍专业化水平**

就业中心要通过"到残疾人群体中去、到实践中去"主题实践活动,不断完善残疾人就业状况调研,倾听和亲身感知残疾人所想所急所盼,才能真正了解残疾人的真实情况。要重视政策分析研究和专项课题研究,在人手不足的情况下,采用购买服务等方式借助第三方力量去实现残疾人就业服务的专业化,进而让残疾人就业服务渠道更加宽广,服务质量更加有保证。

**4. 实施"三级培训",提高队伍规范化水平**

所谓的"三级培训"是指对残疾人就业服务机构人员分三个等级进行有针对性的培训。第一级是对残疾人就业服务机构分管领导的培训,让分管领导在培训中懂得业务,才能更好地做出科学决策和规划发展。第二级是对残疾人就业服务机构业务部门人员的培训,让业务部门人员精通业务,才能更好地实施和抓落实。第三级是对残疾人就业辅导员进行轮训,让他们时刻

掌握最前沿的就业辅导服务信息、知识和技能，才能适应新时代新形势下的残疾人就业服务工作。

### （三）支持不同社会主体参与服务，促进残疾人就业服务便利化

**1. 支持建立更多的就业服务社会组织，加速劳动力市场匹配**

大力支持、鼓励热心人士创办残疾人就业服务社会组织，引导残疾人就业服务社会组织入驻各级社会组织孵化基地（或党建服务中心），为其提供免费办公场所、免费水电，并在项目开发、能力培养、合作交流、业务服务等方面给予支持，让残疾人就业服务更加便利。

**2. 建立"五社联动"机制，扩大就业容量，提升就业质量**

建立残疾人就业服务"五社联动"机制，以社区为平台、以社会组织为载体、以社会工作者为支撑、以社区志愿者为辅助、以社会慈善资源为补充。到 2022 年 4 月，厦门市已配备社区工作者近万人，登记备案社会组织7300 多家，残疾人就业工作要依托社区综合服务平台，盘活社区服务资源，强化供需对接，满足残疾人多层次、差异化、个性化就业服务需求。

**3. 促进两岸融合发展，支持社会组织参与劳动者身心及权益保障**

厦门作为经济特区，因"台"而特。要充分利用两岸社会组织发展优势，积极探索海峡两岸融合发展新路，因地制宜、因时制宜地推动社会化服务发展，支持两岸社会工作服务机构、社区社会组织、社会工作者带动志愿者、汇聚慈善资源，深入基层社区提供心理疏导、情绪支持、保障支持等服务，为残疾人就业提供身心及权益保障，提升残疾人就业服务专业化水平。

### （四）聚焦残疾人的差异化需求，促进残疾人就业网格化

**1. 挖掘岗位需求，支持充分就业**

要积极争取使机关、事业单位和国企挖掘出一些适合各类残疾人就业的岗位，创造条件，招聘符合岗位要求的残疾人去就业。依托创业大本营、创业孵化示范基地，建设认定就业见习基地和创业见习基地，为高校残疾毕业生提供见习支持。同时对接残疾人集中就业机构、辅助性就业机构，建立党

建助残基地，开展党建助残活动。

2. **实施扩岗补助工程，鼓励企业吸纳就业**

出台实施一次性扩岗补助政策，鼓励企业吸纳毕业年度高校残疾毕业生，给予企业每人一次性吸纳补贴。鼓励企业加强院校毕业生资源开发，对企业招收应届院校残疾毕业生，给予企业社会保险补贴。开展直播引才活动，创新直播形式，延伸开展直播推岗、空中宣讲等活动，拓宽引才渠道。

3. **支持校企合作，培养技能人才**

支持企业与院校合作，组织本企业职工开展联合培养。对取得专项职业能力证书、培训合格证书或毕业证书的残疾学生，给予一定的补贴。充分发挥企业和职业院校各自的优势，提升残疾职工技能水平，培养企业所需要的职工。

4. **推进数据互通，支持自主创业**

打造创业培训平台，积极实现资源数据、业务数据的互联互通，实现服务场景多样化。通过政策引导、创业资金扶持和后援技术支持，逐步将部分残疾人培养成各行各业的自主创业人，然后产生以点带面的群体效应。通过在创业项目推介平台上集中向社会推介，并依托网络、微信、项目汇编资料发放等手段，常年向有意创业者提供创业项目信息服务。加大创业贷款支持力度，降低申请条件，简化申请程序，提高金融服务可获得性，帮助解决创业初始阶段自有资金不足的难题。采用不同的创业形式和担保贷款条件，提供不同的创业扶持，让残疾人创业门槛低、扶持力度大、成功率高。

5. **实施协同合作，提升职业技能水平**

积极进行协同管理，借助人社部门、职介、技能培训与鉴定机构等的外部资源，实施重点企业"一企一策"和推行企业新型学徒制、以工代训培训等政策，提高技能培训补贴标准，制订灵活、针对性强的培训计划，优化培训课程，按需进行分类，实现就业人员由"体力型"向"技能型"的转变，提高技能本领。完善职业技能竞赛政策，对标国内技能大赛，构建以市级技能大赛为主体的竞赛体系，提升竞赛的专业性与举办效益。落实竞赛奖励制度，对获奖选手、指导老师、承办单位等按规定予以奖励。

# 五　结语

服务专业化是提升残疾人就业水平的重要途径之一。就业中心以残疾人共同富裕为主线，突出城乡残疾人就业创业区域和人文特色，加强残疾人就业服务专业化建设，不仅帮助残疾人实现高质量的就业，而且让他们以劳动的方式过上有尊严的生活。厦门的残疾人就业服务专业化有着显著的地域特色，成效显著。通过梳理，发现了残疾人就业服务专业化工作的不足与提升点，为未来改善残疾人生活品质，提高残疾人收入水平、就业水平和社会参与水平等方面，提供更加坚实的实践基础、智力支持和理论支撑。

**参考文献**

陈军：《"爱心屋"情暖残疾人——厦门市安置残疾人就业"爱心屋"项目试点成亮点》，《中国就业》2021 年第 8 期。

全国人民代表大会常务委员会：《中华人民共和国残疾人保障法》，中国政府网，2021 年 10 月 29 日，http：//www. gov. cn/guoqing/2021-10/29/content_ 5647618. htm。

全国干部培训教材编审指导委员会办公室组织编写《构建新发展格局干部读本》，党建读物出版社，2021。

中国残疾人联合会编《"十四五"残疾人保障和发展规划专题解读》，华夏出版社，2021。

# B.16
# 融易咨询促进残疾人就业的实践探索

周海滨*

**摘　要：** 融易咨询成立六年来，以"让残障融合更容易"为使命，开展
残疾人就业的社会实践。本报告通过介绍融易咨询这家专门从事
残障人士就业的社会企业的成立背景、工作手段和实例、残障者
成功就业故事、项目影响力与工作成果、受益者的反馈和企业案
例等，为读者提供融易咨询在残障就业实践中的探索概貌。融易
咨询通过"政-企-校-社"的广泛合作，对残障者融合就业起到
积极作用，发挥了独特价值。

**关键词：** 残疾人就业　雇主培训　残疾人就业服务　残疾人职业培训

## 一　成立背景

融易咨询并不是一家传统意义上的商业咨询公司，也不是一家传统理解
中的残疾人就业服务社会组织，而是一家提供专业的残障融合及多元化咨
询、企业能力建设、企业员工融合信心与能力培养的社会企业。成立六年以
来，这家机构从无到有，从试水商业化的"残障平等意识培训"到建立初
具规模的国际劳工组织全球商业和残障网络中国分支秘书处，再到精细化的
残疾人融合就业咨询服务，走过了一个"试错—完善—再试—进一步完善"
的过程。他们的实践经验，对于有志于从事社会创新、残障者就业服务的有

---

* 周海滨，法学硕士，国际劳工组织全球商业和残障网络中国分支秘书长、融易咨询联合创始
人兼执行总监，研究方向为残疾人就业支持。

识之士来说，具有一定的参考价值。

2016 年夏天，几位曾工作于联合国驻华机构中国残障项目的项目经理，以及一些来自商业企业的年轻人，形成了一个多元的团队，结合他们在就业领域的深入观察，凝聚出共识，希望通过专业的咨询服务，来解决部分残障者就业难这一社会问题。这就是融易团队。

### （一）企业痛点：缺乏"残障信心"

2013 年，中国企业联合会与国际劳工组织北京局共同发布了一份企业雇用残障者的调研报告，报告显示，受访的 161 家企业普遍体现了对残障者在本企业就业的信心不足，具体表现在企业认为存在的较大挑战为健康和安全问题、招不到能够胜任工作的员工、对客户态度的顾虑，以及工作性质不适合残障者。具体来看，对健康和安全问题的顾虑居于首位，占反馈企业的66%，担心招不到能够胜任工作的员工的企业占52%，认为工作性质不适合残障者的企业占50%，顾虑客户态度的企业占40%。[①] 有超过一半（54%）的被调研企业认为需要外部的残障专业支持，其中需要管理残障员工事务能力培训的占反馈企业数的66%，需要提供企业管理残障员工事务的相关咨询服务的占51%。

该调研报告显示，这些担忧主要有三层。

第一层，也是反馈数最多的，他们认为现有的企业岗位要求不适合残障者。

第二层，雇用残障者是不是有很大风险？需要多少投入？产出如何？会不会对企业的形象产生负面影响？由于企业没有可靠的数据支持和过往本企业及同行经验的参考，大多数企业因此踯躅不前。

第三层，如果他们能像普通商业公司一样，遇到类似第一层、第二层顾虑，能够找到专业化的咨询、技术服务，他们依然有可能向前迈出第一步。

---

① 王少华：《国内首份雇佣障碍者态度报告出台》，《中国企业报》2013 年 11 月 26 日，第15 版。

但是，在"管理残障者、就业工具支持和方法"这一方面，他们找不到这些专业服务。

这是企业层面的"残障信心"不足。那么，在社会层面，是不是像企业所说，市面上没有这些专业服务呢？

### （二）残障服务机构痛点：融合资源分散

融易团队对残障者就业服务行业现状做了梳理，他们发现：有的机构，拥有大量的残障者基础数据，偏重残疾人端的培训和求职信息收集，但是不管是在职能上还是在服务能力上，难以为企业提供量身定制、"一站式"的专业服务；另外一些民间服务组织，虽然具有一定的专业服务能力、具备残障者就业成功的个案经验，但是限于规模和外部商业拓展能力，其提供的服务与企业对专业化商业服务的需求，还存在较大的差距。

### （三）残障求职者痛点：缺乏有效的职业培训

就业服务的最终受益者，是残障人士。他们的就业经验又如何呢？融易团队集中调研了残障求职者目前面临的主要挑战，其中，基础教育端的问题是一个限制因素，相比非残障的求职者，他们在基础教育和学历，甚至是参加的专业方面，差距十分明显。这也是为什么企业在提到残障者就业的过程中，首先就对残障应聘者能胜任岗位要求产生了怀疑和不信任。

除了这一基础约束因素以外，团队发现的另一个问题就是无论在主流媒体还是社会大众的视野中，都缺少残障者在一般企业从事普通岗位工作的成功经验。中国社会科学院与北京一加一残障人文化发展中心曾经在 2013 年做了一个调研，发现基本上只有不到 10% 的媒体报道会展示残障者的一般工作能力（具体数据）。他们的调研显示，媒体展示的"残障者能力不够""残疾人就业意愿不强"这些误解固化了公众和企业的认知，从而让主流态度成为残障者迈入职场的"绊脚石"。[①]

---

① 《残障报道 5 年观察》，环球网，https：//m. huanqiu. com/artcle/qCaKrnJDAV。

这样看来，要想找到一个积极、有效的商业方案，来化解融合就业的困境，融易咨询当时面临一些综合性挑战。对于一个小型的初创企业，面临自身资源约束、人力约束等问题，该选择哪一个方面作为主要服务对象，并且能够起到切实有效服务企业和残障求职者的作用，是摆在融易咨询面前一个现实而紧迫的问题。

融易团队的应对策略从一开始就抓住了"企业"这个牛鼻子。

自2016年底成立以来，融易咨询开始以提供符合国际标准的多元融合方法、工具和"政-企-校-社"的网络资源为输入，以帮助企业找到符合自身核心业务特点的残障融合就业解决方案为出发点。他们的选择获得了回报：六年后，目前团队已经形成一支专业化的人才梯队，分布于北京、杭州、武汉、大连和广州等城市，并建立了一个以8000位优秀残障人才简历为基础，以总数超过200家的企业客户为服务对象的运营机制。

## 二　工作手段

### （一）提供企业融合就业咨询

在融合就业咨询方面，融易咨询为工作场所雇用残障者提供咨询服务，内容涉及为企业提供融合度评估、内部管理机制、无障碍设施及合理便利调整、岗位开发、渠道策略、人才选拔方案、人才管理及融入方法等方面。

#### 1. 企业服务案例：A公司

A制造有限公司（以下简称"A公司"）的服务案例就是融易咨询的一次比较典型的融合就业商业咨询的实践。A公司是一家全球电子专业制造服务公司，目前全球总部设在新加坡，公司足迹遍及30多个国家，员工超过200000人，产品及服务包括电脑、手机、通信工程、汽车配件、航天设备和物流等。

A公司从只有13名残疾员工的2015年至今，陆续招聘了600多名残疾人，目前残疾员工稳定在350人左右。这个变化，与融易咨询从2016年开始为该企业提供专业支持紧密相关。图1展示了A公司在开展融合就业中推进融合就业模式的实践路线。管理层在项目之初提出希望由融易咨询提供

"残障平等意识"培训，对企业在融合就业立意上提供支持。融易咨询通过参与式培训的方法，和企业管理层一起"算经济账"：融合就业在企业的投入和产出比是合算的，一方面，企业做培训、无障碍改造与合理便利调整会投入一小笔资金，但残障者的成功就业最终帮助企业减免了残保金，而这些有人力资源价值的员工，为企业创造了不菲的价值；另一方面，更重要的是，企业品牌形象也随之提升，一个国际奢侈品品牌，因为 A 公司开展了残障融合的项目，优先选择 A 公司为供应商。

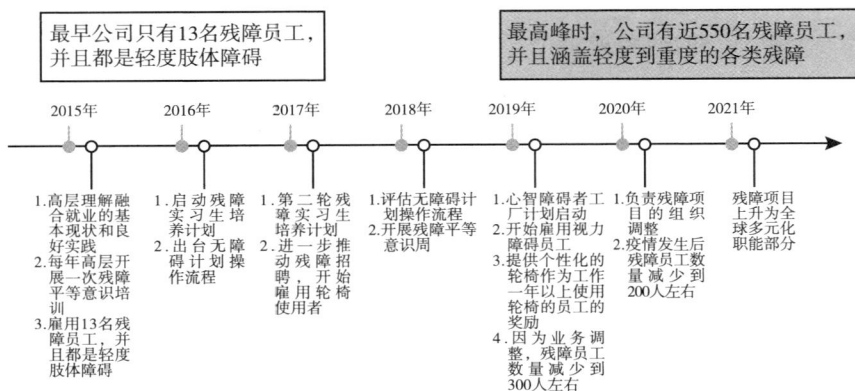

**图 1　A 公司在开展融合就业中推进融合就业模式的实践路线**

融易咨询在开展咨询的过程中发现，众多企业遇到的一个问题，就是企业内部普通员工对残障人士的不了解和排斥。随着残障员工数量增多，普通员工会觉得，公司给残障员工提供了很多福利待遇，而残障员工工作效率比他们低，这是不是一种"反向歧视"？而化解这种"不了解和排斥"的方法之一，就是增进所有员工，尤其是一线管理者，对残障人士的了解。

A 公司根据融易咨询的建议采取的一个有效措施，就是"残障实习生培养计划"，每年邀请 5 名左右残障学生来企业进行暑期实习。采用残障实习生的好处有：他们不是正式员工，普通员工排斥心理不强；跟残障实习生接触后，普通员工发现，残障者工作效率不差，工作能力也不错，所以慢慢团队的态度就转变了，相处久了，他们就准备好接纳残障同事了；另外，公司会为实习生指定一位非残障的带教老师，该带教老师作为残障者与其他同事之间的桥梁，建立一种亲切、实用的"自然支持"，并通过为期两到三个月一对一的辅导，将残障者引导到充分发挥绩效的工作能力上去。另外，A公司通过融易咨询的案例分享，了解了其他同行业企业融合就业的成功经验，进而创新地开展了一系列融合活动，如手语课、联合观影等，通过接触帮助残障者与普通员工相互了解。

通过上述一系列举措，A公司的残障信心建立起来了，残障者通过已经留用的残障同事在企业中的良好"口碑"，源源不断进入A公司，这成为企业可持续的人力资源获得渠道。

2. 企业服务案例：B公司

B公司接受融易咨询服务的模式，也具有非常积极的创新意义。这家公司是一家总部位于法国的化妆品巨头，他们把残障融合定位为企业具有战略意义的事业。例如，B公司有一个全球"团结采购"计划，就是在供应商评级的时候，系统里有一个评分项目，就是这个供应商有没有做残障项目，供应商的管理层如果是残障者，B公司对其的评分就会提高，供应商就更有可能拿到订单。

B公司希望融易咨询为其提供源源不断的残障人才，以满足其不断扩大的市场和体现企业责任的需求。在考察了B公司用人需求的基础上，融易咨询携手广东岭南职业技术学院，根据B公司电商中心对人才核心技能的要求，有针对性地开设了覆盖"软技能"与"硬技能"两方面的职业课程，建立了B公司残障人才培训基地。2020年，该基地举办为期两个月的B公司定制化职业培训班，B公司电商中心的业务部门提供课程大纲、企业文化和管理制度模块，与职业学校形成了紧密的合作联系，以"订单式"方法，培养残障人士成为符合其企业技能要求的电商人才。图2为融易咨询与广州市残联、融爱社工等社会组织开展走访和调研时的照片。

同时，广东岭南职业技术学院结合行业认证的电商课程，支持残障人士获得电商领域的基本技能、拿到结业证书。这两方面都满足企业需要后，再增加一些关于残障人士的职场自信、软技能的线上线下工作坊。在不到两个

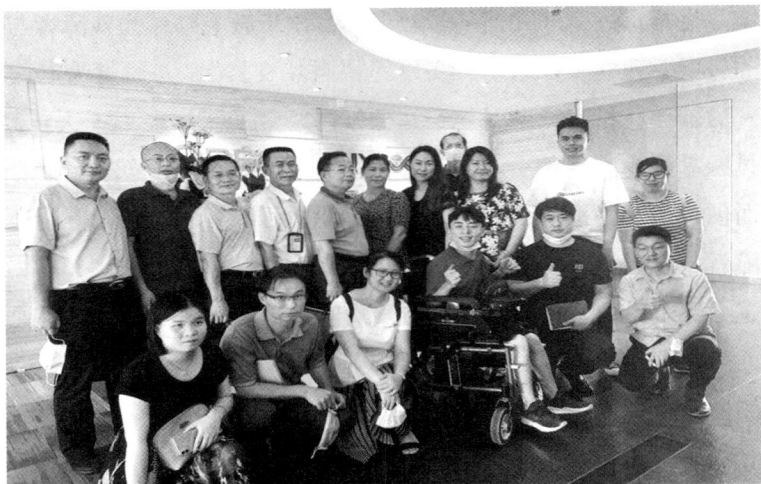

图 2　B 公司电商中心在开展融合就业实践期间，融易咨询与广州市
残疾人联合会、融爱社工等社会组织开展无障碍设施的走访
和融合项目需求调研

月的时间里，B 公司电商中心促成了 12 名残障人士在广州就业。该项目在
B 公司全球多元融合内部竞赛中，获得了亚太区融合大奖第一名，体现了该
企业对上述项目的认可。

对上述两个企业的服务，分别获得了作为客户的企业方的认可。在这两
个成功案例之后，类似于 A 公司、B 公司的客户将这些成功的商业案例分享
给更多的企业，这种口传效应，在众多企业中树立了融易咨询有专业能力、
能协助企业开启融合就业之旅的"口碑"。

除了为企业在就业方面提供咨询服务，融易咨询也把咨询业务拓展到企
业多元包容（Diversity & Inclusion）战略管理、理念意识培训，无障碍工作
场所和产品开发培训等。这些从残障服务向多元包容议题拓展的服务背后，
是跨国公司落地中国，需要有专业的咨询机构帮助其在中国的管理制度、企
业文化对接总部的国际话语和中国本土实践的必然要求。

（二）培养残障青年　融入主流职场

在推进融合就业的工作中，上文提到的建立企业残障信心的服务，加强的是"人才需求端"的工作；另一个不容忽视的问题，作为劳动力市场供应的"人才供给端"，即能够满足企业岗位需要的残障者就业人才供给，是融合就业另一个不可或缺的要素。融易咨询作为一家初创的社会企业，妄言改善整体残障者就业人才生态环境，解决报告第一部分提到的另两个痛点——残障服务机构的融合资源分散、残障求职者缺乏有效的职业培训，会显得过于理想化。为此，融易咨询会对企业做这样的思想动员：企业需要做好、做足企业内现有残障员工的留用工作，只有在岗的残障者工作体验好了，他们才会介绍、推荐、号召其他的残障人才申请加入。

另外，有远见卓识的企业，会投资打造企业在残障社群中的雇主品牌，提前做好人才储备，建立可持续、更长远的计划，而其中一个创新做法，就是通过"政-企-校-社"的合作网络，建立更加有效的残障人士的职业培训体系。

### 1. 构建融合职业培训与就业生态体系

在过去三年中，融易咨询与渣打集团联合开展"成功之路：搭建残障者融入职场的支持体系"（以下简称"成功之路"）项目，一方面，融易咨询利用其在融合就业行业中的资源，培养各方在残障人才培养上的合作、对话、共建的土壤；另一方面，通过渣打集团主动推动融合职业培养和就业的行为，鼓励更多企业参与到投资残障人才职业培养的联盟中来。

渣打集团把多样性和包容性发展作为企业核心文化，其中残障人士融合培养和就业一直是渣打集团的一项重要倡导。渣打环球服务中心在此议题上做了一些尝试，比如招聘残障员工、在特殊学校开设听障学生职业课堂以及帮助残障候选人修改简历等，但更希望建立一个更有辐射力的公益项目。2019年，渣打集团与融易咨询合作推出"成功之路"项目（见图3），致力于帮助18~30岁残障青年提升就业能力。

通过在线课程、线下与职业学校合作以及微信辅导平台，两年多来，该项目直接培训了3300名残障人士，建立了8000名残障优秀人才的简历库，为融易咨询积累了招聘服务的基础，以及为中国分支会员集群提供了一个长期人才储备池。同时，此项目为渣打集团的员工提供了独特的志愿服务机会，帮助他们与残障大学生联结，做为期一个月的在线的一对一职业辅导。在此过程中，员工们学习换位思考，加深了自身对职场的理解，增加了对团队伙伴的包容。在 2020~2021 年的两年中，融易咨询共邀请了 10 家企业加入这个志愿者辅导平台，超过 300 名残障青年获得了持续的在线职业辅导。图 4 就是融易咨询在线辅导的海报。

**图 3  "成功之路"项目在线课程**

说明：课程有 50 种内容，可供残障学员选择，包括职场软技能、硬技能等。

在这 300 多名青年中，"小狼"的经历，集中展示了残障者个人在此过程中的收益和成长，以及她在职业能力和就业信心上的积极变化。

"小狼"是一个生活在广州的 21 岁视障女孩，"小狼"是她的微信昵称，这个名字源自一本儿童小说《狼王梦》，这本小说讲述了一只母狼如何努力使她的幼崽成为狼王的故事。小狼的个性由此可见一斑，但是她的"狼王梦"在 14 岁上初三时遇到了重大挫折。2014 年，小狼的视力开始减弱，到 2015 年初初三下半学期时她已经全盲，她因此无法继续学业，也没有拿到毕业证。她的狼王之路仿佛还没开始就已结束。

刚刚失去视力的小狼非常封闭，她几乎整天窝在家里上网，靠看心灵鸡汤和星座运势度日。除了生活节奏的改变，小狼的生活状态也发生了巨变。一个重要的标志是，她失去了话语权和选择权，大部分时候要被动地接受安

**图 4　融易咨询在线辅导的海报**

排，比如在买一件什么颜色的衣服、要不要出门等事情上，她自己的喜恶不再重要。家人和社会对她的期望降到了吃饱穿暖、活着就好。这让她觉得自己的价值也随着视力一并丢失了，没有人关心她的想法和意见，她只要接受安排就好了。她从一个向往光明未来的女孩子变成了家庭的包袱，而接受安排仿佛可以略微减轻一些家庭负担。这是当下很多残障人士日常面临的状况。

2020 年 2 月，小狼通过社工了解到融易咨询举办的"成功之路"培训项目，她毫不犹豫加入了培训。疫情使培训由线下转为线上，小狼因此认识了天南海北的许多像她一样的残障人士。加入培训群带给小狼最大的震撼是，"原来我不是一个孤单无助的人，我终于不是一个个体的人了，原来残障群体是一个大群体"，她有种从失落无助、孤身一人转变为融入集体的感觉，这种归属感让她获得了力量。

在培训中，她学习了简历制作、面试技巧、职场礼仪、职业生涯规划等内容；项目方帮她链接了领英中国的职业规划志愿者，与她开展了为期一个半月的一对一辅导，帮助她梳理自己的优势和未来的工作规划；在学习和与项目其他残障学员的交流中，小狼逐渐意识到，"残障不是我的错"。这种意识的转变使小狼的整个心境豁然开朗，变得自信，并交到了朋友，内心的想法也随之积极起来。

她主动帮助培训组织者做一些力所能及的工作，从培训参加者成为项目"志愿者"。她在学习和志愿工作中得到肯定，也借此寻找职业方向，探寻自我价值。

培训过后，小狼参加了不同的残障群体活动，结识了更多残障朋友和组织。她发现残障人士大多不怎么爱运动，这不利于身体健康，在经过了漫长的探索之后，她决定做一名游泳教练，教残障人士游泳，希望在她的帮助下大家都能够运动起来，改善身体和精神状况，更好地生活。2021 年前小狼考取了潜水证，最近正在训练如何水下救人，为将来成为一名合格的游泳教练做准备。2021 年初，小狼与其他五个残障伙伴一起成立了社会组织"融趣"，希望通过组织各种活动给残障人士一个理由和机会走出家门，结交朋友，分享和学习知识，享受生活，融入社会，并在将来找到一份工作。

2. "残障人才孵化器"

融易咨询在长期接触融合就业的业务中，发现那些成功进入主流职场的残障者，往往是提早就对未来想从事的领域或者企业有明确的目标，并通过实习、实践的方式，让自己的能力尽快适应职场的需要。而因为各种原因，这样的职业体验的机会，对残障青年来说，选择并不多。

为此，融易团队设计了一个名为"残障人才孵化器"的项目，招募有志于进入主流职场的残障青年，进入为期 6 个月的工作实操、能力提升和培训，在为期 6 个月的培训中，学员有机会提升职业素养，例如，职场沟通及人际关系管理能力、客户管理能力、简历修改能力、面试技巧得到提升。带教的经理同时关注学员的职业心理，包括自我认同与表达、人生规划。此外，学员还会学到一些基本技能：商务英语，邮件写作，PPT、Excel、Word 等基础办公软件的使用。而且，学员还会学到项目管理技巧。

具体而言，残障学员负责协助开发、管理、实施和推广融易咨询具体的商业合作项目，内容包括：与企业客户、残障组织和其他合作伙伴沟通与协调；参与项目开发、客户会面，准备会议材料；组织和推广残障融合/多元化工作坊和培训；残障社群沟通、访谈、协调和维护等。

残障毕业生罗茜，参加了融易咨询"残障人才孵化器"，她经历了实习、人才孵化、确定职业选择，并最终成功就业，她的经历也揭示了残障者尤其是残障学生在融合职场中是有能力就业的，以及融易咨询在其中发挥的作用。

从小失明的罗茜一直自称是一名"资深的视力障碍者"，"资深"也就意味着，她已经基本适应了视力障碍的状态，不论是在学习还是生活中。在她上学的年代，融合教育的理念刚刚萌芽。因此从小学到高中，她都在相对隔离的环境下接受教育。即使有时她和同学们不太喜欢这样，但也不知道能做些什么。这种迷茫持续到她踏入大学的那一天，老师向学生们勾画出一幅蓝图：你们将来要成为一名优秀的推拿师。她当时呆愣在原地，脑子里窜出一个念头，"我不想让其他人来编排我的人生，我必须想办法为自己做其他的调整和打算"。

于是从大一暑假起，她尝试各种各样的实习。在实习期间，她了解到了《残疾人权利公约》的核心理念："没有我们的参与，就不做与我有关的决定。"这句话对于一个不甘于被选择的人来说，简直就仿佛给了她主动选择自己人生的魔法钥匙一般，开启了她人生的另一个阶段。

通过一家社会组织的介绍，她参加了融易咨询设立的"残障人才孵化器"项目。该项目旨在为残障青年提供培养基本技能、职业素养、职场心理等的实践机会和在职辅导，以更好地迎接主流的职场环境。罗茜成为融易咨询一位资深项目经理的助理，并通过工作实操，锻炼具体的工作技能。

在经过这样的训练以后，罗茜成功入职一家商业公司担任项目经理，两年后，通过个人努力，成功申请英国政府的志奋领奖学金项目，并获得英国女王大学包容与特殊需求教育硕士入学资格。

从这样的个人经历中我们可以看到，融易咨询的"残障人才孵化器"顺利协助了残障人士完成从学生到职业人的转型，目前已经有160多位残障人士通过类似的短期能力建设，成功找到主流职场的工作机会。

### （三）推出融合工作坊

除了传统咨询业务之外，融易咨询的融合工作坊也很受企业和公益机构欢迎。这是基于联合国"残障平等意识培训"（DET）及参与者特点开发的半天工作坊，通过游戏、角色扮演、情景假设等互动形式，启发参与者思考自身跟残障议题的关系，促成长期的态度转变，并培养参与者接纳和融入残障者的基本技能。融易咨询创始人周海滨说："很多时候企业觉得要做残障融合，核心的问题是残障融合如何与每个人相关，这种情感上的改变，尤为重要。""残障平等意识培训"着眼于在企业内部建立融合理念，支持企业发生实实在在的变化。图5为融易咨询为一家企业开展"残障平等意识培训"。

图5　融易咨询为一家企业开展"残障平等意识培训"

# 三 工作成果

## （一）成功搭建企业融合就业网络

2010年，国际劳工组织成立了"全球商业与残障网络"（GBDN），旨在搭建一个公私合作平台，让企业、雇主网络、企业网络及残障者组织和政府共同推动残障融合就业战略。2018年7月31日，全球商业与残障网络中国分支（GBDN-China）成立（见图6），并将秘书处下设在融易咨询。目前有包括IBM、雅高酒店、中国网、伟创力、埃森哲、重庆远大印务、湖南安邦制药等在内的21家企业会员单位。

**图6 全球商业与残障网络中国分支成立大会合影**

国际劳工组织的高级残障事务专家斯蒂芬·特罗梅尔表示："能够和GBDN-China的成员单位合作，我们感到十分欣喜。我们所做的努力将极大地促进可持续发展目标在中国的实现，真正确保'不让任何人掉队'。中国有8500万残障人士，约占世界残障人口总数的10%。在中国取得的傲人成绩不仅可以丰富全球商业与残障网络的经验，还将扩展和加强世界各地成员的伙伴关系。"

"2005年起，欧莱雅集团就与国际劳工组织建立了合作关系。目前，我们的目标是扩大我们项目的规模。我们也确实遇到了一些困难，培训和能力就是关键问题之一，还有如何简化流程，找到稳定的合作伙伴，使我们的供应商能够更好地实现残障员工的人岗匹配。我们相信，GBDN-China 的建立将帮助我们找到更好的残障融合综合解决方案。"欧莱雅中国可持续发展总监罗兰·勒马奎斯说。

在 GBDN-China 成立后的四年间，融易咨询为企业会员提供了合作平台，协助企业利用有效的资源和服务，实现其残障融合计划。21 家企业定期会面，交流融合就业领域的成功经验，并共同制定战略，整合各界资源，为企业在招聘和留用残障员工方面提供工具和解决方案。

融易咨询的上述努力，也让企业意识到，残障员工为企业创新提供了新的多元化的视角，是企业宝贵的财富。

中国残疾人联合会教育就业部副主任解宏德曾在中国分支的成立大会上表示："我们希望借助国际劳工组织全球商业与残障网络，让更多跨国企业为中国残障人士开发就业岗位，充分发挥中国残疾人就业创业网络服务平台的作用，为跨国企业提供优秀的残障人士。"

### （二）培育融合就业的生态土壤

"融合创新中心"是由 GBDN-China 在 2020 年 3 月疫情期间发起、由融易咨询全权运营的职场融合专项计划。该中心致力于链接中国的一线职场融合资源，搭建"政-企-校-社"的融合就业合作机制，为残障求职者匹配岗位，为一线机构提供前沿的融合课程、培训方案、项目设计支持，同时打通与 GBDN-China 企业资源的对话渠道，打造一个共同服务、齐发力的"职场融合资源平台"，目前已经拥有 20 家创始机构和个人发起人。2021 年 5 月，融易咨询在无锡与当地残联、劳动部门、索尼（无锡）、多所高校等众多社会组织开展搭建"政-企-校-社"的融合就业合作机制的高校障碍大学生就业促进会（见图 7、图 8）。

2020 年新冠疫情发生以来，融易咨询还发起"融易沙龙"，已经举办了 21 期，包括"尽我之力，助盲战疫"系列公开课，结合"残障融合"、"残

**图7　2021年高校障碍大学生就业促进会参会者合影（一）**

**图8　2021年高校障碍大学生就业促进会参会者合影（二）**

障就业"和"多元文化"等话题，链接残障就业服务机构、特殊教育机构和高校与研究机构、残障服务机构和家长组织、自主生活服务和无障碍服务机构四大类社群等，搭建了一个平等、自由、开放的对话平台，链接资源，分享信息，为未来联合行动建立社群基础。

另外，融易咨询也在与优秀的融合就业组织一起，探索残疾人就业辅导员培训体系。自2021年起，融易咨询与岭南教育慈善基金会和广东岭南职业技术学院等携手该领域的专家、学者和实践者，开展残疾人就业辅导员规范课程建设，旨在培养一批推进残障者就业的辅导员，促进残障者的体面劳动和融合就业。

2022年7月，融易咨询与湖南省残疾人联合会教育就业部、湖南长沙市天心区爱弥尔潜能发展中心联合举办残疾人就业辅导员培训班，结合企业管理经验和残疾人就业相关工作人员的特点，量身定制入门版的就业辅导技术概览，引导残疾员工支持者掌握基本的残障意识，建立对残障融合的信心，了解在当地企业开展残疾人支持性就业辅导的基本技能要求。

### （三）开发企业残障融合指数

融易咨询在工作中发现，通常企业有关于残障就业的困惑，其实可以通过培育其融合信心和能力而逐步化解。在此背景下，融易咨询与北京大学、武汉理工大学等高校的学者共同研发企业残障融合指数，对参与企业通过下列三个评估维度展示企业在残障融合方面的水平，测量企业融合就业的能力。

战略维度：领导层决心与承诺、组织的多元与包容文化。

包容性维度：无障碍，合理便利制度，供应商多元化与采购的包容性，残障社区参与、专业合作，有关残障的数据收集与分析。

人力资本维度：招聘、留用及升迁、薪酬与福利。

自2022年起，融易咨询携手一家全球领先的电子产品公司，以其7家供应链企业成员为试点，用企业残障融合指数来指导还缺乏融合就业经验的企业，提升其残障融合水平，吸引更多优秀的残障人才进入电子产品生产制造行业。这7家企业，有的规模已经达到十几万人，一般吸纳残障人才数量保持在500~700人。

在应用企业残障融合指数的过程中，一家企业这样反馈他们获得的帮助："融易咨询的团队帮我们进行现状、展望、障碍、机会点、工作岗位可能性初探等，用非常专业的融合框架指导我们的融合之路，他们在产线走访中，发现岗位开发的潜力和可能性，结合我们设立的残障融合用工目标和产线软、硬件配置，帮助我们进一步地细化和分析，能够提升我们企业的融合成效。"

# 四　小结

本报告介绍了融易咨询在探索残障者融合就业中的背景、工作手段、工作成果和残障者就业的成功案例。六年的时间，对残障者就业的发展历程来说，还是沧海一粟；但这一社会实践尝试的成果，对有志于社会创新的人士来说，有一定的参考价值。

融易咨询与政府工作人员、企业家、企业中高管理层、社会组织和残障社群领袖广泛合作，这些努力对残障者融合就业起到积极作用，发挥了独特价值。融易咨询之所以能获得上述成绩，首先在于其创立的初衷，其使残障者融合的理念先行，"让残障融合更容易"这一组织使命，集中体现了其精神内核。另外，融易咨询利用国际劳工组织及其他国际组织已有的成功经验，通过中国化的努力，把有关工具应用到中国企业上，具有创新意义。此外，融易咨询通过发挥"政-企-校-社"的合力，利用 GBDN-China 这一企业平台链接资源、优势互补，帮助各方发挥"1+1≥2"的作用。期待未来有更多的社会组织加入这一尝试，让残障融合就业更容易。

# B.17
## 山西元谷希望农场残疾人支持性就业的实践探索[*]

王庭照　齐培育　陈礼龙[**]

**摘　要：** 实施乡村振兴战略，是党的十九大做出的重大决策部署，乡村振兴战略是国家重大发展战略。作为弱势人群，农村残疾人的发展和就业是国家乡村振兴战略的重要组成部分。山西云丘山景区在当地政府的指导下，借助各方力量，历时五年，打造出元谷希望农场项目，高质量践行了国家乡村振兴战略，助推产业扶贫，切实解决了农村残疾人的就业问题，在残疾人支持性就业项目中具有典型意义。该项目以当地农村贫困残疾人及其家庭为服务对象，依托旅游景区的资源及社会影响，摸索出"微型创业+绿种子示范带动+专家指导"发展模式，为残疾人就业提供了一种新思路。

**关键词：** 残疾人支持性就业　农村残疾人　有机农业　微型创业

## 一　项目背景

乡村振兴战略是习近平总书记 2017 年 10 月 18 日在党的十九大报告中

---

[*] 本报告为国家社科基金重大项目"汉语自闭症人群的社会融合路径研究"（21&ZD293）的阶段性成果。

[**] 王庭照，博士，教授，陕西师范大学博士生导师，研究领域为特殊儿童发展与评估；齐培育，陕西师范大学博士研究生，海南师范大学教育学院讲师，研究领域为残疾人职业生涯发展与评估；陈礼龙，云丘山元谷希望农场总经理，研究领域为有机农业与特殊职业技术教育。

提出的我国重大发展战略。党的十九大报告指出，农业、农村、农民问题是关系国计民生的根本性问题，必须始终把解决好"三农"问题作为全党工作的重中之重，实施乡村振兴战略，正式将乡村振兴上升到国家战略的高度。2018 年 1 月，中共中央、国务院发布了《关于实施乡村振兴战略的意见》①，制定了乡村振兴战略的一系列重大举措，并提出实施乡村振兴战略，是党的十九大做出的重大决策部署，是决胜全面建成小康社会、全面建设社会主义现代化国家的重大历史任务，是新时代"三农"工作的总抓手。实施乡村振兴战略的关键，是要坚持农业农村优先发展，坚持农民主体地位，坚持乡村全面振兴，坚持城乡融合发展，坚持人与自然和谐共生，坚持因地制宜、循序渐进。"产业兴旺、生态宜居、乡风文明、治理有效、生活富裕"是实施乡村振兴战略的总要求。

农业部 2018 年 2 月提出了《关于大力实施乡村振兴战略加快推进农业转型升级的意见》②，指出要切实抓好农业产业扶贫，"加强规划指导、技术服务、经验推广，引导贫困地区确立、发展好主导产业"，同时也提出"大力推行农业绿色生产方式，开展农业绿色发展行动，发展资源节约型、环境友好型农业，实现投入品减量化、生产清洁化、废弃物资源化、产业模式生态化，逐步把农业资源环境压力降下来，把农业面源污染加重的趋势缓下来"。在此基础上，生态农业完全契合国家政策方针，是实现产业模式生态化升级的重要路径。生态农业通过深度开发农业资源潜力，调整农业结构，改善农业环境，成为增加农民收入的新方式，也为国家乡村振兴战略及精准扶贫工作开辟新途径。

2020 年是我国全面建成小康社会目标实现之年，也是全面打赢脱贫攻坚战收官之年。2020 年脱贫攻坚任务完成之后，我国依然面临不稳定脱贫户返贫、处于贫困边缘的边缘户新发生贫困以及存在相对贫困等挑战，其中

---

① 《中共中央 国务院关于实施乡村振兴战略的意见》，农业农村部网站，http://www.moa.gov.cn/ztzl/xczx/zgzygwygyssxczxzldyj/201811/t20181129_6163945.htm。

② 《农业部关于大力实施乡村振兴战略加快推进农业转型升级的意见》，农业农村部网站，http://www.moa.gov.cn/ztzl/xczx/zccs_24715/201811/t20181129_6164035.htm。

因病、因残返贫的是最需要关注的一类群体。为此，2020 年之后的扶贫工作需要从攻坚战转为持久战，实现建立解决相对贫困的长效机制与实施乡村振兴战略的有机衔接。在我国广大农村，农业的经营单位还是以小农户为主，同时，以农业作为家庭主要收入来源的纯农户与贫困户之间存在较大的交集。帮助病残家庭解决小农户的生存困境、拓展其发展空间，与常态化扶贫及实施乡村振兴战略息息相关。

随着国家对残疾人事业的重视程度不断提高，残疾人职业培训的规模也不断扩大，残疾人职业教育亦成为我国职业教育体系中重要的组成部分。[①] 2018 年 7 月，教育部等四部门联合发布《关于加快发展残疾人职业教育的若干意见》[②]，认为虽然我国近年来残疾人职业教育得到较快发展，但总体来看，残疾人职业教育整体水平有待提高，办学水平偏低、师资力量薄弱、布局不合理等问题依然比较突出，与整体职业教育发展水平和广大残疾人接受职业教育的迫切需求存在较大差距。另外，对残疾人职业教育就中等与高等职业教育发展侧重、改善职业教育办学条件、提高职业教育质量、加强就业指导与援助、强化职业教育组织领导等方面提出了具体意见。按照《"十四五"特殊教育发展提升行动计划》[③] 中的要求，我们应该加强职业教育，支持各种职业教育培训机构加强残疾学生职业技能培训，积极开展残疾学生生涯规划和就业指导，切实做好残疾学生教育与就业衔接工作。对面向残疾学生开放的职业教育实习实训基地提供支持。根据《残疾人就业条例》《"十四五"残疾人职业技能提升计划》[④] 的部署，残疾人职业教育要牢固

---

① 滑远：《特殊教育学校听障生职业教育总结与思考》，硕士学位论文，陕西师范大学，2019。

② 《教育部等四部门关于加快发展残疾人职业教育的若干意见》，教育部网站，http：//www. moe. gov. cn/srcsite/A07/zcs_zhgg/201807/t20180718_343400. html。

③ 《国务院办公厅关于转发教育部等部门"十四五"特殊教育发展提升行动计划的通知》，教育部网站，http：//www. moe. gov. cn/jyb_xxgk/moe_1777/moe_1778/202201/t20220125_596312. html。

④ 中国残疾人联合会、教育部、人力资源和社会保障部、财政部、文化和旅游部：《关于印发〈"十四五"残疾人职业技能提升计划〉的通知》，中国残疾人联合会网站，https：//www. cdpf. org. cn/zwgk/zcwj/wjfb/81ffe97ef4be4cb0b12eb5febbb84b69. htm。

树立创新、协调、绿色、开放、共享的发展理念，以促进残疾人就业为宗旨，大力开展面向残疾人的职业技能培训。

基于以上思路，山西云丘山景区历时五年，打造出元谷希望农场，该农场以当地贫困残疾人及其家庭为服务对象，摸索出"微型创业+绿种子示范带动+专家指导"发展模式，从而建立起一种新型社区支持型残疾人农业培训+就业项目，成为高质量践行国家乡村振兴战略、助推产业扶贫、解决残疾人就业问题的典型项目。

## 二 项目现状

### （一）项目概况

#### 1. 农场规模

云丘山元谷希望农场成立于 2017 年，地处山西省乡宁县云丘山 5A 级景区，占地面积为 120 余亩。农场引进了台湾先进的有机种植理念和技术，并致力于通过有机蔬菜种植的教学与劳作，为当地残疾人提供技能培训，从而获得就业机会，实现脱贫致富，让他们从只能"手心朝上"索取，转变为学会"手心朝下"自力更生，进而解决家庭及社会的困扰。

#### 2. 人员概况

农场 2017 年成立初期招募"绿种子"村民 5 人、特教老师 2 人、残疾员工 4 人，第一年收成有机蔬菜 5122 斤，同年 12 月农场员工因为接受帮助也开始"翻转手心"帮助他人，举办"寒冬送暖·送鞋到北村贫困家庭"活动，到 2020 年已连续四年送鞋、文具、蛋糕。2018 年，"绿种子"村民维持 4 人，特教老师 2 人，残疾员工增为 8 人，收成有机蔬菜 15758 斤，增长了 2 倍；2019 年，"绿种子"村民 6 人，特教老师 2 人，残疾员工再增为 11 人，收成有机蔬菜 14450 斤，并开始尝试学习烘焙加工技能；2020 年，"绿种子"村民 4 人，特教老师增加为 5 人，残疾员工 19 人，除维持收成有机蔬菜 15234 斤外，增加残疾员工烘焙坊与"爱之缘"二手商品店以便员工学习销售技能；2021年，"绿种子"村民与干部共8人，特教老师4人，残疾员工18人（智力障碍11人，肢体障碍5人，多重障碍1人，听力障碍1人）。

3. 工作环境概况

主要包括食农教育馆和农业实践基地，前者主要用于开展残疾员工的农业理论教育及手工艺培训，后者则是有机蔬菜种植基地。

（1）食农教育馆

食农教育馆是云丘山元谷希望农场实施残疾人职业教育的主要场所，该馆由云丘山景区投资，聘请我国台湾地区知名建筑设计团队于2017年设计建造，总建筑面积为500余平方米。整体建筑造型曲线自然，与周边山形起伏彼此呼应，带有强烈的仿生自然建筑的特色，很好地契合了有机农业遵循自然的主旨。图1展示了食农教育馆外景。建筑材料选择上紧扣"绿色环保"，所有木构部分均为老旧建筑回收木料制成，墙体为抹泥夹心稻草墙体，自然可降解的同时达到冬暖夏凉的效果，减少对能源的需求，外部装饰及部分灯具为回收的农具。所有的一切均为了给到来的每一位学习者与访问者传递"绿色生活"这一理念。食农教育馆设施齐备，会议室、厨房、男女宿舍一应俱全（见表1），为残疾学员以及来此工作学习的国内外志愿者，提供了舒适的工作、生活及住宿环境。

**图1 食农教育馆外景**

**表 1　食农教育馆功能区介绍**

| 场馆功能区 | 使用介绍 |
|---|---|
| 交流学习分享空间 | 能同时容纳 460 人,主要用于残疾员工农业理论授课及与来访者、游客分享交流食农教育与生命教育,并设置专业投影仪及扩音器材,供小型会议使用 |
| 爱心点心室 | 残疾员工点心制作训练场所,并提供咖啡饮品供游客品尝 |
| 自助厨房、餐厅 | 提供有机蔬菜自助料理,享用新鲜果蔬的场所 |
| 助教办公与会谈室 | 相关特殊教育与农职教育专业人员交流与教案准备及残疾员工个别交流场所 |
| 志愿者宿舍 | 男、女宿舍各一间,建有淋浴室、卫生间、梳洗间等配套设施,供长、短期志愿者或有机农业学习及农业培训人员住宿使用。男、女卫生间同时对外来游客免费开放 |
| 露天阶梯广场 | 残疾员工训练与才艺表演场所,并提供音乐、艺术季文艺表演 |

资料来源:《云丘公益》,云丘山官网,http://www.yunqiushan.cn/zh/yxyqs/ssgzhj.shtml。

（2）农业实践基地

元谷希望农场的农业实践基地是一处长 70 米、宽 9 米、高 5 米的种植大棚,该大棚因地制宜而建,棚内设有三个通风口——前窗、天窗和换气扇,使夏季棚内的温度不至于过高,冬季起到通风换气的作用,棚内设有全自动喷管系统,操作简单,可对棚内所有农作物进行灌溉。农业实践基地内景与设施情况分别如图 2 与表 2 所示。

**图 2　农业实践基地内景**

表2 农业实践基地设施介绍

| 基地设施 | 使用介绍 |
|---|---|
| 温湿度记录仪 | 记录大棚内外的温湿度,其数据可以通过云端上传到手机或者电脑,方便随时获取大棚内的温湿度信息,及时做出调节,促进农作物健康生长,大棚外的温湿度记录仪也成为整理云丘山气象资料的重要依据 |
| 现场状况展板 | 左边记录农场值班情况和出勤率,为不影响棚内工作进度,总休假人数不能超过总人数的1/4,农场干部和残疾学员都需要遵守这个规定;右边是写有所有员工名字的磁铁,并划分出不同的工作区域,以文字和图像相结合的方式,帮助残疾员工识别自己所工作的区域,把写有自己名字的磁铁放在相对应的工作区域,使大棚内的工作内容及分工具有可视化效果,一目了然 |
| 工作计划展板 | 相当于残疾员工的课程表,对一周工作进行计划和安排,同时也会在每日计划下记录当天的工作情况及农务数据,并在周末对数据进行统计分析 |
| 工作进度表展板 | 全表分为"生"和"职"两部分,代表生产部和职能训练部两个部门,生产部主要负责种植、养殖和生产加工,职能训练部主要负责训练残疾学员,表内会记录两部门的工作进度,每月一小计,每年度整体统计 |
| 农务SOP(标准作业程序)展板 | 将农务训练分成几大板块,每一项都有具体的流程,从准备工具到最后物归原处,采用图片和文字相结合的方式,让残疾学员可以清楚地知道每一项工作的标准流程,帮助他们在训练中养成良好的工作习惯 |

## (二)发展理念

农场的发展理念以"善"与"绿"为核心,摒弃大规模及工业化的农业生产模式,探索出适合残疾人家庭的"微型创业+绿种子示范带动+专家指导"发展模式,从而建立起新型社区支持型休闲农业项目。

### 1. "善"——脱贫防返贫

通过实施"手心翻转计划",让残疾员工由原先的手心朝上,接受给予、接受帮助,转变为手心朝下,通过靠自己的双手种植有机蔬菜,习得一技之长,树立信心,自己挣工资、自己赚钱,为家庭和社会减轻负担,实现自力更生,活出生命的尊严与价值。经过几年培训和教导,残疾员工几乎每天都发生着喜人的变化。从不敢开口说话,到主动与人交流;从原来在家里手心朝上,到现在每个人都能动手劳作、种植有机蔬菜。他们的每一个转变都经历了正常人无法想象的磨难，他们的每一次进步都让人无比开心和欣慰。

## 2. "绿"——有机农产品

元谷希望农场自成立以来，一直在探索有机旱作农业与手心翻转工程有机农业结合的发展之路，引进台湾颐禾园有机农园的先进理念和技术，展开了耕种面积为8000多亩的有机旱作农业项目。同时希望通过种植有机蔬菜，帮助当地的残疾村民达到脱贫致富的目的，也为云丘山景区的游客提供安全、无害、高品质的蔬菜，实现农产品品牌化，达到一、二、三产联动。最终有利润后，持续帮助更多的身心障碍者，从而达到"善"与"绿"的良性循环。

### （三）发展路径

#### 1. 项目发展历程

项目从2017年发展至今，取得了较好的成果与效益，现将项目发展历程按时间顺序进行梳理与呈现（见表3）。

表3 项目发展历程梳理

| 年份 | 时间 | 发展事件 |
|---|---|---|
| 2017 | 1月 | 云丘山景区董事长经过考察,决定投资兴办云丘山元谷希望农场,帮扶身心障碍者学习知识,掌握技能,搭建就业平台,从而实现手心翻转、自力更生,减轻家庭和社会负担 |
| | 2月 | 聘请台湾有机农业专家陈礼龙先生为战略顾问,吸收5名当地村民为绿种子干部,整修2亩露天地块开始种植有机蔬菜 |
| | 4月 | 首批5名身心障碍者残疾学员正式报到,开始学习种植有机蔬菜 |
| | 6月 | 两位特教老师陆续加入团队,开始特教专业知识培训 |
| | 7月 | 首批外国志愿者到农场进行志愿服务,并教残疾学员学习英语 |
| | 8月 | 开始修建温室大棚A、B、C棚,可种植面积约2亩 |
| | 10月 | 农场迎来首位长期国际志愿者来自坦桑尼亚的Lilian |
| | 12月 | 新建大棚投入使用 |
| 2018 | 1月 | 聘请台湾特教督导老师负责培训特教老师,建立培训体系,课程内容开始系统化;第二批3名残疾学员陆续报到,开始接受专业培训 |

| 年份 | 时间 | 发展事件 |
|---|---|---|
| 2018 | 4月 | 组建云丘山元谷希望农场花鼓队,所有成员通过花鼓训练,肢体协调性得到增强,身心得到愉悦,达到了音乐治疗的效果 |
| | 6月 | 希望农场组织召开"手心翻转"研讨会,邀请市县残联、特殊教育学校、学生家长、外国志愿者及相关媒体莅临指导,取得了预期效果 |
| | 8月 | 希望农场为首批毕业学员举办毕业典礼 |
| | 11月 | 希望农场新大棚开始动工建设 |
| | 12月 | 希望农场为毕业学员举办毕业典礼,为第二批共5名毕业学员颁发毕业证书,毕业学员进入支持性就业阶段 |
| 2019 | 1月 | 乡宁县云丘山元谷希望农场正式注册成为法人单位,开始独立核算,自负盈亏 |
| | 3月 | 第三批共6名残疾学员分两个批次报到,开始希望农场的训练与学习 |
| | 3月 | 台湾清华大学特教系老师莅临云丘山元谷希望农场指导特教工作 |
| | 10月 | 希望农场部分人员开始学习戚风蛋糕烘焙技术 |
| | 11月 | 农场学员在老师带领下赴北京及台湾进行交流训练 |
| 2020 | 1~2月 | 因疫情原因农场全员居家隔离 |
| | 3月 | 7名支持性就业学员进行第二次能力鉴定考核;4名庇护性就业学员进行第四次能力鉴定考核 |
| | 5月 | "爱之缘"二手商店进行试营业 |
| | 6月 | 新进特教老师3名,残疾学员4名;开始为爱心学员修葺宿舍 |
| | 9月 | 残疾员工专用宿舍整改完成 |
| | 10月 | 公司组织架构重新调整,所有人员按职务就职,首位残疾员工杜亚鹏担任职能训练部生活管理一职;6名学员前往北京参加《翻转的手心》试映会,22名成员去成都参加"智青帮扶活动"与秋游 |
| 2021 | 1月 | 进行农场全员能力鉴定考核 |
| | 4月 | 参加陕西师范大学举办的三地三校交流会及2021年春游 |
| | …… | 未完待续 |

资料来源:云丘山元谷希望农场工作纪要。

### 2. 项目实施步骤

项目实施过程中,实施了对残疾学员的职业训练"三步走"的步骤,以个别化教育实施为起点,全支持环境创设为依托,标准化流程工作技能训练为着力点,最终帮助残疾学员获得独立完成务农工作的能力,实现其自食其力、独立自主的理想。

（1）个别化教育

对来到农场学习的新残疾学员进行全面评估，通过了解其现有能力及个别需求，拟定出个别化的教学与训练计划，并制定个人训练目标，为后续教学的开展提供依据。

（2）全支持环境

依据学员的评估结果及个别化教育计划，为其打造全支持的工作环境，帮助其最大限度地克服外部不利因素，保障教学与训练开展的可行性。在项目实施中，全支持环境的创设包括：一是针对学员障碍程度及类型本身的物理环境优化，如无障碍设施的建设、务农工具的改良等；二是友善社会环境的联结，如与当地村民的社区互动、爱心反哺等，帮助学员建立友爱和谐的生活氛围；三是绿色务农的理念，即在天然无毒无害的环境中工作，坚持开展农业种植活动时不打农药，不使用化肥，不使用任何的化学合成物，包括除草剂、杀虫剂等。

（3）工作技能训练

在个别化教育和全支持环境的良好保障下，学员在农场最核心的活动——工作技能训练得以有序开展。工作技能训练既包括员工的务农专业训练，也包括务农实习及务农交流。农场以蔬菜种植为主要工作内容，借由SOP（标准作业程序）的方式将务农工作分为了四大步骤，分别是播种、移植、采收、翻地。具体的务农训练程序与内容如表4所示。

**表4　务农训练程序与内容**

| 务农项目 | 标准程序 | 训练内容 |
|---|---|---|
| 播种 | 准备工具 | 学会辨别并准备好播种需要的12种工具,包括:穴盘、底盘、喷洒壶、塑料布、基质、小木棍、种子、小碗、桌子、凳子、白板笔、生产记录牌 |
| | 填土 | 1. 填满穴盘的每一个洞穴 |
| | | 2. 用小木棍刮平 |
| | | 3. 用手指把边缘土清理干净 |
| | 播种 | 1. 用手指轻轻划开,深度是种子体积的2倍 |
| | | 2. 每个洞穴放1~2粒种子,以此播放 |
| | | 3. 全部播完后,用手掌轻轻抹平 |

续表

| 务农项目 | 标准程序 | 训练内容 |
|---|---|---|
| 播种 | 写生产记录牌 | 1. 记录蔬菜名称品类 |
| | | 2. 记录播种日期 |
| | | 3. 记录播种数量 |
| | | 4. 记录播种人姓名 |
| | 浇水 | 1. 喷头离穴盘的高度为 20 厘米 |
| | | 2. 水分要浇到 100% |
| | | 3. 穴盘底部有水渗出 |
| 移植 | 准备工具 | 学会辨别并准备好移植需要的 4 种工具,包括:小苗、小勺子、手套、粘虫板 |
| | 挤苗 | 1. 从育苗床上拿取所要移植小苗的穴盘,放置于地面 |
| | | 2. 用手指在每个洞穴底部交叉挤捏,让小苗松动 |
| | 移植 | 1. 判断出株距、行距都为 10 厘米的位置 |
| | | 2. 一只手拿小勺子挖坑,另一只手轻轻地从洞穴中取出小苗,放入坑中,然后埋土,按压 |
| | | 3. 移植完成后更换生产记录牌 |
| | | 4. 浇透定根水 |
| | 防虫 | 1. 每块地放两片粘虫板 |
| | | 2. 使粘虫板离地面高度为 10 厘米 |
| 采收 | 准备工具 | 学会辨别并准备好采收需要的 6 种工具,包括:菜筐、小镰刀、手套、小凳子、毛巾、塑料布 |
| | 采收 | 1. 取干净菜筐放置于塑料布上,菜筐在采收过程中不能落地 |
| | | 2. 戴好手套,一手拿小镰刀,另一手拿菜 |
| | | 3. 割菜.在距菜根部 0.5~1 厘米处,用小镰刀把根切掉,能做到不割散,烂叶、黄叶要去掉 |
| | | 4. 及时清理小镰刀 |
| | 送菜 | 1. 把采收的蔬菜整齐地摆放在菜筐内 |
| | | 2. 将放满蔬菜的菜筐用湿毛巾遮盖,防止水分蒸发 |
| | | 3. 称重.送菜 |
| 翻地 | 准备工具 | 学会辨别并准备好翻地需要的 6 种工具,包括:铁锹、铁耙、有机肥、小桶、手套、围裙 |
| | 翻地 | 1. 从地的一头开始翻起 |
| | | 2. 在翻地过程中,随时用铁锹拍散结块土壤 |
| | | 3. 能使用正确的翻地动作 |
| | 施肥 | 1. 第一遍翻地完成后施撒有机肥 |
| | | 2. 戴上手套与围裙,把有机肥装入小桶内 |

续表

| 务农项目 | 标准程序 | 训练内容 |
|---|---|---|
| 翻地 | 施肥 | 3. 进行均匀施撒 |
| | | 4. 进行二次翻地 |
| | 耙地 | 1. 沿着田埂四周把地耙平 |
| | | 2. 所有工具清理干净,放回原处 |

资料来源:作者根据云丘山元谷希望农场内部工作内容整理。

### 3. 残疾学员成长路径

伴随着项目内容的开展,残疾学员们在云丘山元谷希望农场也实现了个体的茁壮成长。在这里,学员们通过务农技术的学习及社交能力的锻炼,掌握了在社会中独立生存、养活自己的能力,拥有和普通人一样的生活质量和权利,获得家人及亲友的认可,同时也拥有了梦想与实践梦想的动力,并最终实现"手心翻转",由向上索取转变为向下给予,回馈家人及社会。而学员从通过面试进入元谷希望农场到顺利毕业完成以上目标,将经历试训期、工作基本能力训练、支持性就业三个阶段。

学员面试合格后需经三个月的试训期,再进入工作基本能力训练阶段接受四个环节的训练,每个环节都有相应的能力测试,如果每次都能通过考核,大约一年的时间,就可以进阶进入支持性就业阶段,在农场内部适合的岗位进行实习就业,等各方面的能力都稳定后,可以选择适合自己的岗位就业(优先顺序为农场内部—景区—社会)。

(1)第一阶段——试训期

从学员报到之日起,前三个月为试训期,本阶段主要是通过训练观察学员的日常表现、学习能力、农务操作水平与团队生活的适应能力。试训期课程内容规划包括:每天半日农务训练和其他训练(烘焙、厨艺、环境整理、电影欣赏、体能训练和社区适应)相结合,晚间 1 小时的认知训练(朗读、写字、游戏、自我管理、心理辅导、电影讨论等)。

(2)第二阶段——工作基本能力训练

学员试训满三个月后,会接受一次能力评估考核,通过考核后即可进入工作基本能力训练阶段，本阶段主要是对试训期阶段训练内容的加强训练，训练课程与第一阶段基本相同，不同的是不仅要会做，还要会说怎么做，让学员由简单的重复训练转为进行技能训练。工作基本能力训练课程及其内容如表5所示。

表5　工作基本能力训练课程及其内容一览

| 课程名称 | 具体内容 |
| --- | --- |
| 务农 | 训练学习种植有机蔬菜，在种植过程中训练学员各方面的能力 |
| 播种 | 训练学员手部的精细动作、眼手协调能力、工作专注力和团队合作能力 |
| 移植 | 训练学员的动手能力和体耐力、工作技能 |
| 采收 | 训练学员同时完成2~3项简单的工作内容，如拔菜、割菜、放菜等 |
| 翻地 | 训练学员的肢体大动作以及身体的协调能力和体力 |
| 浇水 | 训练学员的负重能力和体耐力 |
| 烘焙 | 学习一种新技能，理论学习与动手实践相结合，提升学员的动手能力和团队协作能力 |
| 厨艺训练和环境整理 | 通过训练提升学员的自我管理和独立生活能力，使其将来可以照顾自己 |
| 电影欣赏 | 训练学员的体力和耐力，同时可以放松心情、缓解压力 |
| 社区适应 | 提升学员的人际社交能力和自主购物、金钱管理等能力 |
| 晚间课程 | 通过训练提升学员的自我管理能力和学习、认知能力 |

资料来源：《云丘公益》，云丘山官网，http://www.yunqiushan.cn/zh/yxyqs/xypxlc.shtml。

（3）第三阶段——支持性就业

学员经工作基本能力鉴定合格后，被安排在农场内各部门岗位实习工作，并由各部门主管协助引导，培训各种职位工作技能与自律能力，每半年考核两次。考核及格者将由农场内部职缺优先录用，或由就业指导老师陪同在云丘山景区工作岗位及转介其他工作岗位正式任职，就业指导老师待学员可以完全胜任工作后返回农场职能训练部。

# 三 项目成效与启示

## （一）项目成效

### 1. 政府效益

本项目的开展有力践行了社会主义核心价值观，符合国家乡村振兴战略的基本要求，将"三农"工作落到实处；项目聚焦农村残疾群体，为当地政府开展精准脱贫及防止返贫工作奠定坚实基础，解决了工作难题；收入是残疾人生活质量、平等权利的重要保障和体现，也是全面小康的重要指标和内容。近几年，农村贫困残疾人虽然增收渠道逐步拓宽，增收能力不断提高，但在所有社会阶层当中仍然收入最低，收入增长最慢，与社会平均水平差距仍在不断扩大，贫困问题十分突出，他们的生活主要还是依靠政府救助与亲友接济。① 本项目的开展与实施，使当地农村残疾人能够获得职业技能及工作收入，不但减少了政府的财政开支，也解放了残疾人家庭，释放出更多劳动力，为当地建设小康社会添砖加瓦，也为国家乡村振兴战略的具体实施开辟了新途径。

农业部 2018 年 2 月提出了《关于大力实施乡村振兴战略加快推进农业转型升级的意见》②，指出"大力推行农业绿色生产方式，开展农业绿色发展行动，发展资源节约型、环境友好型农业，实现投入品减量化、生产清洁化、废弃物资源化、产业模式生态化，逐步把农业资源环境压力降下来，把农业面源污染加重的趋势缓下来"。该项目将"善"与"绿"相联结，在对残疾学员进行农业训练时以生态农业种植为核心内容，是以"特教之善"播下了绿色有机的"种子"，不但解决了残疾人就业问题，还响应了国家号

---

① 刘振杰：《农村残疾人社会福利权益支持研究——基于河南、山东等农业人口大省的实地调研》，《中国农业大学学报》（社会科学版）2014 年第 2 期，第 84~95 页。
② 《农业部关于大力实施乡村振兴战略加快推进农业转型升级的意见》，农业农村部网站，http://www.moa.gov.cn/ztzl/xczx/zccs_24715/201811/t20181129_6164035.htm。

召，为当地农业的绿色发展贡献出重要力量。

### 2. 社会效益

云丘山景区以元谷希望农场的建立与发展为契机，大大提高了当地的知名度和美誉度。以农场为游览和体验项目的研学课程深受山西、陕西两地学生及家长欢迎，大批游客来到这里，不但促进了普特人群的社会交流与融合，还为云丘山景区和农场所在的康家坪古村的村民们带来了可观的经济效益，提升了当地人民的经济生活水平。元谷希望农场除了接收当地残疾员工以外，还招聘了多名普通村民作为"绿种子"务农教师，负责残疾学员的工作技能训练，为当地村民制造工作机会，也帮助他们实现了更高的自我价值。

元谷希望农场所搭建的沟通交流平台，每年都会吸引大批国际志愿者前来与农场的残疾员工一起工作与学习，并协助组织各项公益活动，他们的到来不但提升了残疾员工的思维、社交与沟通能力，也为云丘山带来了一定的国际影响力，打开了与世界各地交流的大门。

### 3. 成员效益

习近平总书记强调，残疾人是一个特殊困难的群体，需要格外关心、格外关注。[①] 而当前我国仍有近80%的残疾人口分布在农村，其贫困程度高，脱贫难，出现返贫现象概率较高，使他们成为贫困人口中扶持难度较大的一部分特困群体，也是农村扶贫工作所关注的重要群体。[②] 由于就业渠道狭窄、经济来源单一、收入水平较低，大多数残疾人至今温饱问题尚无法解决，更遑论个人的发展与自我价值的实现。云丘山元谷希望农场的建立与发展，最根本的成效便是为当地农村残疾群体提供的珍贵就业机会。项目以训练残疾员工务农工作能力、培养良好工作态度与生活态度为起点，稳扎稳打，步步为营，使他们逐步胜任一份能够养活自己的工作，从而显著提升了他们的生活水平与自信心，让他们活出生命的尊严与价值。

---

① 《促进残疾人全面发展和共同富裕》，《人民日报》2018年9月15日，第1版。
② 傅为一：《政策工具视角下我国农村残疾人扶贫政策研究（1994-2020）》，硕士学位论文，黑龙江省社会科学院，2021。

## （二）项目启示

### 1.对残疾人职业教育的启示

事实上，我国不乏优秀的职业教育相关研究及探索，但很多适用于普通人群的职业培训及发展模式并不适合于残疾人尤其是农村残疾群体。与此同时，以往残疾人职业教育的相关研究也大多关注某一适合残疾人就业的行业，或者残疾人职业学校教育课程的建设，并未就残疾人职业生涯发展做过多的探讨。随着国民生活水平的日渐提高，在残疾人职业教育领域重点解决的问题中，应以云丘山元谷希望农场的项目模式为鉴，首先，以职业生涯发展为导向，从残疾学生的一生发展审视职业选择和个人发展；其次，从全人发展的角度促进残疾孩子职业技能的掌握，残疾孩子的职业技能培训和掌握应兼顾技能和个人发展，全面提升残疾孩子的社会适应能力；最后，以实践为导向强化职业技能培训和掌握，鉴于大多数残疾孩子及职业技能掌握自身的特点，应在残疾孩子熟悉的交往沟通方式的基础上，主要采用参与实际工作的方式促进其职业技能的掌握。

### 2.对残疾人就业服务的启示

残疾人就业指导员是提供残疾人就业服务的最直接力量。随着残疾人就业服务工作逐渐延伸到街道（乡镇）、社区，残疾人就业指导员所担负的工作任务越来越多。[①] 但与残疾人日益增长的特殊性、多样性和类别化的就业服务需求相比，残疾人就业指导员的业务水平和服务能力均有待提升。因此，开展残疾人就业指导员培训工作，是建设一支适应残疾人就业工作发展需要的高素质就业工作队伍的必要举措，对加强完善残疾人就业服务平台建设，进一步明确和规范残疾人就业工作体系，全面提升残疾人就业服务水平和效能，稳定和促进残疾人就业都具有十分重要的意义。云丘山元谷希望农场的残疾人就业服务以就业指导员为服务主体，在残疾员工进入农场到完成学习实现支持性就业的各个环节，就业指导员的身影一直常伴，并为残疾员

---

① 胡月：《残疾人就业服务中的社会工作介入研究》，硕士学位论文，苏州大学，2012。

工的学习与进步提供了有力的支持。

根据中国残联制定的"十二五"期间加强残疾人就业服务能力建设、加大残疾人就业服务指导员培训工作的要求，中国残联每年将对一万名以上残疾人就业指导员进行一次岗位培训，积极推动街道（乡镇）、社区残疾人就业服务平台建设。[①] 在就业指导员队伍建设过程中，我们或可以云丘山元谷希望农场的就业辅导工作为鉴，统一工作标准和服务流程，将就业援助、社区就业服务等工作与残疾人就业指导员工作有机结合，使残疾人就业指导员能够提供针对性强、满足不同类别残疾人和用人单位的就业服务，确保就业服务延伸到基层，促进残疾人就业服务功能和覆盖面的进一步扩展。

# 四　项目未来发展

## （一）发展态势分析

历经五载，云丘山元谷希望农场业已取得了较为突出的残疾人职业教育及就业服务成果；展望未来，我们对该项目发展应当持有充足的信心。复盘发展历程，分析项目存在的优劣势及机会、风险（SWOT），通过发挥优势因素（S）、克服劣势因素（W）、利用机会因素（O）、化解风险因素（T）的途径去考虑过去，立足当前，着眼将来。运用系统的综合分析方法，[②] 将考虑的各种环境因素相互匹配起来加以排列与组合，得出一系列项目未来发展的可选择对策。

1. SWOT 战略分析

（1）优势和劣势

云丘山元谷希望农场的运营已相对成熟，具备良好发展基础；项目团队专业化程度高，人力资源充足；还有云丘山景区对项目的大力支持。这些都

---

① 石君煜：《政府引导社会企业参与残障就业服务的问题研究》，硕士学位论文，华南理工大学，2016。

② 华艳红：《无锡新区服务外包产业的 SWOT 分析》，硕士学位论文，复旦大学，2009。

是该项目持续发展的优势。但项目也客观存在一些劣势：前期投入大，耗费精力多；基地所在景区管理受多方面影响，不确定因素较多；项目团队的打造与成熟需要一定时间。

（2）机会和风险

本项目的机会包括：国家对乡村振兴以及"三农"工作的高度重视，可帮助其争取到更多政策红利；现领域研究者较少，易形成行业影响力及示范项目；残疾人职业教育中的转衔项目与出路较少，市场前景广阔。但项目客观存在的风险有：我国残疾人就业模式中已有的成功经验不足，缺乏理论实践指导；残疾青年经项目培训，离开基地后是否能被社会接纳尚待印证。

2. 项目未来展望

（1）现阶段发展时期

充分利用国家政策红利，争取优势资源；同时坚持夯实项目基础，稳扎稳打，将建立核心团队与构建农场体系工作作为重中之重。

（2）深化发展时期

重视项目成长过程中的经验累积与总结提高，并努力将成果从经验层次提升至理论高度；建立长效工作机制，促进农场建设与孵化平台发展动力保持强劲。

（3）项目成熟时期

更加注重项目的推广与宣传，为模式复制与迁移寻找机会，致力于辐射更多地区，帮助更多的残疾青年完成自我的职业生涯发展；随着项目的日渐成熟，形成一套严谨而完备的模式与体系，在行业内形成较大影响力，同时也帮助项目自身形成更强的造血能力。

## （二）项目对残疾人就业发展的影响展望

随着项目的不断发展与成熟，我们有理由相信其背后所蕴含的经验与成果将对我国残疾人就业产生较好的示范与推广作用，包括但不限于以"有机农业"为切入点的乡镇残疾人就业项目、以社区支持为依托的残疾人就业形式和以多方合作为保障的残疾人就业服务。

1. 以"有机农业"为切入点，促进乡镇残疾人就业及创业

元谷希望农场在云丘山的发展，充分利用了当地农耕文化及乡村经济的特点，选取了"有机农业"这一高经济价值和社会效益的农业项目，帮助当地农村残疾青年顺利实现职业发展。在我国，大量残疾人口分布在各个乡间村落，对于他们来说，务农或许是最容易掌握，也最便于开展的就业项目。同时，随着现代社会经济发展，人们对于餐桌上的饮食安全越发重视，不管在今天还是未来，有机农产品都有着巨大的市场与产品价值。元谷希望农场的有机农业项目，不管是从实施场所的便利性还是产品自身的商业价值来看，都充分契合了残疾人就业在农村的发展，为未来乡镇残疾人就业及创业提供了良好的经验及范例。

2. 以社区支持为依托，帮助残疾人实现社会融入

残疾人的实际身心情况，决定了他们的就业离不开具体的场域限定，我们应该坚持以"具体问题具体分析"的思路，落实残疾人在学校教育阶段完成之后的社会融入，尽可能为他们找到一个更合适的就业环境。现阶段我国残疾人的就业项目，大多过于依靠"爱心企业"的支持，残疾人进入工作单位后掌握的亦是企业所需的单一技术，这使得残疾人在从业过程中，仍旧处于一种封闭的环境，缺少与外界的沟通交流，从而无法实现长远的人生发展。云丘山是一个兼具开放性与封闭性的社区，是一个相对完整的微型社会，在这样的就业场景中，残疾人既可以有相对稳定的工作环境与工作内容，又不会缺失成长机会及与外界的沟通交流，从而促进自我的毕生发展，这对于他们来说，才是真正可实现的、良好的社会融入。未来的残疾人就业项目，若能借鉴云丘山模式，出现更多以社区为单位进行的属地残疾人就业帮扶，让他们能在既开放又稳定的环境中顺利就业，会给残疾人自身发展乃至整个社会的和谐进步带来更有力的保障。

3. 以与高校及科研机构合作为保障，优化残疾人就业服务

云丘山元谷希望农场在建设过程中，不仅专注于自身的发展与壮大，更重视与高校和科研机构的合作，先后与陕西师范大学、台湾清华大学建立了长期的合作关系。科研系统的力量帮助他们在残疾人职业教育方面掌握更先

进的理念与技术，提升项目开展的理论性与科学性，促进实践成果的转化与推广；与此同时，与元谷希望农场的合作也促进了两所高校的科研工作开展，为其特殊教育专业的教育教学实践提供了丰富材料。我国现阶段的残疾人就业服务单位，大多仅依靠当地残联的政策扶持，与高校和科研机构的合作相对较少，这在一定程度上制约了他们的专业化发展。残疾人就业服务不能单靠"爱心发电"，还应该具备可靠的方法论指导，特殊教育是残疾人就业之前的必经阶段，高校特殊教育专业具备扎实的特殊教育教学研究能力，若能在未来残疾人就业服务中将这两方力量进行有机结合，一定会产生"1+1≥2"的效果。

# 附　　录

## Appendix

# B.18

# 2021年残疾人事业统计表

易莹莹*

表1　2021年残疾人事业统计表

| | | |
|---|---|---|
| 康复 | 得到基本康复服务残疾人数（万人） | 850.8 |
| | 残疾儿童（万人） | 36.3 |
| | 视力残疾人（万人） | 78.4 |
| | 听力残疾人（万人） | 65.1 |
| | 言语残疾人（万人） | 5.1 |
| | 肢体残疾人（万人） | 407 |
| | 智力残疾人（万人） | 68.8 |
| | 精神残疾人（万人） | 157.6 |
| | 多重残疾人（万人） | 49.8 |
| | 得到基本辅助器具适配服务的残疾人数（万人） | 177 |
| | 康复机构（个） | 11260 |
| | 在岗人员（万人） | 31.8 |
| | 管理人员（万人） | 3.3 |
| | 业务人员（万人） | 23.2 |
| | 其他人员（万人） | 5.3 |

---

　　* 易莹莹，博士，南京邮电大学副教授，研究领域为残障统计。本统计表由易莹莹整理而成。

| | | |
|---|---|---|
| 教育 | 特殊教育普通高中班/部(个) | 117 |
| | 在校生(人) | 11847 |
| | 聋生(人) | 7274 |
| | 盲生(人) | 1761 |
| | 其他(人) | 2812 |
| | 残疾人中等职业学校/班(个) | 161 |
| | 在校生(人) | 17934 |
| | 毕业生(人) | 4396 |
| | 获得职业资格证书(人) | 1005 |
| | 被普通高等院校录取(人) | 14559 |
| | 被高等特殊教育学院录取(人) | 2302 |
| 就业 | 新增就业(万人) | 40.8 |
| | 城镇新增就业(万人) | 13.2 |
| | 农村新增就业(万人) | 27.6 |
| | 实名培训(万人) | 57.1 |
| | 持证残疾人就业(万人) | 881.6 |
| | 按比例就业(万人) | 81.8 |
| | 集中就业(万人) | 26.8 |
| | 个体就业(万人) | 63.5 |
| | 公益性岗位就业(万人) | 14.8 |
| | 辅助性就业(万人) | 14.3 |
| | 灵活就业(含社区、居家就业)(万人) | 250.3 |
| | 农业种养加(万人) | 430.1 |
| | 培训盲人保健按摩人员(人) | 13483 |
| | 培训盲人医疗按摩人员(人) | 8372 |
| | 保健按摩机构(个) | 17128 |
| | 医疗按摩机构(个) | 1105 |
| | 获得盲人医疗按摩人员初级职务任职资格(人) | 869 |
| | 中级职务任职资格(人) | 232 |
| 社会保障 | 参加城乡居民基本养老保险残疾人(万人) | 2733.1 |
| | 60岁以下参保的重度残疾人(万人) | 708.8 |
| | 获得个人缴费资助(万人) | 685.9 |
| | 获得个人缴费资助的非重度残疾人(万人) | 292.7 |
| | 领取养老金(万人) | 1176.8 |
| | 托养服务机构(个) | 11278 |

续表

| | | |
|---|---|---|
| 社会保障 | 寄宿制托养服务机构(个) | 2337 |
| | 日间照料机构(个) | 5089 |
| | 综合性托养服务机构(个) | 1790 |
| | 接受托养服务残疾人(万人) | 13.8 |
| | 接受居家服务残疾人(万人) | 47.1 |
| 宣传文化 | 组织、参与中央宣传部、国务院新闻办新闻发布会(场) | 5 |
| | 《新闻联播》播发残疾人事业有关报道(条) | 30 |
| | 省级残疾人专题广播节目(个) | 25 |
| | 电视手语栏目(个) | 38 |
| | 地级残疾人专题广播节目(个) | 201 |
| | 电视手语栏目(个) | 253 |
| | 公共图书馆建立盲文及盲文有声读物阅览室(个) | 1315 |
| | 开展残疾人文化周活动(场次) | 9315 |
| | 省地两级残联艺术团(个) | 248 |
| 体育 | 第16届东京残奥会奖牌(枚) | 207 |
| | 金牌(枚) | 96 |
| | 银牌(枚) | 60 |
| | 铜牌(枚) | 51 |
| | 创造世界纪录(项) | 29 |
| | 全国第十一届残运会参赛运动员(人) | 4484 |
| | 金牌(枚) | 1074 |
| | 创造世界纪录(项) | 36 |
| | 创造全国纪录(项) | 179 |
| | 第八届特奥会金牌(枚) | 740 |
| | 残疾人社区文体活动参与率(%) | 23.9 |
| 维权 | 制定或修改关于残疾人的专门法规规章省级(个) | 7 |
| | 专门法规规章地市级(个) | 5 |
| | 制定或修改保障残疾人权益的规范性文件省级(个) | 35 |
| | 规范性文件地市级(个) | 49 |
| | 规范性文件县级(个) | 156 |
| | 县级以上人大开展《中华人民共和国残疾人保障法》执法检查和专题调研(次) | 341 |
| | 政协开展视察和专题调研(次) | 251 |
| | 开展省级普法宣传教育活动(次) | 167 |
| | 参加活动人数(万人次) | 85 |

续表

| | | |
|---|---|---|
| 维权 | 举办省级法律培训班(个) | 43 |
| | 参加培训班人数(人) | 3615 |
| | 成立残疾人法律救助工作协调机构(个) | 2862 |
| | 建立残疾人法律救助工作站(个) | 2620 |
| | 各地残联协助人大代表、政协委员提出议案、建议、提案(件) | 684 |
| | 办理议案、建议、提案(件) | 1187 |
| | 出台省、地、县级无障碍环境建设与管理法规、政府令和规范性文件(个) | 753 |
| | 系统开展无障碍环境建设市、县(个) | 1759 |
| | 开展无障碍环境建设检查(次) | 7875 |
| | 开展无障碍培训(万人次) | 5.4 |
| | 实施无障碍改造困难重度残疾人家庭(万户) | 18.8 |
| | 发放残疾人机动轮椅车燃油补贴(万人) | 29.6 |
| 组织建设 | 全国省地县乡(除新疆生产建设兵团外)残联(万个) | 4 |
| | 各省(区、市)、市(地、州、盟)建立残联率(%) | 100 |
| | 县(市、区、旗)建立残联率(%) | 100 |
| | 乡镇(街道)建立残联率(%) | 96.4 |
| | 社区(村)建立残联(万个) | 56.7 |
| | 社区(村)建立残联率(%) | 97.4 |
| | 地方各级残联工作人员(万人) | 11 |
| | 乡镇(街道)、村(社区)残协专职委员(万人) | 55.1 |
| | 省级残联配备残疾人领导干部率(%) | 87.5 |
| | 地级残联配备率(%) | 61.1 |
| | 县级残联配备率(%) | 48.7 |
| | 地方各级残疾人专门协会(万个) | 1.5 |
| | 省级协会已建比例(%) | 98.8 |
| | 地级协会已建比例(%) | 97.5 |
| | 县级协会已建比例(%) | 91.5 |
| | 全国助残社会组织(个) | 2997 |
| 服务设施 | 已竣工的各级残疾人综合服务设施(个) | 2290 |
| | 建设规模(万平方米) | 612.9 |
| | 总投资(亿元) | 197.6 |
| | 已竣工的各级残疾人康复设施(个) | 1164 |
| | 建设规模(万平方米) | 550.6 |
| | 总投资(亿元) | 178.1 |

续表

| | | |
|---|---|---|
| 服务设施 | 已竣工的各级托养服务设施（个） | 1048 |
| | 建设规模（万平方米） | 303.8 |
| | 总投资（亿元） | 82.8 |

资料来源：《2021年中国残疾人事业发展统计公报》。

# Abstract

Employment is the foundation of people's livelihood. Employment is also the most direct and effective way for the persons with disabilities to integrate into society on an equal footing and achieve common prosperity. It is also an important basis for building a well-off society in an all-round way. In April 2022, the General Office of the State Council issued the "Three-year Action Plan for Promoting the Employment of Disabled Persons (2022−2024)", and the theme of this year's 32nd "National Day for Disabled Persons" is to promote the employment of disabled persons and protect their rights and interests, which is to practice the people-centered development idea, safeguard social equity and justice, and solve the urgent needs of disabled persons. It is a useful exploration and positive action to promote the all-round development of the persons with disabilities and the substantial progress of common prosperity.

In this context, *Blue Book of Persons with Disabilities: Development Report on the Cause for Persons with Disabilities in China (2022)*, with the theme of "Employment of Disabled Persons", systematically summarizes and deeply analyses the current situation and existing problems of employment of disabled persons in China. This book mainly includes five parts: "General Reports", "Topic Reports", "Special Topics", "Practice Reports" and "Appendix". The "General Reports" includes the "Development Report on the Cause for Persons with Disabilities in China (2022)" and the "Development Report on the Employment of Persons with Disabilities in China (2022)". The "Development Report on the Cause for Persons with Disabilities in China (2022)" presents the overall development of the cause for persons with disabilities in China in 2021, calculates the development index and balanced development index of the cause of persons with disabilities in China, and makes inter-provincial comparison and dynamic analysis. The "Development Report on the Employment of Persons with Disabilities in China (2022)" defines the core concepts related to the employment of disabled persons, reviews the development process of employment policies, employment support and employment forms for disabled persons in China, and analyses the current situation and existing problems of the employment of disabled persons in China. The "Topic Reports" discusses the important factors related to the employment of the persons with disabilities, the employment support and services for the persons with disabilities, the employment mode of persons with disabilities, vocational education and employment training for persons with disabilities in depth, and comprehen-sively analyses the employment development trends of the special groups of disabled college students, people with visual impairment and people with mental impairment in their employment. The "Special Topics" is focusing on the social environment of employment for persons with disabilities, the vocational skills competition for persons with disabilities, the background of "Internet +" and the new form of gig economy. The "Practice Reports" introduces the regional experience of Shanghai, Nanjing and Xiamen in promoting the employment development of the persons with disabilities, and presents the practical exploration of promoting the employment of the persons with disabilities by multiple subjects such as advisory bodies and communities. The "Appendix" collates the statistical table of the cause of the persons with disabilities in 2021.

The "*Blue Book of Persons with Disabilities*" has collated and analyzed the data on the development of persons with disabilities in China, and has published the development index of the cause of persons with disabilities in China for five consecutive years, forming an overall judgment on the development of the cause of disabled persons in China, and comprehensively and systematically demonstrating the development trend of the causes of disabled persons in China. The results show that the cause of the persons with disabilities in China has made great progress, and the development index of the cause of the persons with disabilities has risen from 52. 4 in 2011 to 77. 2 in 2020, of which the survival security index of the persons with disabilities has risen from 47. 8 in 2011 to 84. 1 in 2020. The development promotion index for persons with disabilities rose from 58. 3 in 2011 to 68. 3 in 2020, and the service support index for persons with disabilities rose from 52. 8 in 2011 to 76. 7 in 2020. From 2015 to 2020, the overall balanced development index of the cause of the persons with disabilities in China showed an increasing trend. In 2020, the overall balanced development index of the cause of the persons with disabilities was 56. 1, which increased by 4. 3 and 7. 8 respectively compared with 2019 and 2015, with an average annual growth rate of 3%, with a significant increase.

**Keywords**: The Cause for Persons with Disabilities; Employment Policy for Persons with Disabilities; Employment Support and Services for Persons with Disabilities; Employment Development for Persons with Disabilities

# Contents

## I  General Reports

**Abstract**：This report analyzes the overall development of the cause of persons
with disabilities in China in 2021, calculates the development index and balanced
development index of the cause of persons with disabilities in China, and finally
compares the development index and balanced development index of each
province. The results show that the cause of the persons with disabilities in China
has made great progress, with the development index of the cause of the persons
with disabilities rising from 52. 4 in 2011 to 77. 2 in 2020, and the survival
security index of the persons with disabilities rising from 47. 8 in 2011 to 84. 1 in
2020. The development promotion index for persons with disabilities increased
from 58. 3 in 2011 to 68. 3 in 2020, and the service support index for persons
with disabilities increased from 52. 8 in 2011 to 76. 7 in 2020. From 2015 to 2020,
the overall balanced development index of the cause of the persons with disabilities
in China showed an increasing trend. In 2020, the overall balanced development
index of the cause of the persons with disabilities was 56. 1, which increased by
4. 3 and 7. 8 respectively compared with 2019 and 2015, with an average annual
growth rate of 3%, with a significant increase.

**B**.2   Report on the Employment Development of Persons With

Disabilities in China (2022)

*Li Zehui*, *Shen Renhong* / 035

**Abstract**: The employment of the disabled is the most direct and effective way for the disabled to integrate into the society and achieve common prosperity. It is an important foundation for the full-scale construction of the Xiaokang and "No one can be left behind" for the disabled. Under the guidance of the concept of the disabled in modern civilized society, the employment of the disabled in our country has gone through three stages: Centralized employment, proportional employment and diversified employment. At present, the employment of the disabled in our country shows a good development trend, the policy and regulation system of the employment of the disabled has been formed, and the employment of the disabled presents a diversified development situation, the scale of employment of persons with disabilities in urban and rural areas has been continuously expanded, the capacity of employment services for persons with disabilities has been steadily enhanced, and the competition for vocational training and skills of persons with disabilities has achieved fruitful results. However, they are also facing the impact of the changes in the macro-situation on the employment policy of the disabled, and there are also factors of the poor structure of the employed population of the disabled, there are some problems, such as insufficient supply of employment services for the disabled and lack of responsibilities of the government and relevant departments. We should enhance confidence, tap the employment potential of the disabled, clarify their employment ideas, and press down on their responsibilities, so as to promote full and high-quality employment of the disabled.

Keywords: Disabled Employment; Multiple Forms of Employment; Employment Scale; Employment Service Capacity; Vocational Training and Vocational Skills Competition

# Ⅱ Topical Reports

## B.3 Development Report on the Employment Services and Support for Persons with Disabilities in China (2022)

*Guo Wei, Yang Zongping* / 061

Abstract: This report analyzes the current situation and existing problems of employment services and support for the persons with disabilities in China from four aspects: the employment will of the persons with disabilities, the vocational education for the persons with disabilities, rehabilitation services for the handicapped, and the welfare system for the persons with disabilities. In view of the existing problems, from the macro, meso and micro levels, this report puts forward countermeasures and suggestions to improve policies, strengthen services and enhance actions.

Keywords: Persons with Disabilities; Employment Services; Employment Intention; Vocational Education; Policy System

## B.4 Development Report on the Employment Model for Persons with Disabilities in China (2022)

*Liao Juan, Man Yanqiu* / 088

Abstract: This report divides the employment mode of the persons with disabilities in China into two categories: the traditional employment mode and the new employment mode. The former includes centralized employment, proportional employment and individual employment, while the latter refers to the employment of public welfare posts, auxiliary employment and flexible employment gradually emerging with the development of society. From the perspective of the development process of the employment mode of the persons with disabilities in China, different employment modes have played a great role in promoting the employment of the persons with disabilities in different historical periods. The current situation is as follows: the development of centralized employment is stable, the proportional employment continuously promotes the integration of the persons with disabilities into society, the support for individual employment is strengthened, the development of public welfare posts is becoming more and more perfect, the auxiliary employment provides opportunities for the persons with disabilities with employment difficulties to realize their self-worth, and the forms of flexible employment are increasingly diversified. In practice, the six employment modes are facing different challenges. Accordingly, this report puts forward relevant suggestions from the aspects of perfecting the relevant laws and regulations of the employment mode of the persons with disabilities, increasing the publicity and implementation of incentive policies and new employment concepts, and promoting the new employment mode of the persons with disabilities.

**Keywords:** Concentrated Employment; Proportional Employment; Individual Employment; Employment of Public Welfare Posts; Assisted Employment; Flexible Employment

**B.5** Development Report on the Vocational Education and Employment Training for Persons with Disabilities in China (2022)

*Guo Wenbin, Pan Zhongduo* / 114

**Abstract:** This report divides the development process of vocational education and employment training for the persons with disabilities in China into four stages: germination, formation, development and maturity. Based on the relevant statistical data, this report expounds the development status of vocational education and employment training for the persons with disabilities in China from four aspects: the overall situation of secondary vocational education for the persons with disabilities, the training status, the organization and management of vocational education and employment training for the persons with disabilities, and the effectiveness. This report analyzes the problems existing in the vocational education and employment training for the persons with disabilities in China, such as the incompatibility between the training supply and the employment market demand for the persons with disabilities, the shortage of capital investment and training equipment and bases, the structural shortage of vocational education teachers, the challenges brought by the change of the persons with disabilities population to the distribution of social employment resources, and the structural contradictions in the spatial distribution of vocational education for the persons with disabilities. In order to respond to the development needs of vocational education and employment training for the persons with disabilities in China, this report puts forward four suggestions, including scientific planning of the development layout of vocational education and employment training for the persons with disabilities, strengthening the training of vocational training teachers for the persons with disabilities, expanding the supply of Vocational Education and Employment Training for the persons with disabilities, and implementing the precise orientation training of Vocational Assessment for the persons with disabilities.

**Keywords**: Persons with Disabilities; Vocational Education and Employ-ment Training; Contradictions in Resource Structure; Faculty Building; Precise Training

**B**. 6    Development Report on Employment of Disabled College
　　　　Students in China （2022）

*Sun Jinghua, Du Yanfei, Wang Yu, Shi Yong and Zhang Hongjie* / 134

**Abstract**: This report takes the employment of disabled college students as the research object, starting from the development process of higher special education for the persons with disabilities, reviews the employment development process of disabled college students in China. On the basis of government statistics, research reports and a large number of documents, this report describes the current situation of employment development of disabled college students in China. From the four dimensions of society, policy, education and disabled college students themselves, this report analyzes the employment problems of disabled college students, and puts forward some countermeasures, such as strengthening the construction of barrier-free environment support, improving the social employment environment, giving full play to government functions, perfecting the employment policy system of disabled college students, strengthening the educational function of colleges and universities, perfecting the employment service system, improving self-ability, and actively participating in employment.

**Keywords**: Employment of Disabled College Students; Employment Policy; Quality of Employment; Employment Structure

**B**. 7    Development Report on Employment of Visually Impaired
　　　　Persons in China （2022）

*Xie Yan* / 170

**Abstract**: Employment is the greatest livelihood of the people, and the development of employment for the visually impaired in China is a true portrayal of the Chinese government's continuous improvement of the employment model for the persons with disabilities. This report takes the development process of Chinese society as the background, combs out the five stages of employment development of visually impaired people in China after the founding of New China, and explores the evolution and approach of new career development of visually impaired people in the new era on the basis of blind massage as the main employment channel. This report analyzes the current problems such as the lack of refinement of population quantity and structure data, the imperfect legislative construction of anti-employment discrimination and anti-disability discrimination, and the need for systematic establishment of social support network. This report puts forward three suggestions: establishing a national big data platform for the persons with disabilities, strengthening the communication and education of anti-disability discrimination, and constructing the employment service and management system for the visually impaired in the new era.

**Keywords**: Visually Impaired; Employment; Accessibility of Information; A Perspective of Rights

**B**.8 Development Report on the Employment of Mentally Handicapped Persons in China (2022)

*Xu Jiacheng, Gao Xiaowen* / 194

**Abstract**: Mentally handicapped persons in China have been neglected for a long time and excluded from education and employment. In the past half century, they have gradually received social attention, received education, recovered and entered employment. The initial employment of mentally handicapped people starts from sporadic cases, and it is difficult to break through the 4% employment curse for a while. With the change of social concepts, the continuous improvement of relevant laws, the development of vocational education after compulsory education, and the employment transfer support of employment counselors, the employment rate of mentally handicapped persons has been continuously improved. In order to further enhance the employment rate of people with mental disabilities and improve the quality of employment, China should develop integration-based supportive vocational education in the whole life cycle education system, pay attention to individualized employment transfer support, and strengthen the construction of support system in employment and social life.

**Keywords**: Mentally Handicapped Persons; Integration of Employment; Support System

# Ⅲ   Special Reports

**B**.9   The Impact of Social Environment on the Employment
of Persons with Disabilities in China

*Xu Tianxi, Zhang Yue and Hu Qin* / 216

**Abstract**: The social environment of the employment of the persons with disabilities refers to the interaction between organizations and individuals in the process of employment of the persons with disabilities, mainly including political factors, economic factors, cultural factors, information factors and so on. At present, the employment development of the persons with disabilities in China is steadily advancing, the employment channels are constantly expanding, and the number of employed people is continuously increasing, but the social environmental factors such as politics, economy, culture and information have a profound impact on the employment of the persons with disabilities. This report deeply analyzes the social environmental factors affecting the employment of the persons with disabilities, and puts forward countermeasures and suggestions from four aspects of macro-control, environmental construction, employment guidance and concept change, in order to further improve the employment situation of the persons with disabilities and improve the quality of life of the persons with disabilities and their families.

**Keywords**: Social Environment; Social Factors; Employment Counterme-asures for Persons with Disabilities

**B**.10　The Impact of Vocational Skills Competition on the Employment of Persons with Disabilities in China

*Mou Minsheng*, *Xu Jing and Wu Fei* / 234

**Abstract**：Vocational skills competition for the persons with disabilities plays an important role in promoting the high-quality development of employment training for the persons with disabilities, improving the level of vocational skills of the persons with disabilities, and creating conditions for full employment and high-quality employment of the persons with disabilities. So far, nine international vocational skills competitions for the persons with disabilities have been held internationally, and six national vocational skills competitions for the persons with disabilities have been held in China. To carry out vocational skills competitions for the persons with disabilities, to provide a stage for the persons with disabilities to show their vocational skills and talents, to promote high-level vocational skills training for the persons with disabilities, and to guide the persons with disabilities to find jobs in a broader field, the development environment of employment training for th e disabled has been greatly improved. There are still some problems in the vocational skills competition for the persons with disabilities, such as the insufficient coverage of the training of skilled talents for the persons with disabilities, the insufficient leading role in promoting the employment of the persons with disabilities, and the need to improve the vocational skills competition system for the persons with disabilities. The mechanism of "integration competition" should be established to expand the channels of training skilled craftsmen for the persons with disabilities. We should further play the leading role of competition and establish a "two-wheel drive" talent training system for vocational education and vocational training. We should set up employment-oriented competition projects and give full play to the role of skills competition in employment. Improve the level of skills competition and enhance the supply capacity of high-skilled talents for the persons with disabilities.

**Keywords**：Vocational Skills Competition；Employment of Persons with Disabilities；High-quality Development

**B**. 11 Analysis on the Development of Employment of Persons with Disabilities in China under the Background of "Internet+"

*Wang Tingzhao, Chen Yiming and Wang Xiao* / 254

**Abstract**: In recent years, China has gradually explored the employment support mode for the persons with disabilities based on the Internet, and has accumulated some practical experience of "Internet+employment for the persons with disabilities". Generally speaking, the development history of "Internet + employment for the persons with disabilities" is relatively short, and it has experienced a period of exploration and rapid growth. It has achieved remarkable results in the realization of individual value for the persons with disabilities, the employment policy for the persons with disabilities, and the construction of information accessibility. The government has actively guided the persons with disabilities to use the Internet for employment and entrepreneurship. However, "Internet+employment for the persons with disabilities" still faces many challenges, such as unbalanced regional development of Internet services, insufficient standardization of information accessibility legislation, low popularization of information accessibility, policy support to be strengthened, and social support system to be improved. In order to effectively respond to the challenges, it is necessary to improve the policies and regulations of "Internet+employment for the persons with disabilities", enhance the support services of "Internet+employment for the persons with disabilities", optimize the evaluation and training of "Internet plus employment for people with disabilities", and constantly explore new forms of "Internet + employment for people with disabilities".

**Keywords**: Internet+; Employment of Persons with Disabilities; Information Technology; Accessibility

**B**.12　Opportunities and Challenges for the Employment of
　　　　Persons with Disabilities in China under the Background
　　　　of the Gig Economy

*Cui Xiaodong*, *Zhao Tong* / 275

**Abstract**: Starting from the concept and development trend of gig economy, this report analyzes the characteristics of gig economy and the employment of the persons with disabilities, and points out that gig economy can solve the three major obstacles to the employment of the persons with disabilities to varying degrees, and there is a theoretical possibility to help the employment of disabled people. Then, in view of the difficulties and challenges that the persons with disabilities may face in participating in the gig economy employment, combined with relevant research and practice, this report puts forward some suggestions to help the persons with disabilities participate in the gig economy employment from four aspects: policy support orientation, employment rights and interests protection, employment environment construction and employment participation ability.

**Keywords**: Gig Economy; Employment of Persons with Disabilities; Employment Support

# Ⅳ　Practice Reports

**B**.13　Practical Exploration on the Construction of Employment
　　　　Promotion Mechanism for Persons with Disabilities in
　　　　Shanghai

*Zhao Weishi*, *Wu Zhaolong*, *Luo Yu and Gao Chuanxin* / 292

**Abstract**: For a long time, the employment promotion of the persons with disabilities has been an integral part of the basic public service supply system of the Shanghai Municipal Government, and an important guarantee for promoting economic growth and maintaining social equity and harmony. With the rapid development of Shanghai's economy and society, under the guidance of the development concept of "equality, participation and sharing" for the persons with disabilities, the employment of the persons with disabilities in Shanghai presents the characteristics of diversification of participants, diversification of responsibility implementation and diversification of employment modes. This report elaborates the employment promotion mechanism for the persons with disabilities from the aspects of theoretical construction, mechanism evolution and practical exploration. In view of the existing problems such as imperfect interaction mechanism of employment promotion subjects and lack of effective mechanism to mobilize the employment enthusiasm of the persons with disabilities, this report proposes to enhance the joint efforts of employment promotion for the persons with disabilities by building a long-term communication mechanism among various subjects. By promoting the development of the persons with disabilities, the employability of the persons with disabilities will be enhanced, and efforts will be made to achieve high-quality employment and integrated employment for the persons with disabilities in new technology, new markets and new formats.

**Keywords**: Persons with Disabilities; Employment; Employment Mechanism; Shanghai

**B**.14 Practice and Exploration of Employment Assistance

Services for Persons with Disabilities in Nanjing

*Bai Xianchun, Chu Jian* / 309

**Abstract**: The employment rate, employment channels, legitimate rights and interests, vocational skills, employment support and employment publicity of the persons with disabilities have been anchored, and the employment assistance services for the persons with disabilities have been done well. The number of new real-name employment of the persons with disabilities in Nanjing has increased year by year. It has created the "Huiaifang" brand project of entrepreneurship and employment for the persons with disabilities, and the first subway station in China with the theme of "helping the persons with disabilities with love". At present, the employment assistance service for the persons with disabilities in Nanjing is still facing a series of challenges: the policy guarantee needs to be improved, the enthusiasm of employers for the employment of the persons with disabilities needs to be improved, the employment ability of the persons with disabilities needs to be further improved, and the employment intention of the persons with disabilities need to be further strengthened. Accordingly, it is proposed to improve the employment policies and regulations for the persons with disabilities, enhance the level of employment security for the persons with disabilities, strengthen the cultivation of disabled service institutions, enhance the employment service capacity of the persons with disabilities, and strengthen policy guidance to enhance the employment willingness of the persons with disabilities.

**Keywords**: Persons with Disabilities; Employment Assistance; Employment Service; Experience in Nanjing

## B.15 Practice and Exploration of Professionalization of Employment Services for Persons with Disabilities in Xiamen

*Chen Jun, Huang Zongzhi / 320*

**Abstract**: Based on the in-depth analysis of the employment work of the persons with disabilities in Xiamen Employment Service Center for the persons with disabilities in recent years, this report summarizes the advantages, disadvantages and prospects of the professionalization of employment service for the persons with disabilities in Xiamen from the aspects of the current situation and difficulties of the professionalization of employment service for the persons with disabilities. By strengthening its own construction and using professional skills,

Xiamen Employment Service Center for the persons with disabilities provides multi-level, personalized and differentiated services for the persons with disabilities, and promotes the employment rate of the persons with disabilities to rank top in the province, but in the professionalization of employment services for the persons with disabilities, it also needs to improve the policy of assistance, realize the standardization of employment security for the persons with disabilities and strengthen it. In order to maximize the effectiveness of employment services for the persons with disabilities in Xiamen, we should improve the precision of employment services for the persons with disabilities, encourage different social subjects to participate in services, promote the convenience of employment services, analyze the differentiated needs of the persons with disabilities, and improve the employment network of the persons with disabilities.

**Keywords:** Persons with Disabilities; Employment of Persons with Disabilities; the Professionalization of Employment Services for Persons with Disabilities

**Abstract:** Since its establishment six years ago, Rongyi Consulting has carried out social experiments on the employment of the persons with disabilities with the mission of "making the integration of the persons with disabilities easier". By introducing the background, service means and examples of the establishment of Rongyi Consulting, a social enterprise specializing in the employment of the persons with disabilities, successful employment stories of the persons with disabilities, excerpts of project impact results, feedback from beneficiaries and enterprise cases, this report provides readers with a general picture of Rongyi Consulting's exploration in the practice of employment for the persons with disabilities. Through extensive cooperation between government, enterprises, schools and societies, Rongyi Consulting has played a positive role in the integration and employment of the persons with disabilities and played a unique role.

**Keywords:** Employment of Persons with Disabilities; Employer Training; Employment Services for Persons with Disabilities; Vocational Training for Persons with Disabilities

**B.17** Practical Exploration of Supported Employment for Persons with Disabilities in Shanxi Yuangu Hope Farm

*Wang Tingzhao, Qi Peiyu and Chen Lilong / 354*

**Abstract:** The implementation of Rural Revitalization is a major decision-making plan made by the Nineteenth National Congress of the Communist Party of China and a major national development strategy. As a vulnerable group, the development and employment of rural disabled people is an important part of the national strategy of rural revitalization. Under the guidance of the local government and with the help of various forces, Yunqiu Mountain Scenic Spot in Shanxi Province has created the Yuangu Hope Farm Project for five years, which has implemented the national strategy of rural revitalization with high quality, promoted poverty alleviation through business development, and effectively solved the employment problem of the persons with disabilities in rural areas, which is of typical significance in the supportive employment projects for the persons with disabilities. The project takes the local rural poor disabled and their families as the service object, relying on the scenic resources and social impact of tourist attractions, explores the development model of "micro-entrepreneurship + green seed demonstration drive + expert guidance", which provides a new way of thinking for the employment of disabled people.

**Keywords:** Supported Employment for Persons with Disabilities; Persons with Disabilities in Rural Areas; Organic Agriculture; Micro-entrepreneurship

# V　Appendix

# 皮 书

## 智库成果出版与传播平台

### ✤ 皮书定义 ✤

皮书是对中国与世界发展状况和热点问题进行年度监测，以专业的角度、专家的视野和实证研究方法，针对某一领域或区域现状与发展态势展开分析和预测，具备前沿性、原创性、实证性、连续性、时效性等特点的公开出版物，由一系列权威研究报告组成。

### ✤ 皮书作者 ✤

皮书系列报告作者以国内外一流研究机构、知名高校等重点智库的研究人员为主，多为相关领域一流专家学者，他们的观点代表了当下学界对中国与世界的现实和未来最高水平的解读与分析。截至 2022 年底，皮书研创机构逾千家，报告作者累计超过 10 万人。

### ✤ 皮书荣誉 ✤

皮书作为中国社会科学院基础理论研究与应用对策研究融合发展的代表性成果，不仅是哲学社会科学工作者服务中国特色社会主义现代化建设的重要成果，更是助力中国特色新型智库建设、构建中国特色哲学社会科学"三大体系"的重要平台。皮书系列先后被列入"十二五""十三五""十四五"时期国家重点出版物出版专项规划项目；2013~2023 年，重点皮书列入中国社会科学院国家哲学社会科学创新工程项目。

# 权威报告·连续出版·独家资源

# 皮书数据库
# ANNUAL REPORT(YEARBOOK)
# DATABASE

## 分析解读当下中国发展变迁的高端智库平台

### 所获荣誉

- 2020年，入选全国新闻出版深度融合发展创新案例
- 2019年，入选国家新闻出版署数字出版精品遴选推荐计划
- 2016年，入选"十三五"国家重点电子出版物出版规划骨干工程
- 2013年，荣获"中国出版政府奖·网络出版物奖"提名奖
- 连续多年荣获中国数字出版博览会"数字出版·优秀品牌"奖

皮书数据库　　"社科数托邦"
　　　　　　　微信公众号

### 成为用户

登录网址www.pishu.com.cn访问皮书数据库网站或下载皮书数据库APP，通过手机号码验证或邮箱验证即可成为皮书数据库用户。

### 用户福利

- 已注册用户购书后可免费获赠100元皮书数据库充值卡。刮开充值卡涂层获取充值密码，登录并进入"会员中心"—"在线充值"—"充值卡充值"，充值成功即可购买和查看数据库内容。
- 用户福利最终解释权归社会科学文献出版社所有。

数据库服务热线：400-008-6695
数据库服务QQ：2475522410
数据库服务邮箱：database@ssap.cn
图书销售热线：010-59367070/7028
图书服务QQ：1265056568
图书服务邮箱：duzhe@ssap.cn

社会科学文献出版社　皮书系列
SOCIAL SCIENCES ACADEMIC PRESS (CHINA)

卡号：382549113298
密码：

# S 基本子库
## UB DATABASE

## 中国社会发展数据库（下设 12 个专题子库）

紧扣人口、政治、外交、法律、教育、医疗卫生、资源环境等 12 个社会发展领域的前沿和热点，全面整合专业著作、智库报告、学术资讯、调研数据等类型资源，帮助用户追踪中国社会发展动态、研究社会发展战略与政策、了解社会热点问题、分析社会发展趋势。

## 中国经济发展数据库（下设 12 专题子库）

内容涵盖宏观经济、产业经济、工业经济、农业经济、财政金融、房地产经济、城市经济、商业贸易等 12 个重点经济领域，为把握经济运行态势、洞察经济发展规律、研判经济发展趋势、进行经济调控决策提供参考和依据。

## 中国行业发展数据库（下设 17 个专题子库）

以中国国民经济行业分类为依据，覆盖金融业、旅游业、交通运输业、能源矿产业、制造业等 100 多个行业，跟踪分析国民经济相关行业市场运行状况和政策导向，汇集行业发展前沿资讯，为投资、从业及各种经济决策提供理论支撑和实践指导。

## 中国区域发展数据库（下设 4 个专题子库）

对中国特定区域内的经济、社会、文化等领域现状与发展情况进行深度分析和预测，涉及省级行政区、城市群、城市、农村等不同维度，研究层级至县及县以下行政区，为学者研究地方经济社会宏观态势、经验模式、发展案例提供支撑，为地方政府决策提供参考。

## 中国文化传媒数据库（下设 18 个专题子库）

内容覆盖文化产业、新闻传播、电影娱乐、文学艺术、群众文化、图书情报等 18 个重点研究领域，聚焦文化传媒领域发展前沿、热点话题、行业实践，服务用户的教学科研、文化投资、企业规划等需要。

## 世界经济与国际关系数据库（下设 6 个专题子库）

整合世界经济、国际政治、世界文化与科技、全球性问题、国际组织与国际法、区域研究 6 大领域研究成果，对世界经济形势、国际形势进行连续性深度分析，对年度热点问题进行专题解读，为研判全球发展趋势提供事实和数据支持。

# 法律声明